Uni-Taschenbücher 888

UTB

Eine Arbeitsgemeinschaft der Verlage

Birkhäuser Verlag Basel und Stuttgart
Wilhelm Fink Verlag München
Gustav Fischer Verlag Stuttgart
Francke Verlag München
Paul Haupt Verlag Bern und Stuttgart
Dr. Alfred Hüthig Verlag Heidelberg
Leske Verlag + Budrich GmbH Opladen
J. C. B. Mohr (Paul Siebeck) Tübingen
C. F. Müller Juristischer Verlag – R. v. Decker's Verlag Heidelberg
Quelle & Meyer Heidelberg
Ernst Reinhardt Verlag München und Basel
K. G. Saur München · New York · London · Paris
F. K. Schattauer Verlag Stuttgart · New York
Ferdinand Schöningh Verlag Paderborn
Dr. Dietrich Steinkopff Verlag Darmstadt
Eugen Ulmer Verlag Stuttgart
Vandenhoeck & Ruprecht in Göttingen und Zürich

Lore Steubing · Hans Otto Schwantes

Ökologische Botanik

Einführung in die angewandte Botanik

Quelle & Meyer Heidelberg

CIP-Kurztitelaufnahme der Deutschen Bibliothek

Steubing, Lore:
Ökologische Botanik: Einf. in d. angewandte Botanik/Lore Steubing; Hans Otto Schwantes.
– Heidelberg: Quelle und Meyer, 1981.
(Uni-Taschenbücher; 888)
ISBN 3-494-02098-1
NE: Schwantes, Hans Otto:; GT

Printed in Germany.
Satz und Druck: Georg Appl, Wemding.
Umschlagentwurf: Alfred Krugmann, Stuttgart.
Gebunden bei der Buchbinderei Sigloch, Leonberg.

Inhaltsverzeichnis

Vorwort

Dieses Buch ist aus unserer gemeinsamen Vorlesung „Allgemeine Botanik" für Studierende der Landwirtschaft und der Haushalts- und Ernährungswissenschaften entstanden. Es wendet sich daher primär an Studierende der angewandten biologischen Fächer, sollte aber auch dem Anfänger des Biologiestudiums sowie an ökologischen Fragen interessierten Lehrern eine Orientierungshilfe bieten. Im Gegensatz zu den sonst üblichen Zusammenstellungen in den Botaniklehrbüchern haben wir daher durch Fortlassung, Kurzfassung oder vereinfachende und verallgemeinernde Darstellung klassischer Kapitel unsere Schwerpunkte mehr auf den ökologisch angewandten Sektor gesetzt. Nur so konnte der im Rahmen der Uni-Taschenbücher notwendigen Raumbeschränkung Rechnung getragen werden.

Die vielleicht ungewöhnliche Art der Stoffgliederung beruht darauf, daß die Entwicklung des Organismenreiches und die Anpassung der Lebewesen an ihre Umwelt möglichst in einem komplexen Zusammenhang dargestellt werden sollten. Deshalb sei auf das Literaturverzeichnis verwiesen, in dem eine größere Anzahl bewährter Botaniklehrbücher genannt ist, welche einen fundierten Überblick über die Grundlagen der Botanik in der bisherigen Anordnung und Ausführlichkeit geben. Gleichermaßen ist auch ökologische Übersichtsliteratur im Anhang ausgewiesen, die zu einem vertieften Verständnis in dieser biologischen Disziplin führt.

Als wichtigstes Glied im Ökosystem wird in diesem Kurzlehrbuch die Pflanze samt ihrer morphologischen und bioenergetischen Evolution vom Abionten zum Eukaryonten, vom Thallophyten mit noch überwiegender Lebensweise im Wasser zum Festland erobernden Kormophyten herausgestellt. Den Zusammenhängen für eine Energiegewinnung, -verwertung und -entwertung und den Ernährungsabhängigkeiten der Organismen untereinander, die mit der grünen Pflanze als Produzenten beginnen und über die Tiere als Konsumenten zu den Mikroorganismen als Reduzenten führen, gilt besonderes Interesse, wobei vielfältige Hinweise auf praktische Belange gegeben werden. Im Zusammenhang mit der Behandlung des Bioelementhaushaltes wird auf anthropogen bedingte Eingriffe verwiesen und die Sensibilität von Pflanzen gegenüber Umweltbelastungen diskutiert.

Für eine kritische Durchsicht des Manuskriptes sowie zahlreiche Anregungen sind wir den Herren Prof. Dr. H. Desselberger und Prof. Dr. G. Fellenberg zu außerordentlichem Dank verpflichtet, desgleichen Prof. Dr. H.-J. Jäger für wertvolle Diskussionen. Unser Dank gilt fernerhin Frau Bölke und Frau Wack für die Anfertigung der Abbildungen,

Frau Beer und Frau Harndt für mühevolle Reinschrift des Manuskriptes, nicht zuletzt unserer wiss. Mitarbeiterin Frau R. Umlauff für ihre wertvolle Mithilfe bei den Korrekturarbeiten. Schließlich müssen wir dem Verlagshaus Quelle & Meyer für eine verständnisvolle Zusammenarbeit danken.

Gießen, März 1980 L. Steubing, H.-O. Schwantes

1. Die Stellung der Pflanze im Ökosystem

Die äußere, von Leben erfüllte Hülle unseres Planeten Erde wird Biosphäre oder Ökosphäre genannt. Sie umschließt die Gesamtheit der pflanzlichen und tierischen Organismen samt ihrer abiotischen Umwelt.

Im weitesten Sinne ist ihre oberste Begrenzung durch die Ozonschicht der Stratosphäre in 25–50 km Höhe gegeben, bis zu der allerdings nur Kleinstlebewesen im Zustand latenten Lebens vorübergehend mit den Luftströmungen hinaufgetragen werden können. Zu diesem sog. Aeroplankton gehören z. B. Pollen von Blütenpflanzen oder Sporen, unter denen diejenigen von Pilzen dominieren. Pigmenteinlagerung in der Zellwand ermöglicht es den Schimmelpilzsporen in dem starken UV-Licht zu überdauern. Im allgemeinen aber wird die obere Grenze der Biosphäre bereits in der Höhe gezogen, bis zu der sich ständig Pflanzen und Tiere im aktiven Zustand aufhalten können. Da die Wipfel der höchsten Bäume etwa 100 m erreichen, gilt eine Schicht von 100 m über dem Boden als oberer Biosphärenbereich.

Die unterste Begrenzung im terrestrischen Bereich ist durch die in großen Tiefen befindlichen Vorkommen biogenen Ursprungs (z. B. Kohle, Erdöl) gegeben, denen im marinen Bereich die biogenen Sedimente entsprechen. Aber auch hier wird die untere Grenze meist enger gezogen, und zwar auf dem Festland in der Tiefe, bis zu der Pflanzenwurzeln zu finden sind. Als letzte Wurzelvorkommen gelten ca. 100 m. Damit umfaßt auf dem Festland die Biosphäre eine Schichtdicke von etwa 200 m. In den Ozeanen, deren Grund bis zu 11 000 m hinabzureichen vermag, kommen vornehmlich bis 1 m Bodentiefe noch Organismen vor.

Auf der Erde dominieren heute die grünen Pflanzen. 92% aller Arten leben auf dem Festland, und nur 8% dient das Wasser als Lebensraum. Die auf dem Festland mit einer Fläche von $149{,}0 \cdot 10^6 km^2$ vorhandene Pflanzenmasse enthält $826{,}5 \cdot 10^{15}$ g Kohlenstoff, denen in den Meeren mit einer Ausdehnung von $361{,}0 \cdot 10^6 km^2$ eine solche von $1{,}74 \cdot 10^{15} g$ Kohlenstoff gegenübersteht. Die Zahl der Tiere ist mit etwa 1 500 000 Arten weitaus größer als diejenige der Pflanzen mit rund 500 000 Arten (Abb. 1 a). Von diesen werden durch den Menschen ca. 5% für Nahrungs-, Genuß-, Heil- und technische Zwecke genutzt, jedoch nur 2% dieser „Nutzpflanzen“, d. h. etwa 500 Arten, angebaut, sofern Forst- und Zierpflanzen nicht mitgerechnet werden. Aber auch hiervon können nur etwa 150 Arten als eigentliche Kulturpflanzen bezeichnet werden.

Pflanzen fehlen lediglich dort, wo extreme Boden- oder Klimabedingungen keine Lebensmöglichkeiten mehr bieten. Dies gilt insbesondere

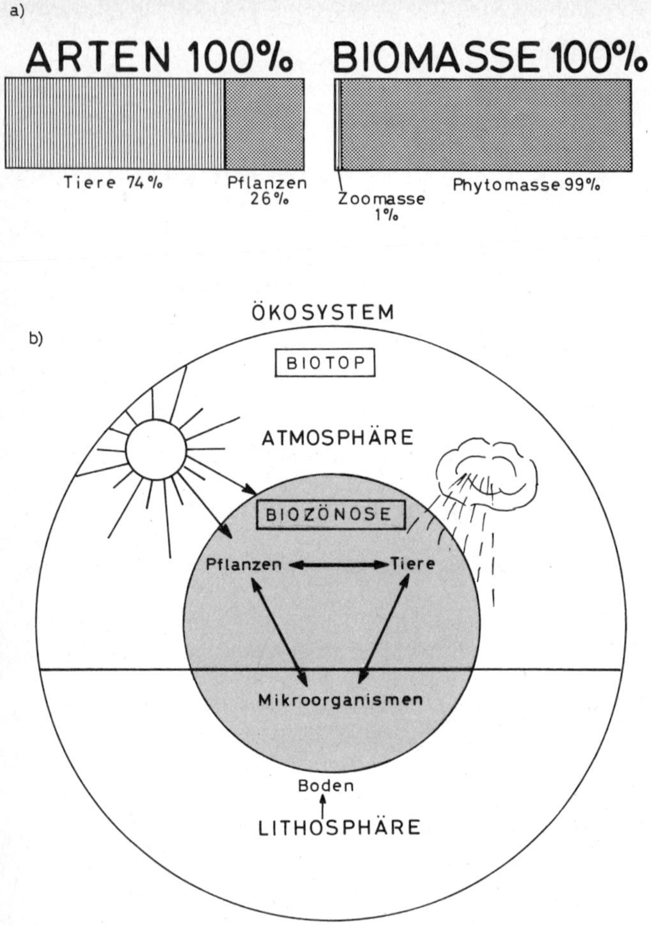

Abb. 1:

a) Relation von Pflanzen- und Tierarten, sowie deren Biomasse in unserer Biosphäre

b) Biotische (Biozönose) und abiotische (Biotop) Komponente eines terrestrischen Ökosystems.

für Salz- und Trockenwüsten und die ausgedehnten Eisflächen der Pole und Hochgebirge. Aber auch solche Extremstandorte sind nicht völlig steril. Es finden sich auch dort noch bestimmte ein- oder wenigzellige Bakterien, Algen, Pilze und Flechten.

Die in einer bestimmten Region vorhandene Vegetationsart und -zusammensetzung steht in enger Beziehung zu den Umweltbedingungen, wobei nicht nur die gegenwärtigen, sondern auch vergangene (z. B. Eiszeiten, anthropogene Einflüsse) von Einfluß sind. Anhand des Vorkommens einer Reihe charakteristischer Pflanzenarten lassen sich Rückschlüsse auf die Standorteigenschaften ziehen, z. B. auf Brand, Acidität, Schwermetallgehalt des Bodens oder die Höhe der winterlichen Schneebedeckung. Neben diesen *Zeigerpflanzen* haben heute solche Pflanzen besonderes Interesse gefunden, die eine Schadstoffbelastung von Luft, Boden und Wasser anzeigen. Sie werden *Bioindikatoren* (s. S. 378) genannt und lassen sich als Monitoren für eine Schadstoffüberwachung einsetzen.

Jeder Organismus hat eine Umwelt, die auf ihn einwirkt, z. B. als Wind, Luftverunreinigungen, Licht, Parasiten; andererseits beeinflussen die Organismen auch wiederum ihre Umwelt, so z. B. durch Beschattung oder Nährstoffentzug aus dem Boden. Allen Lebewesen kommt eine typische Gestalt zu, die auf einer den Organismus charakterisierenden molekularen Struktur beruht, deren kleinste funktionale Einheit die Zelle ist. Während einige Gruppen von Organismen auf dem Einzellstadium beharrt haben, hat sich die Mehrzahl im Verlauf der Evolution zum Vielzellstadium mit mannigfaltiger Gestaltausprägung weiterentwickelt. Die Einzelzelle jedoch vermag bereits sämtliche Funktionen des Lebendigen wahrzunehmen.

1.1. Kriterien des Lebendigen

Die Existenz von Lebewesen ist an folgende Voraussetzungen gebunden: a) *Stoffwechsel*, b) *Produktivität*, c) *Reizbarkeit*.

a) Stoffwechsel bedingt Zufuhr von Energie. Der primäre und wichtigste Energiespender ist die Sonne, die der Erde Strahlungsenergie (Licht und Wärme) zuführt. Nur die grüne Pflanze vermag die absorbierte Strahlungsenergie (Licht) zu transformieren und in Form von chemischer Energie festzulegen (= *Autotrophie*). Hierbei entsteht Zucker.

$$6\,CO_2 + 12\,H_2O + 2870\,kJ \rightarrow C_6H_{12}O_6 + 6\,O_2 + 6\,H_2O$$

Dieser Prozeß wird Photosynthese genannt und bedeutet Assimilation des Kohlenstoffs unter Verwendung von Lichtenergie.

Die *Heterotrophen* (nichtgrüne Pflanzen, Tiere, Menschen) sind auf Belieferung mit chemischer Nahrungsenergie angewiesen. In der Zelle besteht ein Nebeneinander von auf-, um- und abbauenden Stoffwechselprozessen, demnach ein Fließgleichgewicht, d. h. eine Verknüpfung mehrerer Gleichgewichtreaktionen miteinander.

a) Zum *Stoff- und Energiewechsel* gehört zunächst die Ernährung, zu der die Aufnahme anorganischer oder artfremder organischer Stoffe aus der Umwelt und die Umwandlung zu körpereigenen organischen Substanzen zählt. Den letztgenannten Prozeß bezeichnet man als *Assimilation* (= Angleichung) oder *Anabolismus* (= Aufbau). Die Ernährung erfordert stetige Belieferung mit Nährstoffen als Bausteine und Katalysatoren für den Stoffwechsel.

Dem Aufbau der organischen Substanz, der mit einem Energiegewinn verknüpft ist, steht der Abbau gegenüber (= *Dissimilation* oder *Katabolismus*). Hierbei wird die zuvor gebundene Energie wieder freigesetzt, kann auf andere Verbindungen übertragen oder auch durch energieverbrauchende Leistungen verzehrt werden. Bei der Atmung, dem bekanntesten Dissimilationsvorgang, wird das Stoffwechselprodukt Glucose so endverwertet, daß es unter Zuführung von O_2 und Abgabe von CO_2 und H_2O abgebaut („verbrannt“) wird. Durch Verbrennung von einem Mol Glucose werden bei diesem energieliefernden, sog. exothermen Vorgang 2870 kJ freigesetzt.

$$C_6H_{12}O_6 + 6\ O_2 + 6\ H_2O \rightarrow 6\ CO_2 + 12\ H_2O + 2870\ \text{kJ}.$$

Diese gleiche Energiemenge war zuvor erforderlich, um durch die Bindung der Lichtenergie, d. h. endotherm, 1 Mol Zucker im Verlauf der Photosynthese aufzubauen.

Stoffwechsel ist jedoch auch von einer weiteren Form der Strahlungsenergie abhängig: Wärme. Da chemische und physiologische Reaktionen temperaturabhängig sind, muß zu ihrem Ablauf ein bestimmter Wärmezustand gewährleistet sein. Die hierfür benötigte bzw. ertragene Höhe der Temperatur schwankt für verschiedene Organismen innerhalb weiter Grenzen. So können gewisse Blaualgen noch in 80°C heißen Quellen leben, einige Bakterien den Vorgang der Pasteurisation (Erhitzen der Milch auf über 70°C zur Teilentkeimung) überstehen; die aus spezialisierten Bakterien und Algen bestehende Kryo- oder Eisvegetation vermag sich bei Temperaturen bis zu − 17°C zu vermehren. Eine Konservierung von Lebensmitteln ist daher in der Tiefkühltruhe erst ab −18°C möglich, zumal bei diesen Temperaturen keine enzymatischen Umsetzungen mehr stattfinden.

Nur bei ausreichender Wasserversorgung können Stoffwechselvorgänge im vollen Umfang ablaufen, der Organismus befindet sich dann im aktiven Lebenszustand. Entwässerung bedeutet Übergang zum latenten Leben, das jedoch fast nur bei niederen Lebewesen und bei einigen Verbreitungsformen höherer Organismen zur Überbrückung ungünstiger Zeiten zu finden ist. Weitaus der größte Gewichtsanteil der Organismen besteht aus Wasser. Dieses ist unabdingbar für Transportvorgänge sowie für den Ablauf biochemisch-physiologischer Prozesse.

b) Die *Produktivität* der Lebewesen beruht auf Wachstum, Vermehrung und Fortpflanzung inklusive Vererbung. Wachstum findet sich auch bei toter Materie. Das Wachstum von Kristallen in einer gesättigten Mutterlauge stellt durch Anlagerung neuer Substanz an den Kristallflächen einen sehr einfachen Vorgang dar, wobei die Winkel zwischen den Flächen konstant bleiben. Das Wachstum lebender Organismen – besonders der Vielzeller – ist dagegen mannigfaltiger, komplizierter. Auf Zellvergrößerung folgen Teilung und Differenzierung. Gesteuert wird das Wachstum durch die Erbanlagen, die der Keimling von seinen Eltern mitbekam. Diese bedingen den spezifischen Verlauf der Wachstumsvorgänge, auf welche die Umwelt nur modifizierend einwirken kann.

Alle Organismen enthalten *Nukleinsäuren*, Ribonukleinsäure (RNS) und Desoxyribonukleinsäure (DNS) sowie Proteine, die bei der vegetativen Vermehrung nach immer wieder gleicher Vorgabe synthetisiert werden. Deshalb führt die ungeschlechtliche oder vegetative Vermehrung zu einer Erhöhung der Individuenzahl, ganz gleich, ob es sich um die Teilung eines Einzellers, die Bildung von Knollen, Ablegern oder Sporen handelt. Alle diese Individuen sind untereinander erbgleich, bilden demzufolge einen Klon, wenn nicht durch sprunghafte Abweichungen im Molekülbau der DNS eine Erbänderung eintritt. Derartige Mutationen haben in der Evolution eine wichtige Rolle gespielt.

Von der *vegetativen Vermehrung* muß die geschlechtliche oder *generative Fortpflanzung* unterschieden werden, bei der zwei Geschlechtszellen (Gameten) zur sog. Zygote verschmelzen, in der somit das voneinander abweichende mütterliche und väterliche Erbgut vereinigt ist. Eine derartige Zygote kann direkt zum neuen Individuum, der nächsten Generation heranwachsen. Diese besitzt dann das doppelte (sowohl mütterliche, wie auch väterliche) Erbgut, das in diesem Fall erst vor dem nächsten Geschlechtsakt durch Reduktionsteilung (Meiose, s. S. 90) auf die Hälfte verringert wird. Die Zygote kann aber auch sogleich oder nach einer Ruhepause die Reduktionsteilung durchführen (Abb. 2). Die Nachkommen verfügen in diesem Fall nur über einen einfachen Erbsatz. Eine Vermehrung der Individuenzahl ist mit dem Vorgang der geschlechtlichen Fortpflanzung nicht unbedingt verbunden, wohl aber eine Durchmischung des Genpools, so daß nicht alle Tochterindividuen ein-

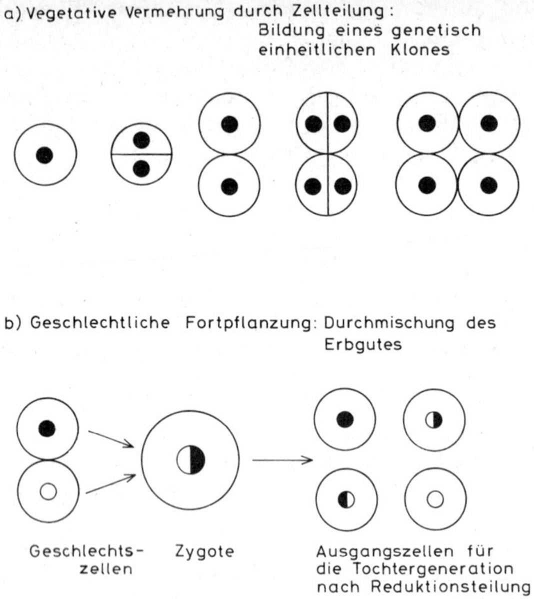

Abb. 2:
Vermehrung und Fortpflanzung.

ander und der Elterngeneration erbgleich sind. Hieraus läßt sich die ungleich größere Wichtigkeit der geschlechtlichen Fortpflanzung für den Fortgang der Evolution und die Artbildung gegenüber der ungeschlechtlichen Vermehrung erkennen.

c) *Reizbarkeit (Irritabilität)* kennzeichnet gleichfalls alle Organismen. Sie befähigt diese, auf Reize, d. h. physikalische oder chemische Außeneinflüsse (Temperatur, Licht, Erschütterung, Wasser usw.) zu reagieren und beruht letztlich auf einer aktiven Reaktion des Protoplasmas. Werden außer stoffwechsel- und entwicklungsphysiologischen Reaktionen Bewegungen ausgelöst, so verlaufen sie bei der ortsgebundenen Pflanze langsamer als beim Tier. Trotz der Verschiedenheiten der Bewegungs- und Reizmechanismen bei Tier und Pflanze sind die Gesetze, die für die Reizbeantwortung gelten, dieselben. Die Bewegung äußert sich bei der ortsgebundenen Pflanze vorwiegend in Krümmungen, Drehungen oder scharnierartigem Auf- und Zuklappen. Beispiele hierfür bieten das Öffnen und Schließen von Blüten in Abhängigkeit von den jeweiligen Temperatur- und Lichtbedingungen oder das Zusammenlegen der Fiederblättchen einer Mimose nach einem Berührungsreiz. Zu einer freien Ortsbewegung, wie sie bei Tieren üblich ist, sind nur pflanzliche Einzeller in der Lage, die sich vorwiegend mittels Geißelschlags fortbewegen. Die Reizerfolge stehen in Zusammenhang mit dem Rückgriff des Organismus auf seine Energiereserven.

1.2. Charakteristika der biotischen Komponente des Ökosystems

Kein Organismus lebt völlig isoliert – es sei denn in Sterilkultur – sondern ist Bestandteil einer Lebensgemeinschaft, der *Biozönose.* Diese wirkt auf ihren abiotischen Lebensraum, auch *Biotop* genannt, ein und wird ihrerseits durch die Bedingungen des Lebensraumes beeinflußt. Damit bilden beide gemeinsam eine funktionale Einheit, ein System biologisch-physikalisch-chemischer Wechselwirkungen, das *Ökosystem.* Jedes Ökosystem besteht aus 2 Komponenten: dem abiotischen Lebensraum, der von Boden, Klima und Atmosphäre geprägt wird, und der biotischen Komponente, der Biozönose. Sie ist durch die Pflanzen- (*Phytozönose*) und Tiergesellschaften (*Zoozönose*) gegeben. Die grünen Pflanzen, die ihre Nahrung aus anorganischen Stoffen bei gleichzeitiger Verwertung des Sonnenlichtes aufbauen, sind die *Primär-Produzenten.* Während diese in den terrestrischen Ökosystemen im allgemeinen sehr groß sind, dominieren in den Gewässern die ein- bis wenigzelligen Algen des Phytoplanktons. Mit den Produzenten beginnt eine Nahrungskette, die sich i.a. netzartig erweitert und über die Tiere hin zum Menschen führt. Die direkten oder indirekten Verzehrer von Produzenten werden *Konsumenten* genannt (Abb. 1b). Unmittelbaren Kontakt mit den Produzenten haben die Konsumenten erster Ordnung, die Pflanzenfresser (Herbivore oder Phytophagen). Sie werden Beute von Konsumenten zweiter Ordnung, es sind dies demnach Fleischfresser oder Karnivore. Diese können wiederum Konsumenten dritter Ordnung (Überkarnivore) als Nahrung dienen. Nichtgrüne Pflanzen, die als Parasiten auf oder in den Produzenten leben, zählen ebenfalls zu den Konsumenten. Im Laufe der Zeit fällt in allen Ökosystemen durch Abwurf, Absterben, durch Exkremente u. a. tote organische Substanz zu Boden. Diese würde sich zu einer mächtigen Schicht anhäufen, wenn es nicht durch die Zersetzer oder *Destruenten* zu einem Abbau käme. Man unterscheidet hier zwei Gruppen: Die *Saprovore* (Abfallfresser), zu der vornehmlich Würmer, Insektenlarven, Milben und andere Tiere gehören, die sich von Tierleichen, Blattresten, funktionslos gewordenen Wurzeln usw. ernähren. Die Saprovoren vertilgen davon große Mengen, da der Nährwert dieses Materials sehr gering ist. Hierbei kommt es zu einer Volumenverringerung und Einarbeitung in den Boden. Die zweite Destruentengruppe wird von Bakterien, Pilzen und anderen Mikroorganismen gebildet. Sie zersetzen die von Saprovoren ausgeschiedenen Reste weiter, können ebensogut aber auch direkt tote Pflanzenteile oder Tierleichen angreifen und sie bis zu den energetisch wertlosen Produkten Kohlendioxid, Wasser und mineralischen Nährstoffen abbauen. Entsprechend ihrer Tätigkeit wird diese Mikroorganismengruppe *Mineralisierer* oder *Reduzenten* genannt. Da sie ebenfalls auf Belieferung mit organischem Material zwecks Energiegewinnung angewiesen ist, gehört sie zu den (Mikro)-Konsumenten; sie wird aber infolge ihrer hohen Bedeutung für die Rückgewinnung von Stoffen (= *Recycling*), die für die Produzenten lebensnotwendig sind, oft gesondert bewertet. Ein Ökosystem besitzt demnach eine ganz bestimmte Ernährungs- *(= trophische) Struktur.* Sie fängt mit den autotrophen Primär-Produzenten an, von deren gebildeter Substanz (Primärproduktion) direkt oder indirekt alle Konsumenten bis hin zu den Reduzenten abhängig sind. Alle nicht autotrophen Organismen brauchen organische Substanz der autotrophen Pflanzen, die sie in ihre eigene Körpersubstanz umwandeln (Sekundärproduktion). Die Nutzung der Primärproduktion durch die Konsumenten ist freilich in verschiedenen Ökosystemen ungleich hoch: in Wäldern gelangen höchstens 10% der Nettoproduktion während des Jahresablaufes durch die Nahrungskette, die mit den Pflanzenfressern beginnt. In Graslandschaften ist mit etwa 20% zu rechnen, in den tierreichen Savannen bereits mit 30–50% und im Meer oder im Uferbereich oligotropher (nährstoffarmer) Seen werden sogar 60–80% der Primär-Nettoproduktion genutzt. Dies bedeutet aber auch, daß den Destruenten, die von den Abfall fressenden Saprophagen und den mineralisierenden Reduzenten gestellt werden, im Wald eine viel größere Bedeutung als z. B. im Meer zukommt.

Der Übergang der Nahrungsenergie von den Produzenten über die Herbivoren zu den Karnivoren (*Energiefluß*) ist mit einem ständigen Energieverlust im Ökosystem verbunden. Je kürzer die Nahrungskette, desto größer ist daher die noch verfügbare Energiereserve: bei jeder Nahrungsumformung, wie sie bei dem Übergang von einem Beute-Organismus zum nächsten Konsumenten stattfindet, tritt im Mittel eine Minderung etwa um den Faktor 10 ein (Abb. 3). Dies bedeutet, daß auf einer gegebenen Fläche viel mehr Herbivore satt werden als Karnivore oder gar Überkarnivore. So wurde errechnet, daß im Wasser 1–4 m^2 Fläche ausreichend wäre, um einen Menschen mit Algen zu ernähren, die unter günstigsten Bedingungen herangezogen werden; auf dem Lande wäre bei Nahrung aus Kartoffeln bereits eine Fläche von 600 m^2 notwendig. Wird dagegen die Pflanze nicht direkt vom Menschen ge-

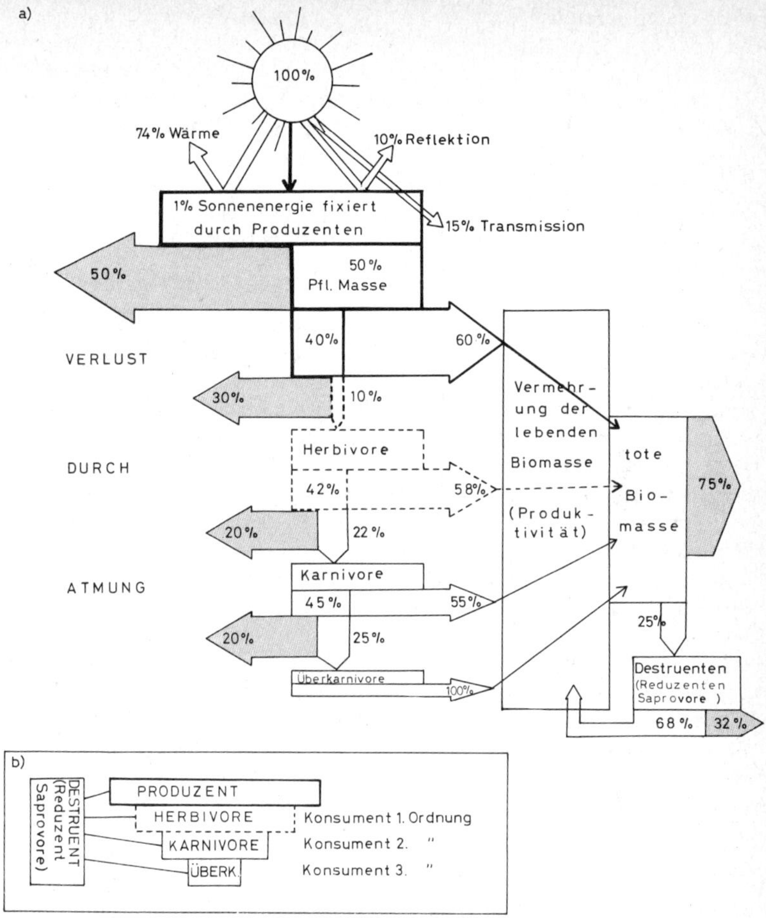

Abb. 3:
a) Energiefluß in einem Laubwaldökosystem.
b) Energiepyramide (verändert nach DUVIGNEAUD).

nutzt, sondern auf dem Umweg über Fleisch oder Eier, so müßte schon eine Fläche von 4000–30000 m^2 gegeben sein, um eine entsprechende Ernährung zu ermöglichen.

Funktionsfähige Ökosysteme müssen mindestens aus den organische Substanz aufbauenden Primär-Produzenten und den totes Material wieder mineralisierenden Reduzenten bestehen, wobei letztere optisch wenig auffallen, da sie Mikroorganismen sind und vornehmlich im Boden oder am Grunde von Gewässern ihre Tätigkeit entfalten. Normalerweise aber sind Tier und Mensch als Konsumenten wichtige Zwischenglieder zwischen den Produzenten und Reduzenten. Energiefluß und Stoffkreislauf gehören demnach zu einem jeden Ökosystem. Ökosysteme sind offene Systeme und daher störanfällig, man denke z. B. an die Folgen einer Grundwasserabsenkung für den Wald. Solange die Belastbarkeit eines Ökosystems noch nicht überschritten ist, besteht eine Selbstregulation, die um eine Gleichgewichtslage hinsichtlich der Arten- und Individuenzahl pendelt.

Charakteristische Eigenschaften der tragenden Organismengruppen eines Ökosystems sind in verallgemeinerter Form in Tab. 1 eingetragen, wobei bemerkt werden muß, daß keine der aufgeführten Eigenschaften ohne Ausnahme bleibt. Dies gilt bereits für die Ernährungsweise, die als wichtigstes Unterscheidungsmerkmal zwischen Produzent und Konsument Tier erachtet wird: der grünen, direkt die Lichtenergie der Sonne ausnutzenden und damit photoautotrophen Pflanze wird die heterotrophe Ernährung des Tieres gegenübergestellt, das die vom Produzenten gebundene Sonnenenergie erst indirekt mit der Nahrung aufnimmt und dann umsetzen kann. Verwischt wird dieses Kriterium vornehmlich im Bereich der zu den niederen Organismen zählenden Flagellaten, da es experimentell gelungen ist, grüne (und damit autotrophe) Formen in farblose zu überführen. Diese nunmehr Heterotrophen lassen sich bei Zufuhr organischer Nährsubstanzen weiter kultivieren. Eindeutig den Pflanzen, aber dennoch den Konsumenten zuzurechnen sind die chlorophyllosen Parasiten und die Saprophyten, die von grünen Formen abstammen, wobei erstere von anderen lebenden Organismen, letztere von abgestorbenem Material ihren Energiebedarf decken. Neben Bakterien und Pilzen weisen eine Reihe höherer Pflanzen, wie Fichtenspargel, Kleeseide, Nestwurz u. a., diese heterotrophe Lebensweise auf.

Unter den Reduzenten gibt es Bakterien, die – ebenso wie die grünen Pflanzen – autotroph sind. Da sie aber ihre Energie nicht von der Sonne, sondern durch Oxidation chemischer Verbindungen beziehen, wird diese Ernährungsweise *chemoautotroph* genannt. Nitritbakterien z. B. oxidieren Ammoniak zu Nitrit, wobei rund 272 kJ und bei der Oxidation des Nitrits zu Nitrat durch die Nitratbakterien ein Betrag von um 75 kJ pro Mol oxidierter Substanz gewonnen wird. Hierfür wird kein Chlorophyll benötigt.*

Die Mehrzahl der sonstigen chlorophyllfreien Reduzenten gleicht in

---

* Da die Purpurbakterien in der Gesamtbiosphäre keine große Bedeutung haben, werden sie in der Gruppe der Produzenten nicht extra aufgeführt.

ihrer Ernährungsweise den tierischen Konsumenten und lebt heterotroph. So speichern sie gleichermaßen vorwiegend Glykogen, während bei den grünen Pflanzen Stärke der wichtigste Reservestoff ist.

Die Ernährungsweise hat Auswirkungen auf den Bauplan: da das Licht die entscheidende Energiequelle des Produzenten darstellt, muß dieser zur bestmöglichen Ausnutzung eine große äußere Oberfläche ausbilden. Dem entspricht der Bauplan aus Wurzel, Sproßachse und Blatt. Ein ausgewachsener Laubbaum hat eine Oberfläche von etwa 1200 m^2. Stetiges, unbegrenztes Wachstum durch teilungsfähige Gewebe an Sproß- und Wurzelspitzen (Meristeme), desgleichen zwischen Holz und Rinde sorgen für eine unbegrenzte Größenzunahme, solange die Pflanze lebt. Dies kann bedeuten, daß sich das Wachstum über mehrere Jahrtausende erstreckt. Von dem Nadelbaum Pinus aristata sind Exemplare bekannt, deren Alter mit über 4000 Jahren angegeben wird.

Die Reduzenten vermögen über ihre gesamte Oberfläche Nahrung aufzunehmen. Sie haben infolge ihrer großen Oberfläche bei gleichzeitiger Kleinheit einen sehr hohen Stoffumsatz, mit dem ihr schnelles Wachstum in Zusammenhang steht. Bei Einzellern bedeutet jede Zellteilung zugleich auch eine Vermehrung. Bei Bakterien wird im Mittel ein Zeitraum von nur 20 Minuten als Intervall zwischen zwei Teilungen angenommen. Theoretisch könnte ein solches Bakterium binnen eines Jahres 2^{27000} Nachkommen haben, an einem Tage 2^{72}. Die so produzierte *Biomasse* würde dann binnen weniger Tage das Volumen der Erde übertreffen. Konkurrenz, Nährstoffmangel, selbstproduzierte Hemmstoffe und Feinde regulieren dieses unbegrenzte Wachstum. Im Gegensatz zur Pflanze mit ihrer großen äußeren Oberfläche besitzt das Tier, bei dem die Nahrungsaufnahme meist auf einen eng begrenzten Teil des Körpers konzentriert ist, eine große innere Oberfläche zur Resorption. Die Lunge eines ausgewachsenen Menschen wird mit einer Oberfläche von ca. 90 m^2 angegeben. Das Wachstum der Tiere ist begrenzt, da es nach Beginn der Fortpflanzungsfähigkeit eingestellt wird.

Der in mancher Hinsicht unterschiedliche Stoffwechsel pflanzlicher und tierischer Organismen prägt sich u. a. in der Substanz aus, die zur Abgrenzung der Zellen dient; diese wird bei den Produzenten durch eine starre Zellwand aus Zellulose gebildet, bei den Reduzenten dient den Bakterien Murein, den Pilzen Chitin zur Abgrenzung. Die Zellen der Konsumenten bleiben ohne eine starre Wand, und der tierische Gesamtorganismus erhält seine Form durch verschiedenartige Gerüstsubstanzen. Dies können sowohl die gleichen Substanzen sein, wie sie auch bei Pflanzen auftreten; so bilden z. B. die festsitzenden Ascidien (Seescheiden) eine zelluloseähnliche Skelettsubstanz aus; die Insekten umgeben sich mit einem Chitinskelett. Andererseits werden aber auch Kalk oder Strontiumsulfat zur Festigung des Gesamtorganismus ver-

Tab. 1: Charakteristische Eigenschaften von Produzenten, Reduzenten und Konsumenten

Kriterium	Produzenten (grüne Pflanzen)	Reduzenten (Bakterien, Pilze)	Konsumenten (Tiere und Mensch)
Nahrung	Erzeuger	Verbraucher	Verbraucher
Ernährung	(photo)autotroph	a) vorwiegend heterotroph b) einige chemo-autotroph	heterotroph
Energiegewinn	direkte Nutzung der Sonnenenergie	a) vorwieg. indirekter Energiegewinn durch Ausnutzung hochwertiger organischer Substanzen b) direkter Energiegewinn durch Oxidation anorganischer Verbindungen	indirekter Energiegewinn durch Ausnutzung energiereicher org. Substanzen
Pigmente	Chlorophyll	kein Chlorophyll	kein Chlorophyll
Reservestoff	vorwiegend Stärke	vorwiegend Glykogen	vorwiegend Glykogen
Bauplan	große äußere Oberfläche	große äußere Oberfläche	große innere Oberfläche
Wachstum	unbegrenztes Wachstum	unbegrenztes Wachstum	begrenztes Wachstum
Zelltyp	starre Zellwand (aus Zellulose)	meist starre Zellwand (aus Murein, Chitin)	Zellen ohne starre Wand
Bewegung	ortsgebunden	vorwiegend ortsgebunden	nicht ortsgebunden

wendet, die im Pflanzenreich – außer bei bestimmten Algengruppen – nicht solche Funktionen zu erfüllen haben.

Die starre Zellulose-Zellwand der Produzenten, die durch Einlagerung des Holzstoffes Lignin noch verstärkt werden kann, verleiht dieser Organismengruppe die nötige Widerstandskraft gegenüber starker mechanischer Beanspruchung, wie sie auf dem Festland z. B. durch Wind oder Viehtritt, im Meer durch die Brandung bewirkt wird. Hinzu kommt die dann ebenfalls erforderliche feste Verankerung im Substrat. Damit aber geht die freie Ortsbeweglichkeit bei den Produzenten und der Mehrzahl der Reduzenten verloren. Nicht ortsgebunden sind bei letzteren lediglich mit Geißeln oder Cilien (Wimpern) versehene Einzeller, deren Bewegungsmöglichkeit an wäßriges Medium gebunden ist. Eine Ortsveränderung ermöglicht bei einigen Formen auch Ausbildung und Einschmelzen von Plasmafortsätzen an den zellwandlosen Zellen (amöboide Bewegung). Bei einigen Produzenten können ebenfalls einzellige, begeißelte Fortpflanzungsstadien vorhanden sein, die zur Fortbewegung wieder ausreichende Feuchtigkeit benötigen. Unter den Konsumenten gibt es dafür auch einige, wie Moostiere, Seelilien, Korallen, Schwämme, die sessil leben, sich also mit dem Substrat fest verbunden haben. Ihr Vulgärname deutet mitunter bereits diese Gemeinsamkeit mit den Pflanzen an. Eine freie Ortsbewegung findet bei solchen tierischen Formen nur im Larvenstadium statt. Die Masse der Konsumenten aber weist eine Fortbewegung auf, die den Nahrungserwerb erleichtert.

Abschließend läßt sich feststellen, daß die zunächst so klar erscheinende Unterscheidung zwischen Produzent Pflanze und Konsument Tier durch eine Reihe von Ausnahmen erschwert wird. Die Reduzenten weisen sowohl Merkmale der Produzenten wie auch der Konsumenten auf (Tab. 1).

1.3. Produzenten als Lieferanten der Grundnahrungsmittel

Die von den grünen Pflanzen absorbierte und in chemische Verbindungen überführte Sonnenenergie wird weitgehend in Form von Reservestoffen angehäuft. Unter den gespeicherten *Kohlenhydraten* herrscht Stärke vor (amylophylle Pflanzen); einige Produzenten horten stattdessen Zucker. Zu diesen saccharophyllen Arten gehören alle Liliengewächse (Liliaceen), zu denen auch die Küchenzwiebel zählt. Direkt oder indirekt sind alle Konsumenten neben der Belieferung mit Kohlenhydraten auch auf die Zufuhr des vom Produzenten gebildeten und teils als Reservestoff gespeicherten *Eiweißes* angewiesen. *Fette* fallen bei den grünen Pflanzen als Speicherstoffe ebenfalls an; diese können aber von den Konsumenten zumindest größtenteils selbst aus den zuvor aufgenommenen Kohlenhydraten synthetisiert werden. Der Energiegehalt sinkt von Fett über Eiweiß ab zu den Kohlenhydraten (Tab. 14).

Die Produzenten liefern demnach die Grundnahrungsmittel für alle anderen Organismengruppen eines Ökosystems, sie können zusätzlich dadurch Bedeutung gewinnen, daß sie in ihrem sog. sekundären Stoffwechsel wichtige Genußmittel, Gewürze, Gifte oder technisch interessante Rohstoffe bilden.

Unter den Kulturpflanzen stehen die der Ernährung und Fütterung dienenden an erster Stelle.

1.3.1. Kohlenhydratspeichernde Pflanzen

1.3.1.1. Stärkespeichernde Pflanzen

Stärke und Eiweiß, bisweilen auch Fett, treten vielfach nebeneinander als Reservestoffe bei den Pflanzen auf, wobei meist eine Komponente stark vorherrscht. Unter den Kulturpflanzen sind als gleichzeitige Lieferanten von Stärke und Eiweiß vor allem die Getreide, Hülsenfrüchte und Kartoffeln von Bedeutung. Hinzu kommen noch einige Pflanzenarten, die in den Tropen wichtige Nahrungsmittel darstellen. Für die Konsumenten sind die stärkeführenden Früchte der Getreidearten von besonderer Bedeutung, denn bei ihnen ist die Relation Eiweiß/Stärke = 1:6 so günstig, daß der Mensch notfalls von Vollkornbrot allein leben könnte (Tab. 2).

Tab. 2: Eiweiß/Stärkerelation von Kulturpflanzen.

Getreide	Eiweiß/Stärke		= 1:6
Kartoffel	"	"	= 1:10
Erbse	"	"	= 1:2
Fleisch	"	"	= 1:0,025

Stärke, der am weitesten verbreitete pflanzliche Reservestoff, ist ein Polysaccharid, ein aus Zuckermolekülen aufgebautes Makromolekül (Abb. 4). Stärke gehört somit zu den Kohlenhydraten. Zucker können 3, 4, 5, 6 usw. C – Atome enthalten und werden danach als Triosen, Tetrosen, Pentosen, Hexosen etc. bezeichnet.

Bekannte Reservestoffe oder Zellwandbausteine unter den Kohlenhydraten sind Glucose, Galaktose, Fructose, Maltose, Saccharose (Rohrzucker), Stärke, Inulin, Zellulose; die 3 letztgenannten sind Polysaccharide, Maltose und Saccharose Disaccharide; am Aufbau der Nukleinsäuren, den Trägern bzw. Überträgern der genetischen Information, sind Pentosen beteiligt: so die Ribose in der Ribonukleinsäure

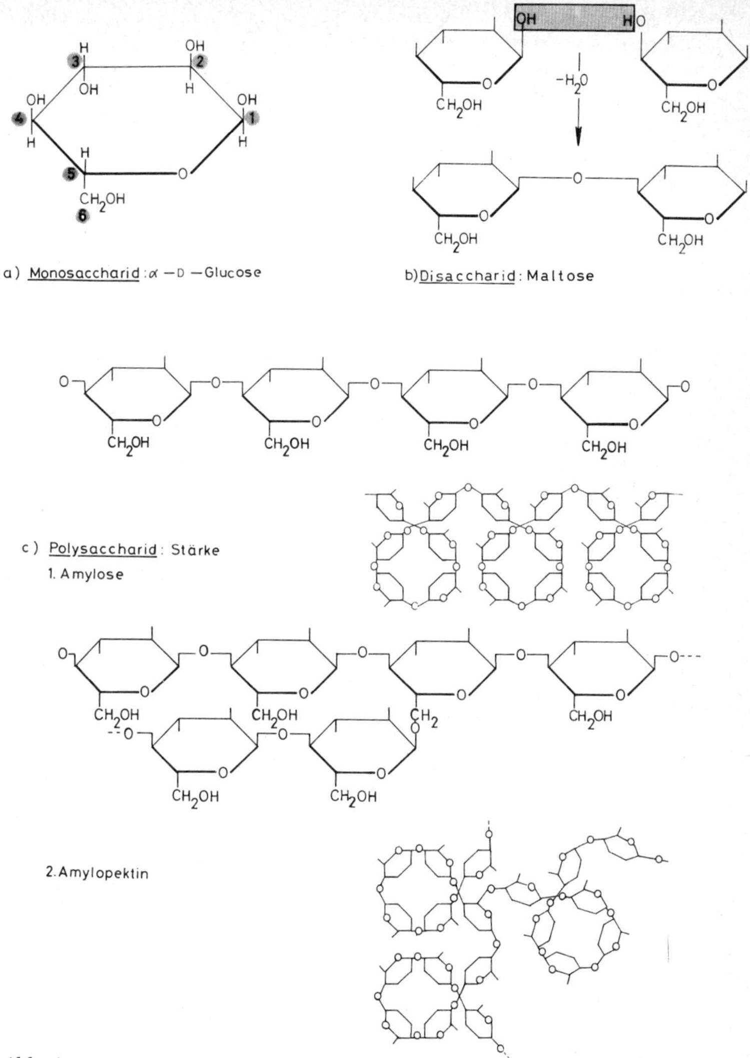

Abb. 4:
Kohlenhydrate. Beispiele für a) Mono-, b) Di- und c) Polysaccharide:
1. Amylose: Ausschnitt aus dem Makromolekül und räumliche Anordnung der einzelnen Glucosemoleküle;
2. Amylopektin: Ausschnitt aus dem Makromolekül mit Verzweigung und räumlicher Anordnung der einzelnen Glucosemoleküle.

(RNS) und die Desoxyribose in der Desoxyribonukleinsäure (DNS). Stärke wird – ebenso wie Zellulose – durch eine kettenartige Aneinanderreihung zahlreicher Glucosemoleküle gebildet. Die Verknüpfung zweier Kettenglieder erfolgt bei der Stärke zwischen dem aldehydischen C-Atom 1 des einen Moleküls und der OH-Gruppe des C-Atoms 4 des nächsten Moleküls (α – 1,4 glykosidische Bindung) unter Wasserabspaltung (Abb. 4) zum Disaccharid Maltose. Durch Anlagerung weiterer Glucosemoleküle entsteht dann die Stärke. Im Stärkekorn kommen 2 Arten von Stärke vor: die Amylose ist dadurch gekennzeichnet, daß mehrere hundert Glucosemoleküle sich zu einer einfachen schraubig gedrehten Kette verbunden haben. Bei Zusatz von Jod wird dieses in die schraubigen Windungen eingelagert. Daraus resultiert die blauschwarze Jodreaktion der Stärke. Das Amylopektin ist dagegen nicht in dieser Art mit Jod färbbar, jedoch verantwortlich für die Verkleisterung der Stärke bei Behandlung mit warmem Wasser. Amylopektin stellt ein verzweigtes Makromolekül dar, bei dem am schraubigen Amylosemolekül zusätzlich kurze schraubige Seitenäste sitzen.

Infolge dieses Molekülbaus ist Stärke – im Gegensatz zum langgestreckten Zellulosemolekül – als Gerüstsubstanz nicht brauchbar. Andererseits bietet sie aber der Pflanze die Möglichkeit, Glucose in eine unlösliche und zugleich osmotisch unwirksame (s. S. 271) Energiespeicherform zu überführen, aus welcher die Energie bei Bedarf schnell wieder mobilisiert werden kann.

Die Stärke liegt zumeist in den Zellen von Speichergeweben und -organen als *Stärkekörner* vor, deren Form und Größe (2–100 µm) in so charakteristischer Weise variieren, daß hiernach eine Diagnose der Produzenten meist möglich ist (Abb. 5). Für Lebensmitteluntersuchungen ist dies von großer Bedeutung. Mikroskopische Analysen eines Stärkekorns machen Schichtungen sichtbar, die entweder konzentrisch (Roggen) oder exzentrisch (Kartoffel) um ein Bildungszentrum gelagert sind. Das Stärkekorn der Bohne weist einen charakteristischen Spalt in der Mitte auf, während Hafer zusammengesetzte Stärkekörner hat, die auf mehrere Bildungszentren zurückzuführen sind.

In einigen stärkehaltigen Samen variiert der Anteil von Amylose zwischen 10 und 35%, der des *Amylopektins* zwischen 65 und 90%. Da sich Amylose infolge ihrer Löslichkeitseigenschaften für die menschliche Ernährung besser eignet als Amylopektin, zielt die Züchtung darauf, Mutanten mit höherem Amylosegehalt zu selektionieren. Amylosemais enthält heute bereits 50% Amylose, die Erbsensorte Steadfast sogar 80% gegenüber 34% anderer Erbsen.

Die meist zur Familie der Gräser (Poaceen) gehörenden und überwiegend Stärke speichernden Getreidepflanzen sind nach Anbaufläche und Ertrag die wichtigsten Kulturpflanzen (Tab. 3). Ihre mehlreichen

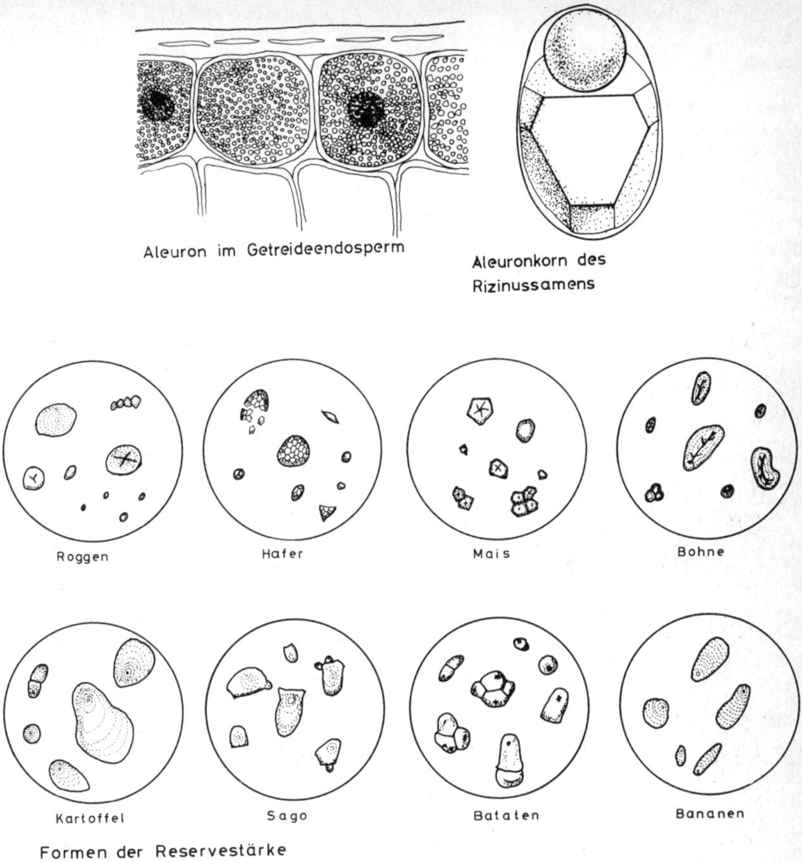

Abb. 5:
Beispiele für das Vorkommen von Aleuronkörnern; Formen der Reservestärke wichtiger Kulturpflanzen.

Früchte (= Körner) stellen die Ernährungsgrundlage der Erdbevölkerung dar. Die führende Rolle der Getreide läßt sich darauf zurückführen, daß es für die verschiedenen Klimagebiete jeweils besonders geeignete Arten gibt. Entsprechend den unterschiedlichen Temperaturansprüchen der Arten findet man eine Zonierung der Anbauflächen für die verschiedenen Getreide: am weitesten nach Norden reicht der Anbau der Sommergerste; es folgen nach Süden die Anbaugürtel von Roggen,

Tab. 3: Inhaltsstoffe wichtiger Getreidearten (Angabe pro 100 g Korn-Trockengewicht)

Pflanzenart	Wasser	Stärke	Eiweiß	Fett	Mineralstoffe	Vitamin B_1	B_2
Weizen	13,2 g	66,7 g	12,4 g	2,0 g	1,8 g	0,48 mg	0,14 mg
Roggen	13,7	70,2	9,2	1,8	1,8	0,35	0,17
Hafer	13,0	61,3	13,0	7,0	2,3	0,52	0,17
Gerste	11,7	73,6	7,5	1,2	1,3	0,43	0,18
Reis (geschält)	13,1	75,6	7,4	0,4	0,8	0,41	0,09
Mais	12,5	67,2	11,0	4,4	1,5	0,36	0,20
Hirse	12,1	68,1	11,5	3,9	1,7	0,26	0,14

Hafer, Weizen sowie Mais, Reis und Hirse. Als „Korn“ wird jeweils die Getreideart bezeichnet, deren Anbau in einem Lande überwiegt, so in Skandinavien die Gerste, in Deutschland der Roggen, in Italien Weizen, in Ostasien Reis und Mais in den USA. Im Weltgetreideanbau führen Reis, Weizen und Mais deutlich vor Gerste, Hirse, Hafer und Roggen.

Weizen (Triticum aestivum) ist die auf der Erde am weitesten verbreitete Getreideart, die gemeinsam mit der Gerste zu den ältesten Kulturpflanzen zählt. Man unterscheidet Sommer- und Winterweizen, wobei letzterer eine Winterhärte bis etwa −20 °C besitzt und somit einen Anbau bis in subkontinentale Klimagebiete erlaubt. Die besten Erträge ergeben sich auf mittleren bis schweren Böden, auf denen auch die Zuckerrüben am besten gedeihen (daher: Rüben-Weizen-Böden). Das hochwertige Mehl zeichnet sich durch besonders gute Backfähigkeit aus, die auf dem hohen Klebereiweißgehalt beruht. Die besonders kleberreichen Körner amerikanischer Sorten werden für Teigwaren, die eiweißarmen des Rauhweizens für die Herstellung von Weizenstärke und Weizengries verwendet. Die unreifen Körner des Spelz ergeben das Grünkernmehl.

Roggen (Secale cereale) war früher die Hauptbrotgetreideart in Deutschland, wird aber heute durch die Tendenz zu Weißbackwaren verdrängt. In der Reihenfolge der Weltanbauflächen steht der Roggen an letzter Stelle, dennoch ist er als winterhärteste Getreideart, deren Urheimat im Kaukasus liegt, in Ost- und Nordeuropa die wichtigste Getreideart. Roggen ist anspruchslos hinsichtlich der Bodenverhältnisse, verträgt allerdings keine Vernässung. Demgegenüber gedeiht er besonders gut auf leichten Sandböden wie die Kartoffeln (daher: Kartoffel-Roggen-Böden). Roggenmehl wird vorwiegend für Brotherstellung, die Kleie als Viehfutter genutzt. Geringe Mengen des Roggens dienen als Kaffee-Ersatz und zur Kornbranntweinherstellung. In steigendem Maße findet diese Getreideart auch als Grünfutter Einsatz.

Hafer (Avena sativa) ist ebenso wie der Roggen als Unkraut aus seiner eurasischen Heimat nach Mitteleuropa eingewandert und hier dann sekundär unter Kultur genommen worden. Anspruchslos an den Boden benötigt er regelmäßige

Wasserversorgung, die in einem feucht-kühlen Klima am besten gewährleistet ist. Infolge seines besonders hohen Fettgehaltes (7%) eignet er sich als Kraftfutter für Pferde und Geflügel. Der Mangel an Klebereiweiß macht Hafer ungeeignet für die Brotherstellung. Die entspelzten, geschälten und gewalzten Körner dienen als Haferflocken der menschlichen Ernährung.

Gerste (Hordeum vulgare) ist durch einen breiten Anbaugürtel gekennzeichnet, dessen Nordgrenze in Norwegen um den 70. Breitengrad liegt, während die Südgrenze bis in die Subtropen reicht. Gerste wurde bereits von den Sumerern schon 5000 vor Chr. angebaut und hat sich infolge starker Formenaufspaltung und Einkreuzung mindestens einer weiteren Wildart inzwischen auf der ganzen Welt ausgebreitet. Die stärkereichen, aber eiweißarmen Körner der zweizeiligen Gerste eignen sich besonders als Braugerste für die Bierbereitung. Mehrzeilige Gersten (4- oder 6-zeilig) dienen als Futtermittel oder werden zu Graupen und Gries verarbeitet.

Reis (Oryza sativa) dient etwa der Hälfte der Menschheit als Nahrung. Die Bezeichnungen Morgen-, Mittag- und Abend-Reis (entsprechend unserem -Brot) deuten auf die mehrmalige tägliche Einnahme dieses Nahrungsmittels hin. Seit etwa 3000 v. Chr. ist der Reis vermutlich von einer aus Indien oder China stammenden Wildform in Kultur genommen worden und wird heute vorwiegend in den tropischen und subtropischen Gebieten Asiens kultiviert. Reiskultur kann zwischen 45° N und 40° S betrieben werden bei Temperaturen zwischen 25–30 °C und ausreichender Feuchtigkeit. Obwohl die Hauptmasse an Reis in Ostasien erzeugt wird, stammen heute die größten Exporte aus den USA, wohin 1647 der Reis eingeführt wurde. In das Mittelmeergebiet gelangte der Reis dagegen schon um 800 v. Chr. Diese Getreideart gilt als sortenreichste Kulturpflanze. Der bis 2000 m Höhe gedeihende Bergreis oder Trockenreis bringt geringere Erträge als der Bewässerungs- oder Naßreis. Bei letzterem stehen die Pflanzen im Schlamm wie in einer Nährlösung. Dreimaliger Anbau im Jahr ist dort möglich, wo die Vegetationsdauer bis zur Reife unter entsprechenden Klimaten nur 3 bis 4 Monate in Anspruch nimmt. Das Saatgut wird zunächst in Keimbeeten ausgesät, die Jungpflanzen dann auf den überfluteten Feldern eingesetzt. Nach der Ernte der inzwischen trockenen Felder wird das Getreide gedroschen. Die bespelzten Körner werden danach in Reismühlen geschält. Beim Polieren werden nicht nur die Spelzen, sondern auch die besonders an B-Vitaminen reiche aus Samen- und Fruchtschale verwachsene Silberhaut mit der eiweißreichen sog. Aleuronschicht entfernt. Als Folge des Genusses von poliertem Reis trat bei fast nur von Reis lebenden Bevölkerungsschichten die Beriberi-Krankheit, eine Vitamin-B_1-Mangelkrankkeit, auf, die sich durch Störungen der Bewegungs- und Empfindungsnerven äußert. Der in den Reismühlen anfallende Bruchreis wird zu Gries, Mehl, Reisstärke sowie Reiswein (Sake) und Reisschnaps (Arrak) verarbeitet.

Mais (Zea mays) nimmt unter den Weltgetreidearten die 2. Stelle ein. Seine ursprüngliche Heimat dürfte zwischen Peru und Mexiko zu suchen sein. Funde von primitivem Wildmais sind auf die Zeit von 5000–3400 v. Chr. datiert worden. Zweifelsohne wird Mais schon frühzeitig von Indianern kultiviert worden sein. Inzwischen haben zahlreiche Hochzuchten mit mehr als 20 cm Kolbenlänge nicht nur in den Tropen und Subtropen, sondern auch in den gemäßigten Zonen der gesamten Erde Verbreitung gefunden. Frost verträgt die Pflanze nicht (Temperaturoptimum um 30° C), doch stellt sie keine hohen Anforderungen an Bodenfeuchtigkeit und Nährstoffversorgung. Mais stellt ein gutes Futtermittel dar (Grünmais, Silomais, Körnermais). Stärke (z. B. in Maisbrei = Polenta) und Maisöl dienen der menschlichen Ernährung. Da Klebereiweiße fehlen, ist die Backfähigkeit gering. Beim Zuckermais werden bei der Reife nicht alle Kohlenhydrate in Stärke umgewandelt.

Als *Hirsen* werden eine Reihe von Getreidearten der Gattungen Sorghum (Mohrenhirse), Setaria, Panicum, Pennisetum, Eleusine usw. zusammengefaßt. Es handelt sich um kleinkörnige Pflanzenarten, deren Körner als Brei oder Fladen zubereitet heute nur noch in wärmeren Klimabereichen in größerem Umfang gegessen werden (Asien, Afrika). In Nordamerika spielen die Hirsen als wertvolles Futtergetreide eine Rolle.

Die *Kartoffel* (Solanum tuberosum) hat mit einer derzeitigen Weltproduktion von über 300 Millionen t jährlich als Stärkelieferant immer mehr an Bedeutung gewonnen, zumal ihr Gehalt an Eiweiß und Vitamin C für die Ernährung der Menschheit nicht unwesentlich ist. Aus ihrer Heimat Südamerika, wo die Spanier sie als Kulturpflanze der Indianer kennen lernten, gelangte sie im 16. Jahrhundert nach Europa; dort wurde sie zunächst als Zierpflanze gehalten. Erst die Hungerjahre der Schlesischen Kriege im 18. Jahrhundert verhalfen ihrem Anbau in Mitteleuropa zum Durchbruch. Im Gegensatz zu den noch in Südamerika gehaltenen Sorten sind unsere Hochzuchten nicht frosthart. Die Pflanze verträgt keine Staunässe, liefert dagegen auf durchlässigen, sandig-lehmigen Böden gute Erträge. Hohe Temperaturen verringern einen Ansatz der Sproßknollen. Ihr Gebrauch befindet sich z. Z. in einer Wandlung. Das frühere Grundnahrungsmittel stellt heute vielfach nur noch Beikost (z. B. auch als Klöße oder Püree) dar und wird veredelt als Pommes frites oder Chips genossen. Weitere Formen der Nutzung sind Herstellung reiner Stärke, Spritfabrikation, vor allem aber Schweinemästerei.

Die *Süßkartoffel* (Ipomea batatas) und *Maniok* (Manihot esculenta) sind die wichtigsten Stärkelieferanten in den Tropen und Subtropen, in denen die nicht tropenfeste Kartoffel ausfällt. Heimat der Süßkartoffel oder Batate, einer zu den Windengewächsen zählenden Pflanze, ist Südamerika. In ihren bis zu 3 kg Gewicht erreichenden Wurzelknollen sind etwa 10% Stärke gespeichert, daneben 15–35% Zucker, was zu dem Namen Süßkartoffel geführt hat. Maniok ist ebenfalls in Südamerika beheimatet, wird heute aber auch viel in Indonesien und Westafrika angebaut. Die stärkereichen Knollen (20–40 cm Länge) dieser mehrjährigen, strauchartigen, zu den Wolfsmilchgewächsen zählenden Pflanze dürfen nicht roh verzehrt werden; sie enthalten nämlich ein giftiges Blausäureglykosid, das aber beim Kochen oder Dämpfen entweicht. Die zu Mehl zerstampften, zuvor gekochten Knollen werden als Brei oder gebacken in Scheiben gegessen. Maniok wird teils auch zu Tapioka genannten Stärkeklumpen, ferner zu Äthylalkohol und Dextrin verarbeitet.

Die *Sagopalme* (Metroxylon sagu) gehört zu den tropischen Palmen, deren hoher Reservestärkegehalt zur Sagogewinnung dient. Ein etwa 15 Jahre alter Palmenstamm liefert ca. 200 kg Rohsago, das sich in dem zentral im Stamm liegenden bis 80 cm dicken Mark befindet. Durch Zerkleinern und mehrfaches Waschen erhält man einen Stärketeig, der schließlich zu den runden Sagokörnern gepreßt wird.

Inulin, ein Polymerisat der Fructose, ist der Speicherstoff der Korbblütler

(Kompositen). Es findet sich vor allem in Wurzeln und Knollen und hat Bedeutung für Diabetiker, da es im Gegensatz zu den Polyglucanen der Stärke für Zuckerkranke ungefährlich ist. Die Knollen von *Topinambur* (Helianthus tuberosus) können daher von diesen als Kartoffelersatz gegessen werden. Gleichzeitig wird Topinambur zur Alkoholerzeugung kultiviert. *Wurzelzichorien* (Cichorium intibus) dienen der Herstellung von Kaffeesurrogat, *Schwarzwurzeln* (Scorzonera hispanica) sind bekannte inulinhaltige Gemüsepflanzen.

1.3.1.2. Zuckerspeichernde Pflanzen

Einige Pflanzen speichern an Stelle der Stärke auch das Disaccharid *Saccharose*, den Rohr- oder Rübenzucker, der aus je einem Molekül Glucose und Fructose aufgebaut ist. Bis ins hohe Mittelalter, bis zur Erkundung des Seeweges nach Asien kannte man in Deutschland nur Honig als Süßmittel. In Südasien dagegen wurde Zuckerrohr schon lange vor der Zeitwende kultiviert.

Zuckerrohr (Saccharum officinarum) ist ein 7 m hohes und 2–5 cm dickes, der Mohrenhirse verwandtes, reich bestocktes Gras mit Ansprüchen an tropische Temperaturen. Extrahiert werden nach Entfernen der Blätter und Wurzeln nur die Halme, deren Saccharosegehalt zwischen 7–20% liegt.

Die *Zuckerrübe* (Beta vulgaris var. altissima) wurde erst zu Beginn des 19. Jahrhunderts als Zuckerlieferant planmäßig angebaut, obwohl schon zu Mitte des 18. Jahrhunderts der Apotheker Marggraf in Berlin erkannt hatte, daß in der damaligen schwach süß schmeckenden Runkelrübe (4% Zucker) Rohrzucker enthalten ist. Inzwischen wurde der Zuckergehalt durch Züchtung auf 16–20% gesteigert. Zuckerrüben werden heute in ganz Europa, Nordamerika und China und sogar in subtropischen Gebieten angebaut, wo der Anbau von Zuckerrohr nicht möglich ist. Die Zuckergewinnung erfolgt aus den geschnitzelten Rüben durch Heißwasserextraktion. Der eiweißreiche, noch zuckerhaltige Rückstand, die Melasse, wird als Viehfutter verwendet, ebenso wie die Rübenblätter.

Zuckerahorn (Acer saccharum) ist in Nordamerika und Kanada beheimatet. Die Stämme werden im Februar, wenn der Saft in den Bäumen zu steigen beginnt, angebohrt, Schläuche in die Bohrungen eingesetzt, durch die der 3–8% Saccharose enthaltende Saft in Sammelbehälter abfließt. Der eingedickte Saft dient zum Süßen oder wird zu Alkohol vergoren.

1.3.2. Eiweißspeichernde Pflanzen

Das Plasma als lebende Substanz in der Zelle besteht vorwiegend aus Eiweiß (= *Protein*), das in wässriger Phase vorliegt. Auch hier handelt es sich – wie bei der Stärke – um ein Makromolekül, welches aber nicht aus einem einheitlichen Baustein, sondern von etwa 20 verschiedenen N-haltigen *Aminosäuren* gebildet wird. Nur die Produzenten sind in der Lage, aus anorganisch gebundenem Stickstoff (NO_3^-, NH_4^+) Aminosäuren aufzubauen. Da nun die Konsumenten nicht befähigt sind – selbst bei Zufuhr organisch gebundenen Stickstoffs –, alle für sie lebensnotwendigen (= *essentiell*) Aminosäuren selbst zu synthetisieren, sondern einige dieser Eiweißbausteine nur in grünen Pflanzen vorliegen, ist auch für diese Stoffgruppe die direkte bzw. indirekte Abhängigkeit der Konsumenten von den Produzenten gegeben. Zu den essentiellen Aminosäuren, die Tier und Mensch mit der Nahrung aufnehmen müssen, gehören i. a. Lysin, Methionin, Tryptophan, Leucin, Isoleucin, Phenylalanin, Threonin und Valin. Andererseits liefern die Produzenten aber nicht alle für den Menschen erforderlichen Aminosäuren in ausreichender Menge. Der biologische Eiweißwert von Pflanzen kann daher geringer als der tierischen Eiweißes sein. Setzt man die Wertigkeit des Hühnereiweißes = 100% (sog. Vollei-Standard), so beträgt z. B. die Wertigkeit des Soja-Eiweiß nur 84%.

Die große Vielfalt und unterschiedliche Qualität von Eiweißsorten wird dadurch erklärlich, daß die Folge der Aminosäuren im Proteinmolekül (= *Sequenz*) bei verschiedenen Organismen recht unterschiedlich ist: taucht in einem solchen Makromolekül jede der 20 Aminosäuren nur einmal auf, so ergeben sich bereits 2,4 Trillionen Kombinationsmöglichkeiten!

Allen Aminosäuren ist mindestens eine Amino- (NH_2^+) und eine Carboxylgruppe (–COOH) eigen, wenn nicht mehrere. Reagiert die Carboxylgruppe eines Aminosäuremoleküls mit der Aminogruppe eines zweiten unter Wasseraustritt, so wird eine Säureamidbindung, die sog. *Peptidbindung*, geknüpft. Es bildet sich ein Peptid (Abb. 6). Diese Verknüpfung der Aminosäuren zu Peptiden und weiter zu hochmolekularen Proteinketten, aus denen als Seitenketten die Reste (R) der Aminosäuren herausragen, ist nur unter Energieaufwand möglich. Der Rest (R) kann – wie aus Abb. 6 hervorgeht – verschiedener Natur sein. Dipeptide enthalten 2 Aminosäurereste, Polypeptide bis zu 100, Proteine mehr als 100, es können auch mehrere 1000 sein. Die Proteine haben einen Moleküldurchmesser von 5–100 nm.

Die Sequenz der Aminosäuren im Eiweißmolekül wird auch *Primärstruktur* genannt. Diese hat für die Funktion des Proteinmoleküls Bedeutung: so spielen bestimmte Aminosäuresequenzen für die jeweilige katalytische Wirkung eines Enzyms eine wichtige Rolle. Die Primärstruktur eines jeden Proteins ist genetisch fixiert und damit spezifisch für jedes Lebewesen. Gleichwertige Proteine (z. B. das gleiche Enzym) nahe verwandter Organismenarten weisen nur geringfügige Strukturabweichungen auf, während diese bei entfernter verwandten Arten sehr groß sind (serologischer Verwandtschaftstest).

Die Primärstruktur wird zu einer *Sekundärstruktur* durch zusätzliche Wasserstoffbrücken, die von einer Peptidkette zur anderen oder innerhalb einer Peptidkette geknüpft werden. In letzterem Falle bilden die Proteine eine Schraube (Helix). Bei der weit verbreiteten *α-Helix* sind 3,7 Aminosäurereste pro Windung vorhanden. Wasserstoffbrücken zwischen zwei Peptidketten ergeben die Form eines Faltblattes (Abb. 6). Dadurch, daß diese Proteine in jeweils charkakteristischer Art räumlich angeordnet sind infolge zusätzlicher Bindungen, wie z. B. bei den Disulfidbrücken (–S–S–) der schwefelhaltigen Aminosäuren, resultiert

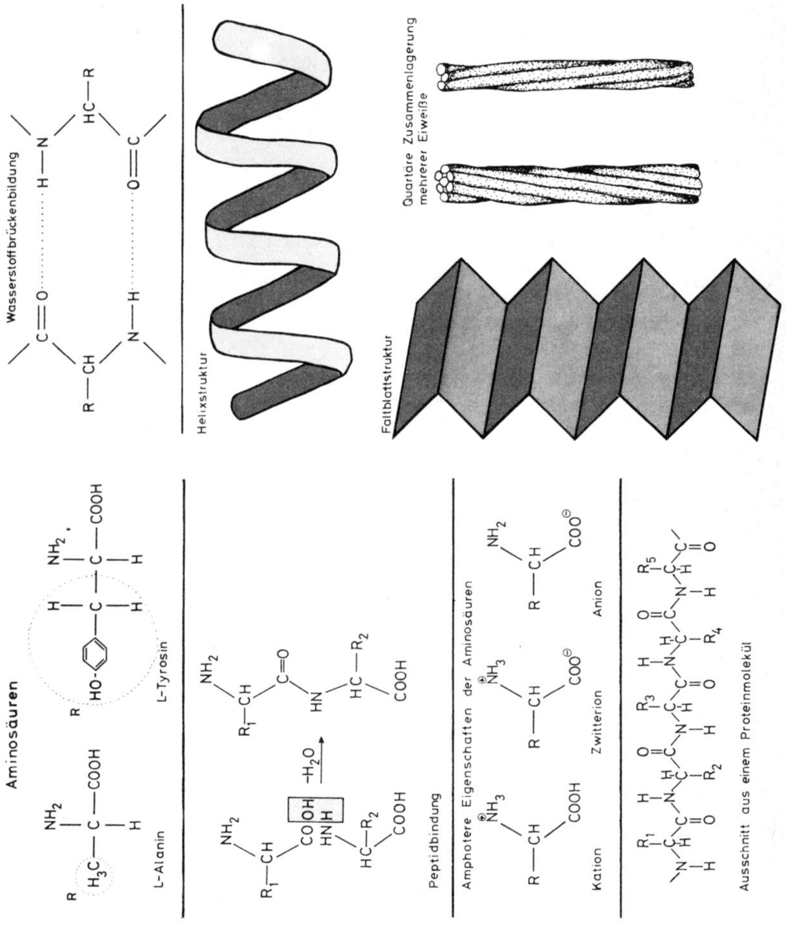

Abb. 6:
Komponenten der Eiweißbildung und Eiweißstruktur (R = Aminosäurerest).

schießlich eine *Tertiärstruktur*. Nach ihrer räumlichen Form werden fibrilläre von globulären Proteinen unterschieden. Die ersteren, auch Skleroproteine genannt, stellen vor allem tierische Gerüstsubstanzen dar, wie Bindegewebe, Nägel, Haare. Die globulären oder Sphaeroproteine haben eine etwa kugelige Gestalt. Die Mehrzahl der Proteine des Protoplasmas sowie alle Enzyme sind globulär. Mehrere gleiche oder ungleiche Protein- oder Polypeptidmoleküle können sich als Untereinheiten (Subunits) zu einer *Quartärstruktur* zusammenschließen (Abb. 6). Da der komplizierte dreidimensionale Aufbau nur teilweise durch chemische Bindungen (Hauptvalenzbindungen), vielfach aber durch die schwächeren Nebenvalenzen aufrecht erhalten wird, ist vielfach eine größere Anfälligkeit vorhanden. Dies gilt besonders gegenüber der Einwirkung hoher Temperaturen, Säuren und Laugen oder plötzlichem starkem Wasserverlust. Es kann dann zu Strukturänderungen des Proteins kommen. Das Eiweiß verliert seine Funktion und denaturiert. Eine weitere Möglichkeit des Verlustes der ursprünglichen Eiweißform (Konfiguration) besteht bei Erreichung des isoelektrischen Punktes: Aminosäuren und damit auch Peptide und Eiweiße sind Ampholyte: je nach vorliegendem pH-Wert können sie als Zwitterion, d. h. als Kation oder Anion (Abb. 6) auftreten und entsprechend Ionen oder Wasserdipole (Hydrathüllen) anlagern. Im isoelektrischen Punkt mit etwa gleicher Anzahl positiver und negativer Ladungen sinkt die Anlagerung von H_2O-Molekülen auf ein Minimum. Dadurch flocken die Proteine aus.

Man unterscheidet zwischen einfachen (= *Proteine*) und zusammengesetzten Eiweißstoffen (= *Proteide*). Bei letzteren liegen Verbindungen von Proteinen mit anderen Gruppen (= prosthetische Gruppe) z. B. mit Zuckern (= Glykoproteide), Nukleinsäuren (+ Nukleoproteide), Farbstoffen (= Chromoproteide), Fetten (= Lipoproteide) vor.

Die meisten Pflanzenorgane enthalten nur 1–3% Eiweiß. Der Proteinbedarf des Menschen (1 g Eiweiß pro kg Körpergewicht u. Tag) ist daher rein vegetarisch kaum zu decken (s. S. 34). Außer den Getreidemehlen mit etwa 10% enthalten eigentlich nur die Hülsenfrüchte (Leguminosensamen) und einige Mikroalgen größere Mengen an Eiweiß (Tab. 4). Reserveeiweiß wird vielfach nach Entwässerung in sog. *Aleuronkörnern* gespeichert. Diese können sich in speziellen Gewebeschichten (Aleuronschicht), z. B. beim Getreide unterhalb der Samenschale oder über den gesamten Keimling verteilt in Fettvakuolen (Ricinus), befinden (Abb. 5).

Die in Tab. 4 aufgeführten Leguminosen zählen – wie die Getreidearten – zu den ältesten Kulturpflanzen und verdienen wegen ihres Eiweißgehaltes zwischen 20 und 30% die Bezeichnung „eiweißliefernde Pflanzen“. Pisum sativum, die *Erbse*, Lens esculenta, die *Linse*, Vicia faba, die dicke oder *Saubohne*, Cicer arietinum, die *Kichererbse*, haben ihre Heimat rund um den Mittelmeerraum bis nach Asien hinein. In alten ägyptischen Schriften und dem alten Testament finden sie bereits Erwähnung. Phaseolus vulgaris, die *Gartenbohne*, dagegen stammt aus Südamerika. Seit alters her haben Leguminosen also Bedeutung für die

Tab. 4: Inhaltsstoffe Eiweißspeichernder Pflanzen (Angabe in %)

Pflanzenart	Wasser	Eiweiß	Kohlenhydrate	Fette
a) Eiweißreiche Samen von Hülsenfrüchten				
Erbse:				
grüne Erbsen	76,0	6,7	13,9	0,5
reife Samen	10,9	22,9	60,7	1,4
Bohne:				
grüne Bohne	90,4	2,5	5,0	0,3
reife Samen	11,6	21,3	57,6	1,6
Linse	12,4	25,1	59,0	0,7
Erdnuß	2,8	26,5	19,0	46,6
Sojabohne	8,3	40,0	24,0	18,8
b) Getrocknete Mikroalgen				
Chlorella		40–50	10–25	10–20
Spirulina		62–68	18–20	2–3

menschliche Ernährung, besonders dort, wo tierisches Eiweiß knapp ist. *Lupinen*arten geben ein gutes Viehfutter, nachdem es in den 30er Jahren gelang, durch Züchtung die Bitterstoffe zu entfernen.

Nachweislich bereits um 3000 v. Chr. wurde die *Sojabohne* (Glycine max) in ihrer Heimat Ostasien kultiviert. Heute zählt sie zu den wichtigsten Weltwirtschaftspflanzen und dient außer in Ostasien auch in der UdSSR, den USA und Südamerika als Eiweiß- und Fettlieferant. Die Produktion hat sich in den letzten 30 Jahren vervierfacht. Trotz reger Züchtungsversuche in den 30er Jahren konnte sie als Kurztagspflanze (s. S. 227) bei uns nicht Fuß fassen. Als Volksnahrungsmittel wird sie gekocht, geröstet, teilweise zu Mehl verarbeitet gegessen. Mit Wasser versetzt ergibt Sojamehl die „Sojamilch" und nach Gerinnen den „Sojakäse". Sojaöl ist ein gutes Speiseöl, minderwertige Sorten liefern die Basis zur Herstellung von Firnis, Lacken und Seifen.

Die in Südamerika heimische *Erdnuß* (Arachis hypogaea) wird heute in den gesamten Tropen, Subtropen, vereinzelt auch in gemäßigten Zonen, angebaut. Ihr Name deutet an, daß nach der Blüte durch starkes Längenwachstum der Blütenbasis die Frucht in den Boden versenkt wird. Erdnüsse dienen geröstet und ungeröstet als Nahrungsmittel, aus geschälten Samen wird Erdnußbutter hergestellt. Erdnußöl zählt zu den besten Speiseölen.

In den letzten Jahren wird versucht, dem Eiweißmangel in der Welternährung durch *Hefe*kultur auf Petroleumbasis zu begegnen. Erfolgversprechend schien die Massenkultur ein- und mehrzelliger *Algen*, wie z. B. Spirulina, Chlorella, Scenedesmus, in Nährlösungen. Die Grünfärbung der mit Algeneiweiß gemischten Produkte hat bisher eine Aversion der Verbraucher hervorgerufen, die Verwendbarkeit wird besonders durch den hohen Nukleinsäuregehalt eingeschränkt. Für eine Algenkultur spricht jedoch, daß sich die Biomasse und damit auch das Protein dieser Mikroorganismen in einer zwischen 6 Stunden bis 2 Tagen liegenden Zeitspanne verdoppelt. Gras benötigt hierfür 1 bis 2 Wochen, Huhn 3 bis 4 und Schwein 4 bis 6 Wochen. Damit liegen auch die Flächenerträge sehr viel günstiger: 1 ha Nutzfläche liefert im Jahr 0,4 bis 0,8 t Weizen-Protein, 1,8 bis 2,5 t Sojaprotein oder 14 bis 16 t Algeneiweiß.

1.3.3. Fettspeichernde Pflanzen

Wichtige, in allen lebenden Zellen vorkommende Plasmasubstanzen sind neben dem Eiweiß vor allem die *Lipide*, zu denen Fette und *Lipoide* (fettähnliche Substanzen) gerechnet werden. Während Eiweiß vorwiegend als Baustoff dient, sind die Fette und die Kohlenhydrate Stärke und Zucker in erster Linie als Energielieferanten für Zeiten erhöhten Bedarfs gespeichert. 80% aller Blütenpflanzen speichern Fette in den Samen (hoher Fettgehalt z. B. bei Sonnenblume, Mohn, Haselnuß, Mandel). Bei der Keimung der Samen tritt eine starke Aktivierung des Stoffwechsels auf Kosten der Speicherstoffe ein. In den Stämmen von Linden, Eichen und Birken findet eine zusätzliche Akkumulation von Fetten im Herbst und ein Abbau infolge erhöhten Energieverbrauchs im Frühjahr statt. Fette können auch im Fruchtfleisch (Olive) oder in Sproßknollen angereichert sein.

Fette sind Triglyzeride (Abb. 8), d. h. es sind alle drei Hydroxylgruppen des Glyzerins mit der Carboxylgruppe je einer Fettsäure unter Wasseraustritt verestert. Als Fettsäuren bezeichnet man kettenförmige Kohlenwasserstoffe, die am Ende ihres Moleküls die Carboxylgruppe tragen. Dieser Aufbau bedingt, daß sich Fette kaum in Wasser lösen (= *hydrophob*), dagegen sehr gut in Fettlösungsmitteln (= *lipophil*).

Je nach Auftreten von Doppelbindungen in der Fettsäurekette werden *gesättigte* (= ohne Doppelbindungen) und *ungesättigte* (= 1–4 Doppelbindungen) *Fettsäuren* unterschieden. In pflanzlichen und tierischen Zellen kommen regelmäßig die gesättigten Stearinsäure (18 C-Atome) und Palmitinsäure (16 C-Atome) sowie die einfach ungesättigte Ölsäure (16 C-Atome) vor. In tierischen Fetten überwiegen meist die gesättigten Fettsäuren (Abb. 7), während die hochungesättigten besser von den Produzenten synthetisiert werden können. Für die menschliche Ernährung sind ungesättigte Fettsäuren günstiger als gesättigte. Die Linolsäure mit 2 Doppelbindungen im Molekül gehört zu den essentiellen Fettsäuren, die die Konsumenten mit der pflanzlichen Nahrung aufnehmen müssen (Tab. 5).

Je höher der Anteil an ungesättigten Fettsäuren liegt, desto flüssiger ist ein Fett (fette Öle) (Abb. 7). Die Konsistenz eines Fettes hängt somit von der Fettsäurenzusammensetzung der Triglyzeride ab. Um eine brauchbare Streichfähigkeit der Margarine zu erhalten, müssen manche Öle durch Anlagerung von Wasserstoffionen an die Doppelbindungen der ungesättigten Fettsäuren „gehärtet" werden. Durch diese Überführungen in gesättigte Fettsäuren wird die Konsistenz fester

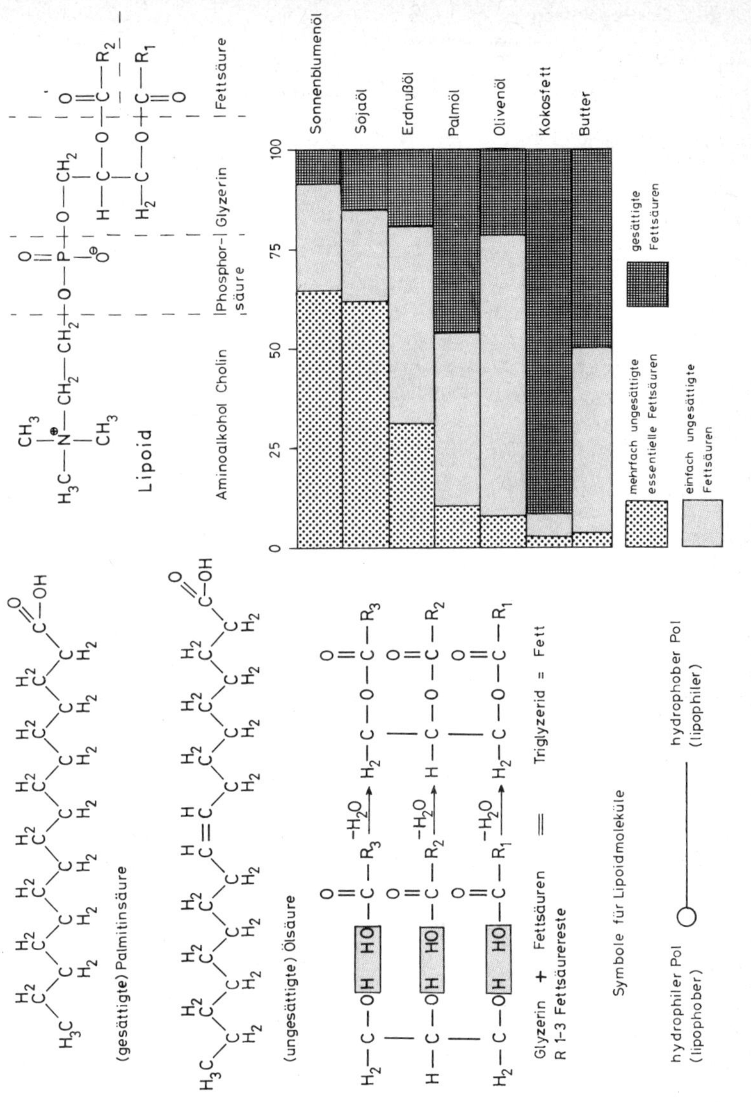

Abb. 7:
Chemischer Aufbau von Fetten und Lipiden; Zusammensetzung einiger wichtiger Speiseöle bzw. -fette aus gesättigten und ungesättigten Fettsäuren.

Tab. 5: Fettgehalt weltwirtschaftlich wichtiger Ölpflanzen.

Pflanzenart	Fettgehalt
Soja	17%
Baumwolle (Samen)	20%
Ölpalme (Frucht	25%
Olive	30%
Raps	42%
Erdnuß	48%
Ölpalme (Kerne)	49%
Sonnenblume	50%
Sesam	51%
Kokos (Kopra)	68%

und der Schmelzpunkt eines Fettes erhöht. Die Zusammensetzung mit gesättigten und ungesättigten Fettsäuren hat ebenfalls Bedeutung für die technische Nutzung. Für Ölfarben und Lacke werden trocknende Öle benötigt, diese sind reich an ungesättigten Fettsäuren und bilden unter dem Einfluß von Luftsauerstoff durch Polymerisation hochmolekulare feste Filme. Nichttrocknende Öle enthalten vor allem gesättigte Fettsäuren. Sie finden als Schmieröle Verwendung, bei denen die Gefahr des Verharzens nicht gegeben sein darf.

Die Lipoide tragen – nicht wie die Fette 3 sondern – nur 2 Fettsäurereste am Glyzerin, dafür an der dritten Hydroxylgruppe einen Rest mit polaren Gruppen, wie z. B. Zucker (Glykolipide) oder Phosphate (Phospholipide) (Abb. 7). Das Phosphatmolekül der Phospholipide kann auf der dem Glyzerinmolekül abgewandten Seite mit einem weiteren Alkohol verestert sein. Bei dem dargestellten Lecithinmolekül liegt eine Veresterung mit dem Aminoalkohol Cholin vor. Die Lipoide besitzen daher amphiphile Eigenschaften, d. h. sie haben einen hydrophoben (= lipophilen) Molekülteil (Fettsäurereste) und einen hydrophilen (= lipophoben) Molekülteil (Phosphat, Cholin, Zucker). Durch diese Eigenschaft stellen Lipoide wichtige Elemente der Zellmembranen dar, die die lebende Substanz zur Umwelt hin begrenzen.

Die *Baumwolle* (Gossypium) wird in mehreren Arten (G. herbaceum, G. hirsutum usw.) wegen der reichlich den Samenschalen entspringenden Baumwollhaare zur Textilfasergewinnung angebaut. Das aus den Samen gewonnene Öl stellt also nur ein, wenn auch bedeutsames, Nebenprodukt dar. Die Ursprungszentren dieser tropischen Kulturpflanzen sind im afrikanisch-indischen Raum (ca. 3000 v. Chr. im Industal nachgewiesen), sowie an Westhängen der Anden Südamerikas zu suchen. Älteste Funde aus Peru werden auf etwa 2500 v. Chr. datiert. Wegen des hohen Linolsäureanteils eignet sich das Öl besonders für die Margarineherstellung.

Der *Ölbaum* (Olea europaea), beheimatet im Mittelmeer und dieser Region ihren Charakter verleihend, wurde schon lange vor der Zeitwende von den dortigen Völkern genutzt. Die grünen bis blauschwarzen Oliven (Steinfrüchte) werden bei der Reife geschüttelt und ergeben bei der ersten Kaltpressung das sog. Jungfernöl, bei der zweiten, warmen Pressung ein für Speisezwecke gerade noch brauchbares Öl; bei der dritten, heißen Pressung entsteht nur noch ein Brenn-, Schmier- oder Seifenöl. Handgepflückte Früchte werden in Kochsalzlösung eingelegt als Speiseoliven angeboten.

Raps (Brassica napus) und *Rübsen* (Brassica rapa) mit Ursprung in Südeuropa sind seit langem auch in unseren gemäßigten Breiten vielfach angebaute Ölsaaten. Umfangreichste Anbauflächen finden sich heute in China. Die gelbblühenden Kräuter, deren Schoten die ölreichen Samen enthalten, können als Sommer- und als zweijährige Winterform kultiviert werden. Rüböl muß für Speisezwecke raffiniert, d. h. entschleimt, entsäuert und von schädlichen Beimengungen (z. B. der kratzigen Erucasäure) befreit werden. Im gehärteten Zustand dient es als Backfett und Margarinerohstoff. Der größte Teil des Öles wird jedoch für industrielle Zwecke, u. a. für die Gummiherstellung, genutzt.

Die *Ölpalme* (Elaeis guineensis), ein stattlicher Baum, ist eine bedeutende, noch in der Ausbreitung befindliche Ölpflanze. Über die Herkunft dieser geschichtlich jungen Pflanze gehen die Meinungen auseinander. Sowohl das tropische Afrika wie Südamerika werden genannt. Hauptanbaugebiete liegen heute in Westafrika und im Malaiischen Raum. Mit einem Ertrag von bis zu 1400 kg/ha Öl überragt die Ölpalme an Produktivität alle anderen Ölpflanzen. 3000 bis 6000 Früchte können zu einem Fruchtstand von bis zu 50 kg vereinigt sein. Aus dem Fruchtfleisch wird das Palmöl, aus den im Innern eines Steinkerns befindlichen Samen das Palmkernöl gewonnen; beide finden Verwendung in der Margarine- sowie in der Seifenindustrie.

Die *Sonnenblume* (Helianthus annuus), von den Spaniern als Zierpflanze aus der neuen Welt nach Europa gebracht, erlangte erst in neuerer Zeit als Steppenpflanze in Rußland und dem angrenzenden südosteuropäischen Raum als Kulturpflanze größere Verbreitung. Argentinien und Südafrika nutzen gleichfalls diesen hohe Sommertemperaturen benötigenden, bei der Reife aber Trockenheit ertragenden Korbblütler. Sonnenblumenöl ist als Speiseöl von hoher Qualität.

Sesam (Sesamum indicum) ist in Mitteleuropa wenig bekannt, zählt aber zu den ältesten Nutzpflanzen. Bereits um etwa 2500 v. Chr. wird die Pflanze in Babylon auf Keilschrifttafeln genannt. Wegen ihrer ölhaltigen Samen wird sie besonders in Indien und China angebaut, doch auch in Mittelamerika und im Sudan liegt die Produktion hoch. Sesam liefert eines der teuersten Speiseöle. Dies beruht auf Schwierigkeiten bei der Ernte: die Pflanze reift ungleichmäßig. Bei zu früher Ernte öffnen sich die Kapseln nicht (daher der Ausspruch: Sesam öffne dich), bei zu später sind die Samen ausgefallen. Sesam ist im Orient mehr Mehl- als Ölpflanze, wo man Brot durch Bestreuen mit ganzen Samen würzt oder die zerkleinerten als Suppen oder Brei genießt.

Die *Kokospalme* (Cocos nucifera), ein 20–25 m hoher Baum ist an feuchtwarme küstennahe Gebiete im Bereich 30° nördlicher Breite bis zum 30. südlichen Breitenkreis gebunden. Die Schwimmfähigkeit und selbst nach monatelangem Aufenthalt im Salzwasser vorhandene Keimkraft der Frucht gewährleisten eine Ausbreitung durch Meeresströmungen. Ihre Herkunft ist daher umstritten.

Heute glaubt man sie im Bereich der Sundainseln suchen zu dürfen. Die 1 bis 2,5 kg schweren Kokosnüsse (botanischer Terminologie zufolge sind sie Steinfrüchte) enthalten Samen, die ein mächtig entwickeltes, fettreiches Nährgewebe aufweisen. Dieses umschließt einen inneren Hohlraum, der mit einer als Kokosmilch bezeichneten, nahrhaften und vitaminreichen Flüssigkeit gefüllt ist. Trinknüsse müssen unreif geerntet werden, da die Flüssigkeit mit dem Reifegrad schwindet. Das getrocknete Nährgewebe, die Kopra, liefert das Ausgangsmaterial zur Ölgewinnung. Ungereinigte Kokosöle werden in der Seifen- und Kunstharzindustrie, raffinierte zu Margarine und Pflanzenfetten verarbeitet.

Lein oder Flachs (Linum usitatissimum), dessen Kultur weit in die Vorzeit zurückgeht, ist wohl die älteste wirtschaftlich genutzte Faserpflanze. Die Samen der auf Öl (40%) gezüchteten Sorten (Öl- und Faserlein werden unterschieden) enthalten ein stark trocknendes Öl, das besonders für Farben und Lacke benötigt wird.

Fetthaltige Samen finden sich auch bei zahlreichen Pflanzen, die als Genußmittel zu wertvoll sind, als daß sie zum Ölschlagen in Frage kämen, so z. B. *Nüsse* und *Mandeln.* Der *Mohn* (Papaver somniferum) wird auf beide Arten genutzt.

2. Entstehung der Biosphäre

Die Grundbedingungen, an welche die Funktionsfähigkeit eines Ökosystems geknüpft ist, gelten genauso für jeden Organismus, desgleichen für jede Zelle. Die jedes Ökosystem kennzeichnenden Erscheinungen von *Energiefluß* und *Stoffkreislauf* entsprechen dem Motor und Stoffwechsel einer Zelle; Ökosystem und Zelle sind daher gleichermaßen offen, d. h. sie reagieren auf äußere und innere Reize (sie sind störanfällig und befinden sich in einem *Fließgleichgewicht);* schließlich ist ohne Autoreduplikation solchgearteter Systeme ihr Fortbestand nicht möglich. Die Frage nach der Entstehung der Biosphäre erfordert demnach eine Untersuchung sowohl der abiotischen Komponente als auch der biotischen, die auf der Stufe des Einzellers beginnt.

2.1. Zusammensetzung früherer und jetziger Trägermedien des Lebens

Das Alter des Universums wird auf 13–16 Milliarden Jahre, das der Erde mit rund $4^1/_2$ Milliarden Jahren angegeben. Mögliche erste Reste des Lebens sind in Form kugeliger Gebilde in den etwa 3,8 Milliarden Jahre alten Onvewacht-Ablagerungen gefunden worden. Bis zu diesem Zeitpunkt muß sich demnach ein Biotop entwickelt haben, in dem die Evolution von organischen Molekülen bis zu einfach gebauten Lebewesen möglich wurde.

Alle Anzeichen sprechen dafür, daß sich das Leben im Wasser entwickelt hat. Von der auf rund 5×10^8 km^2 berechneten Erdoberfläche entfallen heute $3{,}6 \times 10^8$ km^2 auf die Weltmeere und $1{,}4 \times 10^8$ km^2 auf das Festland, so daß die Relation Meer : Land 71 : 29 beträgt. Zu der Hydrosphäre gehören außer den Meeren noch die größenmäßig stark zurücktretenden Binnengewässer samt dem Grundwasser.

Die kontinentale und die ozeanische Kruste unserer Erde, die Lithosphäre, stellt auch heute noch einen Vorratsspeicher chemischer Elemente dar, die für den Aufbau der Organismen benötigt werden. Der aus der Lithosphäre hervorgegangene und der Kruste als dünne Schicht aufliegende Boden ist das Produkt physikalischer, chemischer und biologischer Verwitterung.

Die auffälligste Veränderung dürfte im Verlauf der Evolution die mit der Hydrosphäre und der Lithosphäre in Kontakt stehende Atmosphäre erfahren haben, in der sich offenbar unter Mitwirkung photosynthetisch aktiver Organismen der Übergang von einer reduzierenden zu einer oxidierenden Gashülle vollzog.

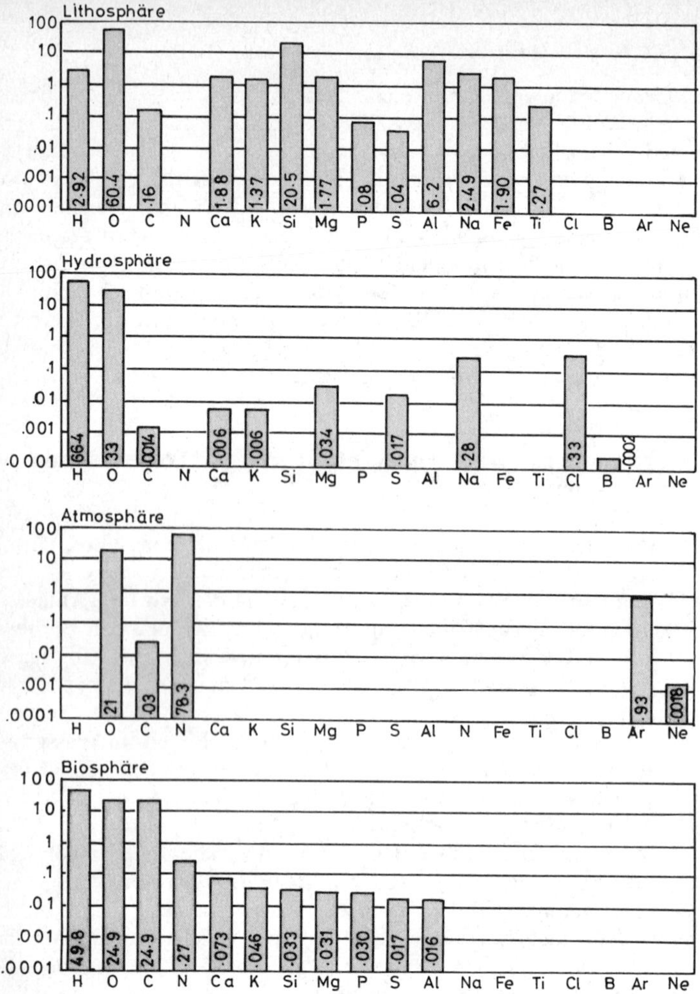

Abb. 8:
Mengenanteil der chemischen Elemente (d. h. Anzahl der Atome) am Aufbau von Lithosphäre, Hydrosphäre, Atmosphäre und Biosphäre (nach DEEVEY).

Die Abb. 8 veranschaulicht, daß die Biosphäre in ihrer chemischen Zusammensetzung durchaus eine Eigenständigkeit aufweist, wenn sie mit *Lithosphäre, Hydrosphäre* und *Atmosphäre* als Trägermedien des Lebens verglichen wird. Die Biosphäre zeichnet sich durch das Selektions- und Akkumulationsvermögen ihrer Organismen aus. Es dominieren Sauerstoff, Wasserstoff, Kohlenstoff, gefolgt vom Stickstoff. Die Lithosphäre ist durch ihren hohen Gehalt an Aluminiumsilikat charakterisiert. 98 Gewichtsprozent werden in der Biosphäre von nur einer Stoffklasse, HCOH, und deren Polymeren incl. der Zellulose gestellt. Damit ist sie weitaus stärker hydriert bzw. chemisch stärker reduziert als die Lithosphäre. So macht in der Lithosphäre der Wasserstoff 2,92 Atom% aus, der Kohlenstoff 0,16 gegenüber 49,8% H und 24,9% C in der Biosphäre. Kohlenstoff findet sich in der Hydrosphäre zu 0,0014 Atom%, in der Atmosphäre zu 0,03%. Als wichtigste, weil reaktionsfreudige und unumgänglich notwendige Elemente der Biosphäre sollen noch Phosphor und Schwefel erwähnt werden, die in den 3 Trägermedien wiederum in abweichenden Mengenverhältnissen oder gar nur in geringen Spuren vorliegen.

2.2. Chemische Evolution der Atmosphäre

Die Biosphäre mit den sich entwickelnden Organismen hat ihren Anfang sicher vornehmlich in der Hydrosphäre unter Mitwirkung der Lithosphäre, dann aber auch der Atmosphäre genommen. Erst nach Absinken der Temperaturen auf der inzwischen kalt-festen Erdoberfläche unter den Siedepunkt setzte die Bildung der damals noch nicht wie heute umfangreichen Hydrosphäre in Form von nicht untereinander verbundenen, wenn auch tiefen *Urmeeren* ein. Mit ihr begann die Erosion, die Verwitterung der Urgesteine. Sedimente konnten sich ablagern, der Chemismus der Hydrosphäre wandelte sich. Parallel zu Litho- und Hydrosphäre entwickelte sich die Atmosphäre. Die Veränderungen in ihrer Zusammensetzung sind Zeugen der Evolution vom anorganischen Molekül bis zum lebenden Organismus.

Durch Kenntnis der Gashülle anderer Planeten könnte unsere Atmosphäre wie folgt entstanden sein:

Die *Uratmosphäre* bestand hauptsächlich aus Wasserstoff (H), Helium (He), Neon (Ne) und Argon (Ar). Im Gegensatz zu den Edelgasen vermag sich Wasserstoff mit anderen Elementen zu verbinden. Helium jedoch konnte im Gravitationsfeld der Erde nicht gehalten werden und diffundierte während der durch die Verdichtung der Erde vorübergehend verursachten starken Erwärmung weitgehend aus der Gashülle in das Weltall. Bevorzugt entstanden Verbindungen aus Wasserstoff und den häufigsten der übrigen Elemente. Das waren in der Gashülle nach der Konzentration geordnet: Sauerstoff (O), Stickstoff (N) und Kohlenstoff (C). Jedes dieser Elemente kann sich mit Wasserstoff zu gasförmigen Verbindungen zusammenschließen: Sauerstoff mit Wasserstoff zu Wasser (H_2O), das bei normaler Temperatur flüssig ist, aber immer in gewissen Mengen Wasserdampf abgibt, Stickstoff und Wasserstoff zu Ammoniak (NH_3), Kohlenstoff und Wasserstoff zu Methan (CH_4). Aus diesen drei Komponenten bestand wahrscheinlich neben freiem Wasserstoff (H_2) zur Hauptsache die Atmosphäre 2, als durch starke Ausstrahlung des Planeten die Temperaturen wieder absanken und sich eine feste Erdkruste herausbildete (Tab. 6).

Unter dem Einfluß des damals ungeschwächt zur Erde gelangenden sehr energiereichen UV-Lichtes konnten Wassermoleküle durch *Photodissoziation* in Wasserstoff und Sauerstoff gespalten werden. Damit wurde eine weitere Änderung der chemischen Zusammensetzung der Gashülle eingeleitet. Der Wasserstoff, der vom Gravitationsfeld der Erde nun nicht mehr gehalten werden konnte, diffundierte als leichtes Gas aus dem Erdbereich heraus. Der Sauerstoff jedoch verband sich mit anderen Komponenten der Atmosphäre 2, z. B. mit Methan (CH_4) zu Kohlendioxid (CO_2) und Wasser (H_2O); aus Ammoniak (NH_3) entstanden Luftstickstoff (N_2) und Wasser. Schließlich waren im Verlauf von einer halben bis einer Milliarde Jahre das gesamte Ammoniak und das gesamte Methan verbraucht; an ihrer Stelle fanden sich N_2 und CO_2. Die Atmosphäre 3 setzte sich also aus Wasserdampf, N_2 und CO_2 zusammen.

Im Verlaufe des Überganges von Atmosphäre 2 zu Atmosphäre 3 muß ein großer Teil des Wassers photodissoziiert sein, wahrscheinlich

Tab. 6: Veränderungen in der Zusammensetzung der Gashülle um die Erde im Verlaufe der chemischen und biologischen Evolution.

Atmosphärentyp	Vorherrschende Bestandteile dieser Atmosphäre	Chem. Elemente, die beim Übergang in das nächste Stadium an Konzentration abnahmen
Uratmosphäre	H_2 (He, Ne, Ar)	– He
Atmosphäre 2	H_2, H_2O, NH_3, CH_4	–H_2 durch Photodissoziation
Atmosphäre 3	H_2O, N_2, CO_2	– C durch Photosynthese
Atmosphäre 4	H_2O, N_2, O_2	

Tab. 7: Zeitskala und mutmaßlicher Ablauf von kosmischer, chemischer und biologischer Evolution

Zeit	Bausteine	Evolutionsstufe	Milieu	Energiegewinn überwiegend durch
Kosmische und chemische Evolution				
– 7 Mia. J.	Elementarteilchen + Elementarteilchen	Atom	Milchstraße	
– 6 Mia. J.	Atom + Atom	Molekül	Sonnensystem	
– 4,5 Mia. J.	Molekül + Molekül	Abiomer	Erde	Photodissoziation infolge UV-Lichtes
– 4 Mia. J.	Abiomer + Abiomer	Präzyte	„Ursuppe“	Gärung (anaerobe Atmung?)
Biologische Evolution				
– 3,5 Mia. J.	Präzyte + Präzyte	Protozyte	Meeresboden	Gärung, anaerobe Atmung, Photosynthese
– 2,5 Mia. J.	Protozyte + Protozyte	Euzyte	Meeresoberfläche	Gärung, Photosynthese, Atmung
– 1 Mia. J.	Euzyte + Euzyte	Vielzeller	Meeresoberfläche	Photosynthese, Atmung
– 0,4 Mia. J.	Vielzeller + Vielzeller	Biozönose	aquatische u. terrestrische Ökosysteme	Photosynthese, Atmung

etwa die Hälfte des ursprünglichen Wasservorrats, aber es blieb genügend zurück zur Bildung unserer heutigen Ozeane bzw. es wurde durch Wasserdampfexhalation der Vulkane und Geysire aufgefüllt. Der reduzierende Charakter der Atmosphäre 2 bis zum Zeitpunkt des Überganges in die Atmosphäre 3, in welcher er verlorenging, schaffte die Voraussetzungen, die zur *abiogenen Bildung monomerer organischer Moleküle* führen konnte. Durch Zusammenlagerung der monomeren Moleküle zu solchen, die zunächst nur aus wenigen gleichartigen bestanden, vor allem aber durch deren Reduplikation wurden weitere Voraussetzungen geschaffen, die letztlich zur Evolution von Lebewesen überleiteten (Tab. 7). Organische Moleküle können auch heute in diffuser interplanetarer Gas-Staub-Materie und in Meteoriten nachgewiesen werden.

Die Synthese großer Moleküle aus kleinen erforderte jedoch entsprechende Energiezufuhr. Vier Energiequellen standen auf der sich abkühlenden Erde zur Verfügung, die in ferner Vergangenheit sicher reichhaltiger waren als heute:
1. Innere Erdwärme (Vulkanismus)
2. Elektrische Gewitterenergie und kosmische Strahlung
3. Radioaktiver Zerfall im Gesteinsmaterial der Erdrinde
4. UV-Strahlung der Sonne.

1953 versuchte der Amerikaner A. Miller im Laborexperiment Bedingungen nachzuahmen, wie sie für die frühe Atmosphäre angenommen werden. Er gab Ammoniak, Methan und Wasser, also die Substanzen der Atmosphäre 2, in ein geschlossenes System, in dem elektrische Entladung für Energiezufuhr sorgte. UV läßt sich in einem geschlossenen Kolben nur schwer anwenden, obwohl es in der Urzeit der Erde warscheinlich die wichtigste Energiequelle gewesen sein dürfte. Nach einer Woche identifizierte Miller außer Ameisensäure auch kompliziertere Verbindungen, wie Essigsäure, Glucolsäure und Milchsäure, also molekulare Bausteine lebender Organismen (Abb. 9).

Durch die Reaktion von Ammoniak mit dem im Methan vorhandenen Kohlenstoff wurden Zyanwasserstoffsäure und Harnstoff gebildet. Auch die zwei Aminosäuren Glycin und Alanin, Bestandteile des Eiweißes, ließen sich nachweisen. J. Oro, ein Biochemiker in Houston, ging von diesen von Miller gewonnenen Produkten aus, die er dann weiter derartigen Experimenten aussetzte. Er erhielt Ketten von Aminosäuren, ferner Purine, wie sie sich in Nukleinsäuren befinden, z. B. Adenin, Ribose und auch Oxyribose. Diese lagerten sich auch teilweise zu Nukleotiden und Adenosintriphosphat (ATP) zusammen.

Man nimmt daher an, daß derartige Produkte einer lebhaften Synthesetätigkeit in Vorstufen mit Niederschlägen in die Urozeane gelangten, wo sie durch Eintrocknen, Lösen, Umkristallisieren, desgleichen durch Filtern und chromatographische Trennung an den Sedimenten des Mee-

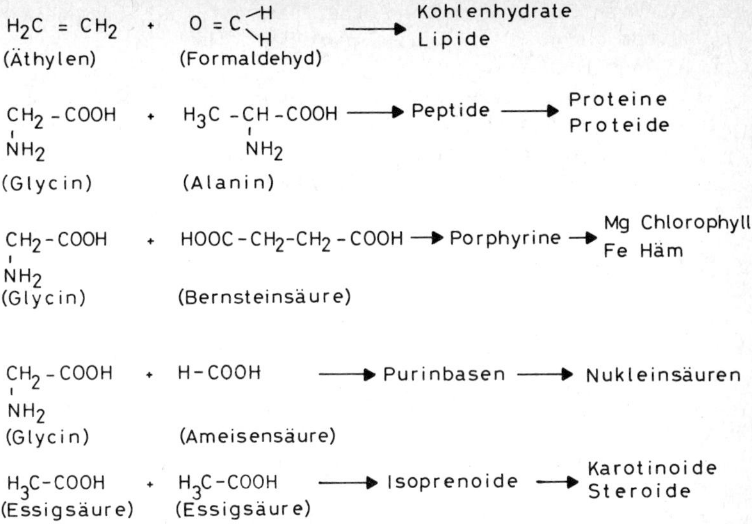

Abb. 9:
Entstehung wichtiger Bausteine des Lebendigen aus einfachen Molekülen.

resgrundes Kondensation und Umformung erfuhren. Schließlich reicherten sie sich zu einer „*Ursuppe*" an. Eine Bestätigung derartiger Experimente und Vorstellungen erbrachte neben dem Vergleich mit extraterrestrischem Material eine Analyse uralter irdischer Chemofossilien.

2.2.1. Abioide

Organische Verbindungen, wie sie auf dem geschilderten Weg aus anorganischer Materie entstanden sein können, und die daher als *Abiomere* bezeichnet werden, befanden sich zunächst wohl ohne näheren Kontakt miteinander gelöst in diesenUrozeanen und bildeten so die „Ursuppe". Diese enthielt sicher z. T. nur Mikromoleküle (Abiomonomere), wie Aminosäuren, Nukleotide, Saccharide und Lipide, zum anderen jedoch bereits auch Makromoleküle (Abiopolymere), die sich aus Monomeren zusammengelagert hatten. Solche Makromoleküle bestanden sicher einerseits aus langkettigen Polypeptiden, sogenannten Proteinoiden, die als kugelige Mikrosphären einen Durchmesser von bis zu 2 μm aufweisen konnten, zum anderen aus hochmolekularen Nukleinsäuren. Mit zunehmender Konzentration in der „Ursuppe“ traten beide Stoffgruppen in einen lockeren Kontakt.

Größere Aggregate von Abiomeren nennt man *Abioide.* Nukleinsäurehaltige Abioide konnten wahrscheinlich schon, auch wenn sie vorerst nur über DNS oder RNS verfügten, ihre genetische Information verdoppeln und eine geregeltere Eiweißsynthese steuern. Mit ihrer Fähigkeit zu „Wachstum“ und „Vermehrung“ durch Auseinanderbrechen zu groß gewordener Gebilde lieferten sie die Grundlage zur Entwicklung erster Zellen, den *Präzyten.*

2.2.2. Bildung der Urzellen: Präzyten

Drei Typen von Abioiden (d. h. Abiomeren – Konglomerate) werden für die Entwicklung zum Lebendigen von besonderer Bedeutung gewesen sein:

a) Protein-Abioide mit reichhaltiger Ausstattung an Enzymen und anderen Proteinen
b) DNS-Abioide mit vorherrschender Desoxyribonukleinsäure
c) RNS-Abioide mit vorherrschender Ribonukleinsäure

Durch Verschmelzen solcher Abioide miteinander vermochten zellartige Komplexe mit einem funktional ausgewogenen Protein-Nukleinsäure-Gehalt zu entstehen.

Drei „Erfindungen“ waren notwendig, die hinführten zu Stoffwechsel, Reproduktion und Mutabilität:

1. *Bildung eigener Enzyme* zur Kontrolle des Stoffwechsels.
2. *Abgrenzung gegen die Umgebung.* Man kann wohl annehmen, daß sich bereits bei den Abioiden sehr einfach gebaute *Membranen* als Barrieren gegen das umgebende Medium herausgebildet haben. Nur so war ein Schutz vor Substanzverlusten und zugleich eine Möglichkeit zu selektiver Stoffaufnahme gegeben. Membran-umgebene Abioide besaßen damit sicher einen Selektionsvorteil gegenüber membranlosen. Abioidmembranen entstanden vermutlich zunächst als einschichtige Filme aus Lipoiden oder Lipiden (s. S. 40) an licht- und windgeschützten Bereichen der Meeresoberfläche z. B. in Grotten. Auf Wasser orientieren sich die Lipoidmoleküle mit ihrem hydrophilen Pol jeweils zum Wasser hin und mit ihrem hydrophoben in den Luftbereich hinein (Abb. 10). Durch Einfaltung derartiger Membranen, die leicht bei bewegter Wasserfläche zustande kommen kann, vermögen sich Doppelfilme (= *Lipid-Bilayer*) von etwa 6 nm Dicke zu bilden. Bei dieser Doppelschicht liegen die hydrophoben Bereiche einander zugekehrt, die hydrophilen nach außen gerichtet. Unter dem Einfluß hoher Energiezufuhr können die Doppellipoidschichten

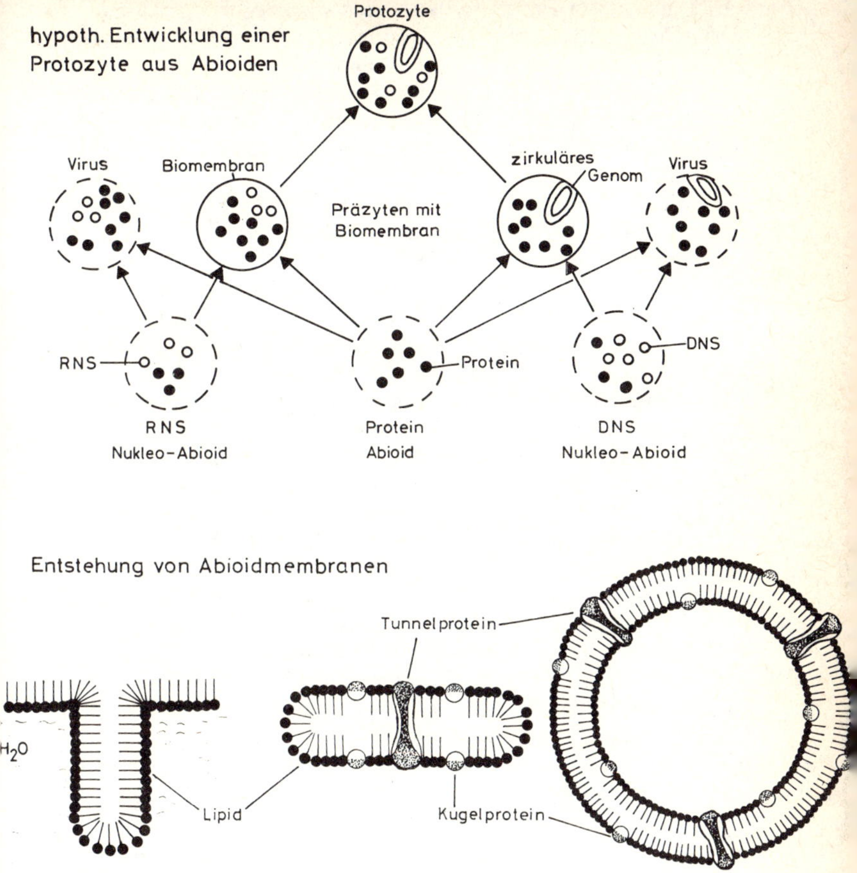

Abb. 10:
Chemische Evolution während der Frühzeit der Erde (verändert nach KAPLAN).
Evolution von Präzyten und Protozyten (verändert nach SCHWEMMLER).

zu kleinen hohlkugelartigen Gebilden umgeformt werden. Als ein weiterer Schritt in der Evolution ist die Stabilisierung der Doppellipoidschicht durch Proteine zu betrachten. Hierbei mögen sich Strukturproteine, die der Festigkeit dienen, an die jeweils entgegengesetzt geladenen Innen- und Außenbereiche des Lipoiddoppelfilms angelagert oder auch geringfügig in ihn eingetaucht haben. Sicher waren auch erste Enzyme unter ihnen. Durch die Lipoidschichten hindurchreichende sogenannte „Tunnelproteine" (Abb. 10) sorgten für den Transport von Ionen und abiomeren Substanzen, also für einen Austausch mit dem umgebenden Medium. Derartige Membranen glichen damit in ihrem Grundaufbau bereits weitgehend den Biomembranen, welche alle heute lebenden Zellen zur Abgrenzung besitzen.

3. Eine wichtige evolutive Erfindung ist in der Verknüpfung der zunächst nur stückweise vorliegenden Nukleinsäuren zu einem *zusammenhängenden Genom* zu sehen. Dieses enthielt die vollständige genetische Information der Präzyte. Damit wurde eine geregelte Vermehrung dieser Urzellen durch Teilung möglich, bei der eine gleichmäßige Weitergabe aller lebenswichtigen Bestandteile auf die beiden Teilungsprodukte stattfinden konnte. Zuvor werden die Abiomere und Abioide, wenn sie durch Substanzaufnahme aus der „Ursuppe" zu umfangreich geworden waren und sicher viele „unnütze" Proteine und Nukleinsäuren enthielten, regellos in kleinere Partikel zerfallen sein.
   Präzyten mit den geschilderten chemischen Eigenschaften hat man als Mikrofossilien aufgefunden. Sie stehen mit ihrem einfachen Stoffwechsel an der Wende von der Chemischen zur Biologischen Evolution. In diesen Präzyten befanden sich jedoch noch nicht DNS und RNS nebeneinander, sondern DNS-Präzyten unterschieden sich von RNS-Präzyten. Beide Funktionen, Replikation, wie auch Steuerung der Synthese von Proteinen, mußten von der gleichen Nukleinsäure vorgenommen werden. Erst die weitere Vereinigung zweier solcher Präzyten, einer DNS- mit einer RNS-Präzyte, brachte eine Trennung beider Aufgaben. Sie existiert in dieser Form heute noch bei Bakterien und Blaualgen und hat sich so bewährt, daß sie in der weiteren Entwicklung bis zu allen jetzt lebenden Organismen erhalten geblieben ist.

2.3. Biologische Evolution

Es ist gut vorstellbar, daß sich im Äquator der Präzyte eine Reißzone herausbildete, wodurch ein Zerfall in zwei gleiche Teile gewährleistet war. Eine Weitergabe der Erbinformation auf die beiden Tochterzellen wurde durch die *Replikation* eines in sich geschlossenen ringförmigen (zirkulären) Genoms gesichert, das im Bereich der Reißzone angeheftet vorlag. Gegenüber dem regellosen Zerfall mit zahlreichen nicht „lebensfähigen" Partikeln erwies sich diese *Zweiteilung* als selektiv vorteilhaft, da so pro „Generation“ weniger Nahrung in Form von Abiomeren benötigt wurde.

In einem weiteren Schritt der Evolution traten vor ca. 3,5 Milliarden Jahren die ersten Bakterien und Blaualgen auf, deren zirkuläres Genom und Teilungsmodus in Form einer Spaltung noch Ähnlichkeiten mit der Präzyte erkennen lassen. In ihrer *protozytischen Organisation* mit Zusammenführung von DNS und RNS in einer Zelle unterscheiden sie sich jedoch deutlich von der Präzyte. Sie stellen offenbar die ersten ausdauernden Organismen dar, die allen Anforderungen des „Lebens“ gerecht werden. Besonders die Blaualgen verfügen über eine weitere Neuerwerbung, über Mg-Porphyrine (= Chlorophylle), die sie zur Energieaufnahme und -speicherung auf einem anderen Wege, nämlich zur *Photosynthese* befähigen. Durch die Photosynthese wurde CO_2 der Atmosphäre entzogen, wodurch sich deren Gehalt an diesem Gas verringerte; gleichzeitig wurde Sauerstoff freigesetzt. Wenn auch der meiste biogene Sauerstoff durch Oxidationsvorgänge zunächst anorganisch gebunden wurde – er liegt heute in Form von Sulfaten und Eisenoxiden im Meer und in den Sedimenten vor, – veränderte sich unter dem Einfluß der Photosynthese ganz langsam die Zusammensetzung der reduzierenden Atmosphäre 3 zu derjenigen der oxidierenden Atmosphäre 4. Der steigende O_2-Gehalt zog dann seit ca. 450 Millionen Jahren die Ausbildung einer Ozonschicht in der oberen Atmosphäre nach sich, welche die starke UV-Strahlung verringerte. So wurde eine Besiedlung des Landes und mit dem Auftreten höherer Pflanzen eine rasche Zunahme des O_2-Gehaltes bis zum heutigen Wert möglich. Erst dieser führte zu einer Massenentwicklung der auf O_2 zur Atmung angewiesenen Organismen.

War zuvor geschildert worden, welche Hypothesen heute über die Entstehung des Lebendigen diskutiert werden, so hat diese Frage doch die Menschheit schon zu allen Zeiten beschäftigt. Im Altertum und bis ins späte Mittelalter bestand die Anschauung einer „generatio spontanea“ oder „abiogenesis“, die auf Aristoteles zurückging. Dieser nahm eine spontane Entstehung von Leben aus unbelebter Materie an. Hierzu kam er durch die Beobachtung, daß sich Maden in faulendem Fleisch entwickeln oder Würmer, Insekten und Fische in Regen gefüllten Tümpeln auftreten, die bis dahin trocken gelegen hatten. Erst 1860 konnte Louis Pasteur durch exakte Versuche den Irrtum dieser Ansicht nachweisen, die dann Preyer 1873 mit seinem Postulat „omne vivum e vivo“ (alles Leben nur aus Leben) allgemeingültig korrigierte. Auch die Panspermie-Hypothese, die Svante Arrhenius etwa 1900 äußerte, derzufolge Leben aus dem Kosmos stets irgendwo vorhanden und die Erde von außen „kolonisiert“ worden sein soll, kann heute als überholt angesehen werden, zumal diese Hypothese eine Biogenese nicht erklärt, sondern lediglich auf einen anderen Planeten verlegt.

2.3.1. Protozyte

Grundsätzlich werden voneinander abgehoben:

Prokaryonten = kernlose Organismen, deren sehr einfach gebaute Zellen *Protozyten* genannt werden.

Eukaryonten = kernhaltige Zellen mit einer stärkeren Gliederung (*Euzyten*)

Die Protozyte der Prokaryonten besitzt keine Unterteilung ihres Zellraumes. In dem von einer Membran nach außen begrenzten *Zytoplasma* (= Trägersubstanz des Lebens, überwiegend aus einfachen und komplizierten Eiweißverbindungen) liegt eingebettet eine zirkuläre DNS in Form eines vielfach geknäulten Doppelstranges. Der Zellbereich, in dem sich die DNS befindet, wird als Nukleoid bezeichnet (Abb. 11). Strukturell bestehen hierin noch Ähnlichkeiten mit den S. 50 geschilderten Präzyten. Physiologisch ergeben sich aber im Stoffwechsel und in der Art der Eiweißsynthese mehr Bezüge zu höher entwickelten Organismen. In der Protozyte liegen nämlich bereits DNS und RNS mit getrennten Funktionen nebeneinander. Daraus resultiert eine Mannigfaltigkeit an Stoffwechseltypen mit Möglichkeiten zur Spezialisierung und zu einer Weiter- und Auseinanderentwicklung der Arten, wie sie während der langen Evolution der Organismen bis heute stattgefunden hat.

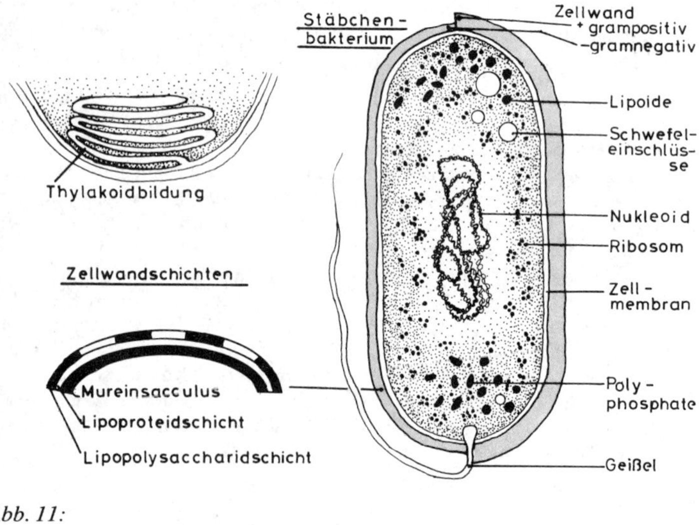

Abb. 11:
Struktur der Protozyte (verändert nach WEBERLING/SCHWANTES).

2.3.1.1. Bakterien

Von den ca. 1500 Bakterienarten gehört ein erheblicher Anteil zu den (heterotrophen) Reduzenten, denen für den Abbau toten Materials in den Ökosystemen besondere Bedeutung zukommt. Gefärbte Bakterien (Grüne- und Purpurbakterien) sind zur Photosynthese befähigt und demnach C-autotroph (s. S. 116). Gleichermaßen autotroph leben die anorganische Verbindungen oxidierenden, ungefärbten, chemosynthetisch aktiven Bakterien (s. S. 142). Eine weitere Bakteriengruppe hat sich mit anderen Pflanzen- oder Tierarten zu einer Ernährungsgemeinschaft zusammengeschlossen wie z. B. die Knöllchenbakterien in den Wurzeln der Schmetterlingsblütler oder zelluloseabbauende Formen im Wiederkäuermagen. Obligater Parasitismus ist selten. So lebt der Erreger des Wundstarrkrampfes (Clostridium tetani) im Boden und wird erst nach einer Wundinfektion zum Parasiten.

Bakterien sind überall im Wasser, im Boden und in der Luft verbreitet. *Dauerformen* (Sporen) besitzen eine Widerstandsfähigkeit gegen Austrocknung und extreme Temperaturen, die es ihnen ermöglicht, mehrstündiges Kochen oder auch außerordentliche Kältegrade schadlos zu ertragen. Die Vermehrung der Bakterien erfolgt durch einfache *Querteilung* (Spaltung). Die unter optimalen Lebensbedingungen außerordentlich kurze Generationsdauer von kaum 20 Minuten ist Folge ihrer Kleinheit bei relativ großer Oberfläche verbunden mit hoher Stoffwechselaktivität. Als kleinstes Bakterium gilt Micrococcus (0,2 µm), als größtes Thiospirrillum jenense (80 µm).

Die rasche Vermehrungsrate läßt sich in den Sommermonaten am Sauerwerden der Milch innerhalb weniger Stunden beobachten. In 1 ml Milch können mitunter bis zu 60 Millionen Keime nachgewiesen werden. In 1 g gutem humosem Boden finden sich 50–100 Millionen Bakterien. Sauberes Quellwasser darf kaum Mikroorganismen enthalten. Im Trinkwasser werden in 1 ml 20 bis 25 Keime (Mikroorganismen) als unbedenklich toleriert. Zahlreiche Bakterien rufen Krankheiten bei Mensch und Tier hervor, die wie die Pest und Cholera seuchenhaftes Ausmaß annehmen können. Seltener sind Infektionen bei Pflanzen. Wunden und Spaltöffnungen dienen dann als Eintrittsöffnungen.

Die Bakterienzelle wird gegen ihre Umwelt nicht nur wie die Präzyte durch eine Membran, sondern zusätzlich mit einer festen Zellwand begrenzt (Abb. 11). Die Bausteine dieser Zellwand unterscheiden sich grundlegend von denen der übrigen pflanzlichen Organismen. Sie bestehen in der wichtigen Grundschicht aus Aminozuckern und Peptiden (= Muropeptide), welche zu einem *Mureinsacculus* verknüpft sind. Dieser umgibt netzartig das Bakterium.

Manche Bakterien scheiden an ihrer Zelloberfläche stark quellbare, aus Polysacchariden und Polypeptiden bestehende Schleime aus, die bei sog. Zooglöen zahlreiche Zellen in einem Schleimhaufen vereinigen.

Die das Zytoplasma nach außen begrenzende Membran, das *Plasmalemma*, liegt der Zellwand an und muß bei diesen noch sehr einfachen Organismen wandbildende Fermente, Trägermoleküle, aber auch die gesamten Atmungsenzyme enthalten. Bei den grünen und Purpurbakterien enthalten thylakoidartige (taschenartige) ins Zellinnere gefaltete Einstülpungen des Plasmalemmas die Assimilationspigmente (Abb. 11). Eine Untergliederung des Plasmaraumes durch membranöse Strukturen in Reaktionsräume (*Kompartimente*) findet nicht statt. RNS-haltige granuläre Partikel, die Ribosomen, dienen aber bereits der Eiweißsynthese. Fernerhin lassen sich im elektronenmikroskopischen Bild Reservestoffgranula (Volutin = Polyphosphat, Glykogen = stärkeartiges Polysaccharid, fettartige Substanzen usw.), bei Schwefelbakterien Polysulfidgranula erkennen.

Der im Elektronenmikroskop kontrastärmer, d. h. heller erscheinende Bereich des Kernäquivalents ist gegen den übrigen Zellraum nicht abgegrenzt. Im *Kernäquivalent* liegen die Gene linear angeordnet (*Lineom*). Manche Bakterien besitzen mehrere Lineome.

Einer Teilung der Bakterienzelle geht die Replikation der DNS voraus. Bei der Zweiteilung schneidet die Querwand irisblendenartig vom Rande zum Zentrum die Zelle durch (Spaltung). Ein Sexualakt fehlt bei der Protozyte. Durch parasexuelle Vorgänge können jedoch Merkmale übertragen werden.

Manche Bakterienarten verfügen zusätzlich zum Lineom über weitere kleinere ringförmige DNS-Stücke, *Plasmide* genannt. Diese vermehren sich unabhängig vom Lineom und können ebenfalls von einer Spender- zu einer Empfängerzelle übertragen werden. Auf ihnen sind z. B. die Resistenzfaktoren gegen Antibiotika lokalisiert, die auf diesem parasexuellen Wege rasch Ausbreitung finden. So wird z. B. auch die Fähigkeit übertragen, Penicillinase zu bilden. Dieses Enzym vermag das von dem Schimmelpilz Penicillium notatum ausgeschiedene Antibiotikum Penicillin abzubauen, welches eine Verknüpfung des Mureinsacculus verhindert und dadurch die lebensnotwendige Zellwandbildung der Bakterienzelle beeinträchtigt. Durch immer höhere Penicillingaben muß dann vom Arzt versucht werden, doch noch – quasi im Wettlauf mit dem enzymatischen Abbau – einen antibiotischen Effekt zu erhalten.

Zur Diagnose der Arten müssen vielfach physiologische Merkmale mit herangezogen werden, da Formen- und Größenunterschiede nur gering sind. Bakterien lassen sich jedoch leicht auf künstlichen Nährböden (z. B. Zucker, Bouillon, Pepton usw.) kultivieren, so daß ihre Ansprüche an die Nährsubstanzen und ein Abbau derselben wichtige Hinweise ergeben. Man unterscheidet:

a) bewegliche Bakterien (Pseudomonales): als Bewegungsorganell dient die Geißel, z. B. beim Erreger der Cholera.

b) Die Gruppen *unbeweglicher Bakterien* lassen sich weitgehend durch ihre Form voneinander unterscheiden.

1. Die „echten Bakterien" (Eubacteriales) umfassen kugel- (z. B. Eitererreger) und stäbchenförmige Keime (z. B. Erreger des Typhus). Bazillen sind sporenbildende Stäbchenbakterien (z. B. Milzbranderreger).
2. Bei den *Fadenbakterien* (Chlamydobacteriales) entstehen durch Bildung von Scheiden mehr oder weniger feste Verbände. Hierher gehört der Abwasser-„Pilz".
3. Die ebenfalls stäbchenförmigen *„Strahlenpilze"* (Actinomycetes) können sich unter bestimmten Kulturbedingungen ohne eingezogene Querwände verzweigen und so fädige Form annehmen, weshalb man dann auch von „Strahlenpilzen" spricht. Bekannt sind die Antibiotika produzierenden Streptomyzeten.
4. Die teilweise lebhaft gefärbten stäbchenförmigen *Schleimbakterien* (Myxobacteriales) haben keine Zellwand. Sie leben zu Schwärmen vereint in Kompost, Erde und Mist.
5. Auch die *„Schraubenbakterien"* (Spirochaetales) werden meist zu den Bakterien gestellt, obwohl ihr Bau völlig anders geartet ist. Hierzu zählt der Syphilis-Erreger.

2.3.1.2. Blaualgen

Die Blaualgen gleichen in ihrer Zellstruktur den Bakterien. Da sie jedoch fast stets photosynthetisch aktiv sind, wird bei ihnen das Plasmalemma wie bei den kohlenstoffautotrophen Bakterien zu *Thylakoiden* (Taschen) eingefaltet (Abb. 11). Thylakoidstapel finden sich dann gehäuft im peripheren Plasma (*Chromatoplasma*), das durch *Chlorophyll* grün und durch die wasserlöslichen Chromoproteide *Phycocyan* blau und *Phycoerythrin* rot gefärbt erscheint. Nur das Chlorophyll ist in den Thylakoidmembranen lokalisiert, während die Chromoproteide als Granulae zwischen ihnen liegen. Cyanophyceenstärke, Volutinkörner und Cyanophycinkörnchen (Stickstoffspeicher) dienen der Reservespeicherung. Eine progressive Evolution (Anagenese) gegenüber den Bakterien wird z. B. durch den entscheidenden Fortschritt in der Photosynthese manifest; während Purpurbakterien H_2S als Wasserstoffdonator benutzen, dient den Blaualgen H_2O. Im *Zentroplasma* fehlt wie bei den Bakterien ein echter Zellkern. Doch ist auch hier DNS vorhanden und zu einem Kernäquivalent ohne Abgrenzung gegenüber dem äußeren Zytoplasma-Bereich vereint. In der Zellwand sind einem Muropeptid, das dem Mureinsacculus der Bakterien gleicht, Pektin-, Hemizellulose- und

Zelluloseschichten aufgelagert. Diese äußeren Schichten verquellen vielfach zu Gallertscheiden.

Neben kugeligen Formen (Chroococcales) finden sich häufig fädige Zellverbände (Hormogonales).

Blaualgen besiedeln – als Kosmopoliten auf der ganzen Erde verbreitet – häufig Standorte, an denen andere Pflanzen keine Lebensmöglichkeiten finden (Thermalquellen, Gletscher). Als Erstbesiedler auf Felsen, ja sogar bis zu 0,8 cm tief im Gestein lebend und mitunter durch ihre Färbung sogenannte „Tintenstriche" bildend, bereiten sie den Boden für höhere Pflanzen vor. Vielfach werden sie in feuchten Klimaten auf Baumrinde, Blättern oder im Boden angetroffen. Im Süßwasser können einige Formen sich so stark vermehren, daß es zur „Wasserblüte" kommt. Fädige Arten, die über *Heterozysten* (farblose derbwandige Einzelzellen) verfügen, sind befähigt, in diesen Luftstickstoff zu binden (s. S. 359).

2.3.2. Viren

Mit den prokaryonten Bakterien und Blaualgen sind bereits die einfachsten Organismen vorgestellt worden, die seit etwa 3 Milliarden Jahren in etwa gleicher Struktur existieren. An der Grenze zwischen abiotischer und biotischer Materie hat sich bis heute jedoch auch eine Gruppe *nicht zellulär* organisierter Partikel, nämlich die Viren, entwickelt und erhalten. Alle heutigen Viren sind Krankheitserreger, setzen somit das Vorhandensein anderer, höherer Organismen voraus. Man diskutiert eine Herkunft der Viren aus autonom gewordenen Zellkomponenten oder auch Gengruppen, die nun in anderen Zellen störend auftreten.

Ein Virus (Gift, Giftstoff) besteht fast ausschließlich aus *Nukleinsäure* (DNS oder RNS) als Informationsspeicher und fernerhin einer *Eiweißhülle*. Es vermag nur mit Hilfe anderer Organismen zu leben. So weisen z. B. außerhalb einer lebenden Wirts-Zelle befindliche Viren *keinerlei Stoffwechsel* auf. Viren benötigen zur artspezifischen Vermehrung stets eine lebende Zelle als Wirt. Bestimmte Viren, die *Bakteriophagen*, parasitieren in Bakterien, die sie zur Auflösung (Lysis) bringen. Viren können daher zur Bekämpfung von Bakteriosen eingesetzt werden. Infolge ihrer geringen Größe gehen Viren noch durch Bakterienfilter.

Virus-Krankheiten sind:

beim Menschen:	Pocken, Masern, Kinderlähmung, Schnupfen, epidemische Grippe, Mumps, Gelbfieber, Keuchhusten, Papageienkrankheit u. a.;
bei Tieren:	Tollwut, Maul- und Klauenseuche, Rinder-, Schweinepest usw.;

bei Pflanzen: z. B. die Mosaikkrankheit des Tabaks, die Blattrollkrankheit der Kartoffel. Krankheiten der Bakterien werden durch die bereits erwähnten Bakteriophagen hervorgerufen.

Bahnbrechend zur Aufklärung der Virusstruktur waren Untersuchungen von Stanley 1935 am *Tabakmosaikvirus* (TMV). Aus dem Saft erkrankter Tabakpflanzen konnten kristalline Nukleoproteide mit einem Mol.-Gewicht von ca. 17 Millionen gewonnen werden. Dieses lag somit etwa 500 mal höher als das von Hühnereiweiß. Eine Elementaranalyse ergab 16,5% N, 50% C, 7% H, 0,2% S und 0,5% P. Aus der Größe ließ sich schließen, daß es sich bei diesem pathogenen Agens um einen unbelebten Körper handelte, der die bemerkenswerte Fähigkeit besaß, sich in lebenden Zellen enorm rasch, aber eben nur in diesen zu vermehren. Nach Erhitzen auf über 90 °C unterblieb eine Infektion. Selbst in Verdünnungsstufen auf $1:10^{-8}$ konnte die Krankheit übertragen und die befallene Pflanze veranlaßt werden, binnen vier Wochen an Stelle ihres normalen Eiweißes zu 70–80% Virusnukleoproteid zu synthetisieren. Die Infektion wurde wie viele andere parasitäre Krankheiten durch Berührungskontakt oder durch saugende Insekten verbreitet (z. B. das Kartoffelvirus durch die Pfirsichblattlaus).

Die Größe aller Viren liegt im Gegensatz zu derjenigen mikroskopisch kleiner Bakterien, Algen, Pilze (Tab. 8) unter der Auflösungsgrenze der Mikroskope.

Diese Grenze der mikroskopischen Sichtbarkeit fällt eigenartiger- aber auch interessanterweise mit der Größe kleinster Organismen zusammen. Organismen dürfen nämlich, um lebensfähig zu sein, eine bestimmte Größe nicht unterschreiten. Berechnungen haben ergeben, daß ein Micrococcus mit 0,2 µm als kleinstes Kugelbakterium aus etwa 30000 Eiweißmolekülen entsprechend etwa 100 Millionen Atomen zusammengesetzt ist, die auch benötigt werden, um den Stoffwechsel einer Bakterienzelle geregelt ablaufen zu lassen. In Tab. 8 sind die Zellgrößen einiger höherer Pflanzen der Größenordnung von Mikroorganismen und Viren gegenübergestellt.

Die Länge der Viren differiert zwischen 280 nm (∅ 18 nm) beim TMV und 10 nm beim Maul- und Klauenseuche-Virus. Einfacher gebaute Viroide dürften noch kleiner sein. Die Größe der Bakteriophagen liegt zwischen 25 und 100 nm. Obwohl das TMV das größte bekannte Virus darstellt, lassen sich 10^{13} (zehntausend Milliarden) von ihnen in einem mm^3 unterbringen.

Struktur und Art der Vermehrung sind heute recht gut bekannt. Die RNS liegt bei den meisten Viren als einfacher Strang vor. Er besteht beim TMV aus etwa 6000 Nukleotiden. Die RNS wird von einem Eiweißmantel umhüllt. Dieser Eiweißmantel (Capsid) macht 95% des Virus aus. Die Virusinfektion ist an die RNS gebunden.

Gelangt diese in eine Wirtszelle, so steuert sie den Stoffwechsel der befallenen Zelle um, so daß diese nur noch Virusnukleinsäure und deren Proteinhülle bildet.

Tab. 8: Zellgrößen (einschl. Viren) und mikroskopische Maßeinheiten.

Höhere Pflanzen:			
Boehmeria		250–550	mm
Lein		40– 65	mm
Banane (Tracheide)		8– 10	mm
Fichte		1– 2	mm
Rose (Epidermiszelle)		0,04	mm
Algen:			
Chara (Internodialzelle)		40– 80	mm
Chlamydomonas		0,02	mm
Bakterien:			
Thiospirillum jenense		0,08	mm
Escherichia coli	0,0003 mm =	3	µm
Lichtmikroskop (Grenze)	0,24 µm =	240	nm
Viren:			
Tabak Mosaik Virus	0,28 µm =	280	nm
Influenza Virus		120	nm
Maul- und Klauenseuche Virus		10	nm
Elektronenmikroskop (Grenze)		1	nm

1 µm (µ) = 1 Mikrometer = $^1/_{1000}$ mm = 0,001 mm = 10^{-3}mm = 10^{-6}m
1 nm = 1 Nanometer = $^1/_{1000}$ µm = 0,000001 mm = 10^{-6}mm = 10^{-9}m
1 Å = 1 Ångström-Einheit = $^1/_{10}$ nm = 0,0000001 mm = 10^{-7}mm = 10^{-10}m

Einen komplizierten Aufbau weisen die *Bakteriophagen* (Abb. 12) auf, z. B. die sog. T-Phagen, die sich auf Escherichia coli, einen Bewohner des menschlichen und tierischen Darms, spezialisiert haben. Phagen sind in einen Kopf- und einen Schwanzteil gegliedert. Der Kopfteil, wie eine Laterne aussehend, ist polyedrisch oder zylindrisch oder auch kugelig gestaltet mit einem Durchmesser von 50–100 nm. Seine Proteinhülle (Capsid) umschließt einen Hohlraum, der die ein- oder doppelsträngige, geknäulte DNS, wie sie bei Phagen meist vorkommt, mit einer Länge von ca. 34 000 nm (34 µm) enthält. Der Schwanzteil sitzt mit einer Platte dem Kopf an und wird nach unten durch eine Basalplatte begrenzt. Der zylindrische Zwischenteil stellt eine Proteinscheide (sheath) dar, die zu Kontraktionen befähigt ist und als Kanüle fungiert. An der Basalplatte befinden sich 6 Spikes und ebensoviele spinnenbeinartige Schwanzfäden. Mit Hilfe seiner Schwanzfäden haftet sich der Phage an die Bakterienzellwand. Die Spezifität gegenüber bestimmten Bakterien beruht

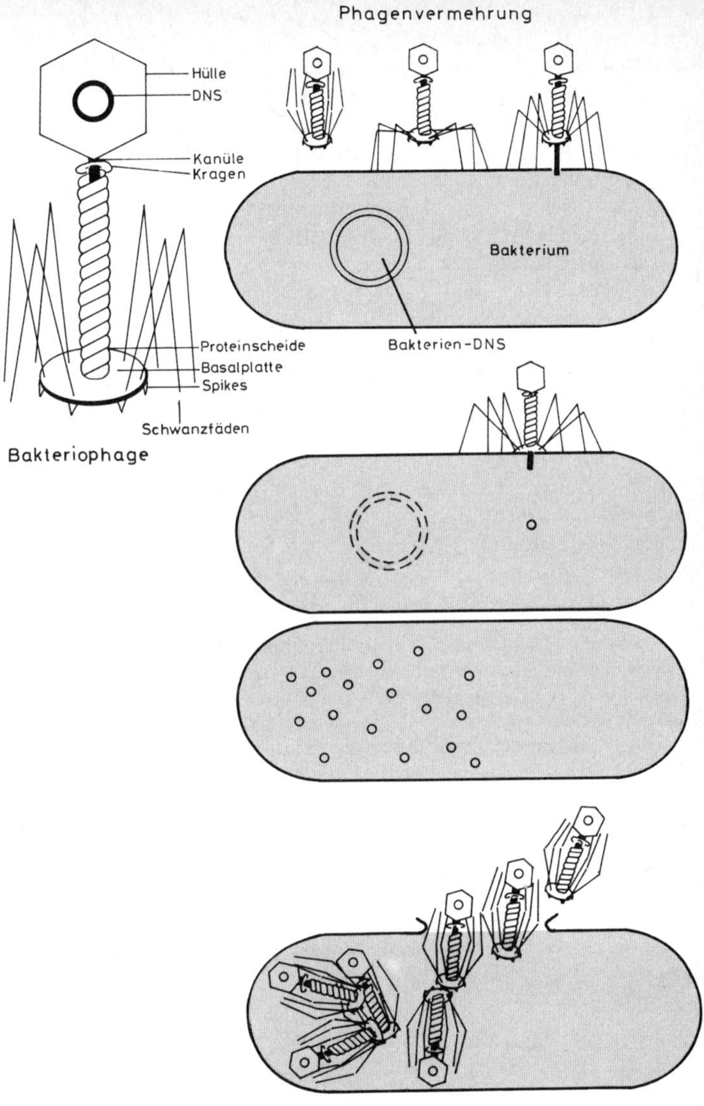

Abb. 12:
Aufbau eines Bakteriophagen und Phagenvermehrung (verändert nach BOGEN).

darauf, daß die Schwanzfäden auf gewisse Rezeptorsubstanzen der Bakterienzellwand reagieren. Die Spikes stellen sodann den Kontakt mit dem Zylinder des Schwanzteiles her. Durch ein in dem Phagenschwanz befindliches Enzym, das Lysozym, wird die Bakterienzellwand lokal perforiert und die Phagen-DNS wie mit einer Injektionsspritze ins Bakterieninnere übertragen. Die gesamte äußere Hülle, also Kopf- und Schwanzteil, geht danach zu Grunde.

Im Innern der Bakterienzelle steuert die Phagen-DNS mit ihren ca. 100 Genen unter Ausschaltung des Bakteriengenoms den Stoffwechsel der Bakterienzelle und veranlaßt ihn, nur noch Phagenbestandteile, also Phagen-DNS, Hüllprotein, Schwanzfäden und Grundplatten zu produzieren. Diese werden noch innerhalb der Wirtszelle zu kompletten Phagen zusammengesetzt. Die ersten 8–10 Min. dienen einer ersten Syntheserate, in welcher der Syntheseapparat des Bakteriums auf Phagenproduktion umgestellt wird und auch ein Abbau bakterieneigener Nukleinsäure zum Basismaterial der Phagen-DNS stattfindet. In den nächsten 15 Min. erfolgt dann eine etwa zweihundertfache Vermehrung. Nach dieser 25 minütigen Latenzzeit tritt die Lysis ein, das heißt das Aufbrechen des Bakteriums durch Auflösen der Zellwand mit Hilfe von Lysozym. Die frei werdenden Phagen können sofort wieder Bakterien infizieren. Durch ihre rasche Vermehrung übertreffen die Phagen diejenige der Bakterien um etwa 250fach (Tab. 9).

Eine *Bekämpfung von Viruskrankheiten* wird auf verschiedenen Wegen und mit unterschiedlichem Erfolg beschritten. Therapeutische Hemmstoffe führen infolge der ungeheuer hohen Vermehrungsrate der Viren meist innerhalb kürzester Zeit zu resistenten Mutanten, so daß die hauptsächlichen medizinischen Maßnahmen auch heute noch auf der Vorbeugung gegen Infektionen beruhen.

Möglichkeiten der Virusbekämpfung ergeben sich daraus, daß Viren im Blut des Wirts als *Antigene* wirken. Gegen diese bildet der Organismus *Antikörper*, welche die Viruspartikel verklumpen. Solche Antikörper können im Blut von Tieren gezüchtet, mit dem Serum gewonnen und so zur passiven Immunisierung verwendet werden. Durch Impfen mit schwach virulenten Stämmen pathogener Viren gelingt es mitunter, eine aktive Immunisierung durchzuführen, z. B. gegen Pocken, Kinderlähmung, Gelbfieber oder Tollwut. Bei solchen Lebendvaccinen besteht jedoch immer die Gefahr, daß wieder hochvirulente Mutanten entstehen.

Tab. 9: Vermehrungsrate bei Bakterien und Bakteriophagen.

Minuten	20	40	60
Bakterien	2	4	8
Bakteriophagen	250	62500	15625000

2.3.3. Euzyte

Die bei Pflanzen und Tieren im Prinzip gleich gestaltete Euzyte wird durch eine umfangreiche Strukturierung des Zellraumes und den Besitz eines Zellkernes charakterisiert. Die Organismen mit derartiger zellulärer Organisation (die Eukaryonten) unterscheiden sich infolgedessen tiefgreifend von den geschilderten Prokaryonten (Bakterien und Blaualgen) mit ihrem protozytischen Zellaufbau. Die Entstehung dieser Euzyte aus der Protozyte kann auf die Zeit vor ca. 2,5 Milliarden Jahren datiert werden. Die Aufteilung des Zellraumes in Untereinheiten erwies sich neben anderen hinzukommenden neuen Eigenschaften und Fähigkeiten als selektiv so vorteilhaft, daß die Eukaryonten sich gegenüber den Prokaryonten durchzusetzen und eine Artenmannigfaltigkeit von ca. 2 Millionen herauszubilden vermochten.

Hervorstechende Merkmale der Euzyte sind:

1. Aufteilung des Zellraumes mit Hilfe von Membranen in Teilräume (*Kompartimente*), in denen biochemische Reaktionen ohne Wirkung auf die benachbarten ablaufen können (= Reaktionsräume).
2. Die Trennung eines *Zellkerns* vom Zytoplasma mit in Teilstücke (*Chromosomen*) gegliedertem Genom. Dies ermöglicht die Vermehrung genetischer Information und damit eine Vergrößerung der Zelle.
3. *Sexuelle Vorgänge* gewährleisten einen regelmäßigen Austausch genetischer Information und damit rasche Weitergabe positiven Selektionswert besitzenden Erbgutes.
4. *Differenzierung* des Einzellers zum vielzelligen Organismus mit Arbeitsteilung auf einzelne Zellen und Gewebe.

Die Euzyte ist mit einer Länge zwischen 10 und 100 µm (mitunter aber auch bis 500 µm und im Extrem noch größer, Tab. 10) wesentlich umfangreicher als die Protozyte. Bereits im Lichtmikroskop tritt eine Untergliederung in zahlreiche Bestandteile (Abb. 13) hervor. Diese Bestandteile sind jedoch isoliert nicht lebensfähig. Die intakte Zelle stellt folglich die kleinste Einheit dar, die alle Funktionen des Lebens wahrzunehmen vermag. Zellen können immer nur durch Zellteilung auseinander hervorgehen.

Auf eine Einzelzelle geht auch fast stets die Entwicklung des vielzelligen Organismus zurück, der sich zumeist aus der befruchteten Eizelle oder einer vegetativen Spore bildet. Bei Vielzellern erfolgt dann eine Spezialisierung und Verteilung der Aufgaben auf bestimmte Zellen und Gewebe. Trotzdem bleiben, wie Zellkulturen mit isolierten Zellen zeigen, häufig alle Fähigkeiten (*Totipotenz*) erhalten, so daß bei Pflanzen aus einer Zelle zumeist ein vielzelliger Organismus regeneriert werden kann.

Die Pflanzenzelle unterscheidet sich gegenüber der tierischen durch

Tab. 10: Strukturen und Organelle der Zelle (Euzyte)

Apoplast		Protoplast			
		Zytoplasma		Organelle	
Struktur	Funktion	Struktur	Funktion	Struktur	Funktion
1. Zellwand	Außenskelett				
2. Paraplasmatische (ergastische) Strukturen:		1. Membranöse Strukturen:		1. Zellkern	Zentrale genetischer Information
a. Stärkekörner	Reservestoff	a Plasmalemma	äußere Plasmagrenzschicht	2. Mitochondrien	Zellatmung
b. Glykogenpartikel	Reservestoff	b. Tonoplast	Plasmagrenzschicht zur Vakuole	3. Plastiden:	
c. Lipoidtropfen	Reservestoff			a. Chloroplasten	Photosynthese
d. Fett-Tropfen	Reservestoff	c. Endoplasmatisches Reticulum	Proteinanreicherung u. Substanztransport	b. Leucoplasten	Stärkespeicherung
e. Ätherische Öle	Exkret (Sekret)				
f. Kristalle	Exkret			c. Chromoplasten	Färbung von Blüte, Frucht usw. (Tieranlockung)
3. Vakuolen:					
a. pulsierende V.	Exkretion	d. Dictyosomen	Membrandepot Sekretion saurer Polysaccharide		
b. Zentral-V.	Exkret- und H_2O-Speicher (Depotwasser)	2. Vesikuläre Strukturen:			
c. Speicher-V.	Reservestoff-Speicherung	a. Lysosomen	lytischer Abbau		
d. Gas-V.	Schwebeeinrichtung	b. Microbodies			
		1. Peroxisomen	Lichtatmung		
		2. Glyoxysomen	Mobilisation von Speicherlipiden in Samen		

Tab. 10: (Fortsetzung)

Apoplast		Protoplast			
		Zytoplasma		Organelle	
Struktur	Funktion	Struktur	Funktion	Struktur	Funktion
		3. Tubuläre Strukturen:			
		a. Mikrotubuli	Bildung der Spindelfasern und des Zytoskelettes		
		b. Centriolen	Bildung von Geißeln und Organisation des Spindelapparates		
		c. Geißeln	Bewegungsorganelle		
		4. Granuläre Strukturen: Ribosomen	Zentren der Eiweißsynthese		
		5. Grundzytoplasma	Matrix des Zytoplasmas		

den Besitz von *Chloroplasten* als Photosyntheseorganellen. Auch *Zellwand* und die umfangreiche flüssigkeitsgefüllte *Zentralvakuole* sind typische pflanzliche Attribute. Diese fehlen nur bei einigen einfach organisierten Formen.

Pflanzliche Zellen lassen sich in zwei Komponenten aufteilen:
1. den *Protoplasten*, das lebende System,
2. den *Apoplasten*, das Produkt des Protoplasten.

Der Apoplast stellt lediglich ein Ausscheidungsprodukt des lebenden Systems dar. Die dem Apoplast zuzurechnenden Zellbestandteile lassen sich zumeist bereits im Mikroskop erkennen, während mit dieser Technik im Protoplasten nur eine Einteilung in

1. das *Zytoplasma*,
2. die *Organelle*,

vorgenommen werden kann. Dabei stellt das Zytoplasma scheinbar nur ein die Organelle einbettendes und verbindendes Medium dar.

Zu den Organellen zählen:
Zellkern, *Plastiden* (s. S. 110) und *Mitochondrien* (s. S. 133). Sie zeichnen sich durch den Gehalt an DNS aus, gehen stets nur aus sich selber hervor und können vom Zytoplasma bei Verlust nicht neu gebildet werden.

Anders steht es mit den zahlreichen zytoplasmatischen Strukturen (Tab. 10), die nach Bedarf in Abhängigkeit vom Stoffwechselgeschehen neu aus dem Zytoplasma entstehen oder wieder in ihm aufzugehen vermögen. Sie sind fast ausschließlich nur im Elektronenmikroskop identifizierbar. Soweit im Lichtmikroskop als feine Granulierung sichtbar, werden sie zu Mikrosomen zusammengefaßt. Dieser Begriff besagt also lediglich, daß eine nicht näher zu bestimmende Struktur vorhanden ist. Die zahlreichen in Tab. 10 aufgeführten Zellstrukturen finden sich jedoch nicht in jeder Euzyte. Es hängt von der Spezialisierung der Einzelzelle ab, ob überhaupt und in welchem Ausmaß Strukturen vorhanden sind. Partien unstrukturierten Zytoplasmas zwischen den Organellen und plasmatischen Strukturen werden als *Matrix oder Grundzytoplasma* bezeichnet.

Meristematische Zellen einer vielzelligen Pflanze unterscheiden sich deutlich von *Dauerzellen* (Abb. 13). Meristematische Zellen bleiben zeitlebens embryonal und teilungsfähig, während Dauerzellen gestreckt und ausgewachsen zur Erfüllung verschiedener Aufgaben eine entsprechende Umgestaltung erfahren haben. Die Zellwand besteht bei meristematischen Zellen nur aus Mittellamelle und Primärwand. Die *Mittellamelle* kittet als erstes Ausscheidungsprodukt nach der Zellteilung die beiden Tochterzellen aneinander, wird also von beiden Tochterzellen gleichermaßen gebildet. Die jeweiligen Protoplasten lagern sodann die

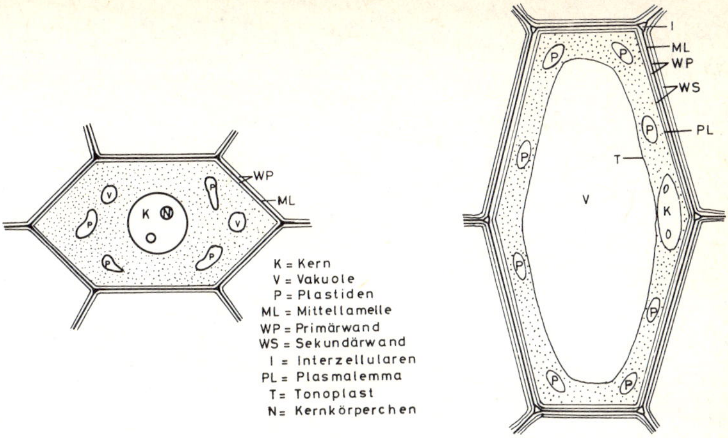

Abb. 13:
Meristematische Pflanzenzelle und parenchymatische Zelle nach Abschluß des Streckungswachstums.

Primärwand der Mittellamelle von innen auf. Den lebenden Protoplast begrenzt zur Zellwand hin eine Membran, das Plasmalemma. Im Zytoplasma lassen sich Zellkern, Vorstufen der Plastiden (= Proplastiden) und Mitochondrien erkennen. Vakuolen, ebenfalls durch eine Membran *(Tonoplast)* gegen den Protoplasten abgeschlossen, sind zunächst winzig klein oder noch gar nicht vorhanden.

Bei den Dauerzellen hat der Protoplast auf die Primärwand inzwischen weitere Schichten, die *Sekundärwand*, aufgelagert, welche sich jedoch mikroskopisch nicht von der Primärwand unterscheiden läßt. Lediglich eine Zunahme der Zellwanddicke fällt auf. Durch Bildung einer großen zentralen Zellsaftvakuole wird der Protoplast auf einen Wandbelag in der jetzt stark vergrößerten Zelle beschränkt. Die Größenzunahme der Dauerzelle ist also nicht auf eine Vermehrung des Zytoplasmas, sondern auf Zunahme an Wandmaterial und Entstehung der flüssigkeitsgefüllten Zentralvakuole zurückzuführen. Im Protoplasten lassen sich Zellkern, Plastiden und Mitochondrien erkennen. Das elektronenmikroskopische Bild mit seinen mannigfachen plasmatischen Strukturen zeigt Abb. 14. Die Protoplasten benachbarter Zellen stehen trotz trennender Zellwände mit Hilfe zarter Plasmastränge, den *Plasmodesmen*, in Verbindung. Da so die Protoplasten eines Vielzellers durch die Zellwände hindurch allesamt miteinander Kontakt haben, bezeichnet man diese Einheit des lebenden Systems als *Symplast.*

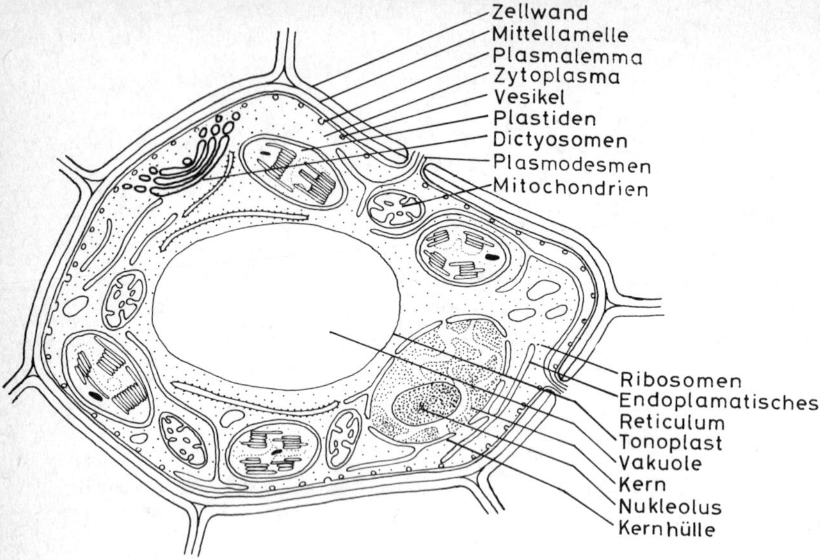

Abb. 14:
Schema des elektronenmikroskopischen Bildes der Pflanzenzelle (verändert nach SITTE).

2.3.3.1. Membransystem

In der elektronenmikroskopischen Darstellung der Euzyte fallen besonders die in sich geschlossenen Membranen auf, die nicht nur wie bei der Protozyte als Plasmalemma an der Grenze Umwelt-Plasma entstehen, sondern im Innern des Protoplasten für eine Aufteilung in vielfache Reaktionsräume (Kompartimente) sorgen. Die Anpassung der Kompartimente an verschiedene Stoffwechselprozesse wird auf 2 Wegen verwirklicht: 1. Die Membranen sind für unterschiedliche Substanzen passierbar, so daß nur bestimmte Substrate in die einzelnen Kompartimente einwandern und bestimmte Endprodukte diese verlassen können. 2. Außerdem sind die verschiedenen Kompartimente mit unterschiedlichen Enzymgarnituren ausgestattet.

2.3.3.1.1. Bau und Funktion der Biomembran

Biomembranen (Elementarmembranen) bestehen – wie bei der Präzyte – aus Lipoiden und Proteinen und sind nach einem einheitlichen Schema aufgebaut. Nach neueren Vorstellungen – es gibt eine ganze Reihe an

Membranmodellen – schwimmen die wohl zumeist globulären (= kugelförmigen) Membranproteine beidseitig auf einem biomolekularen Lipoidfilm aus Phospho- (z. B. Lecithin) bzw. Glykolipiden oder tauchen nur wenig in ihn ein. Tunnelproteine durchsetzen die Membranen von einer zur anderen Seite (Abb. 15). Die hydrophoben Fettsäurereste sind im Lipoidfilm einander zugekehrt, der hydrophile Pol ragt nach außen. Zwischenmolekulare Kräfte stabiliseren diesen Lipoidfilm. Zweiwertige Ionen, vor allem Ca^{2+} und Mg^{2+}, spielen eine wichtige Rolle beim Membranaufbau, so binden sie sich z. B. an die Phosphatgruppen der Phospholipoide und bilden Komplexe; eine Entfernung der Ionen aus der Membran löst diese auf. Unterschiede in der Membrandicke (6 bis 12 nm) zeigen an, daß der frühere Name „Einheitsmembran" (unit membranes) trügt, obwohl die im elektronenmikroskopischen Bild sichtbare Dreischichtigkeit (Abb. 15a) Protein (außen dunkel), Lipoid (Zentrum hell) Protein (innen dunkel) einen derartigen Schluß zuläßt.

Je nach Funktion der Zelle und Ort in dieser bestehen Unterschiede im Gehalt und der Zusammensetzung an Lipoiden und Proteinen. So kann der Lipidanteil zwischen 30 und 70% und dem entsprechend der Proteingehalt schwanken.

Trotzdem sind alle Membranen nach der Membranflußtheorie ineinander überführbar und können miteinander fusionieren. Dies bedeutet, daß in und an den Membranen ein ständiger Umbau vonstatten gehen muß, der nicht nur chemisch, sondern auch in ihrer Dicke nachweisbar wird. Membranen können auch wieder aufgelöst werden, wobei ihre Bausteine im Zytoplasma aufgehen.

Membranen haben gleichermaßen Trennungs- wie auch Verbindungsfunktionen:

1. Membranen stellen eine Abgrenzung dar
   a. der Zelle gegen ihre Umgebung.
   b. der Reaktionsräume in der Zelle untereinander
      und gegen das Grundzytoplasma.
2. Membranen bilden eine Barriere gegen die freie Diffusion gelöster Substanzen.
3. Membranen kontrollieren und regulieren auf Grund ihrer eingeschränkten Durchlässigkeit (*Semipermeabilität*) den Stoffaustausch zwischen Außen- und Innenmedium.

Die Semipermeabilität der Membranen liegt in ihrem Aufbau begründet. Dabei hängt es von der Art der Substanz und der Größe ihres Moleküls ab, ob ein Durchtritt möglich ist oder nicht. Sowohl lipo- wie auch hydrophile Stoffe vermögen zu passieren. Für einen *Stoffdurchtritt* durch die Membranen werden die folgenden Wege angenommen:

1. *Transport* mit Hilfe von Trägern (*Carrier*), z. B. bei der Aufnahme von Nährstoffen:
   a. *Erleichterte Diffusion*

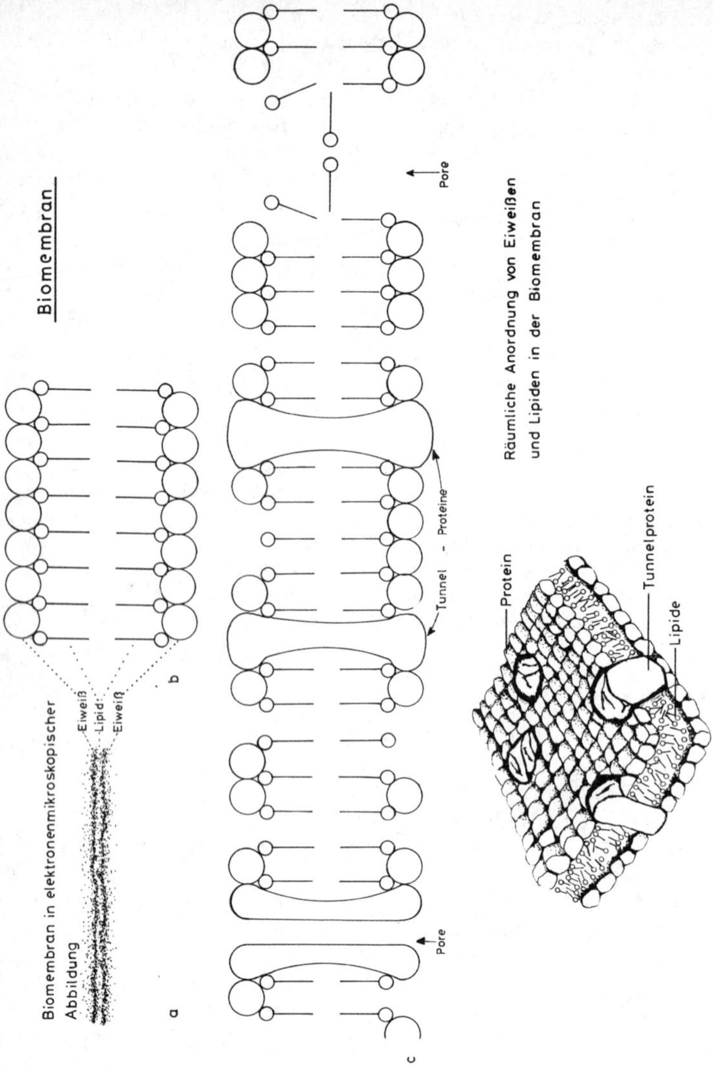

Abb. 15:
Zusammensetzung und Aufbau von Biomembranen (verändert nach LEHMANN/SCHULZ, LEHNINGER).

b. *Aktiver Transport*
2. *Lösungsweg* für lipophile Substanzen
3. *Porenweg* für kleine Moleküle, z. B. für Wasser

zu 1. Transport mit Hilfe von Trägern:

a. Der Vorgang der *„Erleichterten Diffusion“* ist im Gegensatz zum aktiven Transport *energieunabhängig.* Die Innenkonzentration in der Zelle wird daher die Außenkonzentration im allgemeinen nicht übersteigen. Wohl aber ist das Einschleusen vom Vorhandensein eines für die aufzunehmende Substanz (S) spezifischen Trägers (= carrier C) abhängig. In der Außenlösung befindliche Moleküle S verbinden sich an der Membranaußenseite mit C zu SC. Mit steigender Konzentration von SC wandert diese Molekülgruppe zur Membraninnenseite, wo S ins Plasma freigesetzt wird. Die sich auf der Membraninnenseite nun häufenden Carriermoleküle C diffundieren auf die C-freie Membranaußenseite zurück. Der Vorgang ähnelt insofern dem aktiven Transport, benötigt jedoch keine Energiezufuhr aus ATP, um S an C zu binden (s. S. 321).

b. Der *aktive Transport* verläuft unter *Energieaufwand,* wobei die verbrauchte ATP-Menge in einem stöchiometrischen Verhältnis zur transportierten Substanzmenge stehen muß. Auf diese Weise können Substanzen entgegen einem Konzentrationsgradienten transportiert werden (s. S. 322).

zu 2. Der Lösungsweg für lipophile Substanzen

Der bimolekulare *Lipoidfilm* setzt lipophilen Molekülen selbst größeren Umfangs keinerlei Widerstand entgegen. Unter Lösung in ihm gelangen sie entsprechend dem Konzentrationsgefälle ohne Energieaufwand auf die andere Membranseite und in das Zellinnere.

zu 3. Der Porenweg für kleine Moleküle

Die Passage kleiner hydrophiler Moleküle, wie sie das Wasser darstellt, wird mit dem Vorhandensein *hydrophiler Membranporen* (Abb. 15) erklärt.

2.3.3.1.2. Endoplasmatisches Reticulum

Dem endoplasmatischen Reticulum *(ER)* wird *Synthese-* und *Transportfunktion* zugeschrieben. Es durchzieht – von Biomembranen begrenzt – in Form von unregelmäßig dicken, vielfach kommunizierenden Kanälen und Hohlräumen, die Zisternen bilden können, den Protoplasten. Es steht mit der Kernhülle in Verbindung, die aus ihm nach der Kernteilung hervorgeht. Bei vielzelligen Organismen befindet sich mindestens ein Strang im Inneren plasmatischer Verbindungen (Plasmodesmen), welche die Zellwände durchqueren. Dadurch ergibt sich nicht nur für das Grundzytoplasma, sondern auch für das ER – mit flüssigerer Konsistenz als beim Grundzytoplasma – die Möglichkeit eines Stoffaustausches von Zelle zu Zelle ohne Membranpassage (s. S. 321).

Die Menge des ER ist vom jeweiligen physiologischen Zustand und der Funktion der Zelle abhängig. An der Außenseite des ER finden sich vielfach zahlreiche, der Eiweißsynthese dienende *Ribosomen* lokalisiert *(rauhes oder granuläres ER)*. Das *glatte (agranuläre) ER* ist dagegen ribosomenfrei. Aller Wahrscheinlichkeit nach werden an den Ribosomen des granulären ER sekretorische Polypeptide synthetisiert. Diese gelangen zunächst in den Innenraum des ER und wandern anschließend als kleine mit ER-Membranen umgebene Vesikel (Bläschen) vom ER abgeschnürt zu den Dictyosomen. Dort erfahren sie eine Weiterverarbeitung z. B. zu Zellwandproteinen (Glykoproteiden).

2.3.3.1.3. Dictyosomen

Die in unterschiedlicher Anzahl in der Zelle vorliegenden Dictyosomen, in ihrer Gesamtheit nach ihrem Entdecker *„Golgi"-Apparat* genannt, bestehen aus Stapeln flacher durch Membranen begrenzter Zisternen mit einem Durchmesser von 1–3 μm. Tellerartig übereinanderliegend werden sie durch fibrilläre Strukturen zusammengehalten (Abb. 16). Auf der Unterseite, d. h. der Regenerationsseite, der Dictyosomen bilden sich die Zisternen neu, auf der gegenüberbefindlichen Sekretionsseite werden kleine Bläschen *(Vesikel)* zur Ausscheidung abgeschnürt. Dies führt schließlich zu einem Zerfall der äußersten Zisterne. Die Anzahl der Dictyosomen pro Zelle, Dicke der Stapel, Größe und zeitliche Folge der Vesikelbildung sind stoffwechselabhängig.

Die Funktion des Golgiapparates wird in einem *Membrandepot* der Zelle gesehen (Verpackungsstation). Er gehört dadurch zu dem komplexen zytoplasmatischen Membransystem, in dem ER, Dictyosomen und Sekretionsvesikel in Verbindung stehen. Innerhalb dieser Bereiche besteht ein Fluß von Membranmaterial, das sich in ständigem Umbau befinden muß, da es bei den einzelnen Strukturen in Dicke und chemischer Zusammensetzung differiert. So sind Golgimembranen dicker als die des ER, jedoch dünner als diejenigen des Plasmalemmas, in das Golgivesikel bei der *Extrusion* (Ausschleusung) von *Se- und Exkreten* aufgehen.

In den Dictyosomen finden fernerhin Synthesen statt. So wird z. B. Glucose in andere Zucker umgewandelt und zu Pektin- und Hemizellulose-Vorstufen kondensiert. Gleichfalls erfolgt in Dictyosomen die Bildung des aus sauren Polysacchariden bestehenden Sekrets schleimproduzierender Drüsenzellen. In Vesikel verpackt gelangen diese Substanzen zum Plasmalemma, an dem die Vesikel aufgehen.

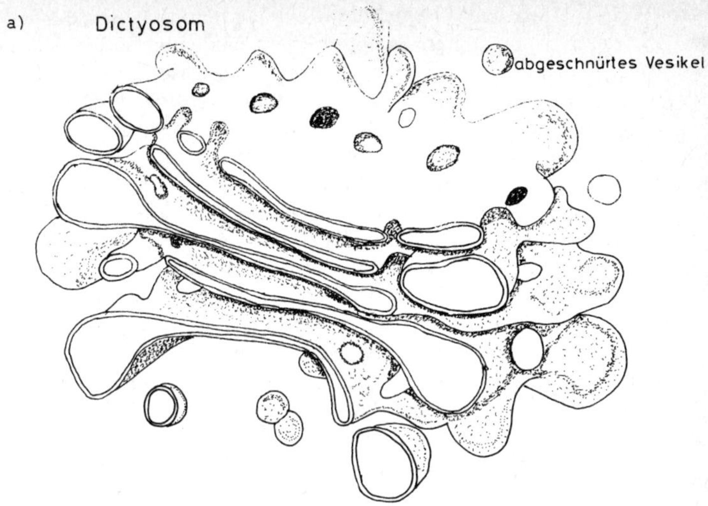

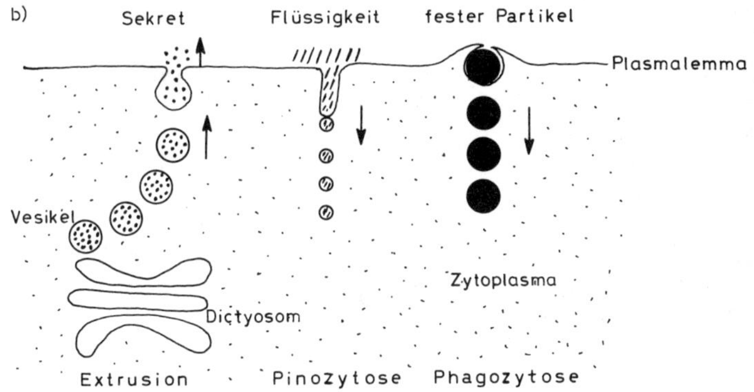

Abb. 16:
a) Dictyosom; b) Extrusion von Golgivesikeln; Aufnahme flüssiger Tropfen durch Pinozytose und fester Partikel durch Phagozytose (verändert nach DRAWERT/MIX, BOGEN).

2.3.3.1.4. Vesikuläre Strukturen

Da bestimmte Golgivesikel Enzyme, insbesondere Phosphatasen enthalten, wird angenommen, daß auch die vesikulären *Lysosomen* (Durchmesser 0,1–1,5 µm) dem Golgiapparat entstammen. Lysosomen zeichnen sich durch einen hohen Gehalt an verschiedenen Hydrolasen aus (Nuklease, Protease, saurer Phosphatase und Amylase). Hierdurch vermögen sie von der Zelle nicht mehr benötigte Substanzen abzubauen. Kleine Zytoplasmamengen, Vesikel oder auch ganze Organellen werden dabei zunächst in die Lysosomen aufgenommen (inkorporiert) und dann verdaut. Auch feste Partikel oder Flüssigkeitstropfen, die nach Umhüllung mit Plasmalemma-Membran infolge Invagination (Einstülpung) oder nach Umfließen durch Plasmafortsätze in die Zelle aufgenommen wurden (Abb. 16), können so fermentativ in ihre Bausteine zerlegt und nach Membranpassage in den Stoffwechsel einbezogen werden. Dieser Vorgang wird als *Phagozytose* (Aufnahme fester Bestandteile) bzw. *Pinozytose* (Flüssigkeitsaufnahme) bezeichnet. Durch Aufgehen der Lysosomenmembran im Tonoplasten gelangen Stoffwechselendprodukte als Exkrete in die Vakuole. Bei der Autolyse absterbender Zellen ergießen sich die Lysosomenfermente infolge Verlustes der Semipermeabilität ihrer Membranen ins Plasma und „verdauen" die Zelle.

Auch die *Microbodies* sind vesikuläre Gebilde. Eine Unterscheidung ist jedoch nur histochemisch möglich, da ihr Durchmesser von 0,5 bis 1,5 µm mit dem der Lysosomen übereinstimmt. Als *Peroxysomen* enthalten sie Katalase, ein Enzym, das H_2O_2 spaltet. Den Plastiden vergesellschaftet dienen sie der Lichtatmung (Glykolsäurestoffwechsel s. S. 141).

Durch ihren Gehalt an Enzymen des Glyoxylsäurezyklus liegt die Funktion der *Glyoxysomen* im Umbau von Fetten zu Kohlenhydraten. Sie finden sich daher besonders im Nährgewebe (Endosperm) und in Keimlingen fettspeichernder Samen oft im Kontakt mit Lipidtropfen.

2.3.3.1.5. Endosymbiontentheorie

Zur Zeit geführten Diskussionen zufolge kann die *Kompartimentierung* der Euzyte auf zwei Wegen vonstatten gegangen sein:

1. durch *Einfaltung des Plasmalemmas,*
2. durch *Aufnahme von Symbionten* in die Zelle.

Die erste Hypothese besagt, daß die gesamte Kompartimentierung der Euzyte auf Einfaltungen der äußeren Plasmamembran zurückgeht, wie sie sich bei der Thylakoidentwicklung einiger photosynthetisch aktiver Bakterien und besonders der Blaualgen beobachten läßt.

Der zweiten Hypothese zufolge müssen endoplasmatisches Reticulum, Dictyosomen und Kernhülle gleichfalls von Plasmalemmaeinfaltungen hergeleitet werden. Plastiden und Mitochondrien jedoch sollen nach der Endosymbiontentheorie nichts anderes als phagozytierte Bakterien darstellen, die vom Wirtsorganismus nicht verdaut worden sind, sondern mit ihm in Symbiose leben. Große Protozyten, die nur über die Gärung ihren Energiebedarf zu decken vermochten, haben nach diesen Vorstellungen kleinere, die zur Photosynthese (etwa Blaualgen) oder aber zur Atmung befähigt waren, durch Phagozytose in die Zelle aufgenommen.

2.3.3.2. Tubuläre Strukturen

1. *Tubuläre Strukturen* finden sich vielfach im äußeren Zytoplasma und werden dort mit der Ausscheidung von Zellwandmaterial in Zusammenhang gebracht.
2. Bei zellwandlosen Einzellern können sie eine Art *Zytoskelett* aufbauen.
3. Während der Kernteilung bilden sie im Zentrum der Zelle den *Spindelapparat.*
4. Auch den *Geißeln* dienen solche sog. Mikrotubuli als Gerüst, da sie einer gewissen Flexibilität nicht entbehren.

Mikrotubuli werden aus 13 parallelen Reihen globulärer (Tubulin-) Eiweiße zu einer Röhre zusammengesetzt. Die Reihen verlaufen spiralig zur Längsachse.

Soweit Euzyten begeißelt sind, weisen sie eine einheitliche Struktur ihres *Geißelapparates* auf, ganz gleich, ob es sich um pflanzliche oder

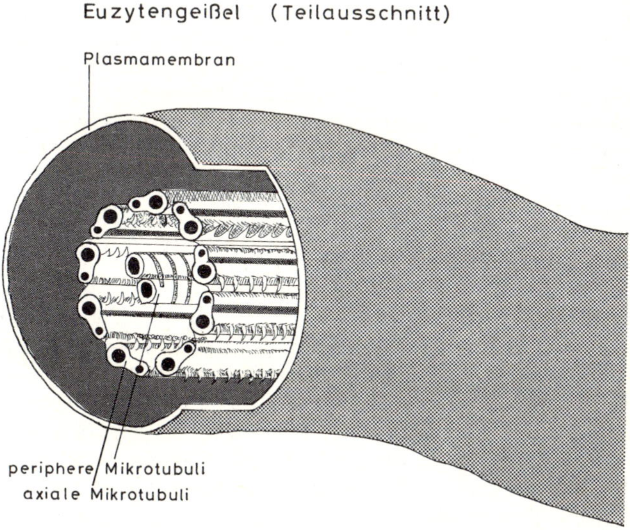

Abb. 17:
Ausschnitt aus dem mittleren Teil einer Euzyten-Geißel (verändert nach BERGFELD).

tierische Organismen handelt. Euzytengeißeln unterscheiden sich jedoch von den Geißeln der Bakterien. Der Geißeldurchmesser beträgt 0,2 μm bei einer Länge bis zu 100 μm. Das Plasmalemma umschließt bei der Geißel 20 Mikrotubuli, zwei zentrale Einzel- und 9 periphere Doppelfibrillen (Abb. 17). Die peripheren Fibrillen tragen paarige, armartige Fortsätze aus Dynein, einem Protein, das ATP-spaltende, also energiefreisetzende Aktivität aufweist. Während die zentralen Tubuli basal blind enden, entspringen die peripheren zumeist einem Basalkorn, mit dem sie im äußeren Plasma verhaftet sind.

Spindelfasern bestehen aus ganzen Bündeln von Mikrotubuli und dienen dem Transport der Chromatiden bzw. Chromosomen bei der Kernteilung zu den Zellpolen. Die Mikrotubuli können zerfallen und sich bei Bedarf erneut bilden. Eine Polyploidisierung durch das Mitosegift Colchicin kommt durch einen derartigen Zerfall der Mikrotubuli und der Unfähigkeit, erneut Spindelfasern aufzubauen, zustande. Infolgedessen werden die Tochterchromosomen nicht voneinander getrennt.

2.3.3.3. Grundzytoplasma

Das Grundzytoplasma ist eine lipoidhaltige, kolloidale Proteinsuspension in Wasser, in welche die Organelle und plasmatischen Strukturen eingebettet liegen. Die Trockensubstanz des Plasmas setzt sich zu etwa 50% aus Protein, vor allem Enzymproteinen, zu 2–3% aus Lipoiden, fernerhin aus Kohlenhydraten, Fetten, RNS und anderen Nukleotiden wie ATP zusammen, ein Rest entfällt auf Mineralsalze.

Etwa 85–90% lebenden Zellplasmas sind Wasser. Diese Proteinlösung entspricht dem in der Kolloidchemie üblichen Begriff eines Sols. In Abhängigkeit vom Lösungszustand sind die Proteine in einzelnen Zellen oder Zellbezirken mehr oder weniger hydratisiert, so daß dieser *Sol*-reversibel in einen *Gelzustand* übergehen kann. Es wird angenommen, daß die Proteine im Gelzustand ein lockeres Gerüst bilden, dessen Zwischenräume mit Wasser gefüllt sind. Vom Hydrationszustand der Proteine hängt die *Viskosität* (Zähflüssigkeit) des Grundzytoplasmas ab. Zwischen den beiden Endzuständen Sol bzw. Gel finden ständig an Stoffwechselvorgänge gebundene Übergänge statt (s. S. 275).

Die physiologische Bedeutung des Grundplasmas liegt vor allem in der Umwandlung chemischer in mechanische Energie. Von den verschiedenen Stoffwechselvorgängen des Grundplasmas (Fettsäuresynthese, Pentosephosphat-Zyklus, Gärung) ist besonders die Glykolyse als erster Schritt beim Abbau von Kohlenhydraten zu nennen (s. S. 135).

Häufig sind im Grundplasma auch *Plasmafilamente* mit einem Durchmesser von 8 nm und unbestimmter Länge nachgewiesen worden, die sich zu Fibrillen zusammenlagern. Sie werden als Grundlage plasmatischer Bewegung (s. S. 276) angesehen. Die Filamente bestehen im wesentlichen aus zwei globulären Proteinen, die in ihrer Aminosäurezusammensetzung dem Aktin und Myosin des Wirbeltiermuskels ähneln.

2.3.3.4. Zellkern

Das größte in der Zelle vorkommende Organell ist der Zellkern (Nukleus) (die Durchschnittsgröße liegt um 5 µm). Seine kugel-, linsenförmige oder gestreckte Gestalt kann sich elastisch verformen. Der meist im Plasmawandbelag befindliche oder in einer Kerntasche zentral an Plasmasträngen in der Vakuole aufgehängte Zellkern vermag sich innerhalb der Zelle zu Orten höchster Stoffwechselaktivität hinzubewegen. Er wird durch eine Hülle (*perinukleare Zisterne*) gegenüber dem übrigen Zellraum abgetrennt. Von wenigen Ausnahmen abgesehen besitzt jede Euzyte nur einen Zellkern. Lediglich bei den siphonalen Algen und einigen Pilzen (s. S. 160) befinden sich in den fädigen, langgestreckten und verzweigten Riesenzellen zahlreiche Kerne. Jeder ist jedoch einem bestimmten Plasmabezirk zuzuordnen. Derartige Organismen werden als *polyenergid* bezeichnet und bestehen demnach aus zahlreichen Energiden (*Energide* = Kern mit dazugehörigem Plasmabezirk).

In soeben geteilten noch sehr jungen Zellen erscheinen die Kerne gegenüber dem Zellraum groß, nach Streckung der Zelle dann relativ kleiner. Dies beruht jedoch lediglich auf dem verschobenen Größenverhältnis Zellraum - Kern. Das Substanzverhältnis Kern zu Plasma ist gleichgeblieben, nur Vakuolen- und Wandmaterial wurden vermehrt. Der Zellkern ist Träger der wichtigen genetischen Informationen. Im Zytoplasma lokalisierte plasmatische Erbeinheiten (*Gene*), z. B. diejenigen der Plastiden und Mitochondrien, sind zwar für diese Organelle wichtig, für die Zelle jedoch insgesamt von untergeordneter Bedeutung. Die in den Nukleoproteidstrukturen des Zellkerns, den *Chromosomen,* enthaltenen Gene werden für Stoffwechsel, Wachstums- und Entwicklungsvorgänge benötigt.

Von einer Hülle umgeben besteht der Zellkern aus dem Kernplasma (= *Karyolymphe*), dem von der DNS gebildeten Chromatingerüst und den Kernkörperchen (Nukleoli, Einzahl Nukleolus) (Abb. 14).

Die *Kernhülle* bilden zwei Membranen, die zwischen sich einen perinuklearen Raum begrenzen. Diese perinukleare Zisterne wird beim Beginn der Kernteilung aufgelöst und nach Abschluß derselben aus dem endoplasmatischen Reticulum neugebildet. Auch danach bleibt eine Verbindung mit dem ER bestehen. Die Kernhülle weist zahlreiche Poren auf, die wahrscheinlich einen Transport von Ribonukleoproteiden ins Plasma aber auch einen entgegengesetzt verlaufenden Austausch erlauben.

Die Matrix des Kernplasmas gleicht chemisch und physikochemisch, obwohl stärker lichtbrechend, weitgehend dem Grundzytoplasma. Beide Plasmaarten sind in gleicher Weise zur Glykolyse befähigt. Ribosomen zeigen an, daß im Nukleoplasma die Synthese bestimmter Proteine vonstattengeht. So lassen sich verschiedene Enzyme und z. B. Coenzym NAD nachweisen, das nur im Kernplasma gebildet wird.

Die *Nukleoli* – häufig bei diploiden Zellen in der Zweizahl – sind rundliche, durch ihre Lichtbrechung auffallende Kernbereiche von variablem Umfang (meist unter 1 µm). Ihre Aufgabe besteht in r-RNS-Synthese und in der Fertigstellung der beiden Ribosomenuntereinheiten. Bei der Zellteilung werden sie aufgelöst.

Das *Chromatingerüst*, ein äußerst feines Fadenwerk, kann durch Kernfarbstoffe (z. B. Karminessigsäure) infolge seines Gehaltes an Kerneiweißen (= Nukleoproteide) besonders kräftig gefärbt werden. Die Nichteiweißkomponente der Nukleoproteide besteht aus der DNS.

Als wichtigste *Funktionen* des Zellkerns lassen sich ansehen:

1. Speicherung der genetischen Information
2. Übertragung der genetischen Information durch Transkription in das Zytoplasma
3. Weitergabe der genetischen Information an die Tochterzellen durch Replikation der DNS.

2.3.3.4.1. Nukleinsäuren

Zwei Arten von Nukleinsäuren sind zu unterscheiden:

1. Desoxyribonukleinsäure (*DNS*)
2. Ribonukleinsäure (*RNS*)

Nukleinsäuren sind Stoffe mit Säurecharakter und verbinden sich daher ausgiebig mit basischen Farbstoffen. Ihren Namen erhielten sie durch die färberische Nachweisbarkeit im Zellkern (Nukleus). Heute wissen wir, daß DNS (Desoxyribonukleinsäure) und RNS (Ribonukleinsäure) sich als Polynukleotide aus Einzelnukleotiden zusammensetzen. So wie die Proteine durch Aneinanderreihung von Aminosäuren entstehen, werden Nukleinsäuren durch Verknüpfung von *Nukleotid*-Einheiten zusammengefügt. Nukleinsäuren unterscheiden sich jedoch grundsätzlich von den Proteinen dadurch, daß ihre Bausteine nicht einer Stoffklasse angehören, sondern aus drei Komponenten bestehen: der *Phosphorsäure,* einem *C_5-Zucker* und einer *Nukleobase.* Während etwa 20 Aminosäuren im Proteinmolekül zur Sequenz verknüpft werden, gibt es für jede der beiden Nukleinsäuren DNS und RNS jeweils nur vier verschiedenartige Nukleotide, die durch ihre Base mit schwach alkalischer Reaktion charakterisiert sind. Bei der *DNS* finden sich die *Purinbasen Adenin* (A) und *Guanin* (G) sowie die beiden *Pyrimidinbasen*

Cytosin (C) und *Thymin* (T) (Abb. 18). Sie werden jeweils mit dem Zucker *Desoxyribose* zum *Nukleosid* und dieses über den Zucker hinwiederum weiter mit der Phosphorsäure zum *Nukleotid* (Desoxyribosenukleotid) verknüpft. Der Zucker der *RNS*, die *Ribose*, ist um ein Sauerstoffatom reicher als die Desoxyribose. An Stelle des Pyrimidins Thymin tritt bei der RNS die *Pyrimidinbase Uracil* (U). Die RNS wird nur aus Ribosenukleotiden, die DNS nur aus Desoxyribosenukleotiden zusammengesetzt. Das Phosphorsäuremolekül ermöglicht die Verbindung mit dem Zucker des nächsten Nukleotids und so die Bildung von Makromolekülen (Abb. 18). Hierbei erfolgt die Verknüpfung über die Kohlenstoffatome 3' und 5' der Pentose. Daher weisen Polynukleotidstränge polar gebaut ein 3'– und 5'-Ende auf. Die DNS kann etwa 2000 bis 100000000 Nukleotide lang sein, die RNS aus 75 bis maximal 30000 Nukleotiden bestehen.

Bei den ersten Stufen des Lebens dürften Nukleinsäuren nur als Einzelstränge, also Einzelreihen von Nukleotiden, vorgelegen haben, wie sie sich heute noch überwiegend bei der RNS oder bei RNS-Einstrangviren auffinden lassen. Aber bereits bei den Protobionten vermutet man bei der DNS eine Aneinanderreihung und Verknüpfung von Nukleotiden zu Doppelsträngen, wie sie die *Doppelhelix* aufweist, deren Struktur WATSON und CRICK aufgeklärt haben (Abb. 18), und die für alle heutigen Lebewesen gültig sein dürfte.

Die beiden Stränge sind dabei wie die Holme einer Leiter über die rechtwinklig abstehenden Basen als Sprossen miteinander verbunden. Die Anzahl ihrer Pyrimidinbasen gleicht dabei stets derjenigen der Purinbasen. Damit stimmen im molaren Verhältnis Thymin mit Adenin, Cytosin mit Guanin überein. Keinerlei Beziehung ergibt sich jedoch zwischen den Konzentrationen von Thymin und Cytosin und dementsprechend auch nicht von Adenin und Guanin. Hierin bestehen bei den einzelnen Organismen starke Schwankungen. Daraus läßt sich eine spezifische Basenpaarung Thymin-Adenin und Cytosin-Guanin ableiten, die, miteinander die Holme bildend, sich auf beiden Strängen gegenüberstehen und durch Wasserstoffbrücken miteinander verbunden sind (Abb. 18). Beide Stränge sind somit nicht miteinander identisch, sondern komplementär. Einer *Basensequenz* des einen Stranges von T-A-C-G-A entspricht eine solche von A-T-G-C-T des anderen. Die Basensequenz des Einzelstranges birgt die komplette genetische Information eines Organismus. Die Komplementarität beider Stränge hingegen bedeutet eine wesentliche Voraussetzung für die identische Verdopplung der DNS, die Replikation.

Ein solcher Doppelstrang ist jedoch keine gerade Leiter, sondern in einer Sekundärstruktur werden bei der DNS – ähnlich wie bei den Proteinen – die beiden langgestreckten Ketten zu einer „Helix" (Wendel)

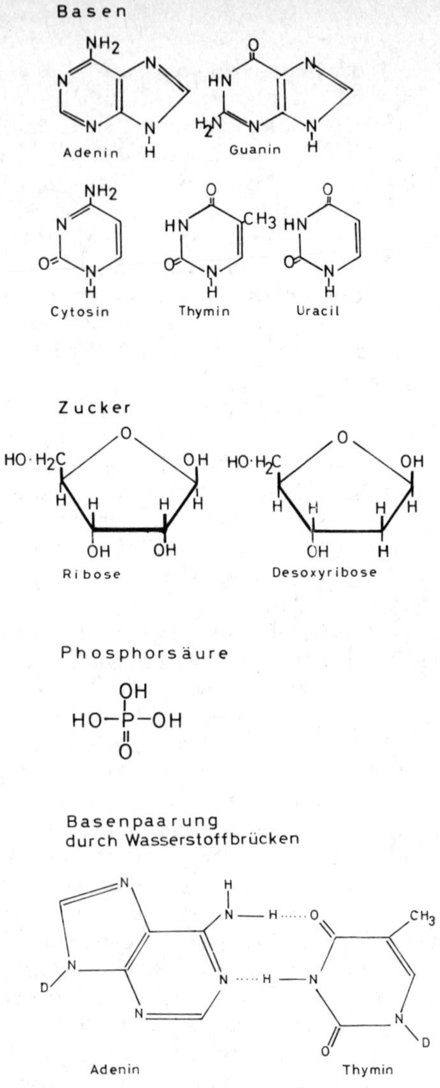

Abb. 18:
Bausteine von DNS und RNS, Aufbau einer DNS-Doppelhelix und Replikation eines Doppelstranges.

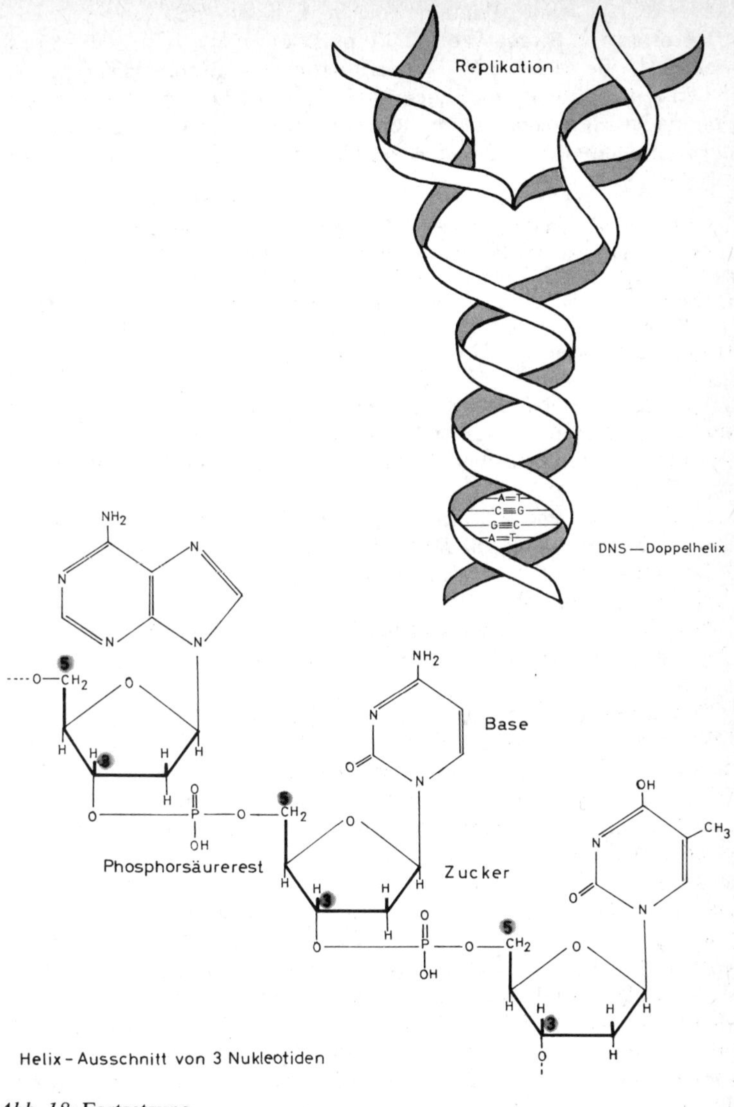

Abb. 18: Fortsetzung

aufgewunden. Eine Windung dieser Doppelwendel umfaßt dabei 10 Bausteine je Strang. Vor der Replikation muß die Wendel entdrillt werden, wobei sich die Wasserstoffbindungen zwischen den gepaarten Basen reißverschlußartig öffnen (Abb. 18). Die DNS wird jedoch nicht von einem Ende zum anderen fortschreitend auf einmal repliziert, sondern abschnittsweise. Diese Abschnitte haben den Namen *Replikone* erhalten.

Für jeden der beiden vereinzelten Stränge wird dann ein neuer den jeweiligen Basen komplementärer Polynukleotidstrang synthetisiert, wobei der alte Strang als Matrize dient. Beide neu entstandenen Doppelstränge bestehen also zur einen Hälfte aus einer alten und zur anderen aus einer neuen Polynukleotidkette. Ein spezifisches Enzym, die DNS-Polymerase, katalysiert den Vorgang der Nukleotidzusammenfügung.

Gegenüber der DNS besitzt die RNS keine einheitliche Sekundärstruktur. Meist finden sich einfache Ketten. Treten Basenpaarungen auf, so betreffen sie denselben Strang, der also stellenweise Schleifen bildet.

Drei verschiedene RNS-Formen finden sich in den heutigen Zellen:
1. die Messenger-RNS (*m-RNS*, auch Boten-RNS genannt)
2. die ribosomale RNS *(r-RNS)*
3. die Transfer-RNS *(t-RNS)*

Alle drei zusammen ermöglichen durch ihre spezielle Funktion eine Proteinsynthese auf Grund der in der DNS gespeicherten Informationen.

Die Aufgabe der m-RNS beruht auf einer Übertragung der in der DNS gespeicherten Information für eine spezifische Aminosäuresequenz zum Ort der Synthese an den Ribosomen. Entsprechend der unterschiedlichen Anzahl von Aminosäuren im Proteinmolekül bestehen die als Matrize anzusehenden m-RNS-Moleküle aus einer sehr wechselnden Anzahl von Nukleotiden.

Der größte Teil (75–80%) der zellulären RNS ist in den Ribosomen als r-RNS lokalisiert. Diese finden sich sowohl an den Membranen des granulären endoplasmatischen Reticulums (s. S. 72) als auch frei im Grundzytoplasma. In Vielzahl (10000 bis 1 Million) liegen sie als 10 bis 25 nm große granuläre Partikel vor, die zu etwa 50% aus Protein und in gleicher Menge aus RNS bestehen. Ihre Größe wird in S (S = Sedimentationskonstante in Svedbergeinheiten) angegeben. Das Grundzytoplasma der Euzyte enthält stets 80-S-Ribosomen, das der Protozyte, also von Bakterien und Blaualgen, 70-S-Ribosomen. Letztere bestehen zu 65% aus RNS und nur zu 35% aus Protein. 70-S-Ribosomen kommen auch in den Plastiden und Mitochondrien vor. Ribosomen stellen Zentren der Eiweißsynthese dar. Im Grundzytoplasma ordnen sie sich nicht selten mit einem langen fädigen m-RNS-Molekül zu schraubigen Polysomen (Polyribosomen) aneinander (Abb. 19).

Die t-RNS, aus nur etwa 70 Nukleotiden bestehend, weist die kleinsten RNS-Moleküle auf. Ihr Anteil an der gesamten Zell-RNS beträgt jedoch etwa 10 bis 15%. Etwa 60 verschiedene t-RNS-Arten mit ganz spezifischer Nukleotidsequenz dienen in jedem Organismus dem Transport der Aminosäuren. Für jede der 20 Aminosäuren gibt es also mehrere (2–6) t-RNS-Arten. Alle t-RNS-Moleküle weisen infolge mehrerer Schleifen eine kleeblattartige Struktur auf und besitzen an dem einen Ende die Basenfolge C-C-A. Hier wird die entsprechende Aminosäure mit Hilfe des Enzyms Aminoacyl-t-RNS-Synthetase angeheftet. Dieses Enzym vermag die Unterschiede zwischen den einzelnen t-RNS-Arten zu erkennen. Diese Unterschiede bestehen vor allem aus drei in der Molekülmitte, also am äußersten Rande der mittleren Kleeblattschleife, befindlichen Nukleotiden, welche für die entsprechende Aminosäure spezifisch sind (Abb. 19).

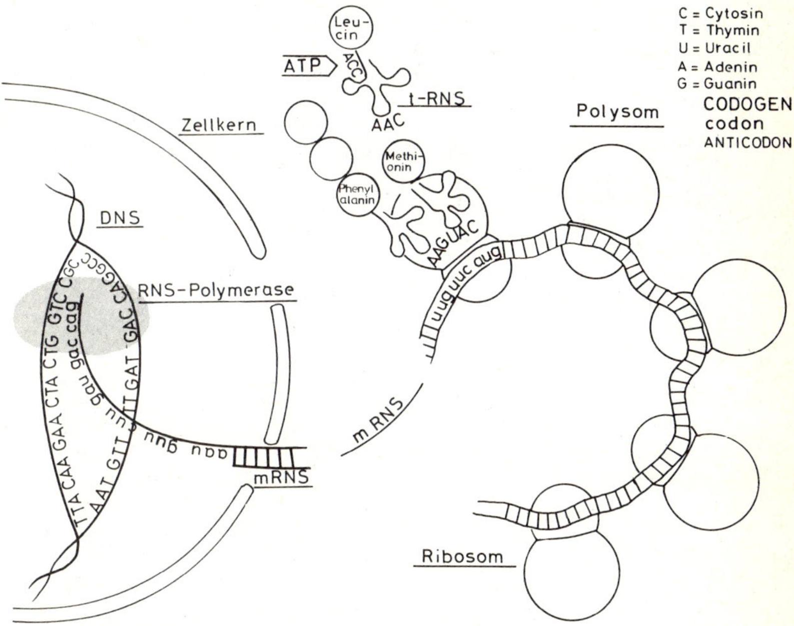

Abb. 19:
Informationsübertragung und Eiweißsynthese (nach NULTSCH stark vereinfacht).

2.3.3.4.2. Eiweißsynthese

Die RNS-Synthese (Abb. 19) und indirekt damit die Eiweißsynthese nimmt ihren Anfang an der DNS des Zellkernes, welche die genetische Information speichert. Je drei in der Kette eines Stranges der Doppelhelix benachbarte Nukleotide bilden ein *Triplett* als Codeeinheit, die eine Aminosäure codiert *(Codogen)*.

Die Beziehung zwischen zwei Schriften mit einer unterschiedlichen Art oder Anzahl von Zeichen wird Code genannt. Daher hat sich für die Beziehung Nukleotidsequenz und Aminosäuresequenz der Begriff „genetischer Code" eingebürgert. Wäre jede Base als Symbol für eine Aminosäure aufzufassen, könnten nur 4 Aminosäuren codiert werden. Die Folge von 2 Basen, also ein Duplett, würde bereits die Information für 16 Aminosäuren ermöglichen. Für die 20 Aminosäuren, welche die Proteine aufbauen, ist demzufolge eine Kombination von 3 Basen notwendig, die damit 64 Möglichkeiten ergibt. Diese Dreierkombination (= Triplett) wird nicht voll benötigt, d. h. einige Aminosäuren können durch mehrere (2–6) Tripletts codiert werden, z. B. Leucin durch die Codewörter U-U-A, U-U-G, C-U-U, C-U-A, C-U-G, C-U-C, Lysin durch A-A-A- und A-A-G. Desgleichen finden einige Tripletts gar nicht zur Information für eine Aminosäure Verwendung, sondern kennzeichnen lediglich Beginn (Initiatorcodon) bzw. Ende (Terminatorcodon) des Proteinmoleküls. Da diese Tripletts sich in der DNS ohne Pausenzeichen, also „ohne Punkt und Komma", aneinanderreihen, bedeutet der mutative Fortfall eines Nukleotids und damit einer Base in der Kette, daß ab dieser Stelle völlig falsche Tripletts abgelesen und so falsche Aminosäuren zu Eiweiß verknüpft werden.

Da die Eiweißsynthese nicht unmittelbar am DNS-Strang vor sich geht, sondern an den Ribosomen im Grundzytoplasma, muß die in der DNS enthaltene Information zu diesen transportiert werden.

Diese Aufgabe übernimmt die m-RNS, die als Negativ an einem Teilstück den informatorisch tätigen DNS-Strang kopiert. Diese Umschreibung der genetischen Information wird als *Transkription* bezeichnet. Nach reißverschlußartigem Öffnen eines Stückes der Doppelhelix lagern sich mit Hilfe einer RNS-Polymerase RNS-Nukleotide in komplementären Tripletts *(Codons)* zu der gegenüber der DNS-Kette kürzeren m-RNS zusammen. Dabei tritt an die Stelle von Thymin das Uracil. In dem entsprechenden DNS-Abschnitt besitzt jedoch nur einer der beiden Stränge die richtige Information, der komplementäre dagegen nicht. Die RNS-Polymerase muß daher den richtigen Strang und gleichfalls Start- und Endpunkt erkennen. In gleicher Weise werden t-RNS und r-RNS an der DNS kopiert, aber nur die m-RNS besitzt eine Nukleotidsequenz, die in eine Aminosäuresequenz überführt werden kann. Nach Ablösen von der DNS gelangt allein die m-RNS aus dem Kernraum, wahrscheinlich durch Poren in der Kernhülle, ins Grundzytoplasma und zu den Ribosomen. An deren Oberfläche wird sie unter Streckung angeheftet. So wird die *Translation* (Abb. 19), eine Übersetzung der in der m-RNS enthaltenen Nukleotidsequenz in die Aminosäuresequenz der Polypeptidkette möglich. Da an den Ribosomen jedoch wahrscheinlich immer nur Platz für zwei Codons gleichzeitig vorhanden ist, muß die m-RNS Schritt für Schritt an der Ribosomenoberfläche vorbeigleiten. Infolge ihrer Länge kann sie sich dabei an mehrere Ribosomen gleichzeitig anlagern, die sich dann als Polysomen in Nachbarschaft befinden. Die Aminosäuren werden jedoch nicht direkt an der m-RNS zu Peptiden verknüpft. Hierzu ist die t-RNS als Adaptermolekül notwendig.

Mittels des Enzyms Aminoacyl-t-RNS-Synthetase (für jede t-RNS gibt es ein spezifisches Enzym) wählt die t-RNS aus dem Aminosäurepool ihre spezifische aus, belädt sich unter Energiezufuhr mit ihr und wandert zum Ribosom. Dort sucht sie auf dem gestreckten, dem Ribosom anliegenden Teil der m-RNS das ihrem Anticodon entsprechende Codon. Codon und Anticodon verbinden sich, wobei die Aminosäure dem Ribosom anliegt. Hieran anschließend bringt eine weitere t-RNS eine andere in der Folge benötigte Aminosäure heran, und paart ihr Anticodon mit dem nächsten Codon der m-RNS. Die beiden jetzt benachbart liegenden Aminosäuren werden durch ein Enzym des Ribosoms zum Peptid verknüpft (Abb. 19). Die erste t-RNS, die ihre Aufgabe erfüllt hat, löst sich vom Anticodon und der Aminosäure, die m-RNS gleitet einen Schritt weiter, ein anderes drittes Codon wird an das Ribosom geheftet, eine dritte t-RNS bringt eine dritte Aminosäure usw. Auf diese Art und Weise wird die Aminosäurekette immer länger, bis das auf der DNS programmierte Eiweiß fertiggestellt ist. Beim Gleiten über Polysomen wird nacheinander von der gleichen m-RNS dasselbe Eiweiß mehrfach gebildet. Unabhängig von ihrer Aufgabenerfüllung kann die m-RNS durch RN-asen abgebaut werden. Hieraus ergibt sich ein Wettlauf zwischen Proteinsynthese und RNS-Abbau, der zu unterschiedlich langer Halbwertszeit der RNS führt. Die m-RNS von Protozyten, z. B. von Bakterien, ist kurzlebiger als die höher organisierter Zellen. Hierauf beruht die spezifische Wirkung einiger *Antibiotica*, welche die Eiweißsynthese an den Ribosomen blockieren.

2.3.3.4.3. Kernteilung

Kerne können nur durch Teilung *(Mitose)* aus ihresgleichen hervorgehen. Dabei wird nach Replikation der DNS eine Gleichverteilung auf die beiden Tochterkerne und -zellen gewährleistet. Diese Gleichverteilung kann bei dem infolge Zellvergrößerung bedingten umfangreichen Informationsmaterial der Euzyte durch die Mitose sehr viel korrekter erfolgen, als dies bei der Spaltung der Protozyten möglich war.

Der auf S. 77 beschriebene Zellkern wird auch als *Interphasekern* bezeichnet. Bei der Kernteilung oder Mitose wird das Chromatingerüst, das in der Interphase die Funktionsform der Chromosomen darstellt, zu den dann lichtmikroskopisch sichtbaren Chromosomen als Transportform kontrahiert. Chromosomen bestehen zu 35% aus DNS, 40% aus Histonen und aus den verschiedenen nichtbasischen Restproteinen.

Die kugel- bis wurstförmigen *Chromosomen* mit einer Länge zwischen 0,2 und 50 μm und einer Breite von 0,2 bis 2 μm liegen pro Zelle in artkonstanter Anzahl vor. Diese kann bei haploiden Organismen mit einfachem Chromosomensatz zwischen n = 2 und mehreren hundert betragen (bei diploiden Organismen mit doppeltem Chromosomensatz dann 2 n = 4 oder mehr). Die einzelnen Chromosomen eines Satzes

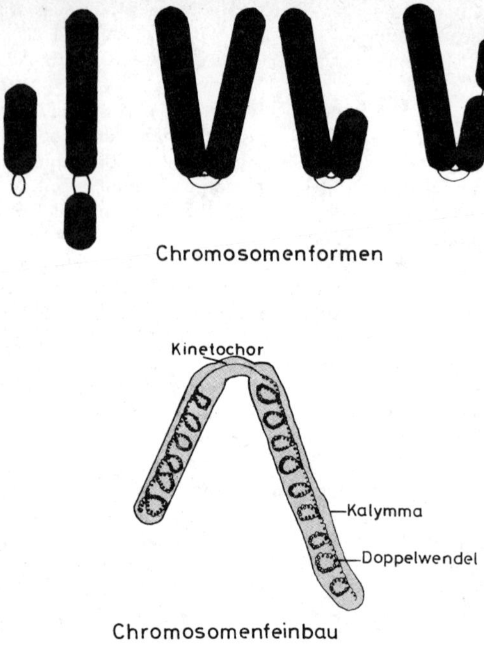

Abb. 20:
Chromosomenformen und hypothetischer Feinbau (stark vereinfacht nach Ramay, Bilka, Nultsch).

unterscheiden sich spezifisch in Größe, Form und in der Lage von Einschnürungen, so daß in jeder Zelle die einander entsprechenden Chromosomen identifiziert werden können (Abb. 20). Diploide Zellen besitzen paarweise homologe Chromosomen. Gewöhnlich wird ein Chromosom durch eine nicht färbbare (= achromatische) Einschnürung (= Kommissur) in zwei Schenkel geteilt. Hier befindet sich das Bewegungszentrum des Chromosoms (Kinetochor oder Centromer genannt), an dem bei der Kernteilung die Spindelfasern für den Transport ansetzen (Abb. 20). Neben dieser einen können weitere Einschnürungen das Chromosom charakterisieren. Satelliten- (SAT)-Chromosomen tragen an dem einen Schenkel durch den nicht färbbaren Nukleolus-Organisator getrennt einen kleinen Trabanten. An diesem Zwischenstück entsteht beim Übergang zur Funktionsform erneut der während der Mitose aufgelöste Nukleolus. Die Anzahl an SAT-Chromosomen entspricht danach der Anzahl der Nukleoli pro Zelle.

Am Chromosom läßt sich ein farbstoffadsorbierender Achsenfaden erkennen. Bereits zu Beginn der Mitose sind die beiden Spalthälften, die aneinanderliegenden *Chromatiden*, erkennbar, aus denen die beiden Tochterchromosomen hervorgehen. Die beiden Schwesterchromatiden sind das Produkt der identischen DNS-Replikation und gleichzeitig ablaufenden Histonsynthese in der Interphase. Jede Chromatide enthält somit bereits die gesamte genetische Information des späteren Chromosoms.

In jeder Chromatide wiederum wird ein spiralisiertes Längselement sichtbar, das *Chromonema*, das sich im Interphasekern unter Auflösung der Schraubenwindungen zum Karyotingerüst lang ausstreckt. Auf dem Chromonema lassen sich zahlreiche kugelförmig erscheinende, perlschnurartig aufgereihte Bereiche erkennen, die *Chromomeren*. In den Chromomeren ist die DNS sehr dicht gelagert, in den Interchromomeren dagegen nur locker, so daß hier eine Färbung kaum sichtbar wird. Die Chromomeren sind in einem für jedes Chromosom charakteristischen Muster angeordnet. Sie wurden früher als Sitz eines einzigen Genes angesehen. Ein *Gen* ist die kleinste Funktionseinheit des DNS-Makromoleküls, also ein streng begrenzter Abschnitt auf einer DNS-Kette, der etwa 600 bis 1800 Nukleotide umfaßt. Heute wird angenommen, daß die Chromomeren neben einem kleinen informationstragenden DNS-Anteil einen großen nichtinformativen mit regulatorischen Funktionen enthalten.

Jedes Chromosom enthält wohl in der Regel nur einen DNS-Doppelhelix-Strang, der eine Gesamtlänge von mehreren cm besitzen muß. Über seine Anordnung im Chromonema gehen die Meinungen noch auseinander.

Kern- und anschließende Zellteilungen erfolgen bei Einzellern, beeinflußt durch Außenfaktoren wie Temperatur und Licht, in regelmäßigen Zeitabständen ein bis mehrmals am Tage, wobei sich der gesamte Organismus in zwei identische Töchter teilt. Bei Vielzellern findet Teilung im allgemeinen nur in hierfür spezialisierten Zellen (z. B. Scheitelzellen oder meristematischen Geweben) statt.

Bei der Mitose lassen sich die folgenden Abschnitte charakterisieren, die gleitend ineinander übergehen (Abb. 21):

1. In der *Prophase* entwirrt und kontrahiert sich das Karyotingerüst des Interphase- oder Arbeitskernes.
   Durch Spiralisierung treten die Chromatinfäden mit deutlicher Färbbarkeit und in charakteristischer Anzahl hervor.
2. In der *Metaphase* gelangen die Nukleoli zur Auflösung und die Kernhülle zerfällt. Durch weitere schraubige Kontraktion sind die Chro-

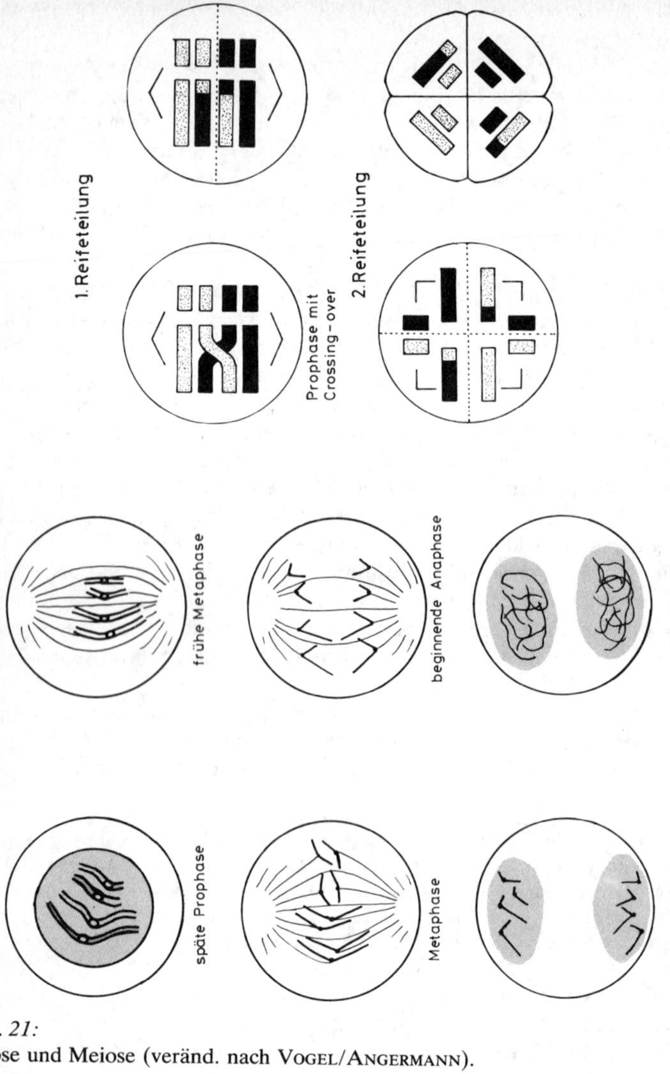

Abb. 21:
Mitose und Meiose (veränd. nach VOGEL/ANGERMANN).

mosomen deutlich erkennbar und die beiden Chromatiden heben sich voneinander ab. Durch Ansammlung im Zentrum der Zelle entsteht eine sternförmige Äquatorialplatte, in der sich die beschriebene Chromosomenindividualität und Zahlenkonstanz nachweisen läßt. Gleichzeitig bilden die Mikrotubuli den Spindelapparat (s. S. 76), dessen Fasern sich am Zentromer der Chromosomen anheften.
3. In der *Anaphase* werden die beiden Chromatiden, von jetzt an als Tochterchromosomen bezeichnet, durch einen noch nicht völlig geklärten Vorgang an den Spindelfasern zu den Zellpolen transportiert.
4. In der *Telophase* schließlich entsteht aus den an den Zellpolen gehäuften Gruppen der Tochterchromosomen unter Auflockerung und Streckung der Schraubenwindungen ein neuer Zellkern mit vom ER gebildeter Hülle. Auch die Nukleoli werden wieder sichtbar. Die ins Zentrum (den sogenannten *Phragmoplasten*) ausgeschiedene Primärwand trennt die beiden Kerne und führt zur Zellteilung. Hierbei werden die in der vorausgegangenen Interphase gleichfalls vermehrten Zellbestandteile auf beide Tochterzellen verteilt.

2.3.3.4.4. Sexualität und Reduktionsteilung

Sexualität bedeutet Austausch genetischer Information (= *Rekombination*) zwischen zwei verschieden veranlagten Organismen. Sie bedingt bei Einzellern das Verschmelzen zweier ganzer geschlechtlich verschiedener, jedoch sexuell verträglicher (= kompatibler) Individuen oder bei Vielzellern die Ausbildung von *Gameten*, die dann einander befruchten. Diese Gameten entstehen in speziellen Zellen, den Gametangien, und können gleichgestaltet (= Isogameten) oder von unterschiedlicher Form und Größe (= Anisogameten) sein (Abb. 22). Der Sexualvorgang heißt dann entsprechend Iso- und Anisogamie. Ist einer der beiden Partner größer und unbeweglich, während der andere kleinere bewegliche eine Geißel besitzt, liegt Oogamie vor. Bei Pilzen können auch ganze Gametangien (= Gametangiogamie) oder vegetative Zellen (= Somatogamie) den Sexualvorgang übernehmen. Das Produkt der Befruchtung ist die *Zygote*, in welcher der Verschmelzung beider Plasmen (= *Plasmogamie*) meist unmittelbar die Vereinigung beider Kerne (= *Karyogamie*) zum diploiden (2n) Zygotenkern folgt. In diesem Zygotenkern befindet sich dann die doppelte Anzahl an Chromosomen, wobei immer zwei dieser Chromosomen einander homolog sind. Bei einer Reihe von Pilzen können jedoch Plasmo- und Karyogamie sowohl zeitlich, wie auch räumlich durch die Dikaryophase auseinander gezogen sein. In dieser Dikaryophase liegen beide Kerne in den vereinten Plasmen nebeneinander.

Mit Auftreten der Sexualität mußte notwendigerweise ein Regulationsmechanismus dafür sorgen, daß die durch Zygotenbildung eingetre-

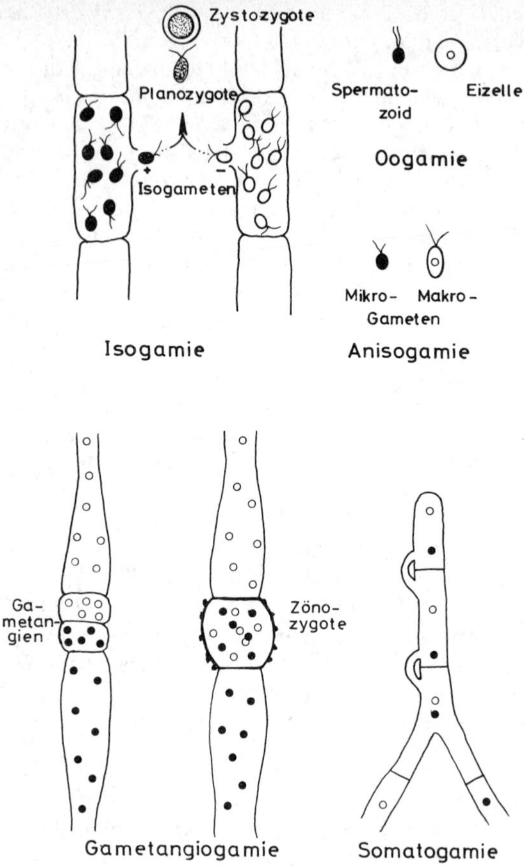

Abb. 22:
Formen geschlechtlicher Fortpflanzung (verändert nach NULTSCH, ESSER).

tene Verdopplung (= Diploidie = 2 n) der Chromosomenzahl wieder auf den einfachen (= Haploidie = n) Satz reduziert wurde. Sonst wären durch immer wieder erneute Sexualvorgänge die Chromosomenzahlen ungeheuer angewachsen.

Dieser Regulationsmechanismus ist die *Reduktionsteilung* oder *Meiose.* Ein geschlechtlicher Fortpflanzungszyklus besteht also aus zwei einander folgenden Phasen:

1. aus einer *Haplophase* mit einfachem Chromosomensatz
2. aus einer *Diplophase* mit doppeltem Chromosomensatz

Notwendigerweise ist dieser Zyklus mit einem Kernphasenwechsel (n, 2 n) verbunden. Die Meiose kann sogleich nach der Entstehung einer Zygote einsetzen. Die dann haploiden Tochterzellen (meist *Meiosporen* = Sporen als Folge einer Meiose) liefern den Gametophyten (= haploide Generation), auf welchem sich Gametangien und Gameten bilden, die zur diploiden Zygote der nächsten Generation verschmelzen können. Oder aber die Zygote entwickelt sich ohne Meiose durch mitotische Teilungen zum *Sporophyten* (= diploide Generation). Erst auf diesem liefern jedoch dann zahlreiche Meiosen eine entsprechend hohe Anzahl von Meiosporen. Auch aus diesen Meiosporen geht jeweils ein *Gametophyt* hervor. Sporophyt und Gametophyt (mitunter gleichgestaltet, häufig jedoch auch unterschiedlich aussehend) lösen sich folglich im Generations- und Kernphasenwechsel gegenseitig ab.

Die *Meiose* besteht aus zwei miteinander gekoppelten Teilungsschritten. In der *ersten* der beiden aufeinander folgenden sogenannten *Reifungsteilungen* werden – im Gegensatz zur Mitose – nicht Chromatiden auf die Tochterzellen verteilt, sondern die ganzen, wenn auch bereits gespaltenen Chromosomen. Die *zweite* sofort anschließende *Reifungsteilung* gleicht dann einer Mitose; erst in ihr gelangen die Spalthälften in die so entstehenden vier haploiden Zellen. Während der Meiose erfolgt jedoch gleichzeitig mit der Trennung der von beiden Eltern übernommenen Chromosomen eine Neukombination des genetischen Materials. Die Verteilung der homologen Chromosomen auf die Tochterzellen geschieht nämlich zum einen völlig unabhängig von ihrer Zugehörigkeit zum väterlichen oder mütterlichen Genom, so daß es zu einer Umordnung beider Genome kommt. Zum anderen sorgt eine in der Prophase stattfindende Paarung der homologen Chromosomen für eine Durchmischung und Neukombination der Erbanlagen (Gene), die auch durch einen Stückaustausch (= Crossing-over) zwischen beiden homologen Chromosomen bzw. deren Chromatiden hervorgerufen werden kann. In der über Tage oder mitunter sogar Wochen andauernden Prophase werden demnach wechselseitig Gene ausgetauscht und neu miteinander kombiniert (Rekombination der Gene). Als Folge hiervon können sich alle vier Tochterzellen untereinander und gegenüber den Eltern in ihrem Erbgut unterscheiden (Abb. 21).

Die Sexualität mit ihrer Möglichkeit einer Rekombination zwischen zwei Mutanten bei der Meiose bedeutet eine wesentliche Voraussetzung für eine Beschleunigung der Evolution. Diese Rekombinationsmöglichkeit ist bei Entwicklung eines Sporophyten mit zahlreichen Meiosen gegenüber einer einzigen in der Zygote ungleich vermehrt.

2.3.4. Evolution und Artbildung.

Hier soll auf die Begriffe Evolution und Artbildung nur kurz und vereinfacht eingegangen werden, soweit es zum Verständnis dieses Buches notwendig erscheint.

Die inzwischen allgemein anerkannte Evolutionstheorie des Engländers CHARLES DARWIN deutet die Mannigfaltigkeit der heute bekannten Lebewesen als das Produkt eines in den Hunderten von Jahrmillionen der Erdgeschichte abgelaufenen Entwicklungsprozesses. Dabei stellen die heute lebenden Organismen – Pflanze, Tier und Mensch – die derzeitigen Endglieder dieses Vorganges dar und lassen sich von gemeinsamen Formen urtümlicher Lebewesen herleiten. Somit stehen letztenendes alle Organismen untereinander in einem näheren oder ferneren Verwandtschaftsverhältnis.

Die systematische Botanik versucht, durch klassifizierende Einteilung die Formenfülle verschieden gestalteter Lebewesen nach Ähnlichkeiten (morphologische, anatomische, chemische usw. Merkmale) und Verwandtschaftsverhältnissen in feste Gruppierungen (Taxa) wie bei einem Schubladensystem zu sortieren. Die Evolutionstheorie fordert jedoch, daß diese taxonomischen Einheiten nicht unverändert konstant sind und bleiben, sondern sich in einem ständig gleitenden Übergang und einer Fortentwicklung zu immer neuen Formen befinden.

Diese Ansichten bestehen erst seit etwa 150 Jahren, denn noch Ende des 18. Jahrhunderts glaubte GEORGES de CUVIER an eine Konstanz der Arten. Das Auftreten verschiedener Organismenformen zu verschiedenen Erdzeitaltern, wie sie die Paläontologie in Funden aus verschiedenen Gesteinsschichten aufzeigt, erklärte er durch seine damals anerkannte *Katastrophentheorie.* Diese besagte, daß in verschiedenen Erdperioden Naturkatastrophen eingetreten seien, die alle Lebewesen auslöschten, und danach eine Neuschöpfung andersartiger Formen eingesetzt habe.

JEAN-BAPTISTE de LAMARCK lehnte als erster in seinem berühmten 1809 erschienenen Werk „Philosophie zoologique“ diese Katastrophentheorie ab und wurde durch den genialen Gedanken einer Veränderlichkeit der Arten zum Begründer der Abstammungslehre. Er deutete hierbei sehr richtig die heutigen Organismen als Abkömmlinge früherer Formen. Als Ursache für einen Wandel von Art zu Art nahm Lamarck vor allen Dingen an, daß die Umwelt an einem Organismus direkt gerichtete Veränderungen hervorrufen könnte, welche auf die Nachkommen weiter vererbt werden sollten. Hierdurch – so glaubte er – konnten Lebewesen von Generation zu Generation immer besser angepaßt werden. Wir wissen heute, daß Umwelteinflüsse die Ausbildung von Eigenschaften eines Organismus im Rahmen der genetisch bedingten Variabilität abzuwandeln vermögen und so *Modifikationen* u. a. des äußeren Erscheinungsbildes hervorbringen. Als Beispiel diene eine im Tiefland gewachsene Löwenzahnpflanze (Taraxacum officinale), die längs in zwei gleiche Hälften geteilt wird. Setzt man die eine Hälfte am gleichen Standort wieder ein, so wird sie zur Ausgangsform regenerieren. Die andere Hälfte, im Hochgebirge ausgepflanzt, wird unter dem Einfluß des dort intensiveren UV-Lichtes Zwergwuchs (= Nanismus) aufweisen. Der *Phänotyp*, das äußere Erscheinungsbild, kann also durch Umwelteinflüsse modifiziert werden, während die genetische Information im Zellkern, der Genotyp, unverändert bleibt. Lamarck erlag dem Trugschluß einer „Vererbung erworbener Eigenschaften". Erst ein halbes Jahrhundert später (1865) veröffentlichte der Brünner Augustinerpater Gregor Mendel seine „Untersuchungen über Pflanzenhybride" und stellte die Vererbungsgesetze auf.

Charles Darwin deutete dagegen die Anpassung der Organismen an ihre Umwelt durch „natürliche Auslese", d. h. *Selektion*, wobei er von folgenden zwei Voraussetzungen ausging: 1) Die Individuen einer Pflanzen- oder Tierart sind nicht völlig gleich sondern variieren. 2) Bei allen Arten kommt es i. a. zu einer starken Überproduktion an Nachkommen. Nur die am besten angepaßten Individuen aller dieser Varianten, die „Tauglichsten" werden in größerer Anzahl überleben und somit auch zahlenmäßig bevorzugt zur Fortpflanzung und damit zur Weitergabe ihres Erbgutes kommen. So wird im Verlauf der Generationenfolge durch immer stärkeres zahlenmäßiges Überwiegen der begünstigten Anpassungsüberträger eine Herausbildung entsprechender Anpassungen an die Umwelt gewährleistet.

Trotz dieser ständigen Fortentwicklung taxonomischer Einheiten können wir das „Schubladensystem", in das alle Organismen vom Systematiker sortiert werden, beibehalten, da Veränderungen nur in kleinsten Schritten und im allgemeinen über sehr lange Zeiträume vonstatten gehen. Wenn auch vielfach in Rassen und andere Untereinheiten weiteraufgegliedert wird, so ist die kleinste permanente Einheit doch die *Art (= species)*. Sie umfaßt die Gesamtheit der Individuen, die in allen wesentlichen Merkmalen untereinander und mit ihren Nachkommen übereinstimmen. Diese Übereinstimmung beruht im wesentlichen auf zwei Gemeinsamkeiten. Einmal werden die Individuen als Merkmalsträger durch Besiedlung des gleichen Areals und damit durch weitgehend gleiche Selektionsbedingungen mehr oder weniger konstant gehalten (= stabilisierende Selektion); zum anderen tauschen sie bei der bisexuellen Fortpflanzung ständig ihre Erbanlagen untereinander aus. Sie bilden somit einen gemeinsamen *Genpool*. Dieser Genpool kann am Rande seiner Verbreitung, seines Areals, in die *Isolation* gegenüber dem eigenen Poolareal und gegenüber anderen Fortpflanzungsgemeinschaften

(= Arten) geraten, mit denen dann Gene nicht ausgetauscht werden können. Es sind vielfach äußere Einflüsse, welche diese Isolation hervorrufen. So kann z. B. mitunter bereits ein Fluß eine unüberwindliche Barriere für eine Population darstellen.

Bei der Züchtung von Kulturpflanzen durch den Menschen wird ein derartiger Genpool künstlich isoliert und selektioniert; manchmal werden dabei aber auch zwei Genpoole absichtlich miteinander vermischt (= Bildung von Bastarden = *Hybridisierung*). Unter natürlichen Bedingungen verhindert jedoch die Trennung der Arten durch Barrieren eine Verbastardisierung oder läßt diese nur bei Zwischenformen im Grenzbereich zu.

Nach der durch Carl v. Linné (1707–1778) konsequent eingeführten binären Nomenklatur wird wissenschaftlich jede dieser kleinsten permanenten Einheiten, die Art (= species) durch einen Doppelnamen gekennzeichnet. Der spezielle Artname steht dabei hinter dem Gattungsnamen. In der Gattung (=genus) sind nahe verwandte Arten zusammengefaßt.

Wie geschildert ist die Evolution als ein Vorgang anzusehen, bei dem im Laufe der Generationenfolge Organismen sich nach und nach über längere Zeiträume hin zu neuen Arten verändern. Die den allmählichen stammesgeschichtlichen (= *phylogenetischen*) Wandel verursachenden einzelnen Schritte durch Veränderungen am Erbgut werden Mutationen genannt. Diese *Mutationen* können von unterschiedlichem Umfang sein. Bei den Punktmutationen, die z. B. durch Röntgenstrahlen oder Radioaktivität verursacht werden, treten Veränderungen an einem Gen auf (= Genmutation). Es genügt dabei, daß bei der Replikation der DNS ein falscher Baustein (Nukleotid) eingefügt wird oder ein Baustein ausfällt: dies führt dann über Transkription und Translation zur Bildung eines Proteins, das eine geänderte („fehlerhafte“) Aminosäurekette aufweist.

Bei der Chromosomenmutation können ganze Chromosomenabschnitte oder ganze Chromosomen von Verlusten, Hinzufügen oder anderen Strukturveränderungen betroffen werden (= strukturelle Chromosomenaberrationen).

Polyploidiemutationen (= Genommutationen) führen zu Veränderungen der Chromosomenzahl durch Verdopplung oder Vervielfachung des Chromosomensatzes (*Autopolyploidie*). Polyploidie besitzt vor allem im Pflanzenreich Bedeutung.

Etwa 50% aller Pflanzen Mitteleuropas sind polyploid; dieser Anteil steigt in Gebieten ungünstigen Klimas oder schlechter Bodenbedingungen, d. h. unter Streßsituationen, sogar auf 70–75% an. Polyploide Kulturpflanzen sind u. a. Apfelsorten, Erdbeeren, Gräser, Raps, Baumwolle. Triticum aestivum, der Saatweizen, z. B. ist hexaploid, verfügt also über einen sechsfachen Chromosomensatz.

Viele dieser Polyploiden entstanden spontan, wenn bei gestörter Reduktionsteilung unreduzierte Gameten miteinander verschmolzen. Bei Autopolyploiden handelt es sich um Gameten mit gleichen Chromosomensätzen z. B. Karotten (Daucus) oder Rettich (Rhaphanus); bei *Allopolyploiden* (z. B. Kernobstarten wie Apfel und Birne) haben Gameten mit verschiedenen Chromosomensätzen polyploide Zygoten gebildet, aus denen sich dann polyploide Pflanzen entwickelten. Durch Behandlung mit dem Spindelfasergift Colchicin der Herbstzeitlose (Cholchicum autumnale) können Polyploide experimentell erzeugt werden: in den sich teilenden Zellen erhält der Spindelapparat, der die Tochterzellen auseinanderbringt, keine Funktion mehr. Schließlich gibt es Mutationen außerhalb des Zellkerns, z. B. an Genen der Plastiden und Mitochondrien.

Mutationen sind völlig ungerichtet, treten spontan und wahllos auf. Sie können sich demnach auf einen Organismus sowohl positiv als auch negativ oder neutral auswirken.

Mutation und anschließende Selektion der „Tauglichsten“ treiben als Motor die Evolution voran. Dabei kann im Laufe der Zeit eine Art kontinuierlich in eine andere umgewandelt werden (Artumwandlung), ohne daß sich die bestehende Artenzahl selber erhöht (= allochrone Artbildung). Die Ausgangsart stirbt dabei aus. Häufiger kommt es durch Aufspaltung einer Art in zwei weiterbestehende Schwesterarten (= synchrone Artbildung) zu einer Vermehrung der Artenzahl. Mit weiterer Abwandlung und Aufspaltung dieser Schwesterarten erhält ein „Stammbaum“, z. B. der des Pflanzenreiches, immer neue Verzweigungen.

2.4. Bioenergetische Evolution

Jeder lebende Organismus, jedes Ökosystem ist auf Energiezufuhr angewiesen. Demnach muß es auch im Urozean für die Urlebewesen eine Möglichkeit zur Deckung ihres Energiebedarfs gegeben haben. Es wurde bereits geschildert, wie unter den Bedingungen der reduzierenden Uratmosphäre und des Vorhandenseins einer hochdosierten Strahlungsenergie organische Moleküle entstehen. Stellt für die heutige Biosphäre das Sonnenlicht fast die alleinige primäre Energiequelle dar, so werden die im Urozean sich bildenden Urlebewesen zur Deckung ihres Energiebedarfs auf die in den organischen Molekülen der „Ursuppe“ steckende chemische Energie zurückgegriffen haben. Sie waren demnach heterotroph. Die Spaltung relativ großer Moleküle ohne Beteiligung von Sauerstoff und Licht bezeichnet man als Gärung (echte Gärung). Dafür, daß diese Form der Energiegewinnung entwicklungsgeschichtlich vor der Photosynthese oder Atmung entstanden sein muß, spricht, daß sie keiner besonderer Struktur bedarf, wie dies bei den beiden letztgenannten energieliefernden Prozessen mit ihrer Elektronentransportkette nötig ist. Bevor jedoch die verschiedenen Stoffwechselwege aufgezeigt werden, sind einige Bemerkungen über Energiegewinnung und -übertragung erforderlich.

2.4.1. Energiegewinnung und Biokatalyse

Freiwillig in Ökosystemen, Organismen oder Zellen ablaufende Stoffwechselprozesse führen stets von einem Zustand höherer zu einem Zustand geringerer Energie; sie verlaufen nur in einer Richtung (*Entropie*-Zunahme). So wird eine Lawine lediglich talabwärts stürzen, gleiches gilt für einen Fluß. Beide streben einem Zustand zu, in dem sie scheinbar zur Ruhe kommen, d. h. ein Gleichgewichtszustand erreicht ist. Ihr Energiepotential hat sich entsprechend verringert. Der Energieabfall zwischen dem Startpunkt, von dem aus ein solch spontan verlaufender Prozeß stattgefunden hat, und dem Endpunkt setzt Energie frei und diese kann in Arbeitsleistung umgesetzt werden, z. B. beim Wasser zum Betreiben eines Kraftwerkes. In den Zellen erfolgt eine Umsetzung für Synthesen, Transportleistungen oder mechanische Arbeit. Diese *freie Energie G,* die nach dem Thermodynamiker GIBBS auch *Gibbsenergie* genannt wird, versteht sich als arbeitsfähige Energie bei konstantem Druck. Der Energieunterschied Δ G zwischen Ausgangs- und Endzustand ($G_2 - G_1$) ist bei dieser bergabwärts verlaufenden Reaktion negativ. Nur Reaktionen mit negativem G-Wert verlaufen freiwillig und lassen sich zur Energielieferung benutzen. Die energiebenötigenden Reaktionen sind dagegen Bergaufwärts-Reaktionen und bringen eine Zunahme an freier Energie (G ist dann mit einem positiven Vorzeichen versehen).

Ähnlich einer Seilbahn sind *Bergabwärts – (exergonische)* und *Bergaufwärts – (endergonische)* Abläufe im Stoffwechsel miteinander gekoppelt. Hierbei spielen die sog. energiereichen Verbindungen eine Vermittlerrolle. In der Regel wird hierfür das Adenosintriphosphat *(ATP)* benutzt, das die beim Abbau organischer Substanzen freigesetzte Energie auffängt. Das aus Adenin, Ribose und 3 Mol Phosphorsäure bestehende ATP (Abb. 23) besitzt 2 dieser energiereichen Bindungen, die zwischen je 2 Phosphatgruppen liegen. Wird die terminale Phosphatgruppe hydrolytisch abgespalten, so werden unter Standardbedingungen und pH 7 ungefähr $\Delta G \approx -30{,}51$ kJ frei. Es entsteht dann Adenosindiphosphat *(ADP)*, bei weiterer Abspaltung einer Phosphatgruppe bildet sich Adenosinmonophosphat *(AMP)*. Diese Vorgänge sind reversibel.

Der jeweils abgespaltene phosphorhaltige Molekülabschnitt kann in Form einer Gruppenübertragung an andere Verbindungen abgegeben

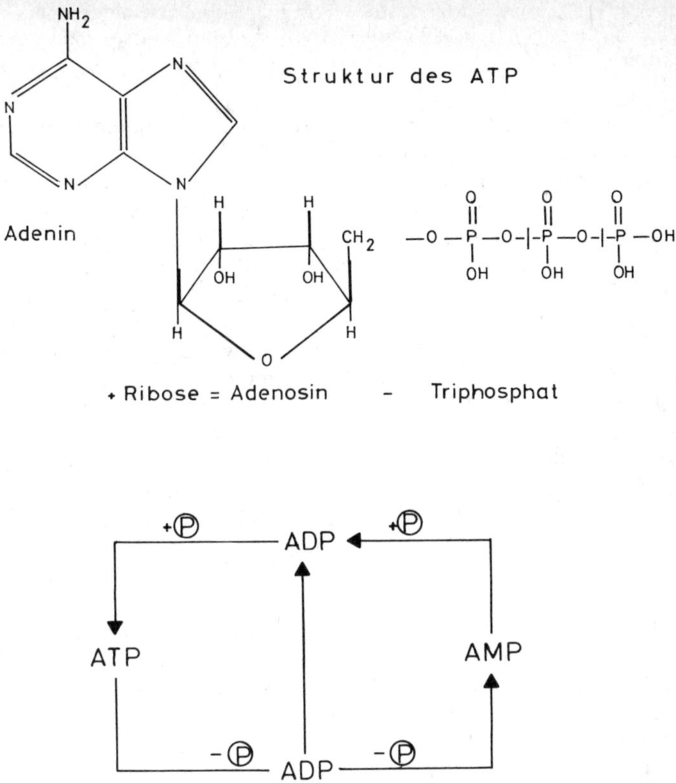

Abb. 23:
Strukturformel von ATP; Schema der Energieübertragung durch ATP.

werden. Diese werden dadurch energiereicher und somit für Umsetzungen aktiviert. Meist wird das endständige Phosphat übertragen. Es entstehen phosphorylierte Verbindungen, die dann für Synthesen oder ihren eigenen Abbau vorbereitet sind. Der im Stoffwechsel weit verbreitete Zuckerabbau kann ebenfalls erst nach Bildung des Phosphorsäureesters vollzogen werden.

Es könnte durchaus sein, daß die primitivsten Organismen noch nicht ATP selbst synthetisiert, sondern zunächst auf organische Phosphate im Urmeer zurückgegriffen haben. Bei der Spaltung des Pyrophosphats bilden sich unter Freisetzung von Energie 2 Moleküle Orthophosphat. Offenbar hat sich dann aber das unter Beteiligung spezifischer Enzyme von den Organismen selbst gebildete ATP als eine so günstige „Energie-Währung“ erwiesen, daß sich diese generell durchgesetzt hat.

ATP wird zu den *Coenzymen* gerechnet, die während enzymatischer Reaktionen Gruppen, Ionen oder Elektronen auf ein Substrat übertragen. Handelt es sich wie beim ATP (Adenosintriphosphat) um die Übertragung des Phosphates, vermögen andere wichtige Coenzyme Wasserstoff aufzunehmen: so werden NAD (Nikotinamidadenindinukleotid) zu *NADH* + H^+ oder $NADP^+$ (Nikotinamidadenindinukleotidphosphat) zu NADPH + H^+ reduziert. Sie können ihrerseits wiederum andere Verbindungen reduzieren. Gleiches gilt auch für die Flavinnukleotide *FMN* (Flavinadeninmononukleotid) und *FAD* (Flavinadenindinukleotid). Das Coenzym A (CoA) vermag an seine SH-Gruppe einen Acetylrest anzulagern und auf andere Substanzen zu übertragen. In Abb. 24 findet sich die chemische Zusammensetzung wichtiger Coenzyme.

Wenn Reaktionen von einem energiereichen zu einem energiearmen Zustand freiwillig ablaufen, so müßte ein Organismus fast nur aus energetisch entwerteten Substanzen bestehen und neu gebildete organische Moleküle, wie z. B. energiereiche Zucker müßten sofort wieder abgebaut werden. Da jedoch die Kohlenhydrate zu den metastabilen Syntheseprodukten gehören, bedürfen sie der Zufuhr von Anregungsenergie, um aktiviert zu werden. Dies geschieht durch Phosphorylierung, die mittels Biokatalysatoren ermöglicht wird.

Als Biokatalysatoren dienen *Enzyme.* Es sind dies Eiweißverbindungen. Ihre Bezeichnung endigt bis auf wenige Ausnahmen mit der Endung „ase“. So sind z. B. Decarboxylasen Enzyme, die CO_2 abspalten, Dehydrogenasen wasserstoffabspaltende Enzyme. Bei einigen Enzymen besitzt das Protein selbst katalytische Eigenschaften, bei anderen ist mit dem Enzym eine niedermolekulare Substanz *(= Coenzym)* verbunden, an welche die Katalysatorwirkung geknüpft ist. Das Gesamtenzym *(= Holoenzym)* besteht dann aus dem katalytisch unwirksamen Eiweißanteil *(= Apoenzym)* und dem eiweißfreien Anteil (Coenzym), der aber nur in dieser Bindung katalytisch agieren kann. Das Coenzym weist als sog. *prosthetische Gruppe* eine ständige oder als Cosubstrat eine vorübergehende Bindung an das Apoenzym auf. Außer den Coenzymen kann auch den Cofaktoren eine wichtige Rolle bei katalytischen Reaktionen zukommen. Hierzu gehören vor allem 2-wertige Kationen, wie Fe^{2+}, Mn^{2+}, Mg^{2+}, Cu^{2+}. Enzyme sind *substratspezifisch,* d. h. ein bestimmtes Enzym kann nur ein bestimmtes Substrat oder ein sehr ähnliches umsetzen (Substrat und Enzym müssen zueinander passen wie Schloß und Schlüssel). Da das Enzym als Makromolekül oft größer als das Substrat ist, vollzieht sich die Bindung an das Substrat an einer

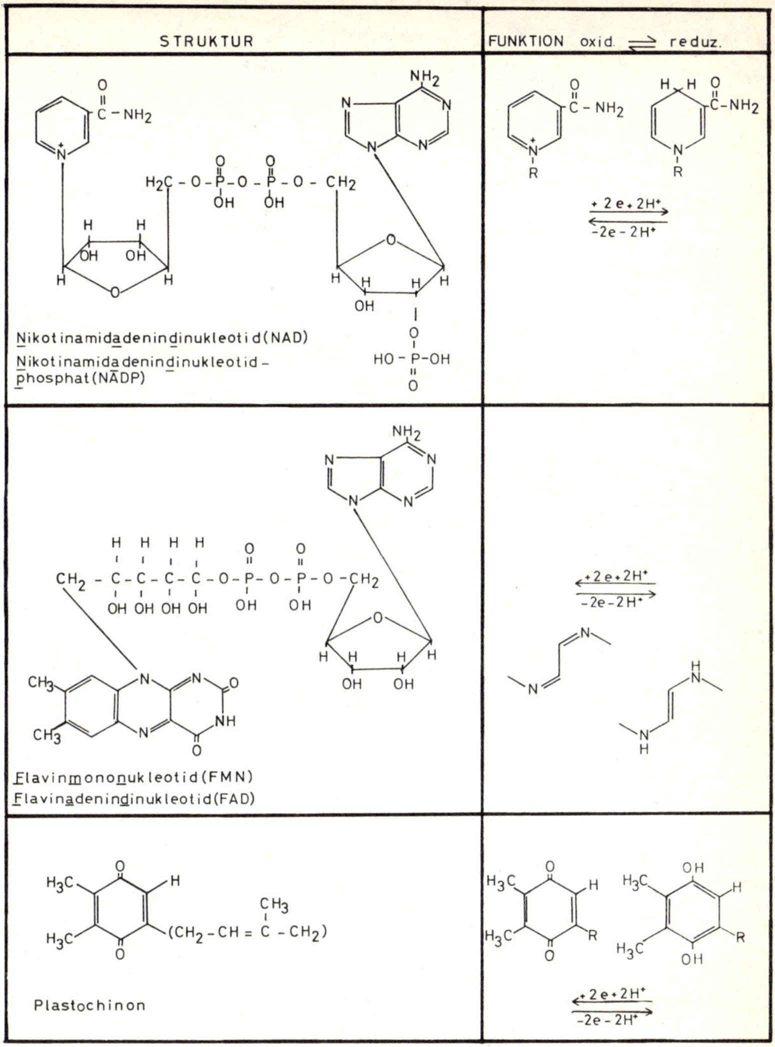

Abb. 24:
Struktur und Funktion wichtiger Co-Enzyme bzw. Redoxsysteme (nach HESS).

a)

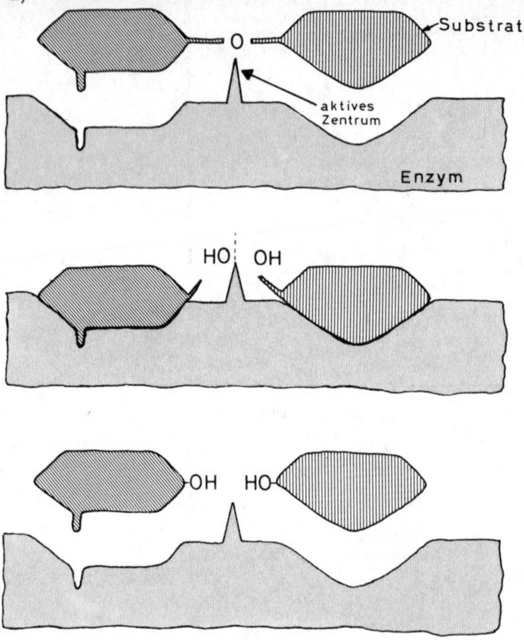

b)

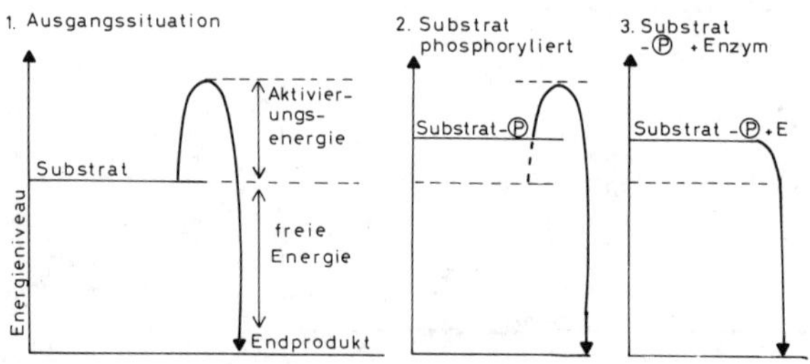

Abb. 25:
a) Wirkung eines hydrolytischen Enzyms (nach BOGEN)
b) Herabsetzung der benötigten Aktivierungsenergie durch enzymatische Katalyse.

definierten Stelle, dem aktiven Zentrum, von dem allein die katalytische Aktivität ausgeht (Abb. 25a). Enzyme können sowohl im Sinne einer Spaltung als auch einer Synthese wirksam werden; sie schalten sich in die entsprechenden Reaktionen ein, gehen jedoch nach deren Abschluß unverändert und unverbraucht daraus hervor. Sie vermögen nur bestimmte Reaktionen zu katalysieren; sie sind somit *wirkungsspezifisch.* Chemische Reaktionen laufen nun aber nur bei Zufuhr einer gewissen Menge an *Aktivierungsenergie* ab. Enzyme wirken reaktionsbeschleunigend, indem sie die erforderliche Aktivierungsenergie herabsetzen. Dies wird durch eine vorübergehende Bindung zwischen Enzym und dem umzusetzenden Substrat erreicht. Dadurch entsteht ein Übergangszustand mit einem geringeren Bedarf an freier Aktivierungsenergie gegenüber dem nicht katalysierten Zustand, d. h. die Reaktion wird in mindestens 2 Teilreaktionen mit niedrigeren Energieschranken zerlegt; diese können dann von den Reaktionspartnern leichter überwunden werden (Abb. 25b).

Die Reaktionsgeschwindigkeit der Enzyme wird von der Temperatur beeinflußt: durch Einfrieren (s. S. 16) wird sie unterbrochen und steigt mit der Temperatur bis zu einem von der Art des Enzyms abhängigen Maximum an. Durch Kochen werden die meisten Enzyme irreversibel geschädigt, weil dann der Eiweißanteil durch Denaturierung zerstört wird. Die Enzymwirkung ist pH-abhängig.

2.4.2. Gärung

In dem Urozean werden vermutlich Kohlenwasserstoffe, wie wir sie heute noch in Erdöllagern finden, reichlicher als Kohlenhydrate vorgekommen sein. Sie standen den Urlebewesen als Energiequelle zur Verfügung. Es gibt auch jetzt noch heterotrophe Bakterien, die zwar keine Zucker, dafür aber Kohlenwasserstoffe spalten können. So finden sich in Erdöl- oder Benzintanks an der Grenzfläche zwischen „Wassersumpf" und organischer Phase Mikroorganismen bisweilen in derartig hoher Zahl, daß abführende Leitungen und zwischengeschaltete Filter verstopft werden können. In der Evolution hat sich jedoch der Abbau der Kohlenhydrate zur Energiegewinnung durchgesetzt. Beim *Zuckerabbau* kommt es zur CO_2-Abspaltung *(Decarboxylierung)*, die in der Frühzeit zur Erhöhung des CO_2-Gehaltes der Atmosphäre beigetragen haben mag. Eine solche Decarboxylierung ist bereits für Abiomere nachgewiesen worden. Diese vermochten schon die beim Glucoseabbau entstehende Brenztraubensäure zu decarboxylieren. Alle *Gärungen* (und auch die phylogenetisch jüngere *Atmung*) verlaufen etwa bis zur Bildung der *Brenztraubensäure* gleich und unterscheiden sich je nach Gärungsorganismus durch die Endprodukte, die nach Spaltung der Säure letztlich entstehen. Bei diesem urtümlichen Weg zur Freisetzung chemisch gebundener Energie ist nur eine zeitliche und noch keine räumliche Trennung der Stoffwechselschritte notwendig.

Gärungen finden auch heute noch statt und werden vornehmlich von Bakterien und niederen Pilzen (insbesondere Hefen) durchgeführt. In beschränktem Umfang können sie auch in sauerstoffarmen Geweben höherer Pflanzen stattfinden. Die wichtigsten Gärungen sind: Alkoholische Gärung, Milchsäure-Gärung, Propionsäure-Gärung; sie gehören zu den *echten Gärungen*, d. h. unter Sauerstoffausschluß *(anaerob)* verlaufenden Abbauprozessen. Die *unechten Gärungen* sind oxidativ-aerob, d. h. Sauerstoff wird in den Abbauprozeß miteinbezogen. Die Essigsäure-Gärung zählt hierzu.

Buttersäure- und Milchsäuregärungen rechnen zu den phylogenetisch ältesten Gärungen, denen auch heute noch große Bedeutung zukommt. Die Buttersäure bildenden Bakterien bauen anaerob Zellulose ab. Sie haben eine wichtige Funktion bei dem Streu-Abbau in schlecht durchlüfteten Böden (aerober Streuabbau erfolgt weitgehend durch Pilze!).

Buttersäure gärende Bakterien kommen im Magen-Darmtrakt (Pansen und Netzmagen von Wiederkäuern, Dickdarm des Menschen) vor, bauen dort die Zellulose ab und machen damit einen Aufschluß der Zellen möglich. Höhere Tiere besitzen nämlich keine zellulytischen Enzyme. Die Buttersäuregärer, deren wichtigste Vertreter zur Bakteriengattung Chlostridium gehören, sind obligate Gärer, d. h. sie leben ausschließlich in sauerstoffreien Biotopen. Im Gegensatz hierzu sind die Milchsäuregärer, zu denen die Bakterien Lactobacillus, Streptococcus, aber auch einige Pilze, Grünalgen und höhere Pflanzen gehören, fakultative Gärer, d. h. bei Sauerstoffmangel decken sie ihren Energiebedarf durch Gärung, bei Anwesenheit von Sauerstoff stellen sie sich auf die Atmung ein.

Außer Kohlenhydraten können auch Fette und *Eiweiß* zur Energiegewinnung herangezogen werden. Wird Eiweiß anaerob abgebaut, so spricht man von *Fäulnis*, bei aerobem Abbau von *Verwesung*. Die Fäulnisbakterien können das bei Absterben von Pflanzen und Tieren anfallende Protein über Stufen abnehmenden Energiegehaltes bis zu den Stoffwechselendprodukten CO_2, NH_3, H_2S abbauen. Sie gehören demnach zu den Reduzenten, die dafür sorgen, daß der Bestandsabfall wieder mineralisiert wird. Alle Organismen, gleichgültig ob sie anaerob oder aerob totes organisches Material zur Gewinnung von Energie und Nährstoffen abbauen, nennt man *Saprophyten*. Die Reduzenten sind demnach saprophytisch lebende Mikroorganismen.

2.4.2.1. *Chemismus der Gärungen*

Kohlenhydrate stellen das wichtigste Gärungs- (und Atmungs-)material dar. Bilden Polysaccharide das Ausgangsprodukt, so müssen sie zunächst in Glucose umgewandelt werden. Bei der Gärung wird die durch Anlagerung eines Phosphatrestes aktivierte Glucose in einem als *Glykolyse* (s. S. 135) bezeichneten Prozeß zur Brenztraubensäure abgebaut und diese – je nach Art der Gärer – in verschiedene Produkte überführt (Abb. 26): die *Milchsäure* (bakterielle Gärung) bildet sich durch die

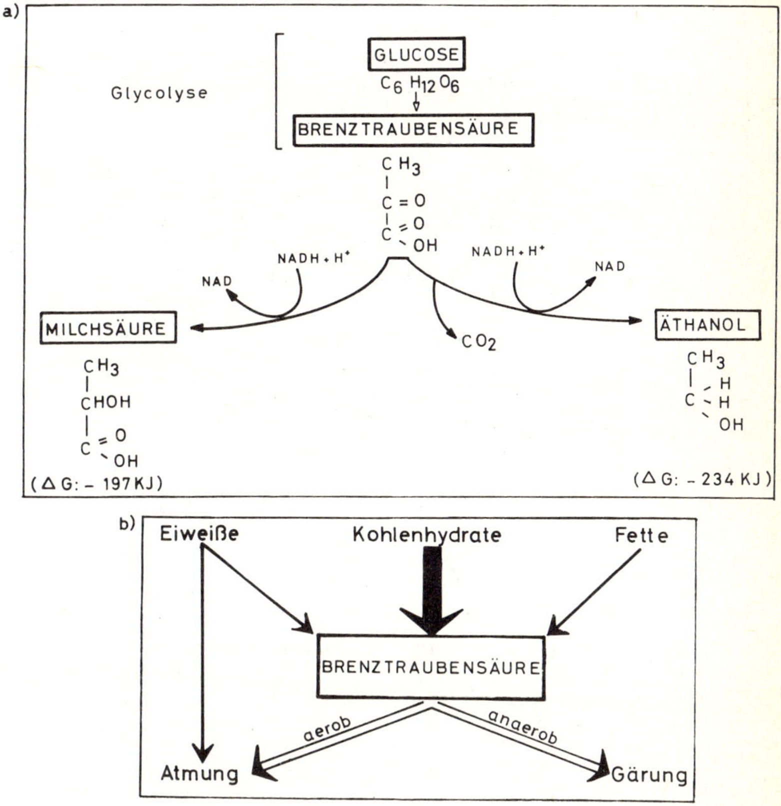

Abb. 26:

a) Reaktionsschema für alkoholische und Milchsäuregärung

b) Stellung der Brenztraubensäure im dissimilatorischen Stoffwechsel (kombiniert nach versch. Autoren).

Tab. 11: Glucose-Vergärung und deren Endprodukte

Art der Gärer	Bezeichnung der Gärung	Ausgangsprodukt	Hauptendprodukt
Bakterien	Milchsäure-G.	$C_6H_{12}O_6$	$CH_3 \cdot CHOH \cdot COOH$
Bakterien	Buttersäure-G.	$C_6H_{12}O_6$	$C_3H_7 \cdot COOH$
Bakterien	Propionsäure-G.	$C_6H_{12}O_6$	$CH_3 \cdot CH_2 \cdot COOH$
Pilze	Alkoholische G.	$C_6H_{12}O_6$	C_2H_5OH

Reduktion des Pyruvats (Salz der Brenztraubensäure) mittels $NADH+H^+$; findet jedoch erst eine Decarboxylierung der Brenztraubensäure (zum Acetaldehyd) und danach die Reduktion statt, so bildet sich *Äthanol*. Den letztgenannten Weg beschreiten vor allem die zu den Pilzen gehörenden *Hefen*. Aber auch in sauerstoffarmen Geweben höherer Pflanzen kann es zur Alkoholbildung kommen. In keimenden Erbsen vermag der Alkoholgehalt bis auf 5% des Frischgewichts anzusteigen, für das Fruchtfleisch von Kirschen wird ein Wert von 2,5% angegeben.

Mit einem Gewinn von nur 2 Mol ATP bleibt der Energiegewinn bei diesem anaeroben Abbau der Glucose gering. Es entstehen relativ energiereiche Endprodukte (Alkohol ist brennbar!). Daher müssen die Gärer auch viel Substrat umsetzen, um ihren Energiebedarf zu decken. Den im Alkohol noch verbliebenen Energiegehalt nutzen die *Essigsäurebakterien*, in dem als *Essigsäuregärung* bezeichneten Prozeß:

$$C_2H_5OH + O_2 \rightarrow CH_3COOH + H_2O \qquad \Delta G = -753\,kJ$$

Da hierbei aber Sauerstoff benötigt wird, handelt es sich nicht um eine echte Gärung.

In Tab. 11 sind die wichtigsten Gärungen zusammengestellt.

Die *Selbsterhitzung* von Heu- oder Komposthaufen rührt von der Gärtätigkeit bestimmter Mikroorganismen (Bakterien und Schimmelpilze) her, die Temperaturen von 50 °C und mehr entwickeln und ertragen können. An der bisweilen beobachteten Selbstentzündung von aufgestapeltem Heu sind die Bakterien nur indirekt beteiligt, indem nämlich bei der von ihnen verursachten Gärung leicht entzündbare Gase wie z. B. Methan entstehen.

2.4.2.2. Praktische Bedeutung der Gärungen

Als Ausgangsmaterial für die *Weinbereitung* dienen reife Trauben, die zur Maische zerquetscht werden. Durch Auspressen (Keltern) wird der zucker- und säurehaltige Most gewonnen, der im wesentlichen dem Zellsaft des Fruchtfleisches entspricht. Rotwein darf nicht gekeltert werden, weil der erwünschte rote Beerenfarbstoff Anthocyan in den Vakuolen der Beerenhautzellen lokalisiert ist und zum größten Teil erst bei der Gärung und dem damit verbundenen Absterben der Zellen freigesetzt wird. Zur Vergärung bedient man sich häufig noch der auf den Beeren des Weinstockes lebenden Wildhefen mit der vorherrschenden Gattung Saccharomyces. In Großbetrieben verwendet man jedoch Reinkulturen, die einen gleichmäßigeren Gärvorgang garantieren. Bei mittleren Gärtemperaturen von 12–15 °C tritt im Most eine lebhafte Vermehrung der Weinhefen ein, so daß andere unerwünschte Mikroorganismen wie Essigsäurebakterien oder Schimmelpilze unterdrückt werden. Der in Gärung befindliche trübe Jungwein kann als Sauser oder Federweißer ausgeschenkt werden. Mit der Anreicherung des Alkohols wird die Tätigkeit der Weinhefen eingeschränkt, die sich schließlich am Boden absetzen. Für die vor allem bei der Reifung des Weines stattfindende Säuregärung ist das Bacterium Micrococcus maloaceticus verantwortlich, das Äpfelsäure in die mildere Milchsäure überführt. Das Bukett oder die Blume erhält der Wein bei seiner Reifung durch Stoffe, die nur zu geringem Anteil aus den Beeren stammen, dagegen überwiegend von den Gärern (Bakterien und Hefepilzen) herrühren.

Gärungsmaterial für die *Bierherstellung* ist die Stärke von Getreidekörnern, insbesondere Gerste. Um die Verzuckerung der Stärke zu erreichen, läßt man die eingeweichten Körner einige Tage keimen. Hierbei kommt es zur Mobilisierung der Amylasen. Es bildet sich das wasser- und maltosereiche Grünmalz. Bei dessen langsamer Erwärmung auf 75 °C sterben die Keimlinge ab und der Wassergehalt geht zurück, die Enzyme bleiben jedoch in diesem Darremalz erhalten und können bei Wasserzugabe wieder aktiv werden. Zur Bereitung der Würze (Maische) wird das Darremalz gemahlen, in Bottichen mit Wasser angerührt und langsam auf Temperaturen von 50–70 °C gebracht, um die Verzuckerung der Stärke durch die Amylasen zu fördern. Die entstandene süße Würze wird von dem Rückstand (Treber) getrennt, dann unter Hopfenzusatz aufgekocht. Bei diesen Temperaturen werden die Enzyme zerstört. Gleichzeitig gehen die für das Bier charakteristischen Bitter- und Geschmackstoffe aus den „Hopfenblüten" in Lösung. Zu dieser haltbaren bitteren Würze wird Hefe (Saccharomyces carlsbergensis) zugesetzt, um die in der Würze vorhandene Maltose mittels der von den Pilzen gebildeten Maltase in Glucose zu überführen und diese dann in Alkohol und CO_2 umzusetzen. Untergärige Hefen verbleiben bei diesem Vorgang auf dem Boden des Gärbottichs, weisen bei niedriger Vermehrungsrate eine intensive Gärung auf. Auf diesem Wege werden die meisten Biere gewonnen. Bei den obergärigen Bieren schweben dagegen die verwendeten Heferassen bei lebhafter Gärung an oder nahe der Oberfläche. Der Alkoholgehalt der Biere liegt im allgemeinen zwischen 2–5%, der Kohlensäuregehalt zwischen 0,3–0,4%.

Schaumwein (Sekt) ist Wein, der nach Zusatz von Zuckerlösungen ein zweites Mal vergoren wird. Daher enthält er auch einen etwas höheren Alkoholgehalt, vor allem aber bei Flaschengärung die spritzige Kohlensäure, die für Schaumweine typisch ist.

Cognac (Weinbrand) ist ein Weindestillat, das in Eichenfässern jahrelang aufbewahrt wird, wobei es dem Faßholz Gerbstoffe, Farbstoffe u. a. entzieht.

Rum wird aus Zuckerrohr, *Arrak* aus Reis oder Palmwein gewonnen.

Zum *Brotbacken* wird obergärige Hefe (Saccharomyces cerevisiae) verwendet, durch deren lebhafte CO_2-Produktion der Teig aufgeht. Dabei entsteht natürlich auch Alkohol (± 1,5% in der Teigmasse), der sich im Geruch des frischen Brotes bemerkbar macht. Im Sauerteig, der meist für Roggenbrot benutzt wird, produzieren Milchsäurebakterien (Lactobacillus plantarum) zusätzlich Milchsäure und CO_2.

Der Milchsäuregärung kommt nicht nur für die Herstellung von *Molkereiprodukten* (Butter, Sahne, Käse, Joghurt) sondern auch für die Gewinnung von Sauerkraut, Sauergurken, Silage u. a. Bedeutung zu.

Wichtig für die *Milchverwertung* sind die in der Flüssigkeit befindlichen Milchsäurebakterien, deren produzierte Milchsäure das Milcheiweiß (Kasein) zum Gerinnen bringt (z. B. beim Quark). Vor allem in den Balkanländern gewinnt man durch Zugabe von Lactobacillus bulgaricus aus Schafsmilch eine Sauermilch – Yoghurt.

Bei der gewerblichen Käsebereitung wird zunächst ebenfalls eine Milchsäuregärung eingeleitet. Für den Reifungsprozeß sind verschiedene Bakterien und Pilze verantwortlich. Die Milch wird hier aber nicht durch bakterielle Tätigkeit zum Gerinnen gebracht, sondern durch Zusatz des Labfermentes Chymosin aus Kälbermagen. So bleibt auch der Milchzucker bei diesem Gerinnungsprozeß erhalten. Die festen Bestandteile (= Bruch) werden durch Auspressen entwässert, bei Hartkäsen (z. B. Schweizer, Emmentaler, Edamer) intensiver als bei Weichkäsen (z. B. Camembert, Brie). Dadurch variiert auch der Zuckergehalt, und die Reifung der beiden Käsearten verläuft verschieden. Die einsetzende Milchsäuregärung ist bei dem wasser- und zugleich zuckerarmen Bruch gering und wird durch das vorhandene Kasein neutralisiert. Die Reifung beruht auf einem von Bakterien bewirkten anaeroben Abbau von Fetten und Eiweiß. Die Fettspaltung bleibt bei den Hartkäsen gering. Der Eiweißabbau führt zu Aminosäuren, die z. B. beim Emmentaler noch reichlich vorhanden sind. Bei weiterem Abbau kommt es zur Desaminierung und Decarboxylierung der Aminosäuren, und es entstehen Propionsäure, Essigsäure und CO_2. Die gebildete Kohlensäure ist verantwortlich für die Bildung der Löcher im Käse (Schweizer Käse).

Beim Weichkäse bewirken gelindes Erwärmen und größerer Wassergehalt eine gesteigerte Milchsäurebildung, die nicht mehr völlig neutralisiert werden kann. Im Gegensatz zum Hartkäse erfolgt die Reifung von außen nach innen fortschreitend, wobei die Bakterienflora zunächst durch Pilze unterdrückt wird (vor allem durch Penicillium-Arten). Bei dem Eiweißabbau wird durch das entstehende Ammoniak die Käsemasse langsam neutralisiert, so daß die säureempfindlichen Bakterien zunehmend günstigere Lebensbedingungen finden. Damit vermögen sich dann auch an der Oberfläche des Käses Bakterien anzusiedeln. So bewirkt das Käserotbakterium (Brevibacterium linens) die Rotfärbung der Rinde des Limburger Käses. Im Innern der Käse findet man Fäulnisbakterien, die für den Geruch verantwortlich sind (z. B. Harzer, Limburger Käse).

Werden Kohl-, Rübenblätter, Klee, Gras u. dgl. in Behälter eingestampft *(Silage)* und mit einem Zusatz von Melasse versehen, so kommt es zu einer lebhaften Milchsäuregärung. Diese wird von im Boden weit verbreiteten Milchsäurebakterien durchgeführt, deren rasche Vermehrung das Hochkommen unerwünschter Bakterien unterbindet.

Das vergorene Produkt enthält 1–2% Säure und stellt ein eiweiß- und vitaminreiches Futter dar.

Alkohol-, Milch- und Buttersäuregärung haben große bodenbiologische Bedeutung für die *Humifizierungsprozesse*, an denen sowohl mikroskopische *Pilze* wie auch *Bakterien* beteiligt sind. Die sehr heterogene Zusammensetzung gärfähiger organischer Bodensubstanzen wie Pflanzenstreu, Tierleichen, Exkremente und die Formenfülle von Bodenorganismen machen verständlich, daß neben den erwähnten Gärungen noch zahlreiche weitere ablaufen. Hierbei kommen aerober und anaerober Abbau der toten Biomasse nebeneinander vor.

2.4.3. Anaerobe Atmung

In dem Maße, in dem sich CO_2 in der noch weitgehend O_2-freien Atmosphäre 3 anreicherte, wurde für nicht photosynthetisch aktive Organismen eine Deckung ihres C-Bedarfes aus dem CO_2 der Luft bzw. der im Wasser gelösten Kohlensäure möglich. Geht man davon aus, daß zu der Zeit die im Boden vorhandenen Salze weitgehend in der Oxidform vorlagen, so konnte dieser „gebundene Sauerstoff" für eine anaerobe Atmung genutzt werden. Diese bringt einen weitaus höheren Energiegewinn als die Gärung und stellt damit einen weiteren Fortschritt in der bioenergetischen Evolution dar. Dieser Stoffwechseltyp hat sich erhalten, denn noch heute können einige Bakterien bei Verknappung des Sauerstoffs eine Energiegewinnung durch die Reduktion sauerstoffhaltiger anorganischer Verbindungen wie Sulfat, Nitrat und Nitrit erzielen. Hierbei dient SO_4^{2-} bzw. NO_3^- als Endakzeptor einer ATP-liefernden Atmungskette. Bei der *Sulfat-Atmung* (dissimilatorische Sulfatreduk-

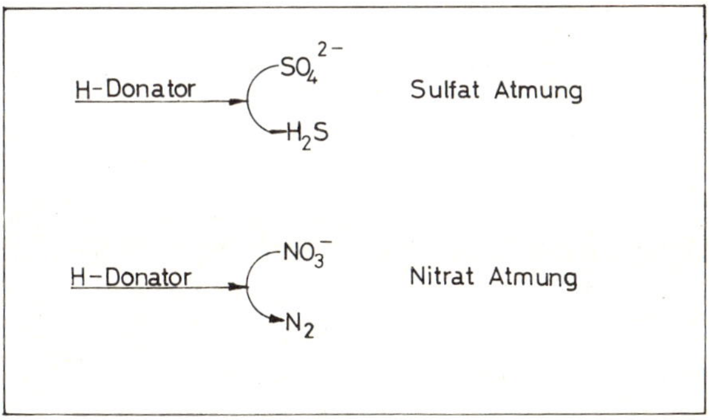

Abb. 27:
Anaerobe Chemosynthese: Sulfat- und Nitrat-Atmung (verändert nach SCHLEGEL).

tion) wird H_2S bzw. S^{2-} gebildet und ausgeschieden, bei der *Nitrat-Atmung* (= dissimilatorische Nitratreduktion) N_2 bzw. NH_3 (Abb. 27).

Bakterien, die anaerob atmen, sind an staunassen Standorten im Faulschlamm zu finden, z. B. Desulfovibrio desulfuricans, Paracoccus denitrificans. Das Darmbakterium Escherichia coli ist ebenfalls ein potentieller Nitrat-Atmer.

2.4.4. Photosynthesen

Die heterotrophen Gärungsorganismen sind zur Deckung ihres Energiebedarfs auf die Zufuhr organischer Moleküle angewiesen. Geht man davon aus, daß es in dem Urozean durch den ständigen Verbrauch der Gärer zu einer Verknappung an organischen Molekülen kam, und damit die Gefahr einer Energiekrise bestand, so war die beste Überlebenschance sicher nur durch Erschließung neuer Energiequellen gegeben. Als solche wird sich vor allem die Sonnenstrahlung angeboten haben. Offenbar war aber auch die Fähigkeit, diese zu nutzen, an den Erwerb neuer Zellstrukturen und Stoffwechselsynthesen geknüpft: vermutlich werden Bakterien die ersten Lebewesen gewesen sein, die Licht zu nutzen vermochten. Photosynthetisch aktive Bakterien verfügen bereits über thylakoidartige Membransysteme, die aus der Plasmamembran hervorgegangen sind. Membransysteme sind aber für den Elektronentransport wichtig. Noch frei von solchen Vorstufen der Thylakoide ist das neu entdeckte salzliebende, photosynthetische Halobacterium halobium. Dieses hat auch noch kein Chlorophyll (sondern ein Karotinoid), während bei den sonstigen Photosynthetikern Chlorophylle vorhanden sind. Die Bakterienchlorophylle weisen in ihrem chemischen Aufbau gewisse Übereinstimmung mit den Chlorophyllen der grünen Pflanzen auf (Abb. 28). Da auch der rote Blutfarbstoff (Häm) chemisch das gleiche Grundgerüst, den Porphyrinring, aufweist, muß es sich hier um einen evolutionsgeschichtlich sehr alten Syntheseweg handeln. (Die Ausgangsbausteine für die Bildung des Porphyrins sind die Aminosäure Glyzin und die Bernsteinsäure, deren Vorkommen im Urozean als wahrscheinlich gilt.) Die Funktion der mit Bakterien beginnenden Photosynthese dürfte primär auf der *Bereitstellung von ATP* beruhen: durch die *Photophosphorylierung* von ADP zu ATP wurde die Unabhängigkeit von dem zuvor nur aus Gärungen erzeugten ATP und damit die *Autotrophie* erreicht.

2.4.4.1. Strukturen des Photosynthese-Apparates

Gefärbte Bakterien sowie Blaualgen weisen Einstülpungen des Plasmalemmas auf, durch die es zur Bildung einfacher *Thylakoide (Membranstapel)* kommt. An ihnen läuft der Elektronentransport bei der Photosynthese ab. Die Thylakoide der Prokaryonten, zu denen Bakterien und

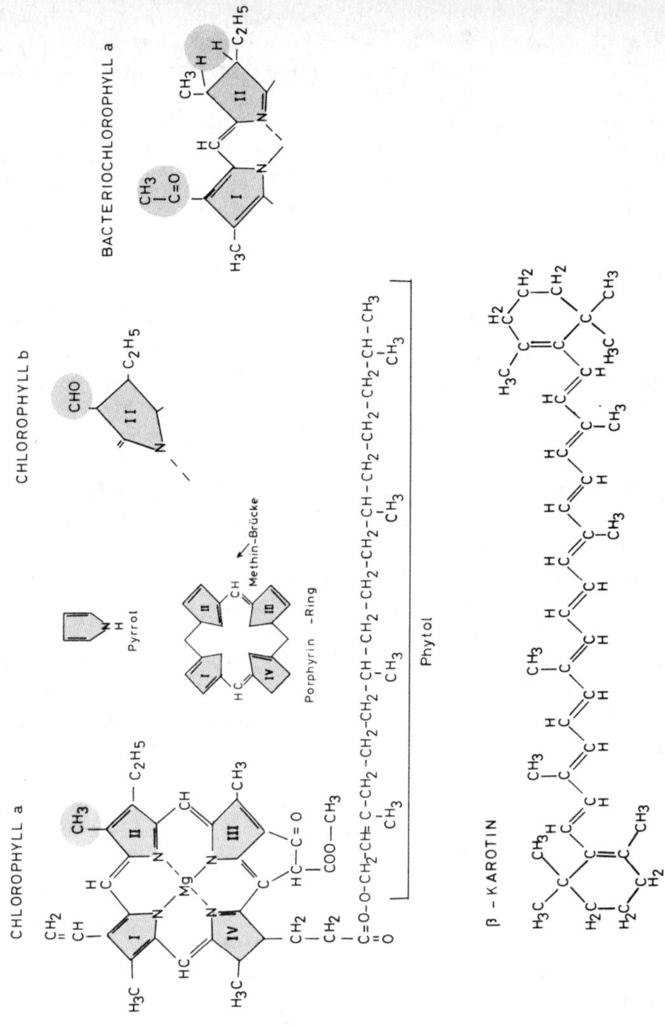

Abb. 28:
Struktur von Chlorophyllen und β-Carotin.

Blaualgen zählen, entsprechen bereits den Photosynthese-Organellen der höheren Pflanzen. Sie unterscheiden sich von diesen nur dadurch, daß die Thylakoide noch nicht durch eine weitere Membran vom umgebenden Plasma abgegrenzt sind.

Von Doppellamellen umschlossene Thylakoide in Form sog. *Plastiden* gehören zu den typischen pflanzlichen Zellorganellen der Eukaryonten. Sie dienen der Photosynthese und Stärkespeicherung, sind normalerweise für die Färbung von Blättern verantwortlich, teils auch für diejenige von Früchten und seltener auch von Blüten. Bei den Plastiden werden die farbstoffhaltigen als *Chromatophoren*, die farblosen als *Leukoplasten* bezeichnet.

Die *Leukoplasten*, die in unterirdischen Pflanzenteilen, z. B. Wurzeln, aber auch in anderen Speicherorganen wie im Holz, fernerhin im Abschlußgewebe der Epidermis von Sproß und Blättern vorkommen, besitzen die Fähigkeit, Reservestoffe zu speichern. Als sogenannte Amyloplasten bilden sie aus der Glucose die Reservestärke, dabei können die Stärkekörner (s. S. 28) in ihnen so groß werden, daß der gesamte Plastideninnenraum ausgefüllt ist. Wenn die Leukoplasten Eiweiß speichern (meist in Form von Kristallen), werden sie Proteinoplasten genannt. Eleioplasten enthalten Reservestoffe in Form von Fett und Öl. Bei den Chromatophoren (gefärbten Plastiden) unterscheidet man zwischen den durch Karotinoide (Karotten-Farbstoff!) gelb bis rötlich gefärbten Chromoplasten und den grünen Chloroplasten.

Die *Chromoplasten* sind von runder, ovaler, spindelförmiger oder gar amöboider Gestalt. Sie sind photosynthetisch inaktiv. Der Karotingehalt eines Chromoplasten kann bis zu 50% betragen und liegt im Plastideninnern in Tropfenform oder als auskristallisierte Nadeln vor.

Nur die grünen *Chloroplasten* dienen der Photosynthese. Stets sind in ihnen die Assimilationspigmente (Chlorophyll a, vielfach zusätzlich auch b, fernerhin Karotinoide und Xanthophylle) vorhanden. Bei den niederen Pflanzen wie Algen und niederen Moosen variiert die Form der Chloroplasten stark. Ihre Anzahl pro Zelle bleibt meist gering und wird durch eine gesteigerte Größe kompensiert. Bei den höheren Pflanzen erreichen die stets linsenförmigen Chloroplasten mitunter die Zahl 100 pro Zelle.

Von der *elektronenmikroskopischen Struktur* her lassen sich ebenfalls zwei Typen unterscheiden: der durchgehend lamellierte (= *homogene) Chromatophor*, wie er bei allen Algengruppen und einigen Moosen gefunden wird, und der inhomogene Typ der höheren Pflanzen, bei welchem sich die Thylakoide stellenweise überlappen. Hierdurch entsteht bei letzterem im Lichtmikroskop der Eindruck einer Körnung *(Granatyp)*. Chloro- und Chromoplasten lassen sich ineinander umwandeln. (Abb. 29 a).

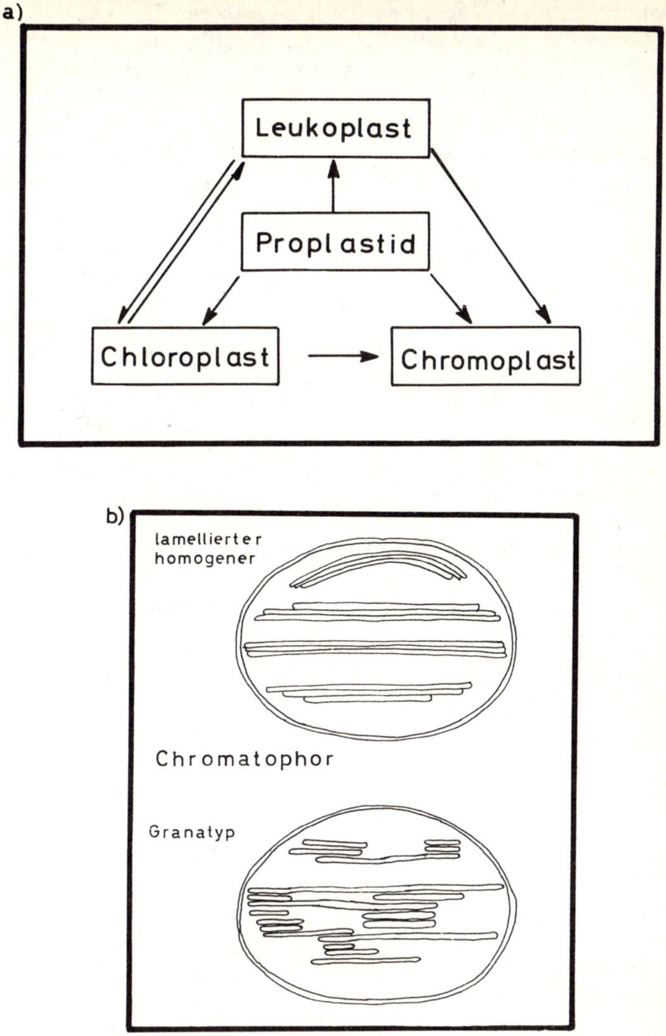

Abb. 29:
a) Möglichkeiten der Plastidenentwicklung.
b) Strukturtypen der Chromatophoren (verändert nach FALK und LEHMANN/SCHULZ).

Alle Plastiden sind gegen das Grundzytoplasma durch eine doppelte Hülle abgegrenzt (Abb. 29b). Die innere Plastidenmembran bildet Einstülpungen (Thylakoide) in die als *Stroma* bezeichnete Matrix des Innenplasmas.

In den Thylakoidmembranen sind die Assimilationspigmente lokalisiert (Ausnahme bei den Rotalgen). In ihnen erfolgt die Lichtreaktion bei der Photosynthese; die Dunkelreaktion findet dagegen im Stroma statt.

Im Stroma liegt auch das genetische System der Plastiden. Nachgewiesen werden konnten t-, m- und r-RNS, ferner eine ringförmige, histonfreie DNS. Letztere unterscheidet sich auch in der Basenzusammensetzung von der Kern-DNS. Sie wird offenbar durch ein an der Chloroplastenmembran befindliches Enzym repliziert. Die Ribosomen sind mit 70 S etwas kleiner als die des zytoplasmatischen Bereiches. Doch sind damit die Plastiden nicht völlig gegenüber der übrigen Zelle autark, zahlreiche Chloroplasteneiweiße, darunter auch Photosyntheseenzyme, werden durch die m-RNS der Chromosomen translatiert.

In meristematischen, unbelichteten Zellen höherer Pflanzen befinden sich nur *Proplastiden*, die kleiner und nur mit einzelnen Thylakoideinstülpungen versehen, als Plastiden-Vorstufe anzusehen sind. Im Dunkeln entwickeln sie sich zu Leukoplasten, die keine Thylakoidstrukturen aufweisen, im Licht zu Chloroplasten. Auch Chromoplasten können aus ihnen hervorgehen. Voll ausgebildete Plastiden vermehren sich mit einfacher Durchschnürung.

Zu den photosynthetisch inaktiven Chromatophoren werden auch die Augenflecke vieler Flagellaten und Algenschwärmer gerechnet. Durch Karotinoide orange bis rot gefärbt spielen sie bei der Aufnahme von Lichtreizen (z. B. durch Beschattung des das Licht perzipierenden Organs) eine wichtige Rolle.

2.4.4.2. Photosynthese-Pigmente

Bis auf die Photobakterien verwenden alle anderen Photosynthetiker *Chlorophyll a. Chlorophyll b* ist bei den meisten photosynthetisch tätigen Pflanzen ebenfalls vorhanden, fehlt jedoch bei einigen Algengruppen zugunsten anderer Pigmente, wie *Chlorophyll c, d, Fucoxanthin* und *Phycobilinen.* Zusätzlich finden sich in allen Zellen *Karotinoide.* Man bezeichnet sie gemeinsam mit den zuvor genannten Farbstoffen einschließlich des Chlorophylls b als *akzessorische Farbstoffe.*

Das Grundgerüst des Chlorophylls besteht aus dem *Porphyrinring,* der von 4 N-haltigen Pyrrolkernen gebildet wird. Diese sind durch Methinbrücken miteinander verknüpft (Abb. 28). In ihrer Mitte liegt ein komplex gebundenes *Mg-Atom.* Der Bau dieses Moleküls, das an den Pyrrolringen Seitenketten unterschiedlicher Länge trägt, ähnelt dem des roten Blutfarbstoffes Häm, der als Zentralatom anstelle des Magnesiums ein Fe-Atom aufweist. Porphyrinabkömmlinge sind auch die – ebenfalls Fe-haltigen – Zytochrome, die bei Photosynthese und Atmung eine wichtige Rolle spielen. Die Chlorophylle sind jedoch stärker hydriert.

Chlorophyll b (gelbgrün) unterscheidet sich von Chlorophyll a (blaugrün) durch den Ersatz der Methylgruppe an Pyrrolring II durch eine Aldehydgruppe.

Der Alkohol Phytol am Pyrrolring IV ist verantwortlich für den wasserunlöslichen (hydrophoben), jedoch fettlöslichen (lipophilen) Charakter des Chlorophylls, während das Ringsystem des Moleküls hydrophil ist. Diese Doppelnatur des Chlorophylls ist wichtig für seine Verankerung in den Thylakoiden: so ist in diesen Doppellamellen der Molekülkopf in die Protein-, der Phytolschweif dagegen in die Lipoidschicht eingebettet (Abb. 30). In die Lipoidschicht eingelagert sind auch die *Karotinoide* (= Karotine und Xanthophylle), ebenfalls lipophile Farbstoffe. Sie lassen sich als ein System konjugierter Doppelbindungen charakterisieren, die für ihre intensive Färbung verantwortlich sind. Als kleinste Struktureinheit fungiert das Isopren. Von den nur aus Kohlenwasserstoffen bestehenden *Karotinen* ($C_{40}H_{56}$), die orangerot gefärbt sind, leiten sich die sauerstoffhaltigen gelben Xanthophylle ($C_{40}H_{56}O_2$ = Lutein) ab. Der Farbstoff der Zitrone gehört zu den *Xanthophyllen*, während die Färbung von Tomate, Möhre und Apfelsine durch Karotine hervorgerufen wird.

Besondere Bedeutung kommt unter den α, β, γ Karotinen dem völlig symmetrisch gebauten β-Karotin zu: seine oxidative Spaltung ergibt 2 Moleküle Vitamin A. Daher bezeichnet man auch das β-Karotin als *Provitamin A* (Augen-Vitamin, wichtig zur Regeneration des Sehpurpurs). Karotinoide können nur von Produzenten gebildet werden, müssen demnach von den Konsumenten mit der Nahrung aufgenommen werden (die Färbung des Eidotters, das Rot der Vogelfeder sind z. B. Karotin-bedingt).

Während in den Zellen der höheren Pflanzen ein einheitliches Muster an Karotinoiden vorkommt, findet man bei den Algen weitere Karotinoide, die auf bestimmte systematische Gruppen beschränkt sind. So tritt das zu den Xanthophyllen gehörige Fucoxanthin nur bei Braun- und Kieselalgen auf und überdeckt hier den grünen Farbstoff. Blau- und Rotalgen weisen neben dem Chlorophyll noch wasserlösliche Farbstoffe auf, die Phycobiline, wobei ein Überwiegen der blauen Phycocyane für das Aussehen der Blaualgen und das Vorherrschen der roten Phycoerythrine für die Färbung der Rotalgen verantwortlich zu machen sind.

Bei einigen Algen, besonders den mit Phycobilinen ausgestatteten Blaualgen und neuerdings auch bei einigen Rotalgen, konnte in Abhängigkeit von der Wellenlänge des jeweils benutzten Kulturlichtes eine modifikatorische Änderung der Pigmentzusammensetzung beobachtet werden. Dabei wurden die Farbstoffe vermehrt, die das eingestrahlte

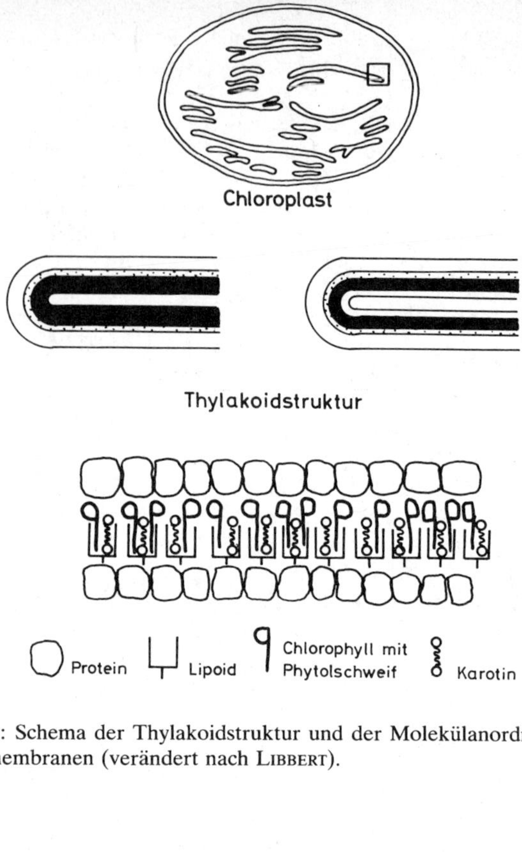

Abb. 30:
Chloroplast: Schema der Thylakoidstruktur und der Molekülanordnung in den Thylakoidmembranen (verändert nach LIBBERT).

Licht maximal zu absorbieren vermochten. Diese *„chromatische Adaptation"* erscheint ökologisch sehr sinnvoll, doch ist noch nicht endgültig geklärt, wie weit sie unter natürlichen Bedingungen eine Rolle spielt. Es ist hingegen seit langem bekannt, daß die genetisch fixierte Pigmentzusammensetzung bei Braun- und Rotalgen für das Vorkommen der Arten als Oberflächen- oder Tiefenformen des Meeres einen wichtigen Faktor darstellt, da mit zunehmender Tiefe sich die spektrale Zusammensetzung des Lichtes im Meerwasser charakteristisch verändert. So besitzen z. B. Rotalgen, die nur wenig unter der Meeresoberfläche ihre Verbreitung finden, neben Chlorophyll hauptsächlich Phycocyan, aber nur wenig Phycoerythrin, während in der Tiefe oder in Grotten anzutreffende Arten durch intensive Rotfärbung ihren hohen Phycoerythringehalt

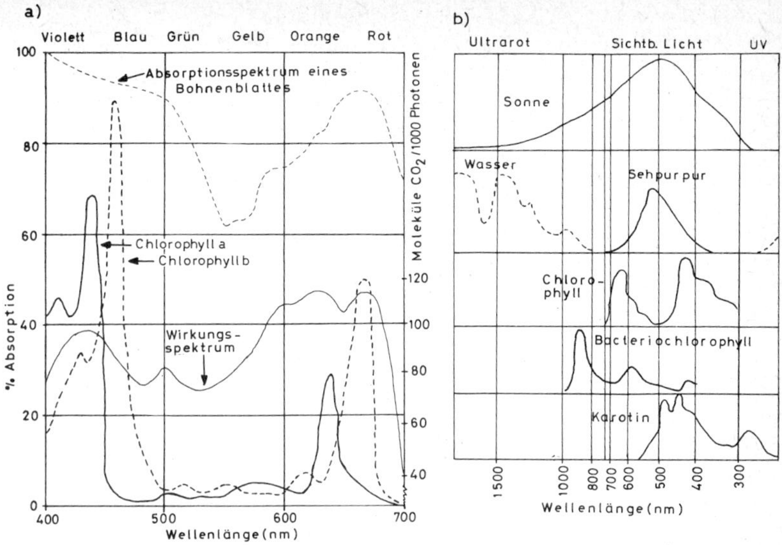

Abb. 31:

a) Absorptions- und Wirkungsspektrum der Photosynthese eines Bohnenblattes. Zum Vergleich Absorptionsspektren der extrahierten Chlorophylle a und b.

b) Relative Energieverteilung im Sonnenspektrum und Strahlungsabsorption verschiedener Pigmente (nach BÜNNING).

selbst bei oberflächlicher Betrachtung erkennen lassen. Den Phycobilinen wird die Fähigkeit einer Übertragung der von ihnen absorbierten Lichtenergie auf das Chlorophyll a zugesprochen.

Alle Pigmente besitzen spezifische Absorptionsbanden (Abb. 31) im sichtbaren Bereich des Spektrums. Chlorophyll weist eine starke Absorption im roten und blauen Wellenlängenbereich des sichtbaren Lichtes auf. Grünes Licht wird dagegen nicht absorbiert, sondern reflektiert, woraus die Grünfärbung chlorophyllhaltiger Pflanzen resultiert.

Pflanzen oder Blätter, die in mehreren Schichten übereinander vorkommen, sind nicht nur quantitativ, sondern auch qualitativ verschiedenen Lichtbedingungen ausgesetzt (Abb. 31). Da von den Blättern die photosynthetisch unwirksame Strahlung des dunkelroten und grünen Spektralbereiches einerseits verstärkt remittiert, andererseits in das Blatt eingedrungene Strahlung aber auch besser durchgelassen wird als Licht kürzerer Wellenlänge, herrscht in Wäldern ein sog. *Rot-Grün-Schatten.* Demnach sind Schattenblätter und -pflanzen verstärkt auf eine

Ausnutzung der Wellenlängen im dunkelrot und grünen Bereich angewiesen. Bei einem Lichtzutritt von weniger als 1% des Tageslichtes vermögen keine höheren Pflanzen zu gedeihen = toter Waldschatten.

Während das Bakteriochlorophyll der mikroskopisch kleinen Bakterien eine starke Lichtabsorption im Infrarot aufweist, wird dieser Wellenbereich, weil er bei massigen grünen Organen zu einer schädlichen Überhitzung führen könnte, weitgehend remittiert. Im Infrarotbereich weisen Laubblätter eine stärkere Remission als die Nadeln der Koniferen auf, so daß bei Infrarot-Luftbildaufnahmen eine Differenzierung von Laub- und Nadelwald möglich ist.

Die Karotinoide absorbieren den violetten und blauen Spektralbereich (Abb. 31).

2.4.4.3. Bakterielle Photosynthesen (Photolithotrophie, Photoorganotrophie)

Gemeinsam mit den übrigen Photosynthetikern ist den gefärbten *Photobakterien*, daß ihre Farbstoffe nur in Verbindung mit Proteinen zur Photosynthese befähigt sind. Die Absorption der Sonnenstrahlung liegt bei den Bakterien-Chlorophyllen vor allem im Infrarotbereich und unterscheidet sich hierin klar vom Absorptionsspektrum anderer Photosynthetiker (Abb. 31). Sowohl die *Chlorobiumchlorophyll* enthaltenden grünen Bakterien als auch die *Bakteriochlorophyll* enthaltenden Purpurbakterien (rotes Karotin überlagert hier das grüne Pigment) spielen in unserer Biosphäre allerdings kaum noch eine Rolle. Sie sind zumeist auf Extremstandorte wie Gletscherregionen und Salzseen bzw. Tümpel heißer Gebiete abgedrängt worden.

Die Photosynthese der H_2S verwertenden sog. *photolithotrophen Bakterien* beruht darauf, daß sie mittels ihres Pigmentsystems Lichtenergie aufnehmen, wodurch ein Elektronenfluß zu einem höheren Energieniveau ausgelöst wird; bei dem folgenden Bergabwärts-Verlauf wird dann das ATP gewonnen. Als Elektronendonator für die Reduktion des CO_2 zum Kohlenhydrat dient H_2S (bzw. SO_3^{2-}, $S_2O_3^{2-}$, S^{2+}). Wasser wird für diesen Zweck noch nicht verwendet. Ist die Gewinnung von ATP und reduziertem NADH + H^+ an Membranen und Licht gebunden (Lichtreaktion), so findet die Reduktion des CO_2 im Plasma und im Dunkeln statt (Dunkelreaktion). Der Gesamtvorgang läßt sich durch folgende Formel ausdrücken:

$$6\,CO_2 + 12\,H_2S \xrightarrow[\text{Bakterienchlorophylle}]{\text{Licht}} C_6H_{12}O_6 + 6\,H_2O + 12\,S$$

Der Schwefel kann als Polysulfidtröpfchen in der Zelle abgelagert werden, bei Mangel an Schwefelwasserstoff jedoch ebenfalls als Elektronendonator dienen.

Eine weitere photosynthetisch tätige Bakteriengruppe verwendet organische Stoffe wie niedere Karbonsäuren, Alkohole u. a. als Wasserstoffdonatoren. Diese *organotrophen Bakterien* sind demnach semi-autotroph. Bei Sauerstoffzufuhr geben sie die Photosynthese zugunsten einer völlig heterotrophen Ernährung auf.

2.4.4.4. Photosynthese der grünen Pflanzen

H_2S bzw. organische Moleküle, die von den Photobakterien gebraucht werden, dürften auch im Urozean auf die Dauer nicht unbegrenzt zur Verfügung gestanden haben. Die ebenfalls nur zur Organisationsstufe der Protozyten rechnenden Blaualgen haben aber als Ausweg aus einer sich vermutlich anbahnenden Substanzkrise die Verwendung des reichlich zur Verfügung stehenden *Wassers als Elektronendonator* gefunden. Eine Gegenüberstellung der Bruttophotosynthese-Gleichungen der photolytischen Bakterien und der mit den Blaualgen beginnenden übrigen Photosynthetiker zeigt die Ähnlichkeit beider Prozesse.

$$6\,CO_2 + 12\,H_2S \xrightarrow{\text{Lichtenergie}} C_6\,H_{12}O_6 + 12\,S + 6\,H_2O$$

$$6\,CO_2 + 12\,H_2O \xrightarrow{\text{Lichtenergie}} C_6\,H_{12}O_6 + 6\,O_2 + 6\,H_2O$$

Der von den Algen gebildete Sauerstoff wurde zunächst zur Oxidation der bisherigen Reduktionsmittel wie Eisen, Mangan, Schwefel u. a. verbraucht. Danach aber konnte der Sauerstoffüberschuß in die Atmosphäre eintreten, die damit ihren reduzierenden Charakter verlor. Auf die bis zu dieser Zeit unter Reduktionsbedingungen lebenden Organismen muß der Sauerstoff vielfach wie ein Gift gewirkt haben, so daß diese sich in sauerstoffreie Bereiche der Biosphäre zurückziehen mußten, die sie bis heute noch besiedeln. Die anderen Organismen aber vermochten sich an die neue Zusammensetzung ihres Biotops zu gewöhnen und erwarben sogar die Fähigkeit, Sauerstoff für den energiefreisetzenden Prozeß der Atmung zu nutzen.

Die Photosynthese der grünen Pflanzen weist – ebenso wie die der Photobakterien – eine Licht- und eine lichtunabhängige „Dunkelreaktion" auf, die auch räumlich voneinander geschieden sind (Abb. 32/33).

a) Die *Lichtreaktion* führt infolge Absorption eines Lichtquants durch aktives Chlorophyll a zu einem Elektronenfluß, in dessen Verlauf Energie in Form von ATP gebunden wird. Ferner kommt es zur Reduktion des Co-Enzyms $NADP^+$ in Form von $NADPH + H^+$. Der hierfür erforderliche Wasserstoff stammt aus der Photolyse des Wassers. Hierbei wird Sauerstoff frei (Abb. 32).
b) In der *„Dunkelreaktion"* im farblosen Stroma findet die Anlagerung des CO_2 an die Pentose Ribulosediphosphat (RuDP) statt. Als erstes stabiles Zwischenprodukt entsteht ein Molekül mit 3 C-Atomen. Da-

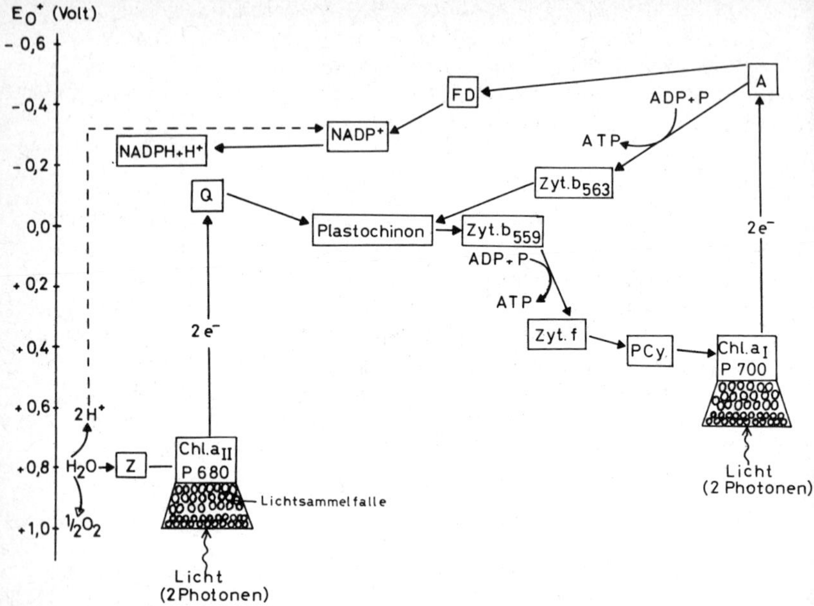

Abb. 32:
Lichtreaktion der Photosynthese.

her werden alle Pflanzen, die diesen Photosynthese-Weg beschreiten, auch C_3-Pflanzen genannt. Aus je 2 reduzierten 3 C-Molekülen bildet sich eine Hexose (Fructose bzw. Glucose). Ribulosediphosphat wird in einem als Calvin-Zyklus bezeichneten Prozeß zurückgewonnen.

Detaillierter läßt sich die Photosynthese wie folgt charakterisieren (Abb. 33): Chlorophylle und akzessorische Pigmente liegen zu funktionalen Einheiten verbunden in den Thylakoiden vor. Die Mehrzahl der Farbstoffmoleküle dient als Kollektoren, die gemeinsam eine Sammelfalle (trapping center) für die absorbierte Strahlungsenergie bilden. Diese wird von Molekül zu Molekül weitergeleitet und landet schließlich bei einem sog. aktiven Chlorophyll-a-Molekül.

Alle anderen Chlorophyll-a-Moleküle haben Zuleitungsfunktion. Unter etwa 500 Chlorophyll-Molekülen befindet sich jeweils nur 1 aktives Chlorophyll a, das durch Strahlungsabsorption angeregt werden kann, was gleichbedeutend mit der Abgabe eines energiereichen Elektrons ist.

Man kennt zwei Photosysteme, in denen Chlorophyll a als Elektronendonator dient: im Mittelpunkt des Photosystems I steht ein aktives Chlorophyll a_I, dessen

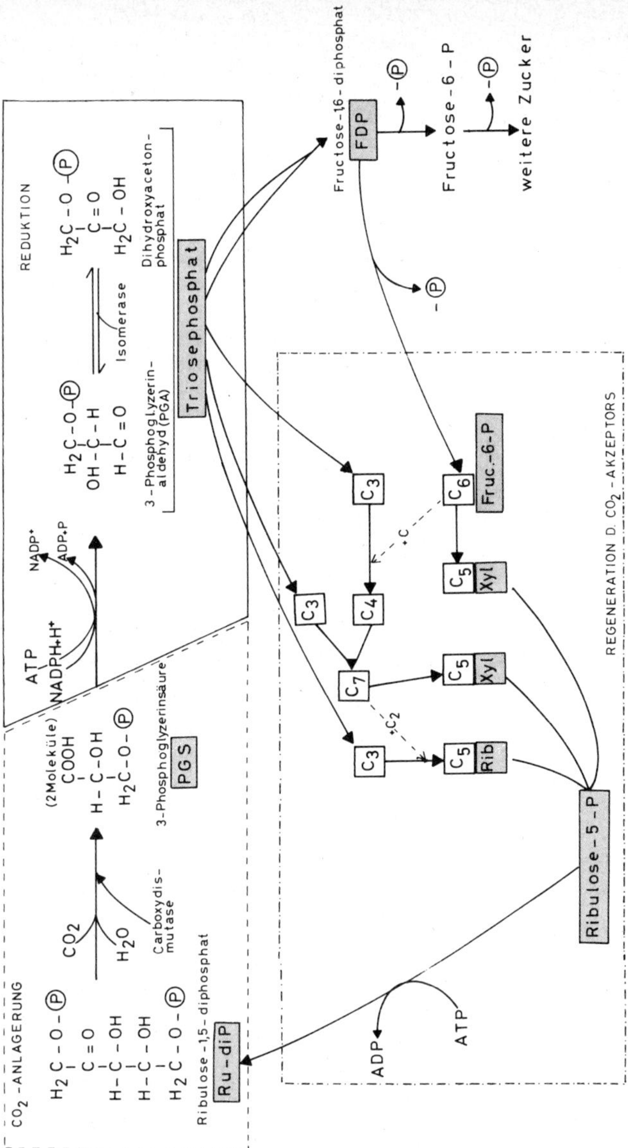

Abb. 33:
Calvin-Zyklus.

Absorptionsmaximum bei λ 700 nm (=P 700) liegt. Chlorophyll a_I entspricht im chemischen Aufbau dem übrigen Chlorophyll a, besitzt aber vermutlich durch Bindung an Protein besondere Eigenschaften. Photosystem II ist durch aktives Chlorophyll a_{II} mit einem Absorptionsmaximum bei λ 682 nm (=P 682) gekennzeichnet.

a) Lichtreaktion

α) Zyklischer Elektronentransport

Durch zweimalige Absorption eines Lichtquantes wird im Photosystem I (P 700) das Pigment, dessen vorhandenes Redoxpotential im Grundzustand + 0,45 Volt beträgt, auf ein Potential von − 0,60 Volt angehoben. Dieser Potentialhub von 1 Volt entspricht einer Energiedifferenz von etwa 96 kJ. Damit wird P 700 zu einem starken Reduktionsmittel. Als Akzeptor (A) für den durch Aufnahme von 2 Lichtquanten ausgelösten Auswurf von 2 Elektronen dient vermutlich gebundenes Ferredoxin. Von diesem führt ein bergabwärts verlaufender zyklischer Elektronentransport über Zytochrom b_6, Plastochinon und Zytochrom f zurück zu P 700. Beim Durchschleusen der Elektronen entlang dieser Transportkette wird aus ADP + P energiereicheres ATP gebildet. An dieser zyklischen Photophosphorylierung ist nur Photosystem I beteiligt.

β) *Nichtzyklischer Elektronentransport*

Der bevorzugte Weg der vom Reaktionszentrum P 700 ausgeworfenen Elektronen führt nicht zum Ausgangspunkt zurück, sondern verläuft bergab über verschiedene Redoxsysteme, die beiden Photosystemen angehören. Der endgültige Elektronen-Akzeptor ist $NADP^+$, das durch die NADP-Reduktase zu NADPH + H^+ reduziert wird. Der hierfür benötigte Wasserstoff stammt aus der Photolyse des Wassers, die mit dem Photosystem II verknüpft ist. Der genaue Mechanismus ist noch nicht bekannt. (Denkbar ist, daß Chlorophyll a_{II} nach Strahlungsabsorption und daraus resultierender Abgabe von 2 Elektronen oxidiert wird und über ein hypothetisches Redoxsystem Z (Mn^{2+}-Protein?) letztlich 2 Elektronen aus der Photolyse des Wassers aufnimmt. Der hierbei entstehende Sauerstoff kann als Abfallprodukt der Photosynthese gelten.)

$$2\,H_2O + 2(NADP^+) + n(ADP+P) \xrightarrow[\text{Chlorophyll a}]{\text{Licht}} O_2 + 2\,(NADPH+H^+) + n(ATP)$$

Für P 680 im Photosystem II bedeutet die Absorption von Lichtquanten einen Elektronenhub vom Grundzustand + 1 Volt auf einen solchen vom Potential 0. Über einen nicht genau identifizierten Redoxkörper Q führt der Elektronenfluß zum Plastochinon und weiteren Redoxsystemen und endet bei P 700, das damit in den Grundzustand zurückkehrt. Hierbei wird nochmals ATP gewonnen.

b) Dunkelreaktion

Die lichtunabhängige „Dunkelreaktion“ ist charakterisiert durch die Fixierung des CO_2 an Ribulosediphosphat (RuDP). Das instabile Zwischenprodukt zerfällt in zwei Moleküle Phosphoglyzerinsäure (PGS) mit je 3 C-Atomen. Nach diesem Intermediär-Produkt werden alle Pflanzen, die den gleichen Photosynthese-Weg

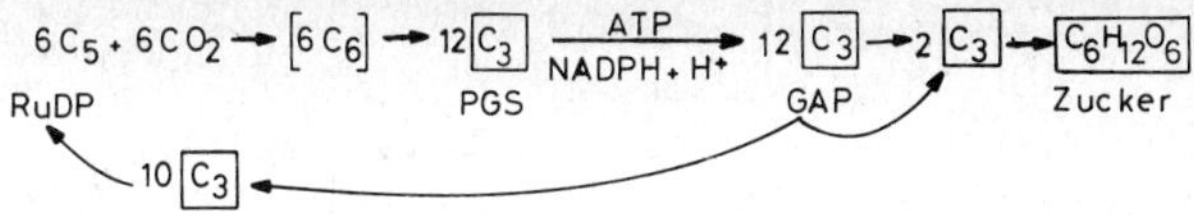

beschreiten, als C_3-Pflanzen bezeichnet. Mittels der bei der Lichtreaktion gewonnenen Energie (ATP) und Reduktionsäquivalente (NADPH + H^+) erfolgt die Reduktion der Phosphoglyzerinsäure und aus den nunmehr reduzierten Triosephosphaten (GAP) die Bildung von Zucker. (Die Triosephosphate – angegeben als GAP – bestehen aus Glycerinaldehydphosphat und Dihydroxyacetonphosphat, die über die Triosephosphat-Isomerase im Gleichgewicht stehen.) Da von 12 Triosephosphaten lediglich 2 zum Aufbau einer Hexose (Fructose bzw. Glucose) abgezweigt werden, dienen die verbleibenden 10 zur Regeneration des Ribulosephosphats (RuP). Damit wird die Dunkelreaktion zu einem Kreisprozeß *(Calvin-Zyklus)*.

Man unterscheidet zwischen *Netto-* (= apparente) und *Brutto-Photosynthese.* Da im Dunkeln wie auch im Licht die Zellen atmen, somit Assimilate verbrauchen, kann der Nettogewinn bisweilen sogar sehr erheblich unter der wirklich produzierten Assimilatmenge liegen. Demnach gilt (Abb. 34):

Netto-Photosynthese = Brutto-Photosynthese – Atmung.

Die Höhe der Lichtatmung hängt bei gegebenen Bedingungen vom Photosynthese-Typ ab: sie ist bei C_3-Pflanzen weitaus höher als bei C_4-Pflanzen (s. S. 127).

2.4.4.4.1. Abhängigkeit der Photosynthese von äußeren Faktoren

Wasserpflanzen, insbesondere die untergetaucht lebenden (submersen) Arten, nehmen das für die Photosynthese benötigte und im Wasser gelöste CO_2 durch die gesamte Oberfläche auf. Hohe Aktivität der C-Assimilation, die bei günstigen äußeren Bedingungen charakteristisch für das Phytoplankton ist, erfordert gute CO_2-Versorgung. In kalkreichen Gewässern wird diese aus dem reichlichen Bikarbonat-Angebot bestritten, das sich in einem dynamischen Gleichgewicht mit dem CO_2 befindet:

$$Ca(HCO_3)_2 \rightleftharpoons 2CO_2 + Ca(OH)_2$$

$$Ca(OH)_2 + CO_2 \rightarrow CaCO_3 + H_2O$$

Absorbieren die zu den höheren Pflanzen gehörenden Hydrophyten (= Wasserpflanzen) Bikarbonat, um es für die Photosynthese zu verwenden, so kommt es häufig an der Oberseite der Blätter zu schmutzig braunen Kalküberzügen. Sie gehen auf die Reaktion des an der Blattoberfläche ausgeschiedenen Kalziumhydroxids mit dem im Wasser gelösten CO_2 zurück. Dieser Vorgang wird *„biogene Entkalkung"* genannt.

Landpflanzen entnehmen der Luft, die ca. 0,03 Vol% CO_2 enthält, den zum Kohlenhydrataufbau unentbehrlichen Kohlenstoff. Den Wasserpflanzen kalkreicher Gewässer steht zwar mehr CO_2 als den Landpflanzen zur Verfügung, doch wird dieser Nachteil dadurch gemildert, daß der Diffusionsquotient von CO_2 in Luft etwa 10000 mal größer als in Wasser ist. Das durch die Spaltöffnungen in die Assimilationsorgane eingedrungene CO_2 wird an den gequollenen Zellwänden gelöst und gelangt ebenso wie bei den Wasserpflanzen in die Zellen hinein, um dort bis zu den Chloroplasten vorzustoßen.

Man nimmt an, daß der in unserer Atmosphäre vorhandene Sauerstoff zu 60–70% aus den Weltmeeren stammt und vorwiegend auf die Photosyntheseaktivität des Phytoplanktons zurückgeht. Meeresverunreinigungen und dadurch bedingter Ausfall des Phytoplanktons dürften sich jedoch erst langfristig auf die Zusammensetzung unserer Atmosphäre auswirken. Mit einem Gesamtvorrat von 10^{15} t O_2 und einer jährlichen Nettoerzeugung durch autotrophe Pflanzen von etwa einem Zehnmillionstel des vorhandenen atmosphärischem Sauerstoffs kann dieses häufigste Element in unserer Biosphäre als rel. stabil gelten.

Die Photosynthese ist von einer Reihe äußerer Faktoren abhängig. Als wichtigste können Licht, Temperatur und CO_2-Versorgung gelten. Der jeweils im Minimum befindliche Faktor bestimmt die Effektivität der Photosynthese. Ist z. B. das CO_2-Angebot unzureichend, so können Temperatur und Licht auch dann nicht voll ausgenutzt werden, wenn sie im optimalen Bereich vorliegen *(Gesetz des Minimums)*.

a) *Licht:* Mit zunehmender Beleuchtungsstärke steigt die Photosynthese bis zu einem Sättigungswert an, der allerdings unter Standortbedingungen kaum erreicht werden dürfte. Dieser liegt bei Pflanzen an ständig lichtoffenen Standorten (*Sonnenpflanzen*, Algen im Oberflächenbereich eines Gewässers) höher, wird aber auch später erreicht als bei Pflanzen lichtschwächerer Standorte (*Schattenpflanzen*, Tiefenalgen). Die beste Ausnutzung hoher Lichtintensitäten liegt bei den sog. Hochleistungs- oder *C_4-Pflanzen* vor (s. S. 126). Die in Abb. 34 aufgezeichneten Lichtsättigungskurven der Photosynthese beziehen sich auf die Netto-Photosynthese. Bei Dunkelheit ist nur eine Ausscheidung von CO_2 infolge Atmung registrierbar, bei Licht wird dagegen die Atmung durch den CO_2-Verbrauch infolge Assimilation des Kohlenstoffs überdeckt. Die Steilheit des Anstiegs der Netto-Photosynthesekurve und damit die Effektivität der C-Assimilation hängt demnach von der Höhe der Lichtatmung mit ab (s. S. 140). Der Schnitt der Photosynthesekurve mit der Abszisse wird *Lichtkompensationspunkt* genannt. Bei diesem entsprechen einander CO_2-Produktion durch Atmung und CO_2-Ver-

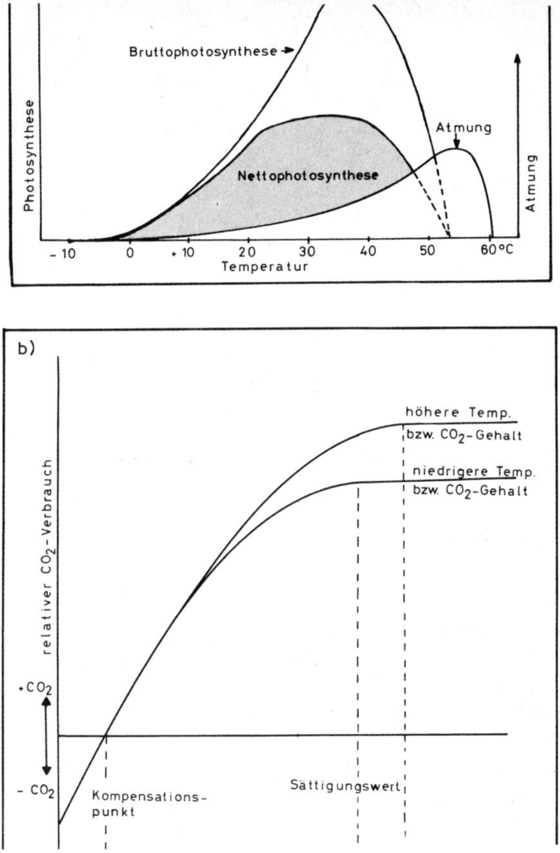

Abb. 34:

a) Temperaturabhängigkeit von Photosynthese und Atmung (nach Larcher).
b) Photosyntheseverlauf bei unterschiedlicher Temperaturhöhe bzw. unterschiedlicher Höhe des CO_2-Gehaltes der Luft in Abhängigkeit von der Lichtintensität (neu kombiniert und verändert nach Larcher, Jensen und Salisbury).

brauch durch Photosynthese. Eine positive Stoffbilanz ist nur nach Überschreiten des Lichtkompensationspunktes möglich.

Unterschiedliche Lichtintensitäten können bei vielen Pflanzen in den Zellen eine *Bewegung der Chloroplasten* hin zu der Zone optimaler Belichtung auslösen.

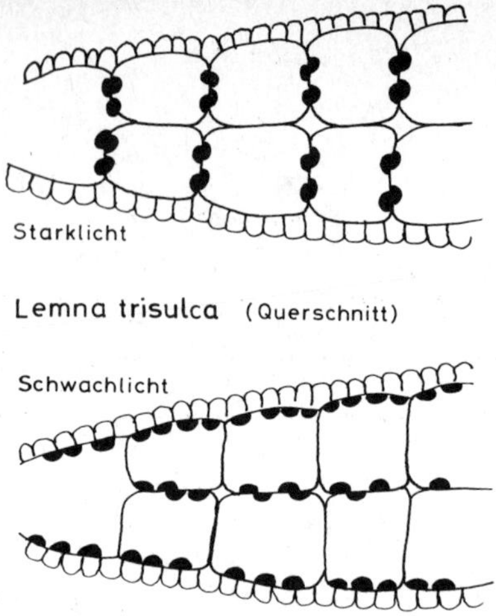

Abb. 35:
Phototaxis von Chloroplasten (nach STRUGGER).

In Moosblättchen sammeln sich die etwa linsenförmigen Chloroplasten bei Schwachlicht an den vom Licht direkt durchstrahlten Vorder- und Hinterwänden der Zellen an, bei Starklicht wandern sie dagegen an die Seitenwände. Diese Art der Chloroplastenbewegung bezeichnet man als *Taxis.* Darunter versteht man allgemein eine freie Ortsbewegung, die durch einen Außenfaktor ausgelöst wird. Bei den Chloroplasten handelt es sich um einen vom Außenfaktor Licht ausgelösten Stellungswechsel, d. h. um eine Phototaxis (Abb. 35) (Phototaxis bei Flagellaten s. S. 153/ Tab. 22).

b) *Temperatur:* Trägt man die Netto-Photosyntheseaktivität in einem Koordinatensystem in Abhängigkeit von der Temperatur auf, so erhält man eine Optimumkurve. Sie resultiert aus der Differenz der Kurven von Brutto-Photosynthese und Atmung. Alle enzymatisch beeinflußten Reaktionen sind temperaturempfindlich und folgen der *van't Hoffschen Regel* (= Q_{10} Regel). Sie besagt, daß die Reaktionsgeschwindigkeit bei einer Temperaturerhöhung um 10 °C sich jeweils verdoppelt. Temperaturempfindlich erweist sich bei der Photosynthese in erster Linie die Dunkelreaktion (Calvin-Zyklus). Meist aber ist der Temperatureinfluß auf die Photosynthese insofern gering, als die Licht- und CO_2-Verhältnisse nicht optimal sind, und damit für die photochemischen Reaktionen bestimmend werden.

Das *Temperaturoptimum* der Netto-Photosynthese hängt bis zu einem bestimmten Grade von den Standortansprüchen der Arten ab, vermag sich aber auch in Abhängigkeit von Entwicklungszustand und Jahreszeit zu ändern. Bei vielen Pflanzen kann bereits sehr kurzfristig durch niedrige oder höhere Temperaturen eine Abhärtung oder Verweichlichung erfolgen. In heißen Quellen lebende Blaualgen dürften wohl die Produzenten sein, deren Photosyntheseapparat die höchsten Temperaturen erträgt, denn selbst um 70 °C vermögen sie noch eine positive Stoffbilanz zu erhalten. Demgegenüber bricht bei den Eukaryonten die Photosynthese bei etwa 40 °C infolge Denaturierung des Eiweißes und der damit verbundenen Inaktivierung der Enzyme und Funktionsunfähigkeit der Membranen zusammen. Pflanzen warmer Gegenden haben ein Photosyntheseoptimum zwischen 20–30 °C, bei der Mehrzahl unserer mitteleuropäischen Kulturpflanzen liegt es zwischen 18–25 °C, bei Hochgebirgspflanzen, Frühjahrsblühern, Meeresalgen meist zwischen 10–20 °C. Die untere Grenze der Netto-Photosynthese ist bei Tropenpflanzen meist schon über 0 °C (+3 – +7 °C) erreicht, Pflanzen unserer Klimaregion vermögen bis zu Temperaturen wenig unter 0 °C noch photosynthetisch aktiv zu sein (z. B. Wintergetreide, Feldsalat bis −3 °). Es gibt auch Arten, die bei wesentlich tieferen Temperaturen noch assimilieren können. So hat man bei Flechten noch bis zu −33 °C eine C-Assimilation festgestellt. Die untere Grenze für die Photosynthesemöglichkeit ist erreicht, wenn es zum Ausfrieren des Wassers in den Zellen kommt.

c) *CO_2-Konzentration:* Eine Erhöhung des in der Luft vorhandenen CO_2-Gehaltes bringt bei Landpflanzen im allgemeinen einen Anstieg der Photosynthese, der – ebenso wie die Temperaturabhängigkeit – einer Optimumkurve folgt. Eine Verzehnfachung des Normalgehaltes (0,03%) an CO_2 bewirkt eine optimale Photosynthese, die um den 3–4-fachen Betrag des Ausgangswertes gesteigert ist, aber auch dabei ist der Anspruch der einzelnen Pflanzenarten zur Erzielung optimaler C-Assimilation recht unterschiedlich. CO_2-Düngung in Gewächshäusern führt zu entsprechender Ertragssteigerung.

d) *Wasser- und Mineralsalzversorgung:* Hier sei lediglich darauf verwiesen, daß alle biochemischen Prozesse nur bei ausreichender Wasser- und Nährsalzversorgung in ordnungsgemäßer Weise ablaufen.

2.4.4.4.2. Photosynthesetyp C_4 und CAM

Alle Photosynthetiker besitzen Chlorophyll fast identischer Struktur. Daraus ist zu folgern, daß unter gleichen Boden- und Klimabedingungen alle artenreicheren Pflanzengesellschaften eine etwa gleich hohe Produktion an organischer Substanz aufweisen müssen. Es hat sich in der Tat gezeigt, daß beispielsweise eine Wiese, ein Fichten- und ein Buchenwald im deutschen Mittelgebirge (Solling) dieser Forderung weitgehend entsprechen.

Die Pflanzen unserer Heimat gehören überwiegend dem *C_3-Photosynthesetyp* an. In ariden und semiariden Gebieten – wie überhaupt an wasserarmen, oft auch an salzhaltigen Standorten – werden die Pflanzen einen Selektionsvorteil haben, die ihren Wasserbedarf stark reduzieren können. Der Spaltöffnungsverschluß (Stomataverschluß) der Blätter ist die effektivste Maßnahme zur Reduzierung von Wasserverlusten. Andererseits wird dadurch die Kohlenstoffbilanz gefährdet, da bei mehr oder weniger geschlossenen Spalten die Diffusion des benötigten CO_2 zu sehr behindert oder ganz unterbunden wird. An solchen Extremstandorten haben sich im Verlauf der Evolution zwei weitere Photosynthesetypen entwickelt, die eine hervorragende Anpassung an die extremen Standortbedingungen aufweisen: die *C_4- und die CAM-Pflanzen.*

Am heißesten Ort der westlichen Hemisphäre, im Death Valley (Kalifornien), wo die mittleren Tagestemperaturen bei 39 °C liegen, wachsen auf den Geröllhalden fast nur C_4-Pflanzen. Während bei den meisten unserer heimischen Pflanzen das Temperaturoptimum der Photosynthese zwischen 18–25 °C liegt, beträgt dieses für die im Death Valley wachsende Amaranthacee Tidesstromis oblongifolia 47 °C! Trotz der hohen Temperaturen am Standort wird offenbar die Lichtsättigung der CO_2-Assimilation noch nicht erreicht, so daß potentiell eine noch höhere Photosyntheseaktivität denkbar wäre. Wassermangel dürfte hier nicht der limitierende Faktor für die Photosynthese sein, da die Wurzeln der Amaranthacee sehr tief bis in feuchtere Schichten des Bodens hinabstoßen.

a) C_4-Pflanzen

Diese Bezeichnung stammt daher, daß Pflanzen des C_4-Photosynthesetyps als erstes CO_2-Fixierungsprodukt eine Säure mit 4 C-Atomen bilden. CO_2 wird an Phosphoenolpyruvat (= PEP, besitzt 3 C-Atome) gebunden. Das für die CO_2-Bindung verantwortliche Enzym ist die *PEP-Carboxylase.* Es entsteht als wenig stabiles Produkt zunächst Oxalessigsäure (bzw. deren Salz, Oxalacetat), die in die ebenfalls 4 C-Atome enthaltende *Äpfelsäure* (bzw. deren Salz = *Malat*) überführt wird. Das in den Mesophyllzellen produzierte Malat wird nun in die Bündelscheidenzellen transportiert. In deren Chloroplasten befindet sich das Malatenzym, das CO_2 wieder vom Malat abspaltet. Dieses CO_2 kann nun in der üblichen Weise wie bei den C_3-Pflanzen in den Calvinzyklus eingeschleust werden. Zurück bleibt nach der CO_2-Freisetzung das Pyruvat, das wieder in die Mesophyllzellen zurücktransportiert wird und damit erneut für eine Malatbildung zur Verfügung steht (Abb. 36). Die geschilderten Vorgänge sind energetisch aufwendiger als die normale Pho-

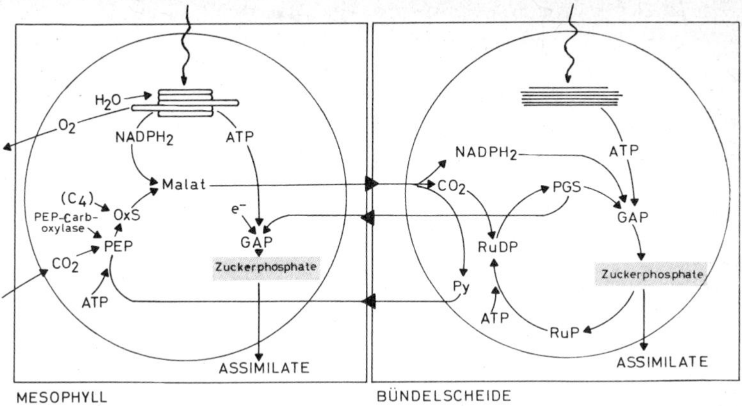

Abb. 36:
Schema der CO_2-Fixierung bei C_4-Pflanzen (verändert nach Larcher).

tosynthese. Nun findet man die C_4-Pflanzen aber besonders verbreitet in Regionen mit intensiver Sonnenstrahlung. Minimumfaktor ist für die Pflanzen meist das CO_2. Entscheidend ist, daß die Phosphoenolpyruvat-Carboxylase (PEP-Carboxylase) eine sehr viel höhere Affinität zum CO_2 als die Ribulosediphosphat-Carboxylase (RuDP-Carboxylase) der C_3-Pflanzen hat. Dies dürfte insbesondere bei weitgehend geschlossenen Spaltöffnungen eine Rolle spielen: es wird dann nämlich der Diffusionswiderstand für CO_2 und Wasser sehr hoch. Selbst bei solchen erschwerten Diffusionsbedingungen kann pro Zeiteinheit von den C_4-Pflanzen wesentlich mehr CO_2 aufgenommen werden und zwar auch bei weitgehend geringeren CO_2-Konzentrationen als es die C_3-Pflanzen vermögen. Gleichzeitig werden aber auch mit zunehmender Spaltenverengung die Wasserverluste durch Transpiration geringer. Rechnet man generalisierend, daß C_3-Pflanzen etwa 800 g Wasser zur Erzeugung von 1 g Trokkensubstanz verbrauchen, so kann der Transpirationsverlust zur Bildung der gleichen Menge Trockensubstanz bei den C_4-Pflanzen mit nur etwa 300 g angesetzt werden. Für die Vitalität der C_4-Pflanzen ist weiterhin von Bedeutung, daß die *Lichtatmung* bei ihnen garnicht zum Tragen kommt: das bei der Photorespiration freigesetzte CO_2 wird ja sofort wieder durch die PEP-Carboxylase gebunden und in Malat überführt. Bei den C_3-Pflanzen wird dagegen das aus der Lichtatmung stammende CO_2 nach außen abgegeben. Maximal können 50% der aufgebauten Kohlenhydrate veratmet werden und damit den C_3-Pflanzen verloren

Tab. 12: Beispiele für Pflanzen verschiedener Photosynthesetypen

Ordnung	C_3	C_4	CAM
Monocotyledoneae	Allium cepa	Saccharum officinarum	Ananas comosus
	Triticum aestivum	Zea mays	Agave sisalana
	Gladiolus vulgaris	Andropogon spec.	Aechmea spec.
Dicotyledoneae	Phaseolus vulgaris	Amaranthus viridis	Kalanchoe blossfeldiana
	Spinacia oleracea	Chenopodium album	Echeveria spec.
	Nicotiana tabacum	Suaeda maritima	Opuntia spec.

gehen. Man kann deshalb die C_4-Pflanzen wegen ihres günstigeren Wasser- und Kohlenhydrathaushaltes mit Recht als Hochleistungspflanzen in trockenheißen Gebieten bezeichnen. Sie bringen unter solchen Bedingungen besonders hohe Erträge. Bekannte C_4-Kulturpflanzen sind Mais (Zea mays) und Zuckerrohr (Saccharum officinarum), ferner gehören hierher eine Anzahl von Savannengräsern und eine Reihe besonders konkurrenzkräftiger Unkräuter, von denen viele zu den Chenopodiaceen zählen (Tab. 12).

C_4-Pflanzen unterscheiden sich anatomisch von den C_3-Pflanzen (Tab. 13): die Scheidenzellen sind auffällig groß, stärkereich, ihre Chloroplasten besitzen keine Granastapel (Photosystem II fällt praktisch aus); sie umgeben kranzförmig die Leitbündel *(Kranztyp)*. Die Scheidenzellen werden von locker stehenden Mesophyllzellen mit normalen Grana-Chloroplasten umrandet (Abb. 37a). Bei den C_3-Pflanzen sind dagegen die Mesophyllzellen in 2 horizontalen Schichten, d. h. in Palisaden- und Schwammparenchym *(Schichttyp)* gelagert. Es fehlt auch der Chloroplastendimorphismus. Vielleicht besteht noch ein weiterer Vorteil der C_4-Pflanzen in der Evolution darin, daß ihre Bündelscheidenzellen für wechselwarme Pflanzenfresser, z. B. Heuschrecken, unverdaulich sind. Sie geben demnach für viele Herbivore ein schlechtes Futter ab. Warmblüter jedoch können C_4-Pflanzen ohne weiteres verdauen.

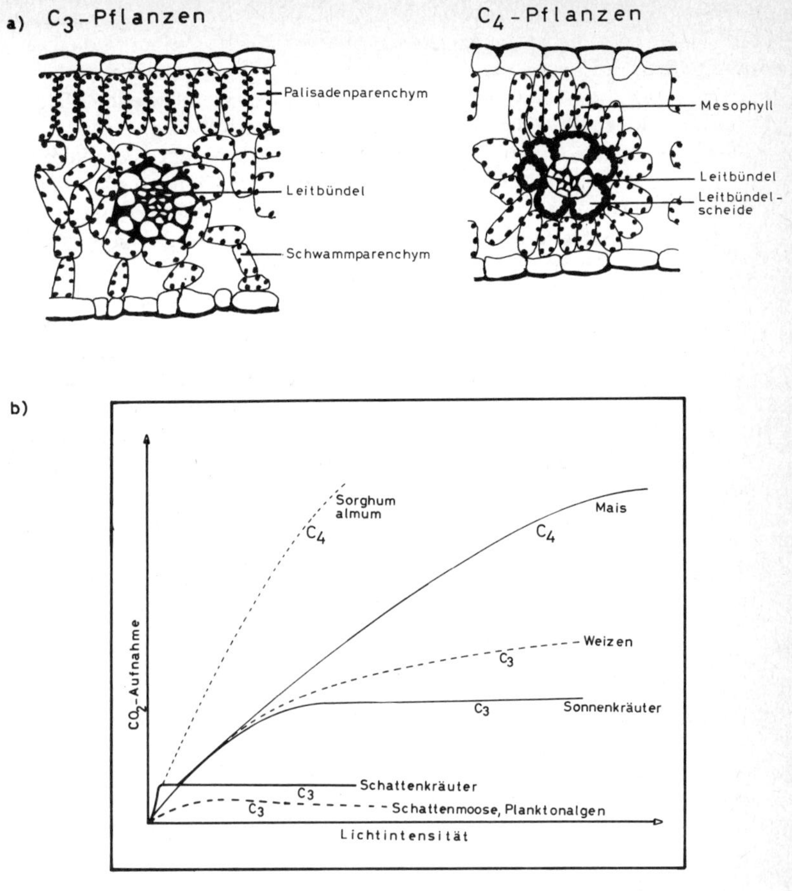

Abb. 37:

a) Blattanatomie typischer C_3- und C_4-Pflanzen.

b) Lichtabhängigkeit der Nettophotosynthese von C_3- und C_4-Pflanzen bei optimaler Temperatur und natürlichem CO_2-Angebot (neu kombiniert und verändert nach MOHR, SCHOPFER u. LARCHER).

b) CAM-Pflanzen – diurnaler Säurerhythmus

CAM bedeutet Crassulaceae acid metabolism, ein Photosynthesetyp, der bei Dickblattgewächsen (Crassulaceen) zuerst entdeckt wurde. Es handelt sich um viele *sukkulente*, d. h. fleischige Pflanzen, ausgezeichnet durch ausgedehnte Wasserspeichergewebe (s. S. 306). Sie sind in der

Lage, Kohlendioxid in großem Umfang während der Nacht zu binden. Für diese Fixierung ist die im Zytoplasma befindliche PEP-Carboxylase verantwortlich. Ebenso wie bei den C_4-Pflanzen bildet sich nach Anlagerung von CO_2 an Phosphoenolpyruvat über Oxalacetat wieder Malat, das in der Vakuole während der Nacht gespeichert wird. Dies führt zu einer Akkumulation von Äpfelsäure in den Vakuolen der assimilierenden Zellen. Die Acidität des Zellsaftes sinkt daher nachts bis auf etwa pH 3,5 ab. Am Tage aber wird die Äpfelsäure wieder abgebaut (pH-Wert des Zellsaftes steigt auf etwa pH 6,0 an). Das wieder abgespaltene CO_2 wird der Photosynthese mit dem Calvinzyklus zugeführt; damit wird die Photosynthese am Tage unabhängig vom CO_2 der Atmosphäre gemacht (Abb. 38). Es ist den Sukkulenten daher möglich, die Stomata am Tage geschlossen zu halten, sie drosseln damit drastisch die Transpiration, ohne die Kohlenstoffbilanz zu gefährden. Kohlenstoff- und Wasserhaushalt sind kausal miteinander verknüpft, da offensichtlich die vom Säurestoffwechsel im Blattparenchym verursachten Schwankungen im CO_2-Gaswechsel (Netto-CO_2-Fixierung nachts, CO_2-Produktion tags) die Bewegungen der Spaltöffnungen steuern. Die leicht meßbare *Absäuerung am Tage* und *Ansäuerung* des Zellsaftes *bei Nacht* wurde schon frühzeitig beobachtet und hat diesem Photosynthesetyp auch die Bezeichnung „diurnaler Säurerhythmus“ gegeben. Ob die hohe pH-Amplitude der Sukkulenten einen Schutz gegen Pflanzenfresser darstellt, ist unklar.

2.4.4.4.3. Vergleich der Photosynthesetypen C_3, C_4 und CAM

Aus Tab. 13 und Abb. 37 und 38 gehen die wichtigsten Charakteristika der drei Photosynthesetypen und zugleich die Überlegenheit der C_4-Pflanzen hinsichtlich ihrer Produktion an organischer Substanz hervor, was insbesondere für sehr warme Gegenden mit hoher Strahlungsintensität gilt. Bei den CAM-Pflanzen fällt der geringe Wasserverlust bei tagsüber geschlossenen Stomata auf, allerdings ist die Wachstumsrate bei diesem Photosynthesetyp auch außerordentlich gering. Die Unterschiede zwischen C_3- und C_4-Pflanzen sind nicht absolut, sondern mehr gradueller Art, denn alle Pflanzen vermögen in geringem Maße CO_2 an PEP zu binden.

Man versucht natürlich, für Kulturpflanzen Arten herauszufinden, welche die Photosynthese nach dem C_4-Prinzip durchführen. Ein Weg hierzu ist die Isotopendiskriminierung: in der Atmosphäre ist zu 98,9% ^{12}C vorhanden, der Rest entfällt auf ^{13}C. Die verschiedenen Photosynthesetypen verwenden $^{13}CO_2$ und $^{12}CO_2$ unterschiedlich, vermutlich deshalb, weil sie wegen der Massendifferenz nicht in gleicher Weise als Substrat akzeptiert werden. So ist auch Pflanzenmaterial hinsichtlich des Gehaltes an ^{13}C und ^{12}C unterschiedlich beschaffen, was sich mittels

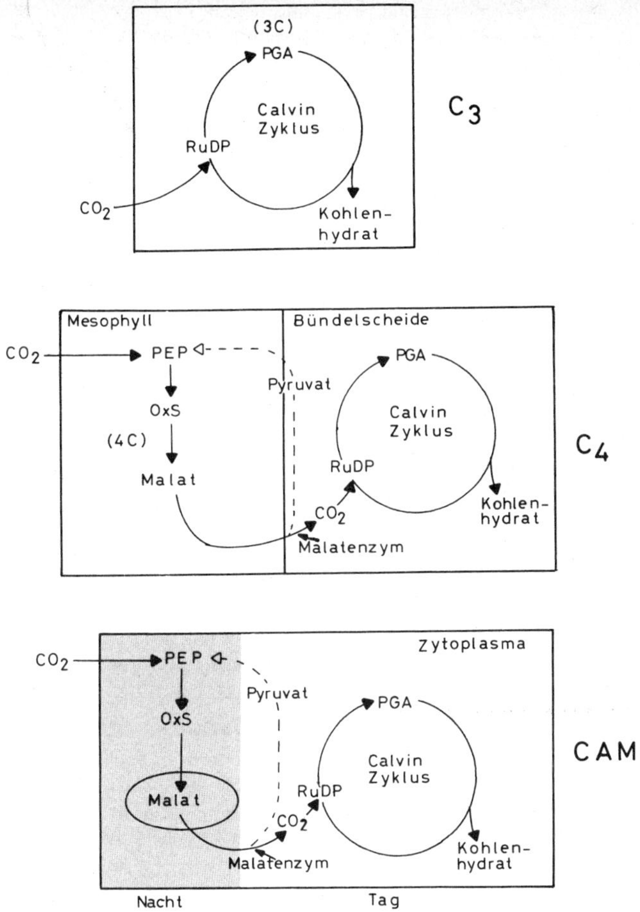

Abb. 38:
Schema der Photosynthesetypen C_3, C_4 und CAM.

eines Massenspektrometers nachprüfen läßt. C_4-Pflanzen enthalten $^{13}C/^{12}C$ fast in gleicher Relation wie die Luft. Gleiches gilt vielfach auch für die CAM-Pflanzen. Die C_3-Pflanzen zeigen dagegen eine Isotopendiskriminierung, d. h. sie nehmen relativ weniger ^{13}C zugunsten von ^{12}C auf (Tab. 13).

Tab. 13: Charakteristika verschiedener Photosynthesetypen

Merkmal	C_3	C_4	CAM
Blattanatomie	Schichttyp	Kranztyp	Schichttyp
Chloroplastendimorphismus	fehlt	vorhanden	fehlt
Erstes CO_2-Fixierungsprodukt	C_3-Säure (Phosphoglyzerinsäure)	C_4-Säure Oxalacetat, Malat oder Oxalacetat Aspartat	C_4-Säure Oxalacetat, Malat
Enzym für CO_2-Bindung	RuDP-Carboxylase	PEP-Carboxylase	PEP-Carboxylase nachts
Isotopendiskriminierung	ja	nein	je nach Photosyntheseweg
CO_2-Fixierung	tags	tags	vorwiegend nachts
Öffnung der Stomata	tags	tags	vorwiegend nachts
Geringster Diffusionswiderstand der Stomata für CO_2 in sec/cm	$< 1{,}0$	$> 1{,}0$	$< 3{,}0$ nachts $> 6{,}0$ tags
Maxim. Photosynthese mg $CO_2/dm^2 \cdot h$	15–40	40–100	max. 11–13
Lichtatmung	vorhanden	nicht relevant	vorhanden
Lichtsättigung $cal/cm^2 \cdot min$	0,2–0,4	0,6–0,9	je nach Photosynth.
Temperaturoptimum der apparenten Photosynthese °C	10–25 °	30–40 °	,,
(CO_2) Kompensationspunkt ppm	50–100	< 5	,,
Transpirationskoeffizient g H_2O/g Trockengew.	450–900	250–350	150–600 nachts
Maxim. Wachstumsrate g Trockengew./$dm^2 \cdot$ Tag	0,5–2	4–5	0,0015–0,0018

2.4.5. Atmung

Der Sauerstoffreichtum der Atmosphäre, der sich nach Erfindung der Photosynthese einstellte, ermöglichte entsprechend adaptierten Organismen, ihn für die Energie-liefernde Atmung zu nutzen. Gleichermaßen wie bei der Gärung werden auch bei der Atmung Kohlenhydrate abgebaut. Während jedoch bei dem anaeroben Abbau (Gärung) pro Mol Glucose lediglich 2 Mol ATP gewonnen werden, entstehen bei dem *aeroben Abbau* (Atmung) 38 Mol ATP, so daß die Respiration eine erhebliche Leistungssteigerung gegenüber der Gärung darstellt.

Vielfach wird die Atmung als Konsequenz der Photosynthese verstanden. Sie ist entsprechend später entstanden. Weitgehende Ähnlichkeiten zwischen den beiden Stoffwechselprozessen bestehen darin, daß beide einen an Membranen gebundenen Elektronenfluß aufweisen, der zur ATP-Bildung führt. Auch treten weitgehend die gleichen chemischen Stoffklassen auf. Schließlich sind auch hier zwei verschiedene Kompartimente der Zelle an dem Prozeß beteiligt: so vollzieht sich der erste Atmungsabschnitt, die Glykolyse, im Plasma, während der zweite und dritte Abschnitt, Zitronensäurezyklus und Endoxidation, in den Mitochondrien ablaufen.

Alle aerob lebenden Organismen weisen ständig eine Grund- oder Erhaltungsatmung auf. Zu dieser tritt die Aufbau-Atmung, die für Synthesen, Um- und Abbauprozesse des Stoffwechsels notwendig ist. Einen besonders starken Anstieg der Aufbau- (und damit Gesamt-) Atmung verzeichnet man z. B. beim Knospenaustrieb, bei der Blüte, ebenso aber auch bei Verletzung oder sonstiger Streßsituation.

2.4.5.1. Strukturen des Atmungs-Apparates

Infolge fehlender Kompartimentierung ist bei den prokaryontischen Bakterien und Blaualgen die Atmung an die äußere Plasmamembran gebunden.

In allen aerob lebenden Euzyten finden sich *Mitochondrien (= Chondriosomen).* Dies sind kugel- bis hantelförmige Gebilde mit einem Durchmesser von 0,5 bis 1,5 μm und variabler Länge bis zu 5 μm. Meristematische Zellen besitzen einige hundert, spezialisierte bis zu mehreren tausend Mitochondrien. Ebenso wie die Plastiden werden sie durch eine aus zwei Elementarmembranen gebildete Hülle begrenzt.

Die Grundsubstanz (= Matrix) in den Mitochondrien besteht vorwiegend aus Proteinen und Lipiden. In diese stülpt sich die innere Membran in Form von Falten *(Christae)*, Röhren *(Tubuli)* oder Taschen *(Sacculi)* ein (Abb. 39). Der sacculäre Typ ist besonders bei höheren Pflanzen verbreitet. Jede der genannten Einstülpungen führt zu einer Vergrößerung der Membranoberfläche. Eingebettet in die Matrix finden sich 70-

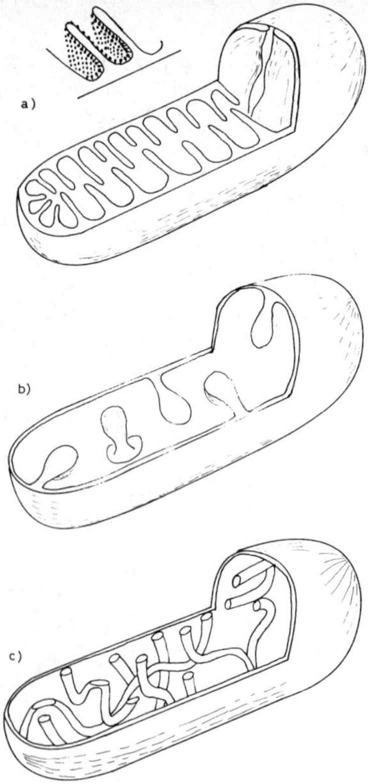

Abb. 39:
Struktur der Mitochondrien.
a) Cristae Typ und Ausschnitt mit Oxysomen;
b) sacculärer Typ;
c) tubulärer Typ.

S-Ribosomen sowie DNS. Sie ermöglichen eine weitgehend autonome Eiweißsynthese. Die DNS besitzt jedoch nur wenige Gene, so daß die Mitochondrien – ebenso wie die Plastiden – nicht völlig autark, sondern zusätzlich auf zahlreiche Proteine angewiesen sind. Diese werden von den 80-S-Ribosomen des Zytoplasmas, in das die Mitochondrien eingebettet sind, angeliefert.

Eine Vermehrung der Mitochondrien kann durch Knospung oder Querteilung erfolgen. Auch Vorstufen, Promitochondrien, kommen vor.

Sie sind kleiner und besitzen, obwohl bereits mit einer Hülle (doppelter Membran) versehen, noch keine charakteristischen Einstülpungen in den Innenraum. Anaerob wachsende, also ihren Energiebedarf durch Gärung abdeckende Hefen bilden dieses Membransystem erst aus, wenn sie unter aerobe Bedingungen gelangen. Die Mitochondrien stellen die Kraftwerke der Zelle dar; in ihnen laufen als Teilprozesse der biologischen Oxidation der *Zitronensäurezyklus* und die *Atmungskette* ab. Die besonders proteinreiche Innenmembran enthält die Enzyme für den Elektronentransport (Atmungskette) und für die ATP-Bildung bei der *oxidativen Phosphorylierung.* Die Enzyme des Zitronensäurezyklus und der Fettsäureoxidation befinden sich wohl nur locker an der Innenmembran, so daß diese Reaktionen in der Matrix stattfinden.

2.4.5.2 Veratmung von Kohlenhydraten

Der oxidative Abbau der Kohlenhydrate läßt sich auf 4 Abschnitte konzentrieren:

a) Glykolyse: sie führt zum Abbau des Glucosemoleküls in kleinere Einheiten und endet bei der Bildung der Brenztraubensäure. (Die hier ablaufenden Stoffwechselprozesse entsprechen denen, die auch in die Gärung einmünden können, Abb. 26).

b) Oxidative Decarboxylierung der Brenztraubensäure: die CO_2-Abspaltung von der Brenztraubensäure ergibt C_2-Körper.

c) Zitronensäurezyklus (benannt nach dem ersten Stoffwechselprodukt, das durch Aufnahme des C_2-Körpers in den Kreislauf gebildet wird): völliger Abbau des C_2-Körpers unter schrittweiser Abspaltung von Wasserstoff und CO_2.

d) Endoxidation: unter stufenweiser Freisetzung von Energie und Bildung von ATP kommt es in der sog. Atmungskette zur Zusammenführung von Wasserstoff und Sauerstoff, wobei H_2O entsteht.

Wenn auch nachstehend nicht alle im Verlauf der Atmung stattfindenden Reaktionen geschildert werden sollen, so seien einige doch noch etwas genauer skizziert (Abb. 40).

Glykolyse: das eigentliche Ausgangsmaterial für den Abbau sind die Hexosen Glucose und Fructose; Polysaccharide müssen erst bis zu diesen Monosacchariden aufgespalten werden. Dies geschieht mittels Phosphorolyse oder Hydrolyse, wobei erstere häufiger verwendet wird. So kann z. B. das Stärkemolekül durch Phosphorylase abgebaut werden. Das Enzym greift die Stärke vom nicht reduzierenden Ende her an und spaltet Glucosemoleküle ab, die dann in phosphorylierter Form direkt in der Glykolyse verwendet werden. Soll dagegen Reservestärke aus Samen für die Respiration verwertet werden, so werden die Stärkemoleküle durch hydrolytische Enzyme, die *Amylasen,* angegriffen, wobei als Abspaltungsprodukt das Disaccharid Maltose anfällt. Diese wird dann durch Maltase abgebaut.

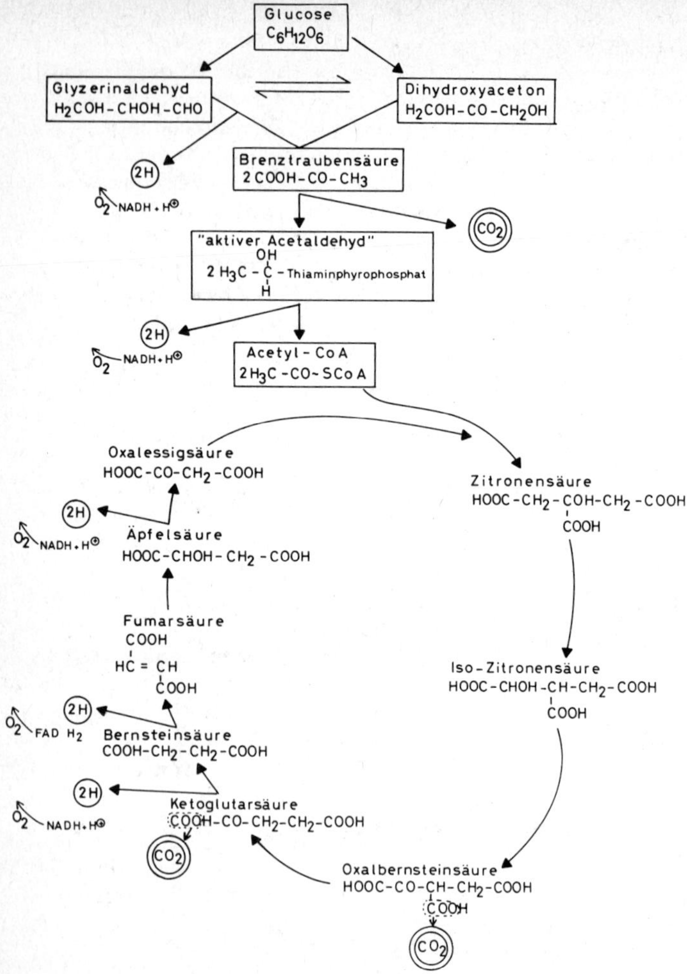

Abb. 40:
Schema der Glycolyse und des Zitronensäurezyklus (nach SCHUMACHER).

$(C_6H_{10}O_5)_n \xrightarrow{\text{Amylase}} C_{12}H_{22}O_{11} \xrightarrow{\text{Maltase}} C_6H_{12}O_6$

Stärke (Amylum)	Malzzucker (Maltose)	Traubenzucker (Glucose)

Bei der Glykolyse wird die phosphorylierte Glucose (Glucose-6-phosphat) in Fructose-6-phosphat und diese durch ATP-Zufuhr in Fructose-1-6-diphosphat überführt. Mittels Aldolase erfolgt die Spaltung in die beiden Triosen: Glyzerinaldehyd-3-phosphat und Dihydroxyacetonphosphat. Diese werden zu Phosphorglyzerinsäure oxidiert, die ihrerseits unter Wasserabspaltung und Abspaltung des Phosphatrestes schließlich in die Brenztraubensäure übergeht. Die bei diesen Prozessen freigesetzte Energie wird von ADP unter Bildung von ATP abgefangen und der Wasserstoff von NAD^+ unter Bildung von $NADH + H^+$ aufgefangen.

Die *Decarboxylierung* der Brenztraubensäure führt zur Entstehung eines Acetylrestes; dieser wird vom Coenzym A übernommen, das damit in Acetyl-Coenzym A übergeht. Den abgespaltenen Wasserstoff übernimmt NAD.

Zitronensäurezyklus (nach seinem Entdecker auch KREBS-MARTIUS-Zyklus genannt):

Das Acetyl-Coenzym A überträgt den Acetylrest auf die aus 4 C-Atomen bestehende Oxalessigsäure, diese geht damit in die Zitronensäure über. Dabei wird Coenzym A zurückgebildet und kann nun einen weiteren Acetylrest übernehmen. Der in das Zitronensäuremolekül eingebaute Acetylrest wird unter wiederholter Abspaltung von Wasserstoff und Kohlensäure völlig abgebaut. Auf diese Weise entsteht durch stufenweisen Abbau unter Bildung von CO_2 und Wasserstoff schließlich wieder die Oxalessigsäure. Die abgespaltenen $4 \cdot 2$ H-Atome werden von den Coenzymen NAD und FAD übernommen, was insgesamt 4 reduzierte Coenzyme ergibt. Rechnet man hierzu die beiden bei der Oxidation des Glyzerinaldehyds und der oxidativen Decarboxylierung der Brenztraubensäure gebildeten H-Atome, so ergeben sich 6 reduzierte Coenzyme pro Mol Triose bzw. 12 reduzierte Coenzyme pro Mol Glucose. Die Gesamtbilanz aus Glykolyse und Zitronensäurezyklus lautet demnach:

$$C_6H_{12}O_6 + 6\,H_2O + 12\ \text{Coenzyme} = 6\,CO_2 + 12\ \text{Coenzym-}H_2$$

Bei dem Zitronensäurezyklus wird auf direktem Wege relativ wenig Energie gewonnen. Die Bedeutung dieses Zyklus beruht darauf, daß alle zum Zweck der Energiegewinnung abgebauten Stoffe in eine einheitliche Energieform umgewandelt werden, nämlich in diejenige reduzierter Coenzyme.

Endoxidation: In den Mitochondrien befinden sich die Redoxglieder, die den von den Coenzymen NAD und FAD übernommenen Wasserstoff oxidieren und dessen Elektronen schrittweise auf Sauerstoff übertragen. Beim Durchlaufen des Potentialgefälles, das vom eisenhaltigen Flavoprotein über Ubichinon und dann zu den wiederum Fe-haltigen *Zytochromen* führt, wird die freigesetzte Energie zur Bildung von ATP verwendet. Letztes Glied der Redoxkette ist die Zytochromoxidase, die die Elektronen auf den elementaren Sauerstoff überträgt. Das durch Aufnahme von 2 Elektronen gebildete Sauerstoffion tritt dann mit 2 Wasserstoffionen zu Wasser zusammen (Abb. 41).

Aus dem Abbau eines Glucosemoleküls resultiert als Gesamtbilanz; wenn un-

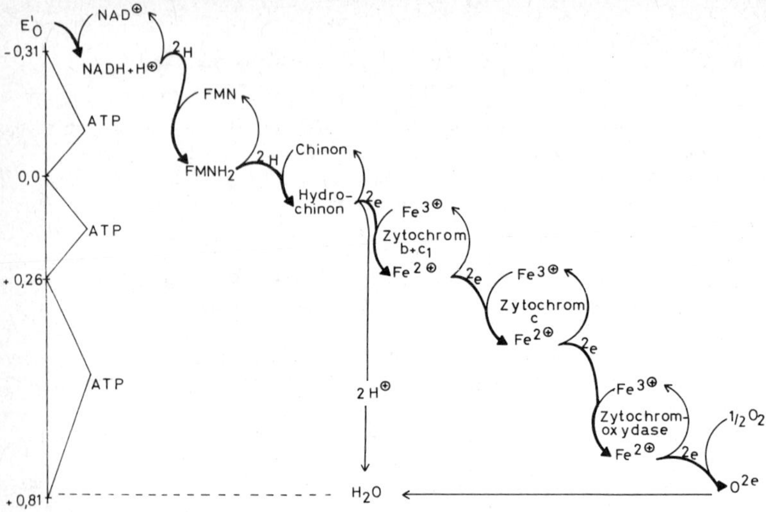

Abb. 41:
Reihenfolge der Redoxsysteme in der Atmungskette (verändert nach KARLSON).

ter 1) die Stoffwechselschritte bei der Glykolyse und im Zitronensäurezyklus und unter 2) diejenigen in der Endoxidation zusammengefaßt werden:

1) $C_6H_{12}O_6 + H_2O + 12 \text{ Coenzyme} \longrightarrow 6\ CO_2 + 12 \text{ Coenzyme-}H_2$

2) $12 \text{ Coenzyme-}H_2 + 6\ O_2 \longrightarrow 12 \text{ Coenzyme} + 12\ H_2O$

$$C_6H_{12}O_6 + 6\ O_2 \longrightarrow 6\ CO_2 + 6\ H_2O$$

Als Energiebilanz liefert

die Glykolyse pro Mol Glucose	8 Mol ATP
die Bildung der aktivierten Essigsäure	6 Mol ATP
der Citratzyklus	24 Mol ATP
Daraus resultieren	38 Mol ATP

Dies entspricht (bei Δ G in vivo = + 37,7 KJ pro mol ATP) 1433 KJ gebundener chemischer Energie.

Es besteht für die Pflanzen jedoch noch eine weitere Möglichkeit des Glucoseabbaues, der sog. *Pentosephosphatzyklus.* Bei diesem werden Glykolyse und Calvinzyklus umgangen. Stattdessen wird Glucosephosphat oxidativ bis zum Pentosephosphat decarboxyliert. Danach werden 6 Moleküle Pentosephosphat über zahlreiche Zwischenprodukte zu 5 Molekülen Glucosephosphat umgewandelt. Die Bruttogleichungen lauten (ohne Phosphat):

$$6\ \text{Glucose-6-phosphat} + 12\ NADP^+ + 6\ H_2O \rightarrow 6\ CO_2 + 12\ NADPH + H^+ + 6\ \text{Ribulose-5-phosphat}$$

$$6\ \text{Ribulose-5-phosphat} \rightarrow 5\ \text{Glucose-6-phosphat}$$

$$1\ \text{Glucose-6-phosphat} + 12\ NADP^+ + 6\ H_2O \rightarrow 6\ CO_2 + 12\ NADPH + H^+$$

Veränderter Energiebedarf der Pflanze wird mit Änderung der Atmungsintensität beantwortet. Daher ist gerade die Respiration sehr starken Schwankungen unterworfen, die von inneren und äußeren Faktoren gesteuert werden und meist eng miteinander verzahnt sind. So stehen z. B. Knospenaustrieb und Blüte unter dem Einfluß von Phytohormonen und gleichzeitig hängt der Zeitpunkt des Austriebs und der Blüte stark von den klimatischen Gegebenheiten (Wärmesumme, Tageslänge) ab.

Die bei der Atmung freigesetzte Energie wird nicht völlig im Stoffwechsel verbraucht, sondern geht z. T. als *Atmungswärme* verloren. Bei Pflanzen hoher physiologischer Aktivität mit entsprechend hoher Atmung kann der Energieverlust durch Wärmeabstrahlung bis zu 60% betragen.

2.4.5.3 Respiratorischer Quotient

Wenn auch Kohlenhydrate das wichtigste Atmungsmaterial darstellen, so werden doch daneben vor allem Fette und Säuren, aber auch Eiweiße veratmet. Bei den meisten heterotrophen Zellen erweist sich das Atmungssubstrat als abhängig vom Nährstoffangebot. Fette werden von den Lipasen in Fettsäuren und Glyzerin gespalten, die Speicherproteine durch Proteinasen zu Aminosäuren abgebaut. Die Veratmung mündet bei den Aminosäuren in den Zitronensäurezyklus ein; bei den Fettsäuren kann der oxidative Abbau auch über den Zitronensäurezyklus führen, ebenso über einen nicht in den Mitochondrien lokalisierten Glyoxylat-Zyklus, auf den aber hier nicht weiter eingegangen werden soll.

Das Verhältnis von freigesetztem CO_2 zu O_2 bezeichnet man als „Respiratorischer Quotient“ (RQ). Aus der Größe dieses Atmungsquotienten lassen sich Rückschlüsse auf das Atmungsmaterial ziehen: dienen Kohlenhydrate als Ausgangssubstrat, so ist RQ = 1, bei der Veratmung von Säuren wird RQ größer, beim Abbau wasserstoffreicherer Moleküle wie Fett oder Protein dagegen kleiner als 1.

Veratmung von:
a) Kohlenhydrat: $C_6H_{12}O_6 + 6\ O_2 \rightarrow 6\ CO_2 + 6H_2O$
RQ = 1
b) Oxysäure (Äpfelsäure): $C_4H_6O_5 + 3\ H_2O + 3\ O_2 \rightarrow 4CO_2 + 6H_2O$
RQ = 133
c) Fett (Palmitinsäure): $C_{16}H_{32}O_2 + 23\ O_2 \rightarrow 16\ CO_2 + 16\ H_2O$
RQ = 0,7

2.4.5.4. Abhängigkeit der Atmung von äußeren Faktoren

a) Licht: Bereits bei der Besprechung der Nettophotosynthese der C_3-Pflanzen war auf die Bedeutung der Photorespiration hingewiesen worden (s. S. 122). Bis zu 50% des soeben photosynthetisch fixierten Kohlenstoffs kann durch die Lichtatmung wieder abgegeben werden. Dieser Vorgang beschränkt sich auf die Chlorophyll-führenden Zellen und verläuft grundsätzlich anders als die Dunkelatmung. Gemeinsam ist lediglich, daß bei Licht- und Dunkelatmung CO_2 freigesetzt wird und daß Mitochondrien hierbei für bestimmte Stoffwechselabläufe wichtig sind. Für die Photorespiration sind aber zusätzlich noch Chloroplasten und Peroxysomen erforderlich (s. S. 74). Letztere enthalten als Leitenzym die Fe-haltige Katalase.

Der enge Zusammenhang zwischen Photorespiration und Photosynthese besteht darin, daß beide auf das im Calvin-Zyklus auftretende Ribulosediphosphat angewiesen sind. Bei Belichtung konkurrieren 2 Enzymaktivitäten miteinander um das Substrat: die Ribulosediphosphat-Carboxylase sorgt für die CO_2-Fixierung bei der Photosynthese.

$$\text{RuDP} \xrightarrow[\text{Carboxylase}]{CO_2} (C_6) \rightarrow 2 \text{ Phosphoglyzerinsäure (PGS)}$$

Die Ribulosediphosphat-Oxigenase führt zur Entstehung von Glykolat. Hoher Sauerstoffpartialdruck und höhere Temperatur begünstigen die Aktivität der Oxidase, während hoher CO_2-Partialdruck die der Carboxylase fördert.

$$\text{RuDP} \xrightarrow[\text{Oxigenase}]{O_2} \text{P-Glykolat} + \text{Phosphoglyzerinsäure}$$

Während die Bildung des Glykolats noch im Chloroplasten erfolgt, findet die weitere Verarbeitung dieses wichtigen Zwischenproduktes in einem benachbarten Peroxysom statt (Abb. 42). Dort wird das überführte Glykolat zunächst zu *Glyoxylat* oxidiert und das hierbei gebildete H_2O_2 mittels der Katalase in O_2 und H_2O gespalten. Glyoxylat aber wird mittels einer Transaminase in Glycin verwandelt. Dieses verläßt das Peroxisom, tritt in ein Mitochondrium über, wo sich aus 2 Molekülen Glycin unter CO_2-Abspaltung 1 Molekül Serin bildet. Serin kann wieder in ein Peroxisom übertreten und über Zwischenstufen zu Glyzerat zurückgebildet werden, doch scheint dieser Vorgang nicht unbedingt notwendig zu sein. Ob der Sinn der mit erheblichem Stoffverlust verbundenen Lichtatmung die Bildung der Aminosäuren Glycin und Serin ist, oder ob es sich um einen evolutionistischen Defekt handelt, ist noch unklar.

b) Temperatur: Atmung und Photosynthese sind beides chemische Prozesse, jedoch mit unterschiedlichem Q_{10}-Wert. Dieser ist reaktionsspezifisch. Eine Temperaturerhöhung macht sich auf den Atmungsanstieg weit mehr bemerkbar als auf denjenigen der Photosynthese. Bei hohen Temperaturen welken daher die ohnehin stark atmenden Blüten auch schneller als bei niedrigeren. Infolgedessen ist bei der üblichen Abkühlung nachts die Atmung geringer als am Tage. Zum völligen Er-

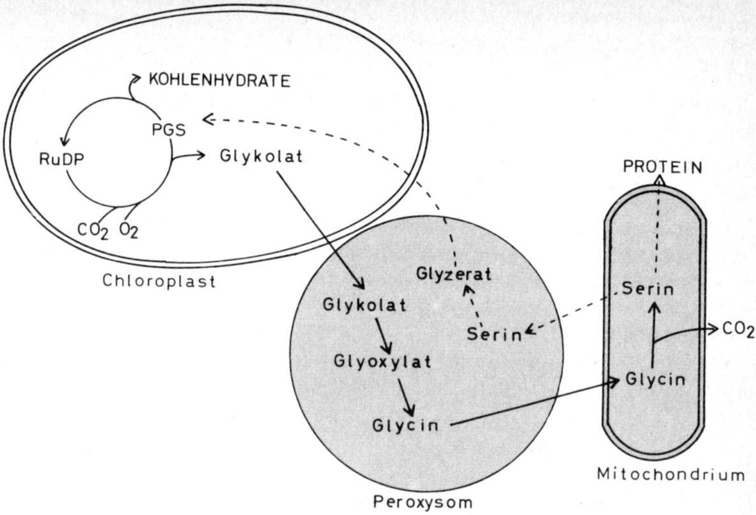

Abb. 42:
Schema der Lichtatmung (verändert nach MOHR/SCHOPFER).

liegen kommt die Respiration jedoch auch bei den tiefen Temperaturen nicht, denen überwinternde Pflanzen ausgesetzt sind, allerdings ist sie sehr stark herabgesetzt. Alpine Koniferen atmen im Winter um etwa die Hälfte weniger als im Sommer.

Das Gleichgewicht Stärke/Zucker ist temperaturabhängig: bei Temperaturerniedrigung erfolgt eine Verschiebung zugunsten des Zuckers. Kühlt man bei +10° C gelagerte Kartoffeln auf −1° C ab, steigt der Zuckergehalt, der normalerweise um ½% liegt, im Verlauf von 20 Tagen auf 3%, nach 40 Tagen auf 6–7% an. Zugleich tritt eine merkliche Atmungssteigerung ein. Werden die süß gewordenen Kartoffeln nun in einem warmen Raum eingelagert, so vermindert sich der Zuckergehalt und die Atmungsintensität sinkt ab.

c) Wasser: Der Wassergehalt beeinflußt die Atmungsintensität in hohem Maße. Lufttrockene, ruhende Samen weisen eine kaum nachweisbare Respiration auf. Bei Wasserzufuhr quellen sie und zeigen dann einen sprunghaften Atmungsanstieg. Wassermangel wird vielfach mit einer kurzfristigen Atmungserhöhung und danach mit einem Abfall beantwortet.

d) Streßsituationen: Zur Bewältigung außergewöhnlicher Bedingungen ist stets ein vermehrtes Energieangebot erforderlich. So machen sich

z. B. Schädlingsbefall, Verletzung, Wasser- und Luftverunreinigungen (sofern die Schadstoffe nicht die Atmungsenzyme blockieren) durch gesteigerte Respiration bemerkbar. Die Gewebetemperatur einer Kartoffelknolle liegt um etwa 0,0005° C über der Lufttemperatur. Durch Verwundung steigt sie auf den 14 fachen Wert, durch zusätzliche Infektion auf den etwa 30 fachen Wert an. Zugleich scheidet das kranke Gewebe den 9 fachen Betrag an CO_2 gegenüber dem gesunder Pflanzen aus.

2.4.6. Chemosynthesen

Außer den Photobakterien ist es noch einer weiteren Gruppe von Prokaryonten gelungen, autotroph zu werden. Da sie jedoch Sauerstoff zur Energiegewinnung benötigen, kann ihre Herausselektionierung erst möglich gewesen sein, nachdem sich durch die Tätigkeit der Photosynthetiker genügend Sauerstoff in der Atmosphäre befand. Die energieliefernde und zur Bildung von ATP führende Reaktion beruht nämlich auf der *Oxidation anorganischer Verbindungen,* die zur Erzeugung einer Redoxpotentialdifferenz zwischen Primär- und Sekundärzustand führt. Die hierzu benutzten Verbindungen sind gegenüber Sauerstoff durch ein negatives Redoxpotential ausgezeichnet und geben daher relativ leicht Elektronen an einen geeigneten Akzeptor ab, wodurch sie oxidiert werden. Der Prozeß ist exergonisch. Da die Fixierung und der weitere Weg des Kohlenstoffs vermutlich dem der Photosynthetiker entspricht, sollen hier auch nur die wichtigsten energieliefernden Vorgänge aufgeführt werden.

2.4.6.1. Eisenbakterien

Vertreter der Bakterien-Gattung Ferrobacillus gewinnen das zur C-Assimilation notwendige ATP durch die Oxidation von Ferro- zu Ferri-Salzen:

$$4\,Fe^{2+} + 4\,H^+ + O_2 \rightarrow 4\,Fe^{3+} + 2\,H_2O \quad \Delta G = -67\,kJ$$

Bei diesem Prozeß wird wenig Energie frei. Daher müssen sie sehr große Mengen an zweiwertigem Eisen (Ferro-Salze Fe^{2+}) in ihre Zellen aufnehmen, scheiden dann dreiwertiges Eisen wieder aus, so daß sich die Ferri-Salze (Fe^{3+}) in ihrer Umgebung anhäufen. Bisweilen findet man in wasserführenden Eisenrohren eine schleimig rotbraune Auskleidung von Eisenbakterien. Auch in Gräben mit träge fließendem Flachwasser können solche Beläge auftreten.

2.4.6.2. Schwefelbakterien

Zu dieser formenreichen Gruppe, die vor allem in Rieselfeldern und nährstoffreichen Tümpeln sowie im Bereich von Schwefelwasserstoff emittierenden Quellen zusagende Lebensbedingungen finden, gehört neben den Bakterien (z. B. Thiotrix, Thiobacillus) auch die zu den Blaualgen zählende Beggiatoa. Alle diese chemoautotrophen Prokaryonten unterscheiden sich von den photoautotrophen Arten gleicher systematischer Zugehörigkeit (z. B. Purpurbakterien) durch ihre *Pigmentfreiheit.* Diese Organismen spielen eine große Rolle bei der Zersetzung organischen Materials, indem sie den vorwiegend aus S-haltigen Aminosäuren stammenden Schwefelwasserstoff zu elementarem Schwefel oder weiter zu Schwefelsäure oxidieren:

$$2\,S^{2-} + 4\,H^+ + O_2 \rightarrow 2\,S + 2H_2O \qquad \Delta G = -209\,kJ$$

$$2\,S + 2H_2O + 3\,O_2 \rightarrow 2\,SO_4^{2-} + 4H^+ \qquad \Delta G = -498\,kJ$$

Gegen die entstehende Schwefelsäure besteht offensichtlich eine erhebliche Resistenz, denn Thiobacillus thiooxidans verträgt noch 1n H_2SO_4. Diesem Bakterium kommt besondere Bedeutung für die Abwasserreinigung zu, da es auch andere Schwefelverbindungen wie $S_2O_3^{2-}$, $S_3O_6^-$ oder SCN^- zu oxidieren vermag.

Thiobacillus thiooxidans findet jedoch auch bei einem modernen bergbaulich-biotechnologischen Verfahren, dem Leaching-Verfahren (= Auslaugung von Metallen), Verwendung. Die Methode ermöglicht es, minderwertige Erze aufzubereiten, die sonst wegen zu geringen Gehaltes und daraus sich ergebender hoher Kosten nicht abbauwürdig wären. Heute werden bereits über 15% der gesamten Kupferproduktion auf diese Weise gewonnen. Man setzt bei diesem Verfahren dem auszulaugenden kupferhaltigen Gesteinsmaterial billiges Eisensulfid zu, aus welchem Thiobacillus thiooxidans und Ferrobacillus ferroxidans Schwefelsäure entstehen lassen. Das Kupfer geht durch diese als Kupfersulfat in Lösung und läßt sich anreichern. Auch einige andere Schwermetalle wie z. B. Zink können so rentabel aufbereitet werden.

2.4.6.3. Nitrifizierende Bakterien

An der Oxidation des beim Eiweißabbaues anfallenden Ammoniaks zum Nitrat sind zwei Gruppen von Bakterien beteiligt, die miteinander vergesellschaftet vorkommen. Sie gehören zu den wichtigsten Reduzenten aller Ökosysteme.

a) Nitrosomonas

$$2\,NH_3 + 3\,O_2 \rightarrow 2\,NO_2^- + 2\,H_2O + 2\,H^+ \qquad \Delta G = -272\,kJ$$

b) Nitrobacter

$$2\,NO_2^- + O_2 \rightarrow 2\,NO_3^- \qquad \Delta G = -\;75\,kJ$$

Das von Nitrosomonas produzierte Nitrit ist giftig, wird aber durch Nitrobakter schnell zu Nitrat weiteroxidiert. Da der Energiegewinn wesentlich geringer als bei der Nitritbildung ist, besteht bei der Nitrobacter-Gruppe ein großer Substratbedarf, so daß damit ein „Liegenbleiben" von NO_2^- ausgeschlossen wird. In der NO_3^--Form aber wird der Stickstoff für die meisten Pflanzen besonders gut aufnehmbar. Die Art des Zusammenlebens der nitrifizierenden Bakterien nennt man *Parabiose.* Sie ist dadurch gekennzeichnet, daß die beiden Partner eine Lebensgemeinschaft gegenseitiger Nutzung eingehen, wobei die Stoffwechselprodukte des einen Organismus durch den anderen weiterverwertet werden.

2.4.6.4. Knallgasbakterien

Im Gegensatz zu den bisher besprochenen Chemosynthetikern sind die Knallgasbakterien mit Arten der Gattung Hydrogenomonas nur fakultativ chemoautotroph: steht ihnen organisches Material zur Verfügung, so leben sie heterotroph, andernfalls schalten sie ihren Stoffwechsel auf autotrophe Lebensweise durch Oxidation molekularen Wasserstoffs um:

$$H_2 + {}^1/_2\,O_2 \rightarrow H_2O \qquad \Delta G = -239\,\text{kJ}$$

2.4.7. Energiegehalt verschiedener Stoffwechselprodukte

Von den Pflanzen werden aus dem primären Photosyntheseprodukt, den Monosacchariden, durch Polymerisierung, Umbau und Anlagerung Stoffwechselprodukte unterschiedlichen Energiegehaltes gebildet. Teils dienen sie als Speicherstoffe und können bei Bedarf wieder abgebaut und somit die angesammelte Energie freigesetzt werden (z. B. Stärke – oder Fettmobilisierung); teils ist eine solche Zurückführung bis zu den

Tab. 14: Energiewert verschiedener Stoffgruppen

Stoffgruppe	Brennwert kJ/g
Fett	38,87
Palmitinsäure	39,29
Tripalmitin	38,87
Lignin	26,33
Rohprotein	22,99
Leucin	27,17
Glycin	12,95
Zellulose	17,55
Stärke	17,55
Glucose	15,46
Oxalsäure	2,80

Ausgangsbausteinen aber innerhalb des eigenen Organismus nicht möglich. Dies gilt im allgemeinen beispielsweise bereits für das Polysaccharid Zellulose, dessen Abbau lediglich durch bestimmte Bakterien und Pilze möglich ist, die selbst keine Zellulose produzieren. Der Energiegehalt der verschiedenen Stoffgruppen läßt sich durch Verbrennung der entsprechenden Substanzen im Kalorimeter und aus dem hierbei resultierenden Brennwert errechnen. Nach Tab. 14 werden die höchsten Brennwerte bei den Fetten erzielt, gefolgt von dem Holzstoff Lignin. Der Energiegehalt von Eiweiß liegt über dem der Kohlenhydrate. An letzter Stelle stehen organische Oxysäuren.

2.4.8. Sekundäre Pflanzenstoffe

Es gibt nur sehr wenige Organismen, die – wie das Darmbakterium Escherichia coli – den gesamten Stoffwechsel nur auf Wachstum und Vermehrung ausrichten. Bei Escherichia ist nur ein Primärstoffwechsel vorhanden, der lediglich zur Reproduktion von Nukleinsäuren und zur Proteinsynthese führt.

Demgegenüber bildet die Masse aller Organismen, besonders der grünen Pflanzen, eine Reihe von Stoffwechselprodukten, denen wie z. B. dem Lignin, ein hoher Energiegehalt (Brennwert) zukommt. Offenbar kann aber nur ein geringer Anteil dieser sekundären Pflanzenstoffe vom eigenen Produzenten wieder abgebaut und genutzt werden. Die Bedeutung der Sekundärstoffe ist vielfach noch unklar. Eine Reihe von ihnen ist zweifelsohne lebensnotwendig, wie z. B. die Gerüstsubstanz Lignin, die Phytohormone, das Phytochromsystem oder Coenzyme. Einige Sekundärstoffe spielen sicher als Lockstoffe für Bestäubung und für die Samenverbreitung eine Rolle. Hierher gehören die Blütenfarb- und Duftstoffe; den Früchten kommen vielfach neben der Farbe besondere Geschmacksstoffe zu. Andere Sekundärstoffe dürften wichtig für den Schutz der Pflanzen sein. Hier können als Beispiele Alkaloide, Gerbstoffe und manche ätherischen Öle samt Kampfer genannt werden. Für eine große Anzahl von sekundären Stoffen kennt man keine Funktion. Da nun offenbar embryonale Zellen noch keine Sekundärstoffe bilden können, scheinen Differenzierung und Entstehung sekundärer Pflanzenstoffe miteinander verknüpft zu sein. Bei niederen Pilzen hat man erst bei Verlangsamung oder Stillstand des Wachstums Sekundärstoffbildung nachweisen können. Sicher fallen eine ganze Reihe von Sekundärstoffen als Ballaststoffe des Stoffwechsels an und werden bevorzugt in der Vakuole oder in der Zellwand abgelagert.

Sekundärstoffe sind Substanzen, die nicht direkt im Kohlenhydrat-, Eiweiß- oder Fettstoffwechsel vorkommen, sondern sich von diesen ableiten. Sie lassen sich relativ wenigen Molekülfamilien zuordnen. Im folgenden seien nur 3 besonders wichtige Molekülfamilien als Lieferanten von Sekundärstoffen herausgestellt: Auf die Biosynthese soll nicht näher eingegangen werden.

a) Terpenoide: Zu diesen gehören die ätherischen Öle, Duftstoffe, die Phytohormone Gibberellin und Abscisinsäure sowie Karotinoide; unter den Polyterpenen sind besonders Kautschuk und Guttapercha zu nennen.

b) Phenole: Als besonders wichtige Phenolabkömmlinge sollen hier Gerbstoffe (Gallotannine), Lignin, Zimtsäure, Kumarine sowie Flavone und Anthocyane genannt werden.

c) Alkaloide: Diese Gruppe von Sekundärstoffen dürfte mit etwa 5000 bekannten Vertretern wohl die zahlenmäßig stärkste Gruppe unter den Sekundärstoffen stellen. Viele von ihnen finden wegen ihrer besonderen Wirkung auf das Nervensystem in der Medizin Verwendung. Sie alle sind Derivate bestimmter Aminosäuren, deren Aminogruppe für den N im heterozyklischen Ring des Alkaloids verantwortlich ist. Die Gruppe ist chemisch sehr heterogen. Hierher zählen das Coniin im Schierlingsgift, das Atropin der Tollkirsche, das Chinin aus der Rinde des peruanischen Chinarindenbaumes, das Morphin im Milchsaft des Schlafmohns. Die Alkaloide liefern eine Reihe von Genußmitteln, wie z. B. das Nikotin und Nornikotin im Tabak. Koffein, Theophyllin und Theobromin sind Purinalkaloide, die in Kaffee, Tee und Kakao vorkommen. Eine Tasse Kaffee enthält etwa 100–150 mg Koffein; die gleiche Menge ist in einer Tasse Tee vorhanden. Infolge des hohen Gerbstoffgehaltes im Tee wird das Koffein schwerer als im Kaffee resorbiert, woraus sich die langsamer aber dafür länger anhaltende anregende Wirkung des Tees gegenüber Kaffee erklärt. Pro Tasse Kakao nimmt man etwa 50–75 mg und pro Flasche Cola 35–50 mg derartiger Anregungsstoffe zu sich. Schließlich sollten hier noch Lysergsäurederivate (LSD) erwähnt werden, die erstmals aus dem Samen tropischer Windengewächse gewonnen wurden, jedoch auch bei einer Reihe ausländischer und einigen einheimischen Rauschpilzen vorkommen und Halluzinationen hervorrufen (Tab. 27 S. 260).

3. Übergang der Pflanze vom aquatischen zum terrestrischen Bereich

Das Leben hat sicherlich seinen Anfang im Wasser genommen und von dort mit seiner Formenvielfalt auf den terrestrischen Bereich übergegriffen.

3.1. Morphologische Organisation

In ihrer morphologischen Organisation weisen die ca. 500000 Pflanzenarten sehr wesentliche Unterschiede auf. Die folgenden Stufen morphologischer und zytologischer Organisation lassen sich unterscheiden (Abb. 43 u. Tab. 15).

A. Protozytische Organisationen (Einzeller ohne besondere Zellstrukturen, mitunter zu mehreren oder vielen in lockeren Verbänden, s. S. 54).

B. Euzytische Organisationen (Zellen durch vielfältige Strukturen in Kompartimente gegliedert):

1. Protophyten (Einzeller, mitunter zu mehreren oder vielen in lockeren Verbänden)
2. Thallophyten (fädige, flächige, mitunter auch mehrschichtige feste Zellverbände mit Arbeitsteilung)
3. Kormophyten (Vegetationskörper gegliedert in Sproßachse, Blatt und Wurzel, dabei Differenzierung in Gewebe mit speziellen Aufgaben)

3.1.1. Organismen euzytischer Organisation

3.1.1.1. Protophyten

Bei Algen und Pilzen gibt es zahlreiche Arten, die nur aus einer *einzigen Zelle* bestehen. Sie werden Protophyten genannt und gelten als sehr einfache Organismen, da die einzige Zelle sämtliche Funktionen auszuführen hat. Ihre zahlreichen Organelle und plasmatischen Strukturen (Abb. 44) weisen jedoch auf einen hohen Organisationsgrad hin. Als ihr ursprünglicher Lebensraum sind die Oberflächenbereiche von Meer- und Süßwasser anzusehen, wo sie vielfach als Produzenten die wichtigste Ernährungsbasis tierischen Lebens (1. trophische Stufe) darstellen (Abb. 45). Verschiedenartige Anpassungen ermöglichen einigen Vertretern dieser Gruppe einen zeitweisen oder auch dauernden Milieuwechsel zum terrestrischen Ökosystem. Ihr Vorkommen hier ist aber

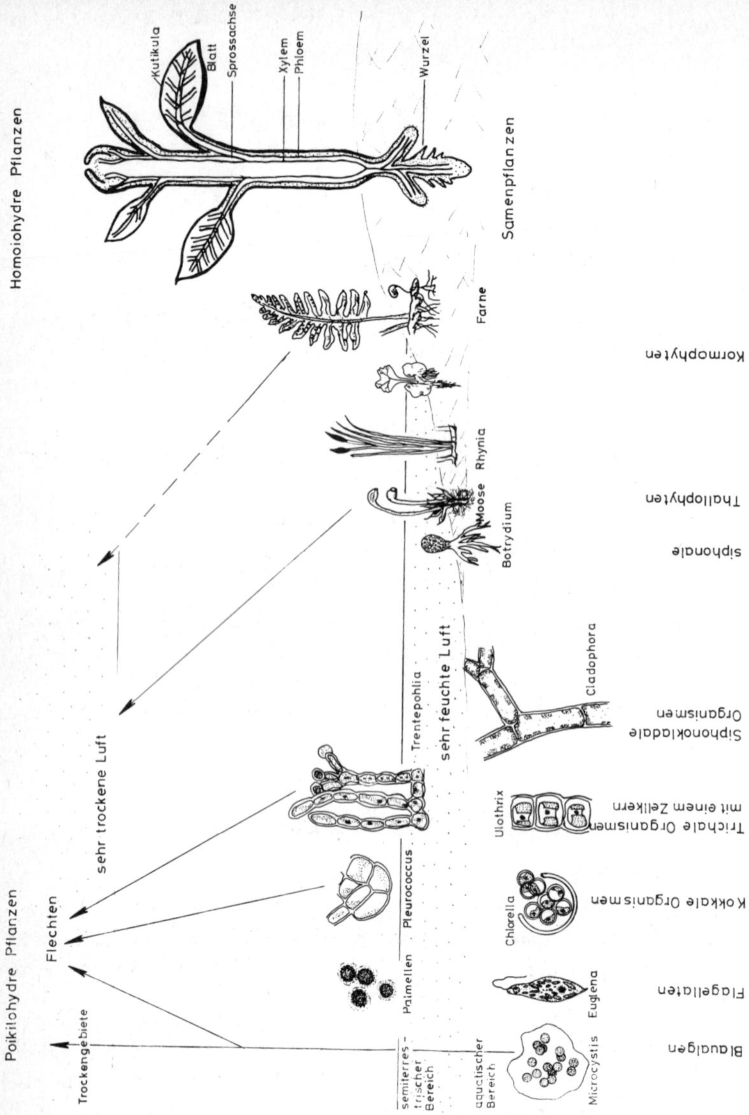

Abb. 43:
Anpassung pflanzlicher Organismen beim Übergang vom aquatischen zum terrestrischen Bereich (verändert nach WALTER).

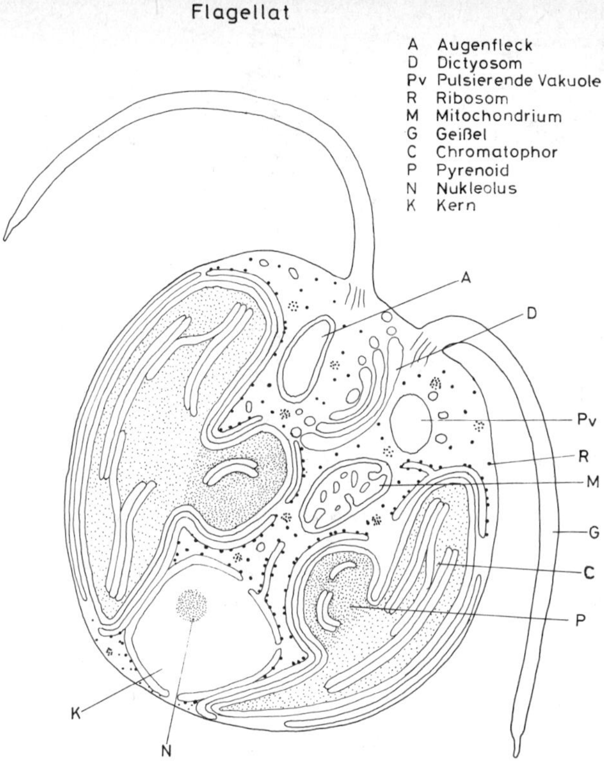

Abb. 44:
Längsschnitt durch einen Flagellaten (verändert nach MANTON).

zumeist an das Vorhandensein von hoher Luftfeuchtigkeit oder auch Wasser gebunden.

Als wichtigste Stufen protophytischer Organisation können die bewegliche *(monadale)* und unbewegliche *(kokkale)* angesehen werden. Die beiden anderen in Tab. 15 aufgeführten Stufen sind von untergeordneter Bedeutung.

a) Monadale Organisation: Flagellaten

Die nackten (zellwandlosen) Zellen der monadalen Flagellaten (Abb. 44) können sich im Wasser durch ihre Geißeln aktiv fortbewegen. Pulsierende Vakuolen dienen der Ausscheidung von Wasser, Stoffwech-

Tab. 15: Morpho-und zytologische Organisation pflanzlicher Organismen sowie deren Anpassung an das terrestrische Milieu

Morpho- und zytologische Organisation	Systematische Zuordnung	Form möglichen zellulären Zusammenschlusses	Anpassung an das terrestrische Milieu
1. *Protozyte* Kompartimentierung fehlt	Bakterien	Zönobien keine Arbeitsteilung	Ausscheidung von Schleimen u. Gallertsubstanzen, Sporenbildung, Poikilohydrie (Blaualgen Flechten bildend)
	Blaualgen	Zönobien	
2. *Euzyte* (Zellen in Kompartimente unterteilt)			
I. *Protophyten* (Einzeller)			
A. *monadal* (Flagellaten) Beweglichkeit durch Geißel Stigma, puls. Vakuole, Längsteilung (fehlend Zellwand u. Zentralvakuole)	Algen	Zönobien Zellkolonie teilweise Arbeitsteilung	Palmellastadium, Zystenbildung, Zysto-Zygoten (sonst Lebensraum Wasser)
B. *rhizopodial* (Amöben) amöboide Beweglichkeit, puls. Vakuole Längsteilung (fehlend Zellwand u. Zentralvakuole)	Algen		Enzystierung, Zysto-Zygoten (sonst Lebensraum Wasser)
	Schleimpilze	Plasmodien, Pseudoplasmodien, Arbeitsteilung	Enzystierung, Sporen, Poikilohydrie
C. *kapsal* (unbeweglich) Gallertenbildung, Längsteilung (fehlend Zellwand und Zentralvakuole)	Algen	Zönobien keine Arbeitsteilung	Enzystierung, Zysto- Zygoten
D. *kokkal* (unbeweglich) Zellwand vorhanden, keine Längsteilung (fehlende Zentralvakuole)	Algen	Aggregatverbände keine Arbeitsteilung	Flechtenbildung, Zysto-Zygoten Sporen, Poikilohydrie
	Pilze (Hefen)	Pseudomyzel (keine Arbeitsteilung)	
II. *Thallophyten* (Thallusorganismen) Zellwand und meist Zentralvakuole vorhanden, Querteilung			
A. *Fadenthalli* 1. *trichal* (Zellen mit 1 Kern)			
a) *unverzweigt* Gallertschichten um Zellwand	Algen	Zönobien keine Arbeitsteilung	Zysto-Zygoten (sonst Lebensraum Wasser)

b) *verzweigt*	Algen Pilze	Plektenchyme Arbeitsteilung	Zysto-Zygoten, Zystenbildung, Zellwandgallerten, Flechtenbildung, Poikilohydrie, Konidienbildung
2. *trichal* (Zellen vielkernig) polyenergid			
a) *siphonokladal* Zellen mit Querwänden	Algen	Plektenchyme	Zystenbildung, Zysto-Zygoten (sonst Lebensraum Wasser)
	Pilze	Arbeitsteilung	Zystenbildung, Zysto-Zygoten, Konidien, Poikilohydrie, Flechtenbildung
b) *siphonal* Zellen ohne Querwände	Algen	Plektenchyme	Zystenbildung, Zysto-Zygoten (sonst Lebensraum Wasser)
	Pilze	Arbeitsteilung	Endosporen, Konidien, Zystenbildung, Zysto-Zygoten, Poikilohydrie (sonst Lebensraum Wasser, Flüssigkeitskörperparasit)
B. *Gewebethalli* Zellen kongenital miteinander verbunden			
Mitunter Gliederung in Phylloid Kauloid und Rhizoid	Algen	echte Gewebe Arbeitsteilung	Quellbare Zellwandsubstanzen (sonst Lebensraum Wasser) Gezeitenalgen, Poikilohydrie
Mitunter Bildung von Blättchen und Stämmchen	Moose	echte Gewebe Arbeitsteilung	Kutikula, Atemöffnungen, einfache Leitbahnen, Homöo- u. Poikilohydrie
III. *Kormophyten* in Wurzel, Sproßachse u. Blatt gegliederter Kormus	Farne Samenpflanzen	echte Gewebe vielfältige Differenzierung	Kutikula, Abschlußgewebe, Leit- u. Festigungsgewebe, Homöohydrie, in seltenen Ausnahmen Poikilohydrie

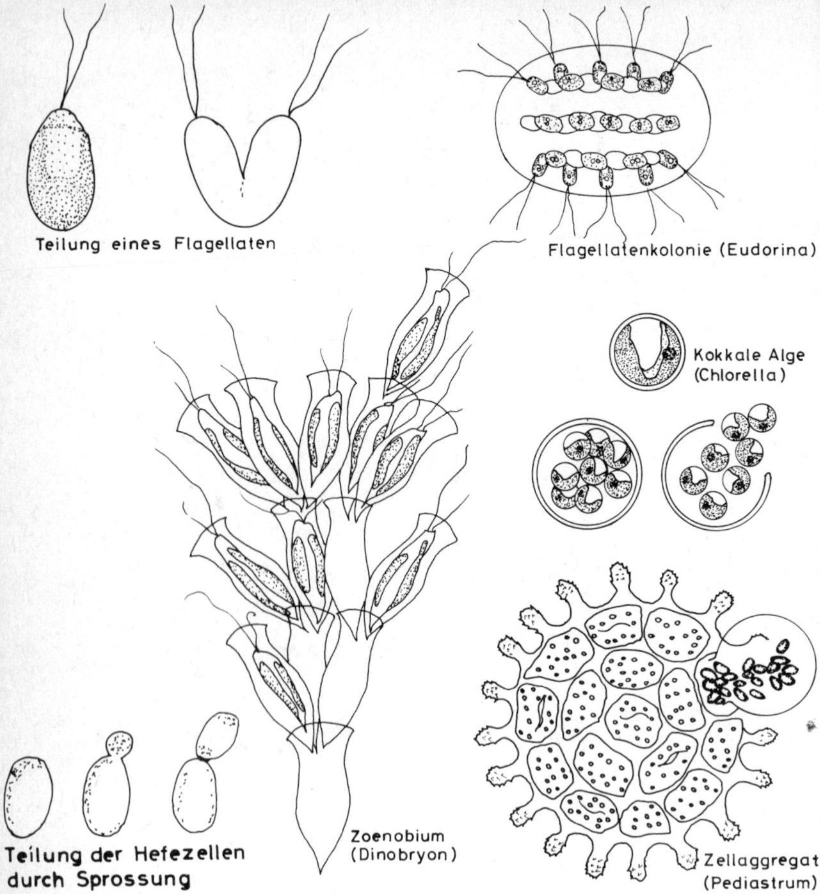

Abb. 45:
Organisationsformen bei Protophyten (verändert nach WALTER, WEBERLING/SCHWANTES).

selschlacken oder konzentrierter Salzlösungen. Eine Zentralvakuole fehlt. Die Zellen teilen sich längs, wodurch Vermehrung stattfindet. Bei einigen Vertretern können mehrere Zellen zu lockeren Verbänden ohne Spezialisierung *(Zönobien)* (s. Abb. 45) zusammentreten. Bei dem häufigen Volvox oder der bekannten Eudorina (Abb. 45) entstehen in eine umfangreiche Gallerte eingebettete *Kolonien,* deren Zellzahl im Gegensatz zum *Zönobium* artspezifisch fixiert ist. Jede Zelle hat die Fähigkeit, durch geregelte Teilungsvorgänge eine Tochterkolonie hervorzubringen. Alle Geißeln schlagen im kolonialen Verband synchron, wodurch eine geordnete Bewegung ermöglicht wird. Geringfügige Arbeitsteilung ist mitunter möglich. Als geeignetes Milieu für die nackten Protoplasten der Flagellaten und Amöben kann nur das Wasser gelten. Flagellatenartige Schwärmer treten häufig bei vielzelligen Organismen, die selbst unbeweglich sind, als Sexualzellen oder im Dienste vegetativer Verbreitung auf. Solche Stadien deuten auf eine Abstammung von Flagellatenvorfahren hin. Das Vorkommen derartiger Schwärmer ist jedoch stets an das Vorhandensein von Wasser gebunden. (Abb. 46)

Im allgemeinen ist nur ein kurzfristiger Aufenthalt im semiterrestrischen Bereich möglich. Lediglich ihre Zysten und Zystozygoten vermögen als Dauerstadien längere Trockenperioden zu überstehen.

Bewegung der Flagellaten (Taxien, Tab. 22, S. 238).

Ihre Bewegung erfolgt im allgemeinen zu einer Reizquelle hin (positive Taxis) oder von dieser fort (negative Taxis). Als Reizquellen wirken u. a.:

- Chemische Substanzen, z. B. Nährstoffe oder sog. Gamone (Befruchtungsstoffe) zum Anlocken des Partners *(Chemotaxis)*
- Temperaturdifferenzen *(Thermotaxis)*
- Lichtdifferenzen *(Phototaxis)*.

Bei der positiven Phototaxis dient ein Augenfleck (Stigma) (Abb. 44) als Beschattungsorganell für den in der Nähe der Geißelbasis gelegenen Photorezeptor. Dessen Beschattung führt zu einer Änderung des Geißelschlages. Dabei wird die Längsachse des Flagellaten in die Richtung des einfallenden Lichtes gelenkt, wodurch ein Hinschwimmen zur Lichtquelle erfolgen kann. Bei sehr hohen Lichtintensitäten läßt sich zumeist die entgegengesetzte Reaktion, also negative Phototaxis beobachten.

b) Kokkale Organismen

Kokkale Organismen (Abb. 45) kennzeichnet die Ausscheidung einer *festen Zellwand,* meist aus Pektin und Zellulose, mitunter aus Chitin oder noch anderen Polysacchariden bestehend. Trotz dieser Wandung ist eine zentrale Zellsaftvakuole nicht vorhanden. Auf Grund mitotischer Teilungsvorgänge (keine Längsteilung) bilden sich im Innern der Mutterzelle zwei, häufiger auch zahlreichere Tochterzellen, die nach Aufreißen der Mutterzellwand frei werden. Diese Tochterzellen können infolge zusätzlicher Ausscheidung von Gallertsubstanzen innerhalb der Mutterzelle oder in einer von dieser ausgestülpten Blase (Abb. 45) miteinander verkleben. Ein derartiger Zellverband wird *Zellaggregat* genannt und dadurch charakterisiert, daß er nicht durch weitere Zelltei-

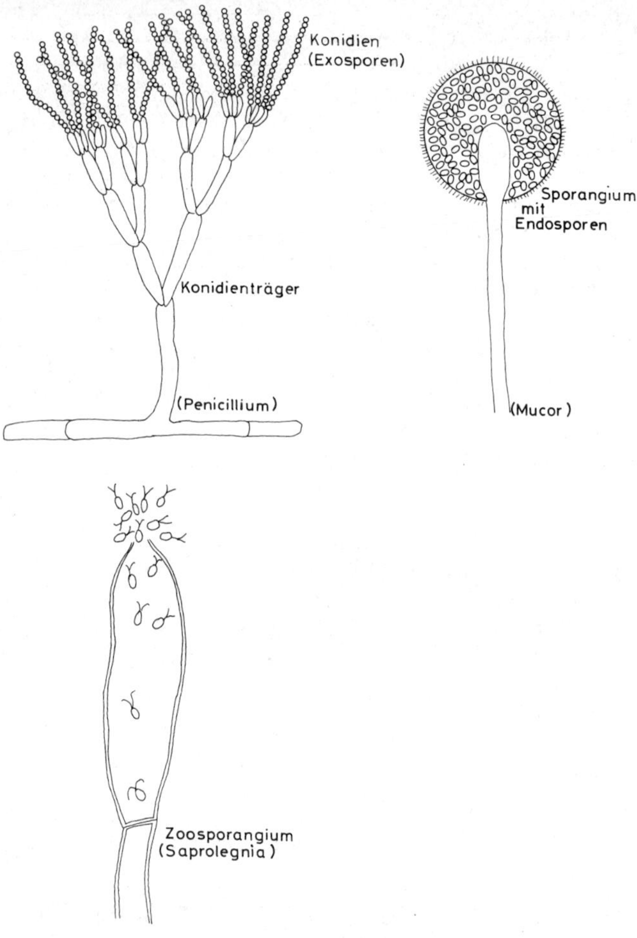

Abb. 46:
Formen vegetativer Vermehrung bei Pilzen (Thallophyten) (verändert nach WEBERLING/SCHWANTES).

lungen vergrößert werden kann. Eine Arbeitsteilung zwischen den Zellen eines Aggregatverbandes findet nicht statt.

Einen Sonderfall der Zellteilung bildet die *Sprossung* der Hefezellen (Abb. 45), bei der an der Mutterzelle zunächst kleine Knospen entstehen, die nach Aufnahme des Tochterkerns heranwachsen.

Eine Reihe von kokkalen Organismen sind in der Lage, ständig im terrestrischen Bereich zu leben, wie z. B. die an der Wetterseite der Bäume grüne Beläge verursachenden, zu den Grünalgen rechnenden Pleurococcus-Arten. Diese und selbst sonst hauptsächlich nur im Wasser anzutreffende Chlorella-Arten können als Erstbesiedler, mit Pilzen zusammen Flechten bildend, auf nacktem Felsgestein wachsen.

Hauptsächlicher Lebensraum dieser Gruppe ist jedoch das aquatische Ökosystem.

Vermehrung (Wachstum) der Protophyten

Während bei der sexuellen Fortpflanzung der Protophyten Iso- bis Oogamie (s. S. 89) vorkommen, überwiegt bei der vegetativen Vermehrung die Zweiteilung. Die Geschwindigkeit einer Populationsvergrößerung durch letztere ist von den benötigten Nährstoffen, der Temperatur usw. abhängig.

Eine Zunahme der Zellzahl eines solchen Klones (s. S. 17) läßt sich z. B. an dem für Mikroorganismen typischen Verlauf einer Wachstumskurve ablesen, die gegen die Zeit aufgetragen wurde (Abb. 47). In Phase 1, der Anlaufphase, setzen nach anfänglicher Zellvergrößerung erst langsam, dann rascher einander folgend Teilungen ein. In Phase 2, der logarithmischen Phase, hat die Teilungsrate ihr Maximum erreicht und bleibt konstant. Der Zuwachs nimmt in dieser log-Phase also einen exponentiellen Verlauf, das heißt, aus einer Zelle werden 2, 4, 8 16 usw. Diese Phase ist für experimentelle Untersuchungen von besonderer Bedeutung, kann man doch an der Steilheit dieses geraden Kurvenabschnittes den Einfluß einzelner veränderter Kulturfaktoren erkennen. Phase 3, die stationäre Phase, zeichnet sich durch Konstanz der Zellzahl aus. Infolge Erschöpfung der Nährstoffe oder ausgeschiedener ± toxischer Hemmstoffe halten sich Zellteilungszahl und Absterberate die Waage. In der anschließenden Phase 4, der Abnahmephase, sinkt mit zunehmender Autolyse die Zellzahl langsam ab. Diese Autolyse ist die Folge steigenden Einflusses der bereits in Phase 3 auftretenden toxischen Stoffe oder Hemmfaktoren. Durch kontinuierlichen Zusatz neuer Nährlösung bei gleichzeitiger Ausdünnung der Zellzahl kann eine Kultur ständig in der log-Phase (Phase 2) gehalten werden. Mitunter läßt sich auch eine Kultur so steuern, daß sich alle Zellen regelmäßig etwa zur gleichen Zeit teilen. Die Zellen eines Klones weisen dann alle gleiches Alter auf *(Synchronkultur).*

An der Wasseroberfläche von Teichen und Seen läßt sich häufiger die plötzliche Bildung einer blaugrünen bis grünen, mehrere cm tiefen Planktonschicht beobachten, die als Wasserblüte bezeichnet wird. An ihr sind zumeist Blau- oder Grünalgen beteiligt, die sich – durch Außenfaktoren wie Temperatur, Nährstoffe usw. induziert – so auffällig rasch vermehren. Diese *Wasserblüte* kann nach Überschreiten der stationären Phase innerhalb weniger Stunden plötzlich zusammenbrechen.

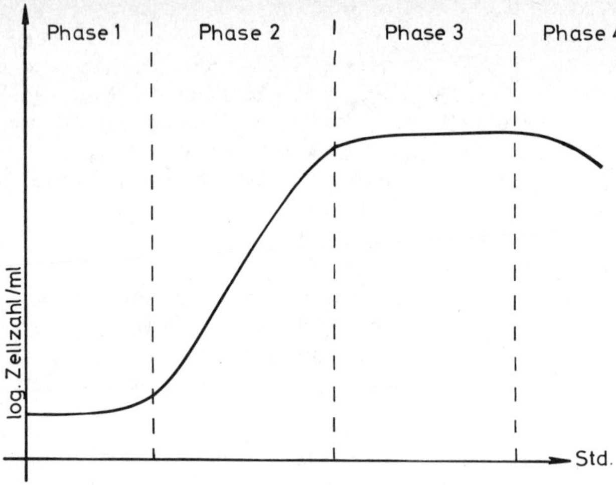

Abb. 47:
Wachstumskurve von Mikroorganismen.

Wachstumsfaktoren

Die Vermehrungsrate der Protophyten, die man einem Wachstum mehrzelliger Organismen gleichsetzen kann, wird durch sog. Wachstumsfaktoren gesteuert. Wachstumsfaktoren spielen bei allen Organismen eine Rolle. Neben der Zellteilung müssen beim Wachstum der höheren Pflanzen zusätzlich Differenzierungsvorgänge reguliert werden. Diese Steuerung erfolgt durch *Phytohormone* (Wuchsstoffe). Bei der Besprechung des Kormus soll näher darauf eingegangen werden (s. S. 169).

Bei den *Wachstumsfaktoren* der Mikroorganismen handelt es sich meist um Substanzen, die uns als *Vitamine* bekannt sind. Manche heterotrophen Mikroben können sie nicht selbst synthetisieren, sondern müssen sie aus dem Nährmedium ebenfalls als Vitamine aufnehmen. Die meisten Verbindungen dieser chemisch sehr heterogenen Gruppe sind Bausteine von Enzymen (Co-Enzyme oder Vorstufen derselben). Sie werden daher nur in sehr geringen Konzentrationen benötigt. So kann z. B. durch 1 mg Thiamin in einer entsprechenden Nährlösung die Produktion von 100 g Pilzmyzel ermöglicht werden. Thiamin (Vitamin B_1, Aneurin) ist demnach ein sehr wichtiger Wachstumsfaktor bei Pilzen.

Die Komponenten des Vitamin-B_2-Komplexes (Riboflavin, Nikotinsäure, Folsäure und Panthotensäure), desgleichen Vitamin B_6 werden besonders von Milchsäurebakterien für ihre Vermehrung gebraucht. Biotin (Vitamin H) benötigen zahlreiche Mikroorganismen (Bakterien und Pilze) für Carboxylierungsvorgänge im Stoffwechsel.

Die Teilung von Algenzellen wird wie bei den höheren Pflanzen vor allem durch Zytokinine kontrolliert. Eine Reihe von ihnen lassen sich chemisch von der Nukleobase Adenin herleiten. Zytokinine, von denen das aus unreifen Maiskörnern gewonnene Zeatin am bekanntesten ist, steigern den Zellstoffwechsel und besonders die DNS-, RNS- und Eiweißsynthese. Bei einer Symbiose zwischen höherer Pflanze und Bakterien kann mitunter die höhere Pflanze ihren Nutzen aus der Zytokininproduktion des Bakteriums ziehen. Zytokinine regen aber nicht nur die Zellteilung an, sondern haben bei Gegenwart anderer Phytohormone Einfluß auf die Differenzierung des Kormus (s. S. 169).

3.1.1.2. Thallophyten

Thallophyten besitzen *vielzellige Vegetationskörper* mit einem (fast stets) festen Zusammenhalt ihrer Zellen. Diese Verbindung kommt durch gemeinsame Zellwände aus Zellulose oder Chitin zustande, welche im Gegensatz zur Längsteilung der meisten Protophyten nach Querteilung ausgeschieden werden. Eine arbeitsteilige Spezialisierung der Zellen oder ganzer Zellverbände (Gewebe, Plektenchyme s. S. 160) im Thallus ist zumeist gegeben und zeigt sich auch äußerlich in einer *Polarität* (Basis-Spitze) des Organismus. Die hochgradige anatomische Differenzierung eines Kormus wird jedoch nicht erreicht, auch wenn mitunter achsen-, blatt- und wurzelähnliche *(Kauloide, Phylloide und Rhizoide)* Gebilde Ähnlichkeiten mit den Grundorganen des Kormus aufweisen. Sie besitzen jedoch einen völlig anders gestalteten Grundaufbau. Da Festigungsgewebe fehlen, lagern Thallophyten mehr oder weniger flach am Boden (Lagerpflanzen), wenn sie nicht als Wasserpflanzen fluten. Starrheit des Thallus kann folglich nur durch den Turgor der meist vorhandenen Zentralvakuole erreicht werden (s. S. 273)

Polarität

Als Polarität wird die *physiologische Ungleichheit* einander entgegengesetzter Bereiche eines Pflanzenkörpers bezeichnet. Sie reicht bis in den zellulären Bereich hinein. Die bei Thallophyten häufig durch Ausbildung eines morphologisch verschiedenen Phylloids und Rhizoids (Abb. 48) sichtbare Polarität tritt auch bei vielen Protophyten durch ihren begeißelten und unbegeißelten Zellpol in Erscheinung, nur kokkale Protophyten besitzen keine. Die Polarität der Thallophyten wird bei ihrer Keimung aus einer Zygote oder Spore festgelegt. Sie kann vielfach durch äußere Faktoren wie Licht oder Schwerkraft induziert werden. So bestimmt z. B. bei den Sporen vom Schachtelhalm oder der Zygote des an unseren Küsten häufigen Tanges der Winkel des Lichteinfalles die Lage der ersten Querwand. Die molekularen und auch strukturellen Hintergründe für diese Polaritätsinduktion sind weitgehend unbe-

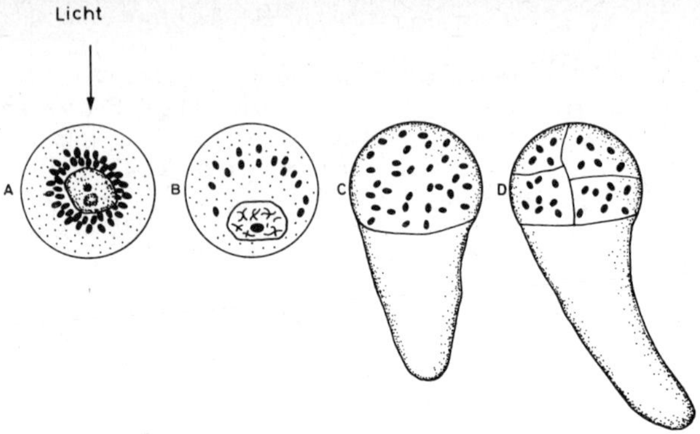

Abb. 48:
Polaritätsinduktion bei der Spore des Schachtelhalmes (verändert nach NIENBURG).

kannt. Sichtbar wird sie z. B. durch die ungleiche Verteilung der Plastiden, welche sich zum Licht hin orientieren. So erhält die dem Licht abgewandte Seite, der Rhizoidpol, kaum Plastiden, während diese in der sich zum Phylloid entwickelnden, lichtzugerichteten Tochterzelle gehäuft liegen. Eine derartige Teilung in zwei funktionell wie auch morphologisch unterschiedliche Tochterzellen wird als *inäqual* bezeichnet. Dies steht im Gegensatz zur Teilung eines Protophyten, die stets *äqual* sämtliche Funktionen und Strukturen auf beide Tochterzellen verteilt. Inäquale Zellteilungen sind eine wichtige Voraussetzung für alle Differenzierungsvorgänge.

3.1.1.2.1. Fadenthalli (trichale Organisation) – Apikaldominanz

Fadenthalli mit einkernigen Zellen, die einfachste Form des Thallus, entstehen durch gleichsinnige Richtung der Teilungsspindeln bei allen einander folgenden Zellteilungen. Die Festhaftung eines der beiden Fadenenden durch ein Haftorgan (Rhizoidzelle) läßt sich als Beginn einer polaren Differenzierung ansehen, auch wenn alle anderen Zellen noch gleiche Funktionen haben (Abb. 49). Diese Differenzierung ist dann deutlicher ausgeprägt, wenn nicht mehr alle Zellen teilungsfähig bleiben, sondern Zellteilungen nur in bestimmten Bereichen des Fadens *(interkalares Wachstum)* oder häufig in der Spitzenzelle auftreten. Diese gibt dann als *einschneidige Scheitelzelle* basalwärts Tochterzellen ab. Verzweigte Fäden entstehen bei einem mehr oder minder regelmäßigen Wechsel der Teilungsebene. Teilt sich hierbei die Scheitelzelle selbst, so

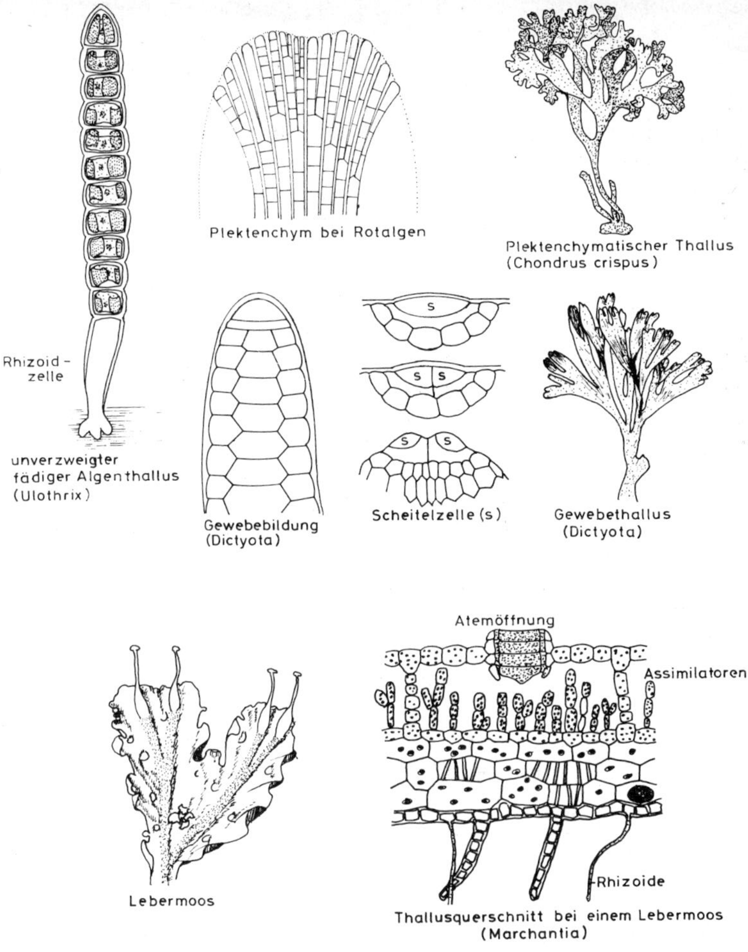

Abb. 49:
Thallusformen bei Algen und Moosen. Bildung fädiger, plektenchymatischer Gewebe-Thalli (neu kombiniert nach WEBERLING/SCHWANTES).

ergibt sich eine gabelige Verzweigung *(Dichotomie)* (Abb. 49). Seitliche Verzweigungen gehen im allgemeinen von bereits weiter basalwärts gelegenen Zellen aus. Nach Längsteilung wird dabei eine der Tochterzellen zu einer weiteren Scheitelzelle. Dieser Vorgang deutet auf Wechselbeziehungen (Korrelationen) innerhalb des Fadenthallus hin. Durch

Apikaldominanz (s. S. 183) (Bevorzugung der Spitze = Apex) unterdrückt die Spitzenscheitelzelle über einen gewissen basalwärts gerichteten Bereich hin die Entwicklung von Seitenscheitelzellen.

Fadenthalli mit vielkernigen Zellen

Bei einer Reihe fädige Thalli bildender Algen und Pilze sind die Zellen vielkernig. Von *siphonaler* Organisation spricht man, wenn Querwände völlig fehlen. Die schlauchförmigen, meist reich verzweigten Fäden können mitunter beachtliche Länge erreichen. Bei den Pilzen (Phycomyceten, Algenpilzen) durchziehen diese als sogenannte *Hyphen* mitunter im Boden größere Flächen. So könnte ein derartiger Thallus aus Hyphen gebildet (Gesamtheit der Hyphen = *Myzel*) eine Länge von einigen 100 m aufweisen, wenn man alle Seitenverzweigungen aneinanderreihen würde. Die zahlreichen Kerne siphonaler Organismen sind gleichmäßig über die „Riesenzelle" verteilt. Durch Verflechtung fädig verzweigter Thalli (Thalli sowohl mit ein- wie auch vielkernigen Zellen) können bei Algen und Pilzen (auch Flechten) flächige und durch Mehrschichtigkeit auch räumlich gestaltete, höher organisierte Verbände entstehen, welche dann entsprechend den Namen „Flechtgewebe" *(Plektenchyme)* bzw. Flechtthalli erhalten (Abb. 49). Durch nachträgliche (postgenitale) Vereinigung der Zellfäden z. B. durch Verquellung der äußeren Zellwandschichten zu wasserunlöslichen Gallerten (Gelosen) wird der Zusammenhalt bei Rotalgen besonders intensiv.

Die quellende Eigenschaft dieser Gelosen wird als Carragen für Nahrungszwecke (Kaltgeliermittel z. B. bei Kaltpuddings) oder als Agar-Agar zur Herstellung von festen Nährböden in der Mikrobiologie genutzt.

In derartigen Plektenchymen kommt es mitunter zu einer Arbeitsteilung, indem außen liegende Zellen Assimilationsfunktionen, zentral befindliche Speicher- und (in geringem Umfang) Transportaufgaben übernehmen. Die Zellen vieler fädiger Organismen verfügen über eine große Zentralvakuole und bringen daher gewisse Voraussetzungen mit für einen Milieuwechsel aus aquatischem Bereich heraus. Semiterrestrische Gebiete mit hohem Wassergehalt oder entsprechender Luftfeuchtigkeit können sowohl von Algen wie Pilzen besiedelt werden. So finden sich Pilze bevorzugt in den feuchten Böden des Waldes. In Form von Zystozygoten oder nach Zystenbildung können jedoch fädig thallöse Organismen ungünstige Witterungsperioden überdauern. Bei einer Anzahl von Pilzen und Algen weisen die Thalluszellen keine Zentralvakuole auf, haben sie weitgehend rückgebildet oder aber mit nichtwässrigen Substanzen gefüllt. So vermögen sie allein oder besonders nach Zusammenschluß zu Flechten extreme Trockenstandorte wie Felsen zu besiedeln. Bei längeranhaltenden Latenzphasen ist dabei die Zuwachsrate natürlich gering.

Vegetative Vermehrung bei Thallophyten

Auf der den Protophyten zuzurechnenden kokkalen Organisationsstufe können bereits durch mehrere kurz hintereinander ablaufende Kernteilungen und erst danach einsetzende Plasmaaufteilung in ebensoviele Portionen, wie Kerne vorhanden sind, in einer Mutterzelle zahlreiche Tochterzellen entstehen. Damit wird die Mutterzelle zum *Sporangium.* Diese mitotische Sporangienbildung findet bei sehr vielen Thallophyten statt. Endogen, also im Innern eines Sporangiums gebildete Sporen heißen *Endosporen.* 3 verschiedene Formen von ihnen sind zu unterscheiden:

1. *Zoosporen* (Planosporen), nackte durch Geißeln bewegliche Schwärmsporen (Abb. 46). Ihre Verbreitung kann nur im Wasser *(Hydrochorie)* erfolgen.
2. *Aplanosporen,* nackte unbewegliche Zellen, die sich erst später mit einer Zellwand umgeben. Auch ihre Verbreitung ist nur im Wasser möglich.
3. *Autosporen* (Abb. 46), unbewegliche Sporen, die sich bereits innerhalb der Mutterzelle, im Sporangium, mit einer Zellwand umgeben. Neben hydrochorer Verbreitung kann diese auch durch den Wind *(anemochor)* oder durch Tiere *(zoochor)* geschehen.

Gliedert eine Mutterzelle jedoch Sporen exogen ab, so werden sie als *Exosporen (Konidien)* bezeichnet (Abb. 46). Die Verbreitung dieser stets mit einer Zellwand umgebenen Konidien übernehmen der Wind oder Tiere.

Autosporen besitzen meist, Konidien stets poikilohydre Eigenschaften und vermögen daher nach Entquellung ihres Protoplasten längeren Lufttransport und Ruhepausen im latenten Lebenszustand zu überdauern.

Sporen, die aus einer Reduktionsteilung hervorgehen, werden auch vielfach im Gegensatz zu den auf mitotischem Wege entstandenen *Mitosporen* (Mitose!) als *Meiosporen* (Meiose!) bezeichnet. Sie entstammen Zygoten oder den aus diesen herangewachsenen Sporophyten. Während bei den Protophyten der ganze Organismus der Vermehrung dient, ist dies bei Thallophyten nur selten der Fall. Häufig können Teile unterschieden werden, die nur dem vegetativen Wachstum dienen, also keine Fähigkeit zur ungeschlechtlichen (vegetativen) Vermehrung oder geschlechtlichen Fortpflanzung aufweisen, und Abschnitte, in denen die letztgenannten Vorgänge bevorzugt stattfinden. Diese Gliederung ist eine Folge der Arbeitsteilung innerhalb des Gesamtorganismus. Im Gegensatz zu den Protophyten kann bei den Thallophyten Wachstum nicht mit Vermehrung gleichgesetzt werden.

3.1.1.2.2. Gewebethalli

Gewebethalli finden wir:
a) bei hochentwickelten Algen
b) bei den Moosen

Sie bestehen aus echten mehr oder weniger kompakten Geweben. Sie stammen von einer ein- (Abb. 49) oder mehrschneidigen Scheitelzelle ab. Im Gegensatz zu den nachträglichen (postgenitalen) Verwachsungen, die zu Plektenchymen führen, sind bei den echten Geweben die Zellen von Anfang an (kongenital) durch Zellteilung und Querwand miteinander verbunden. Durch Unterteilung der von einer einschneidigen Scheitelzelle gelieferten Tochterzellen entstehen flächige und bei Drehung der Spindelebene auch mehrschichtige Thalli. Mehrschichtigkeit der Gewebe geht besonders leicht aus mehrschneidigen Scheitelzellen hervor. Über eine solche verfügen z. B. die derben Tange der mittel- und nordeuropäischen Meeresküsten. Häufig läßt sich bei den Gewebethalli Spezialisierung in Assimilations- und Speichergewebe beobachten, auch einfache Festigungsgewebe und Zellen mit stoffleitender Funktion finden sich mitunter. Die größten Gewebethalli mit einer Länge bis zu 100 m weisen die höchstentwickelten Braunalgen auf, zu denen auch die Tange gehören. Eine deutliche Untergliederung in Phylloid, Kauloid und Rhizoid (hier als Haftkralle aus vielen Rhizoiden gebildet) kennzeichnet vielfach ihr Aussehen. Infolge fehlender Festigungselemente sind diese Riesenformen nur im durchlichteten Meeresbereich anzutreffen, wo das Wasser ihnen Auftrieb verleiht.

Kleinere Braunalgen finden sich bevorzugt im Küstenbereich, doch sind auch sie dem marinen Milieu angepaßt. Ein Trockenliegen im Litoral ertragen sie nur kurzfristig dem Gang der Gezeiten entsprechend. Die Fähigkeit, den Gezeitenbereich zu besiedeln, kann sicher als einer der zahlreichen Versuche gedeutet werden, vom aquatischen Milieu auf das terrestrische überzugehen. Er hat jedoch zu keiner Lösung geführt. Der durch das Trockenliegen bedingten Wasserabgabe begegnen die Meeresalgen mit Hilfe zweier Möglichkeiten. Die Braunalgen enthalten in ihren Zellwänden Stoffe, welche sie schleimig machen und einen Wasserverlust verzögern (Entquellungswiderstand). Ein Teil dieser Substanzen, die Alginate, finden in der Nahrungsmittelindustrie (Kaltgeliermittel) und für technologische Zwecke Nutzung. Die sehr viel kleinere Gewebethalli bildenden Grünalgen, wie z. B. der Meersalat, geben das der Zelle verfügbare Wasser beim Trockenliegen sehr rasch und ohne Schaden ab (Entquellungsresistenz).

Mit den *Moosen* beginnt eine Entwicklung, die zu einer Stabilisierung des Wassergehaltes führt. Moose besitzen unter den Thallophyten den kompliziertesten Aufbau. Während die *Lebermoose* thallös dem Boden anliegen (Abb. 49), zeigen die *Laubmoose* Ähnlichkeiten mit einem beblätterten Stämmchen. „Stengel" und „Blättchen" dieser Laubmoose dürfen jedoch nicht als Sproßachse und Blättern der höheren Pflanzen *(Kormophyten)* gleichwertige *(= homologe),* sondern nur als ähnliche *(= analoge)* Organe angesehen werden. Wurzeln fehlen den Moosen noch gänzlich; ihre Aufgabe übernehmen, soweit überhaupt notwendig, Rhizoide.

Als Gewebethalli lassen sich auch noch die *Prothallien* genannten Vorkeime der *Farne* bezeichnen. Sie ähneln den Lebermoosen. Erst die eigentliche Farnpflanze, die sich nach Befruchtung einer vom Prothallium gebildeten Eizelle entwickelt, kann – sehr viel größer und höher organisiert – zweifelsfrei den Kormophyten (Organismen mit kormophytischer Organisation) zugerechnet werden.

Nur wenige Moose leben, sekundär vom Land ins Wasser zurückgekehrt, aquatisch. Die meisten Arten finden sich im semiterrestrischen Bereich, einige vermögen auf aride Standorte vorzudringen.

Als Anpassung an die geringe relative Luftfeuchtigkeit des Standorts kann die Ausscheidung einer *Kutikula* durch die Zellwand hindurch angesehen werden, welche die gesamte Oberfläche überzieht. Die aus Kutin, einer wasserabstoßenden Substanz, bestehende Kutikula setzt die Wasserwegsamkeit durch die Außenwände herab. Dieser Schutz wird jedoch mit einer Einschränkung des Gasaustausches mit der Umwelt erkauft. Atemöffnungen (Abb. 49) auf der Thallusoberfläche sind dann Orte erhöhten Gasaustausches. Diese Atemöffnungen können aber nicht in ihrer Öffnungsweite reguliert werden, wie dieses bei den Spaltöffnungen der Kormophytenblätter möglich ist. So ist der Schutz gegen Wasserverluste noch sehr unvollkommen. Auch das teilweise vorhandene Leitsystem muß als primitiv und wenig effektiv angesehen werden.

Bei der sexuellen Fortpflanzung können Thallophyten alle schon früher (s. S. 89) charakterisierten Gametenformen hervorbringen, Iso-, Aniso- und Oogamie finden sich also gleichermaßen. Diese Arten der Sexualität sind noch völlig an vorhandenes Wasser gebunden, damit es zu einer Vereinigung der Gameten kommen kann. Die bei Pilzen mögliche Gametangiogamie und Somatogamie benötigen zur Befruchtung jedoch kein Wasser, stellen also Anpassungen an das Landleben dar. Eine besondere Ausgestaltung haben die Gametangien bei den Moosen erfahren. Ihre fertilen Zellen werden als Anpassung an das Landleben von einer Hülle steriler Zellen umgeben. Die Befruchtung der Eizelle durch die Spermatozoiden ist dennoch an Wasser gebunden.

4. Die Pflanze im terrestrischen Bereich – Kormophyten –

Kormophyten, deren Vegetationskörper, der *Kormus,* in die Grundorgane *Sproßachse, Blatt* und *Wurzel* gegliedert ist, haben die weitestgehende Differenzierung ihrer Zellen und Gewebe erfahren. Infolge der homöohydren Eigenschaften ihrer Zellen stellen sie die „typischen“ Landpflanzen dar, die in zwei unterschiedlichen Medien, in Boden und Luft, gleichzeitig leben. Der Boden liefert Wasser und Nährstoffe, im Luftraum können Gasaustausch und Aufnahme von Strahlungsenergie stattfinden. Dem entspricht auch der Aufbau des Kormus. Die Wurzel dient der Verankerung im Boden und gleichzeitig der Wasser- und Nährstoffaufnahme (s. S. 286, 320). Die Blätter absorbieren die für die Photosynthese benötigte Strahlungsenergie und regulieren den Gasaustausch. Die Sproßachse sorgt für eine günstige Stellung der Blätter zum Lichteinfall, für Festigung des Gesamtorganismus gegen Windbelastung und nicht zuletzt für den Wasser-, Nährstoff- und Assimilattransport zu den Orten des Verbrauchs. Entsprechend diesen vielfachen Erfordernissen wird eine Vielfalt von Zelltypen gebildet (Abb. 50); sie übersteigt bei weitem die Typenzahl bei Thallophyten. Es seien hier als Beispiele nur Abschluß-, Leit- und Festigungsgewebe genannt, die eine wesentliche Voraussetzung für eine terrestrische Lebensweise darstellen. Submerse und schwimmende Wasserpflanzen müssen wir als sekundär in den aquatischen Bereich zurückgegangene Formen ansehen.
Kormophyten umfassen
1. Farnpflanzen
2. Samenpflanzen
Hier sollen vorrangig die Samenpflanzen behandelt werden.

4.1. Der Same und seine Keimung

Die drei Grundorgane (Wurzel, Sproßachse, Blatt) sind bereits am Keimling vorhanden, der sich in dem der Verbreitung dienenden Samen befindet. Dieser geht aus der im Fruchtknoten befindlichen befruchteten Samenanlage (s. S. 242) hervor und umfaßt im allgemeinen die folgenden 3 Teile:

1. Samenschale (Testa): Sie ist eine Schutzhülle sowohl gegen mechanische Verletzungen wie auch gegen Wasserverluste. Dadurch kommt es gleichzeitig zu einer Verminderung des Gasaustausches. Dies kann sich bei „Hartschaligkeit“ keimhemmend auswirken.

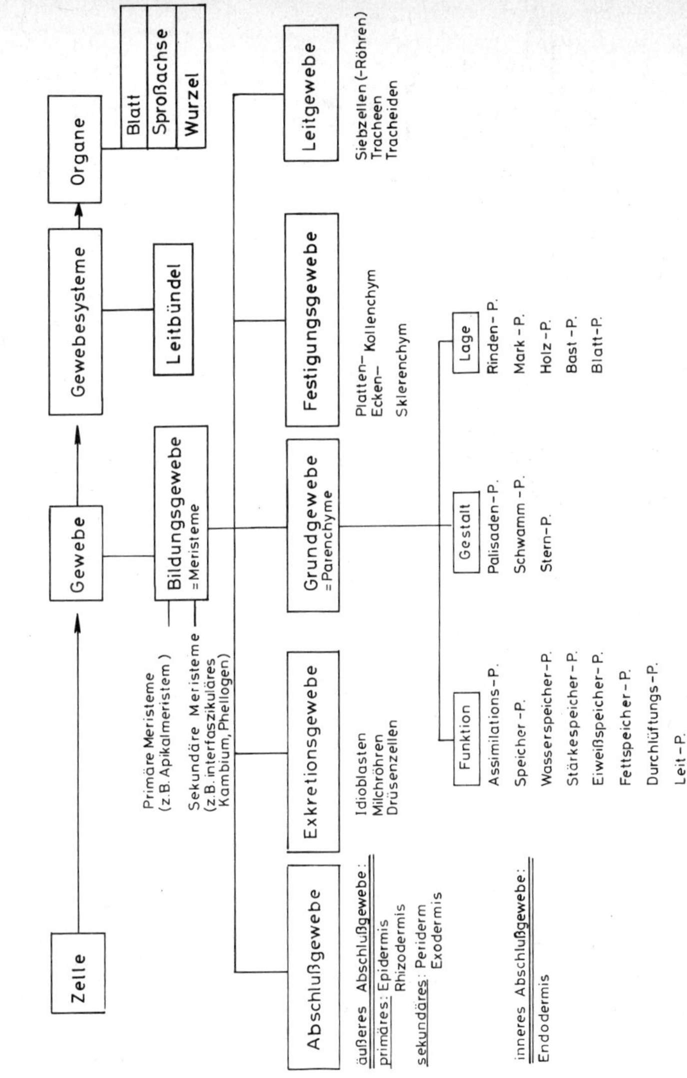

Abb. 50:
Gewebe und Gewebesysteme bei Kormophyten.

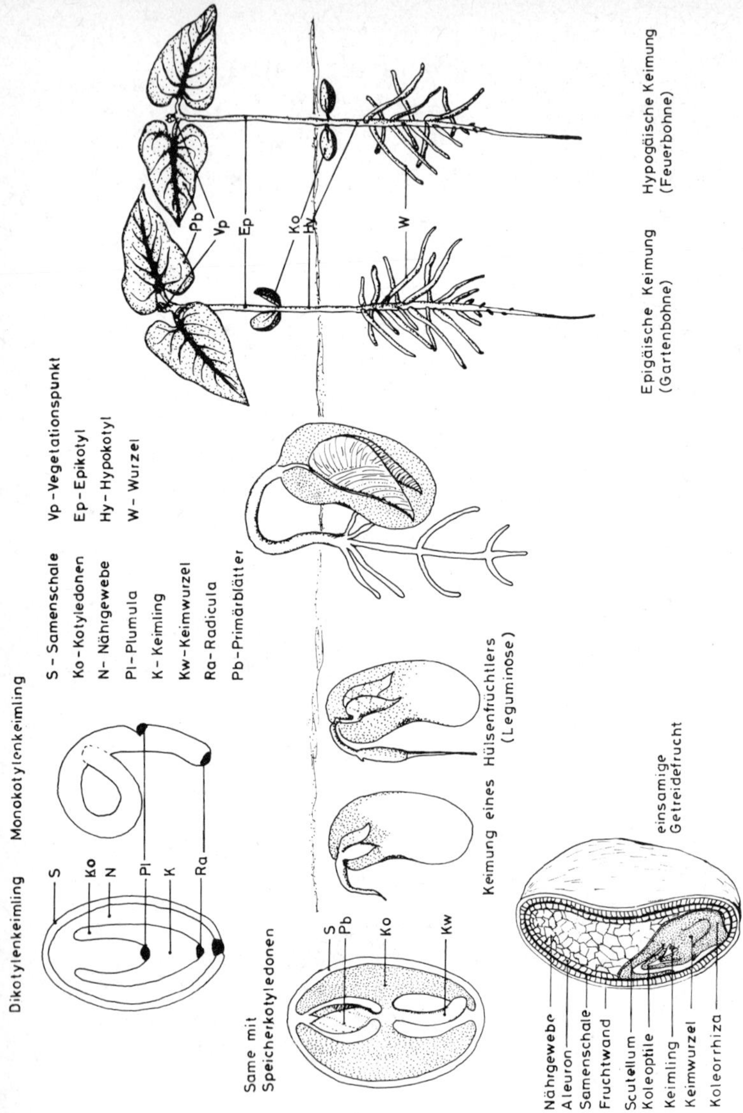

Abb. 51:
Same und Samenkeimung (verändert nach Troll, Rauh).

2. Nährgewebe (Endosperm): In ihm sind Reservestoffe (Kohlenhydrate, Eiweiße, Fette) (Getreidekorn Abb. 51) gespeichert, welche dem Keimling bei der Samenkeimung die Weiterentwicklung ermöglichen. Neben den nährgewebehaltigen Samen gibt es auch solche, die nicht vom Nährgewebe umgeben sind. In diesem Falle stecken die erforderlichen Reservestoffe zumeist in den verdickten Keimblättern (Leguminosen Abb. 51).

3. Keimling (Embryo): Er liefert nach Keimung den Kormus und zeigt bereits seine Gliederung. An dem einen Pol der Keimachse sitzen die *Keimblätter (Kotyledonen)* (Abb. 51). Sie sind bei den zweikeimblättrigen *Angiospermen* (Bedecktsamer) meist in der Zweizahl vorhanden (*Dikotyledonen,* z. B. Kartoffeln, Kohlpflanzen, Laubbäume). Die einkeimblättrigen Angiospermen *(Monokotyledonen)* wie Gräser (Getreide), Liliengewächse (Tulpe oder Küchenzwiebel) besitzen nur ein Keimblatt. Bei den *Gymnospermen* (Nacktsamer), zu denen unsere Nadelbäume gehören, können zahlreiche Keimblätter vorhanden sein. Die Keimblätter umschließen die endständige (= terminale) *Sproßknospe (= Plumula).* Diese stellt die Fortsetzung der Keimachse über die Kotyledonen hinaus dar *(= Epikotyl).* Am anderen Pol der Keimachse, wegen seiner Lage unter den Keimblättern *Hypokotyl* genannt, befindet sich die *Keimwurzel (Radicula).* Aus ihr geht die Hauptwurzel hervor.

Im Samen ist der Keimling chlorophyllfrei und daher auf die von der Mutterpflanze mitgelieferten Reservestoffe angewiesen. Das Nährgewebe füllt vielfach den zwischen Samenschale und Keimling vorhandenen Raum, so daß dieser zentral liegt (Abb. 51). Der Keimling kann aber auch, wie z. B. bei den zu den Gräsern zählenden Getreidearten, dem Nährgewebe seitlich anhaften. Bei ihnen ist das Keimblatt als Schildchen (Scutellum) ausgebildet. An das Nährgewebe anschließend regt es bei der Keimung die Mobilisierung der Reservestoffe an und überträgt diese auf den Keimling. Der Keimling selbst ist bei den Gräsern von einer Keimblattscheide (Koleoptile) und einer Wurzelscheide (Koleorhiza) eingehüllt, welche beide bei der Keimung durchbrochen werden. Eine Aleuron-(Protein-)Schicht trennt in dieser Pflanzengruppe das stärkereiche Nährgewebe von der Samenschale, welche mit der Fruchtwand verwachsen ist (die Frucht wird daher Karyopse genannt). Aus dieser Aleuronschicht stammt hauptsächlich die zur Spaltung der Stärke benötigte Amylase. Neben den nährgewebehaltigen Samen gibt es eine Reihe nährgewebeloser. Zu ihnen zählen zahlreiche dikotyle Pflanzen, wie Stein- und Kernobst, Hülsenfrüchte, Roß- und Edelkastanie, Buche, Eiche, Hasel. Bei diesen speichern die Kotyledonen die Reservestoffe (Speicher-Kotyledonen) (Abb. 51). Bisweilen wird das Hypokotyl zum Speicherorgan (z. B. Paranuß) oder der Nucellus (s. S. 242) ersetzt als *Perisperm* das Nährgewebe.

Tab. 16: Anzahl der in verschiedenen Früchten enthaltenen Samen

1 Gräserfrucht (Karyopse)	1 Samen
1 Mohnkapselfrucht	5000 Samen
1 Binse (Juncus glomeratus)	700000 Samen (pro Fruchtstand)

Tab. 17: Dauer der Keimfähigkeit einiger gärtnerisch genutzter Sämereien

Zwiebel (Allium cepa)	2–3 Jahre
Petersilie (Petroselinum crispum)	2–3 Jahre
Salat (Lactuca sativa)	3–4 Jahre
Tomate (Lycopersicon lycopersicum)	3–6 Jahre
Gurke (Cucumis sativus)	4–8 Jahre

Form und Größe der Samen, desgleichen ihre Anzahl je Frucht, sind je nach Art verschieden.

Die Zeitspanne, in welcher ein Same keimfähig bleibt (Keimdauer), kann von Art zu Art verschieden sein. Die Keimfähigkeit läßt sich durch eine Keimprobe ermitteln (Tab. 17).

Die Keimfähigkeit der Samen ist artspezifisch und von einer Reihe äußerer Faktoren abhängig:

1. *Lichtkeimer* benötigen einen Lichtimpuls. Als wirksam hat sich Hellrot mit einer Wellenlänge von 660 nm erwiesen. Als Steuerpigment ist Phytochrom anzusehen, das eine Reihe von photomorphologischen Veränderungen (= Photomorphosen) reguliert (s. S. 232).
2. *Dunkelkeimer* werden durch Licht am Auskeimen gehemmt.
3. Manche Samen benötigen eine Periode tiefer Temperaturen (10–12 Wochen bei ca. 5° C), um ihre Keimfähigkeit zu erlangen. (Die Keimung kann auch experimentell durch Kühllagerung erzielt werden = *Stratifikation.*) Es gibt jedoch auch Arten, die sich gegenüber diesen Faktoren indifferent verhalten oder andere benötigen (s. S. 371).

Der *Keimung* des Samens gehen Wasseraufnahme und Quellung voraus, wodurch es zu einer Volumenzunahme und infolge der Aktivierung von Enzymen auch zu einer Steigerung des Gasaustausches kommt. Mobilisierung der Reservestoffe und Keimlingswachstum sind hormonalen Einflüssen (Hemmstoff-/Wuchsstoffsystem) unterworfen. Mit einem Abbau des für die Samenruhe verantwortlichen, keimungshemmenden Phytohormons Abscisinsäure werden eine Reihe biochemischer Reaktionsvorgänge aktiviert. Die gleichfalls zu den *Phytohormonen* zählenden Gibberelline induzieren beim Getreidekorn – ebenso bei Dikotylensamen – in der Aleuronschicht die Synthese von Speicherstoffe abbauenden Enzymen. Zytokinine fördern Zellteilungen, während Auxine,

Tab. 18: Wichtige Funktionen von Phytohormonen. (Gemeinsames Merkmal: Beeinflussung von Genaktivitäten, Enzymen und Membransystemen)

Name und chemische Herkunft	Funktion
1. Auxine (Indolderivat): IES-Indolylessigsäure	Förderung des Streckungswachstums; Stimulierung der Zellteilungen im Kambium, in Wurzel- und Sproßgeweben; Förderung der Seiten- und Adventivwurzelbildung; mitverwantwortlich für Apikaldominanz; Hemmung des Blatt- und Fruchtfalles.
2. Gibberelline (Gibbanskelett): Gibberellinsäure	Förderung des Längenwachstums von Zwergmutanten; ersetzt Kälteeinwirkung bei Rosettenpflanzen (werden zum „Schießen" veranlaßt); Stimulation von Zellteilungen und -streckungen; Anregung der Kambiumtätigkeit im Frühjahr; Auslösung der Blütenbildung unter nicht induktiven Bedingungen; Brechung der Knospenruhe; Verstärkung der Apikaldominanz; Aufhebung der Samenruhe; Ausbildung der rauhen Form des ER
3. Zytokinine (Purinderivate): Zeatin	Förderung der Zellteilung, in geringerem Maße auch der Zellstreckung; Brechung der Keimruhe von Samen; Förderung des Knospenaustriebs; Beeinflussung der Apikaldominanz; Verzögerung der Seneszenz; Stimulation der RNA- und Proteinsynthese.
4. Abscisinsäure (Terpenoid):	Mitverantwortlich für die Winterruhe der Knospen; fördert den Blatt- und Fruchtfall; Spaltöffnungsschluß hervorrufend (Streßhormon); hemmt Entwicklungsprozesse als Antagonist zu DNA-Reduplikation, Stimulation der Ribunuklease.

deren wichtigster Vertreter die β-Indolessigsäure (= IES) ist, für die Zellstreckung von Bedeutung sind (Tab. 18, Strukturformeln in Abb. 52). So kommt es zum Wachstum des Embryos (Abb. 53) (Synthetische Wuchsstoffe s. S. 338).

Nach Sprengung der Samenschale tritt zunächst die Keimwurzel hervor und verankert den Keimling im Boden, erst danach streckt sich die Keimachse. Bleiben infolge geringen Hypokotylwachstums die Kotyle-

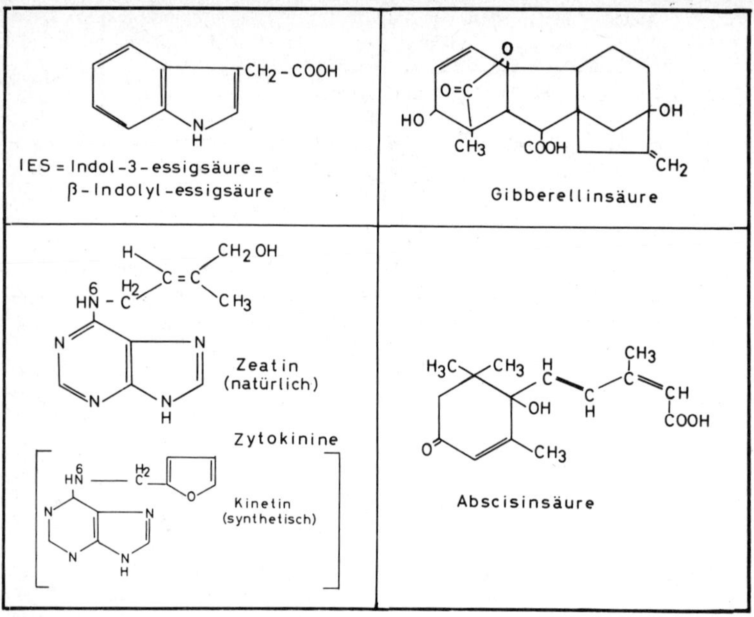

Abb. 52:
Strukturformel ausgewählter Phytohormone.

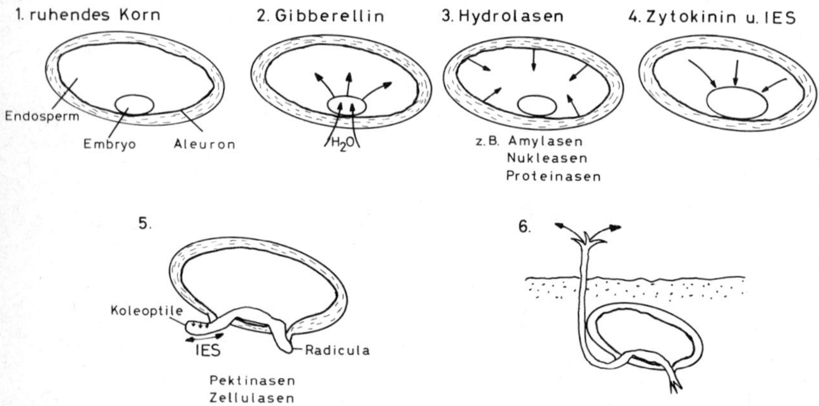

Abb. 53:
Keimungsverlauf und an der Keimung beteiligte Phytohormone (nach HESS).

donen unter der Erdoberfläche, so spricht man von *hypogäischer Keimung* (z. B. Feuerbohne). Bei Streckung des Hypokotyls werden die Kotyledonen jedoch aus dem Boden gehoben *(epigäische Keimung)* und ergrünen zumeist mit der sich entwickelnden Sproßachse (Sonnenblume, Buche). An dieser entfalten sich bald die ersten Blätter (Primärblätter). Mit der Ergrünung geht die heterotrophe Lebensweise des Keimlings in die autotrophe der Keimpflanze, des Primärsprosses, über (Abb. 51).

4.2. Die Gestalt des Kormus

4.2.1. Meristeme

An beiden Sproßpolen befinden sich – wie schon beim Keimling – die Vegetationskegel (Abb. 54). Sie bestehen aus Bildungsgeweben (Meristemen), welche sich direkt von den entsprechenden des Keimlings (Plu-

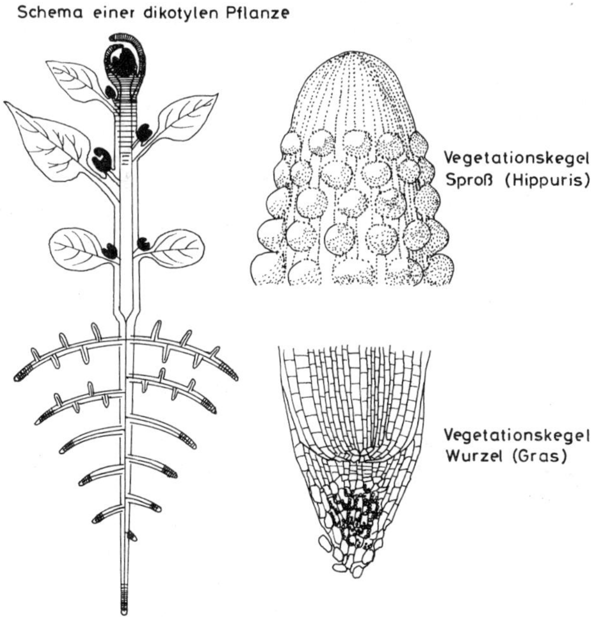

Abb. 54:
Schema einer dikotylen Pflanze mit ihren Scheitelmeristemen (nach SACHS, STRASBURGER, KNY).

mula und Radicula) herleiten. Sie werden daher auch als primäre Meristeme bezeichnet und den sekundären oder Folgemeristemen gegenübergestellt.

Letztere haben ihren Namen daher erhalten, daß sie erst sekundär in Tätigkeit treten und Neubildungen aus Dauergeweben darstellen, deren Zellen wieder teilungsfähig wurden.

Die primären Meristeme behalten – solange ein Pflanzenwachstum stattfindet – ihren meristematischen Charakter bei und geben nach rückwärts Tochterzellen ab, welche sich strecken und differenzieren. Durch dieses bipolare apikale Spitzenwachstum kommt es zu einer stetigen Vergrößerung des Kormus.

4.2.2. Wurzel

4.2.2.1. Wurzeltypen

Durch die Zellteilungen am Wurzelvegetationskegel und anschließende Zellstreckung verlängert sich die Wurzel und dringt tiefer in den Boden ein. Aus ihren inneren Gewebeschichten *(endogen)* gehen Seitenwurzeln hervor. Neben den primären, im Bereich des Wurzelzuwachses entstehenden Seitenwurzeln können auch aus der erstarkten älteren Wurzel sekundäre Seitenwurzeln hervortreten. So bilden sich ganze Wurzelsysteme, die bei einigen Pflanzengruppen durch sproßbürtige Wurzeln weitere Abwandlung erfahren (Abb. 55). Mitunter können Wurzeln zu Speicherorganen verdickt werden. Während sich *Wurzelknollen* aus sproßbürtigen Wurzeln entwickeln und daher wie bei der Dahlie in ganzen Bündeln vorliegen, verdanken *Rüben* ihre Entstehung einer Verdikkung der Primärwurzel. In die Rübenbildung wird in unterschiedlichem Umfang auch das Hypokotyl miteinbezogen. Beispiele hierfür sind Runkelrübe, Rote Rübe und Zuckerrübe.

Atemwurzeln findet man häufig bei Pflanzen, die in einem ständig feuchten Milieu leben. Sie sind demnach bei einigen Wasser- und zahlreichen Sumpfpflanzen verbreitet. Am auffälligsten sind wohl die Atemwurzeln bei Pflanzen der Salzsümpfe (Mangrove). Diese aus dem feuchten Untergrund senkrecht nach oben wachsenden Wurzeln sind reich an Interzellularen und dienen der Versorgung der lebenden Wurzelzellen mit dem erforderlichen Sauerstoff.

Stelz-, Stütz- und Brettwurzeln erhöhen die Standfestigkeit von Bäumen vorwiegend tropischer oder subtropischer Heimat. Die meist bogenförmig verlaufenden Stelzwurzeln sind in der Mangrove besonders häufig. Stützwurzeln, die aus Ästen hervorbrechen, schützen weit ausgedehnte Baumkronen vor dem Abbrechen und sorgen durch ihre Verankerung im Boden für zusätzlichen Wasser- und Nährstofftransport, so z. B. bei Verwandten unseres Gummibaumes (Ficus-Arten).

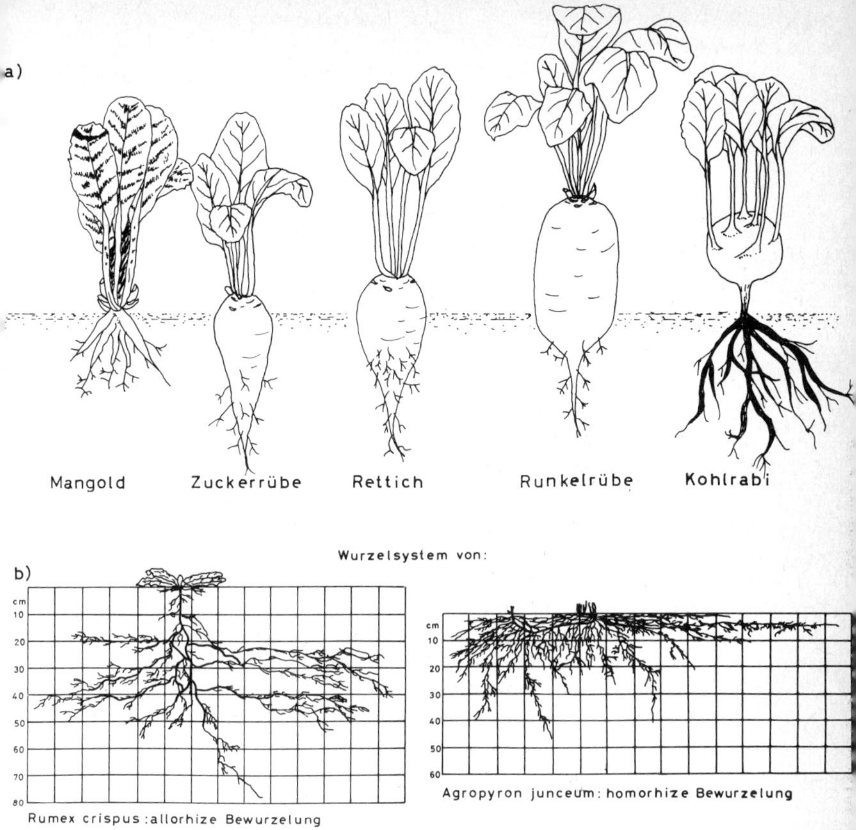

Abb. 55:
a) Unterschiedliche Beteiligung von Wurzel und Sproß an der Rübenbildung (verändert nach Nürnberg).
b) Allorrhize und homorrhize Wurzelsysteme (nach Steubing).

Luftwurzeln, die oft grün aussehen und infolge ihres Chlorophylls auch Photosynthese durchführen können, sind bei einigen baumbewohnenden tropischen Orchideen vorhanden. Bisweilen besitzen sie auch noch ein besonderes Wasserabsorptionsgewebe.

Haft- oder Kletterwurzeln sind bei einigen Lianen (= Kletterpflanzen) ausgebildet. Man kann sie gut beim Efeu beobachten.

Wurzeldornen treten nur vereinzelt auf. Bei der in tropischen Gegenden vorkommenden Rubiacee Myrmecodia werden die Wurzeldornen von Ameisen besiedelt.

Alle diese von der üblichen Wurzelform abweichenden Bildungen stellen *Wurzelmetamorphosen* dar.

4.2.2.2. Wurzelsysteme

Morphologisch kann man zwei Grundtypen von Wurzeln unterscheiden:

a) *Pfahlwurzeln* bei den dikotylen (zweikeimblättrigen) Pflanzen und den Nadelbäumen; die Keimwurzel wächst senkrecht in die Erde und wird infolge sekundären Dickenwachstums zur kräftigen Hauptwurzel, von der Seitenwurzeln mit weiterer Verzweigung abgehen *(= Allorhize Bewurzelung).*

b) *Faser- oder sproßbürtige Wurzeln* bei monokotylen (einkeimblättrigen) Pflanzen; die Keimwurzel stellt frühzeitig ihr Wachstum ein; dafür treiben aus dem unteren Teil der Sproßachse viele sproßbürtige Wurzeln aus, wie an jedem Grasbüschel ersichtlich *(= Homorhize Bewurzelung).*

In ariden Gebieten sind ausgeprägte Wurzelsystemtypen entwickelt. Ein *extensives,* 30–40 m weit in den Boden hinab oder seitlich ausgedehntes Wurzelsystem findet man dort bei zahlreichen mit einer Pfahlwurzel versehenen Kräutern und Bäumen. *Intensive Wurzelsysteme* sind für viele Gräser charakteristisch. Sie erschließen einen etwa glockenförmigen, verhältnismäßig kleinen Bodenraum, der dafür aber sehr dicht durchwurzelt wird. Für eine Roggenpflanze mit einem durchwurzelten Bodenvolumen von 56 dm^3 wurde eine Wurzeloberfläche von 400 m^2 errechnet. Zwischen extensivem und intensivem Wurzelsystem gibt es zahlreiche Übergänge.

Zu erwähnen sind schließlich noch die sehr nahe der Bodenoberfläche verlaufenden Wurzeln der Sukkulenten. Ihr Wurzelsystem ist besonders zur Aufnahme geringer, nur wenig in den Boden eindringender Niederschläge geeignet. In Wüstengegenden kommt es bei starker nächtlicher Abkühlung an der Bodenoberfläche zur Kondenswasser-(Tau-)bildung, das mittels der „Tauwurzeln" aufgenommen werden kann. Bei einer Reihe einheimischer Pflanzen besteht innerhalb des Wurzelsystems eine „Arbeitsteilung" zwischen den oberflächlich streichenden Tauwurzeln und den in die Tiefe reichenden Senkern. Wasser und Nährstoffe können damit aus völlig verschiedenen Bodenbereichen entnommen werden.

Wenn auch die Art des Wurzelsystems genetisch fixiert ist, so vermögen doch eine Reihe von Außenfaktoren gewisse Veränderungen zu bewirken. So sehen Wurzeln an Feuchtstandorten meist weißlich aus und sind leicht brüchig, an Trockenstandorten besitzen sie infolge verstärkter Verkorkung eine mehr gelb-bräunliche Färbung und eine höhere Festigkeit.

Die *Relation Sproß/Wurzel* ist von inneren und äußeren Faktoren abhängig, von denen die wichtigsten genannt seien:

1. Bei einer *jungen Pflanze* läuft die Entwicklung der Wurzel im allgemeinen der des Sprosses voraus. Spätestens von der Blüte an bleibt das Wurzelwachstum zurück, die Abbaurate wird größer als der Neuzuwachs (Absterben von Wurzelhaaren, Seitenwurzeln).
2. Eine *Förderung des Wurzelsystems* gegenüber dem Sproß wird durch folgende Außenfaktoren ausgelöst:
   a) Abnahme der *Bodenfeuchtigkeit;* Pflanzen von Trockenstandorten, die Xerophyten, sind durch ausgedehnte Wurzelsysteme charakterisiert. In Extremfällen kann die Relation Sproß : Wurzel bis zu 1 : 100 reichen.
   b) gesteigerte *Bodendurchlüftung;* grobkörnige Sandböden und Kies sind besser durchlüftet als die feinkörnigen Ton- und Lehmböden. Infolge verringerter Wasserkapazität sind allerdings die Sandböden bei uns meist auch zugleich die trockeneren Standorte (in ariden Gebieten trocknen dagegen Tonböden stärker aus als Sand- und Kiesböden). Sauerstoffmangel hemmt das Wurzelwachstum.
   c) starke *mechanische Beanspruchung* durch Scher- und Zugkräfte; an Geröllhängen finden sich die Schuttpflanzen, deren Wurzelsystem ausgedehnt und häufig durch einen Dimorphismus charakterisiert ist: die Pfahlwurzel dient der Verankerung in der Tiefe, während Seitenwurzeln die in Gesteinsspalten befindliche Feinerde durchsetzen.
   d) Abnahme der *Bodentemperatur;* in den kühlen Gebieten (arktische Gebiete, Hochgebirge) ist die Notwendigkeit gegeben, während der meist kurzen Vegetationszeit intensive Photosynthese betreiben zu können, was eine ausreichende Wasser- und Nährstoffversorgung voraussetzt. Oft aber kommt als weiterer, wachstumsbeeinflussender Faktor der Nährstoffmangel des Bodens hinzu.
   e) *N- und P-Mangel;* Verknappung an Stickstoff und Phosphor führen zur *Peinomorphie* (Hungerformbildung), zu deren Charakteristika eine zugunsten der Wurzel verschobene Relation von Sproß zu Wurzel gehört (Tab. 38).
   f) Faktoren, die zu einem erhöhten *Wasserbedarf* der Pflanze führen wie z. B. niedrige relative Luftfeuchtigkeit, Windexponierung; sie erfordern ein leistungsfähiges Wurzelsystem, um die Pflanze vor dem Welken bzw. verfrühtem Spaltöffnungsverschluß und damit unzureichender Photosynthese zu schützen.

4.2.2.3. *Orientierung der Wurzel im Boden – Geotropismus*

Geht man von den Funktionen der Wurzel im Boden aus (Verankerung der Pflanze, Wasser- und Nährstoffaufnahme und -transport), so läßt sich daraus folgern, daß eine Bereitschaft zur Aufnahme *(Perzeption)* von Reizen bestehen muß, die von Schwerkraft, Wasser, chemischen Substanzen und Temperatur ausgehen. Der Gesamtkomplex beeinflußt mit unterschiedlicher Intensität die ständig im Boden weiterwachsende Wurzel. Diese bewegt sich durch Wachstum auf eine Reizquelle zu oder von ihr fort bzw. nimmt eine Stellung ein, die aus der Einwirkung verschiedener gegensätzlicher oder additiver Kräfte resultiert.

Als *Tropismus* bezeichnet man allgemein eine Wachstumsbewegung, die eine Beziehung zur Richtung des steuernden Außenfaktors aufweist. Wird die Reaktion durch die Erdbeschleunigung ($g = 981 \text{ m} \cdot \text{sec}^{-2}$) ausgelöst, so wird sie als Geotropismus bezeichnet. Durch Feuchtegradienten hervorgerufene Wachstumsbewegungen nennt man Hydro-, durch chemische Stoffe Chemo- und durch thermische Reize verursachte Wachstumsbewegungen Thermotropismus. Vorrangig im Boden ist für die Wurzel zunächst der Geotropismus. Unabhängig von der Lage eines Samens im Boden wird sich eine Keimwurzel stets dem Erdmittelpunkt zuwenden (*positiver* Geotropismus), der Sproß nach der entgegengesetzten Seite (*negativer* Geotropismus). An einem steilen Hang befindliche Bäume wachsen nicht senkrecht zur Erdoberfläche, sondern stets aufrecht. Die Seitenwurzeln erster Ordnung breiten sich vielfach horizontal oder in einem bestimmten Winkel schräg abwärts aus (Transversalgeotropismus). Die Seitenwurzeln zweiter bis n-ter Ordnung sind geotropisch unempfindlich.

Legt man eine gerade gewachsene Keimpflanze der Kresse horizontal, so läßt sich die entgegengesetzte geotropische Reaktion von Sproß und Wurzel gut beobachten. Die Krümmungsbewegung kommt durch ungleiches Flankenwachstum der gereizten Organe zustande. Demnach kann ein Reiz nur in dem Bereich wirksam werden, in dem ein Zellwachstum noch möglich ist. Der Schwerereiz wird in der Regel von den Organspitzen wahrgenommen und zwar in der Wurzelhaube *(Kalyptra)*. Entfernt man nämlich die Wurzelhaube, so erfolgt keine Reaktion, sondern erst dann wieder, wenn die Kalyptra neu gebildet worden ist. Da nun die zentralen Zellen der Wurzelhaube zahlreiche Stärkekörner enthalten, liegt die Deutung nahe, daß jede Lageänderung der Wurzel zu Druckverschiebungen in diesen Zellen führen muß. Die Stärkekörner sollen also ähnlich wie *Statolithen* anzeigen, wo „unten“ ist. Deshalb spricht man von Statolithenstärke und der Statolithentheorie. Die schwerkraftempfindlichen Zellen der Wurzelhaube (Statozyten) weisen eine polare Anordnung ihrer Organellen auf (Abb. 56), wobei die Stär-

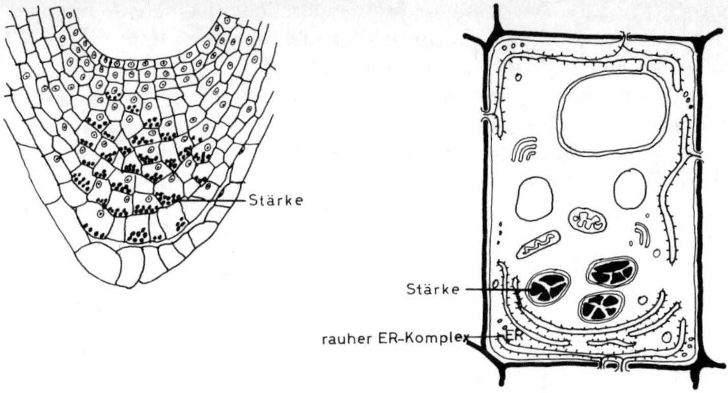

Abb. 56:
Längsschnitt durch Wurzelspitze sowie durch eine Statozyte (nach MOHR/SCHOPFER).

kekörner auf einem vielschichtigen, rauhen endoplasmatischen Reticulum (ER) liegen. Dieses vermag seine Lage auch bei Abweichung von der Senkrechten nicht zu verändern, so daß dann ein differentieller Druck auf diesen ER-Komplex von den Stärkekörnern ausgeht. Eine Bestätigung dieser Ansicht wird darin gesehen, daß eine experimentelle räumliche Trennung von Stärkekörnern und dem ER-Komplex die Reizreaktion unterbindet. Als weitere Reaktionsglieder für den Mechanismus der geotropischen Reaktion wird die Beteiligung von Phytohormonen angenommen. Vermutlich handelt es sich um Abscisinsäure und IES, die zur Unterseite wandern. Schließlich wird in Zusammenhang mit einer Verlagerung der Kalyptra bei Abweichung von der Senkrechten ein daraus resultierender Temperaturgradient der Zellen zwischen Ober- und Unterseite für eine geotropische Reizung verantwortlich gemacht.

4.2.3. Sproß

Vielfältiger für die Pflanzenentwicklung ist die Tätigkeit des Sproßvegetationskegels gegenüber derjenigen des Wurzelvegetationskegels. Aus ihm kann auch – im Gegensatz zu letzterem – leicht eine ganze Pflanze regeneriert werden. Er gliedert bei den Samenpflanzen seitlich in regelmäßiger Folge aus seinen äußeren Gewebeschichten (= exogen) die Blattorgane ab. Diese hüllen zunächst zum Schutz der zarten Meristemzellen den Sproßscheitel ein, rücken dann aber durch Streckung der zwischen den Blattansätzen (*Nodien* = Knoten) gelegenen blattansatzfreien Partien *(= Internodien)* auseinander. So wird eine Gliederung der Sproßachse in Nodien und Internodien sichtbar, die Pflanze ist etagiert beblättert. Bei *Rosettenpflanzen* strecken sich die Internodien nicht und werden deshalb als gestaucht bezeichnet. Die gedrängt stehenden Blätter einer Rosette finden sich besonders häufig an der Basis eines Sprosses. Bei *Halbrosettenpflanzen* strecken sich die Internodien nach anfänglichem Rosettenwuchs mit einsetzender Blütenbildung und bilden so einen beblätterten Stengel. Im Blütenbereich selbst erfolgt dann erneute Stauchung zur Rosette. Die Internodien einer Pflanze können demnach unterschiedlich lang sein.

Als Rosettensprosse können auch jene angesehen werden, die keine flach ausgebreitete, sondern eine knospenartig fest geschlossene Rosette entwickeln, wie z. B. der Kohlkopf (Brassica oleracea var. capitata f. alba Weißkohl, f. rubra Rotkohl, var. sabauda Wirsing), der Kopfsalat (Lactuca sativa) oder die Salatzichorie (Chicorée = Cichorium intibus). Bei diesen entspricht die Rosette der Terminalknospe. Um Seitenknospen dagegen handelt es sich bei den Rosen des Rosenkohls (Brassica oleracea var. gemmifera). Als Ganzrosettenpflanze mit begrenzter Entwicklung kann die Küchenzwiebel (Allium cepa) gelten, bei der die Internodien gestaucht bleiben und die Achse diskusförmig zum Zwiebelkuchen verbreitert wird. Ihre schuppenförmigen Unterblätter schwellen dicklich an und übernehmen Speicherfunktion.

4.2.3.1 Blatt

An einem voll entwickelten Sproß weisen die Blätter entsprechend ihrer Folge von der Basis zur Spitze zumeist eine unterschiedliche Gestalt auf.

↑ Blattfolge am Sproß:

Blütenblätter	Fruchtblätter Staubblätter Hüllblätter
Hochblätter	
Laubblätter	Folgeblätter Primärblätter
Niederblätter	
Keimblätter	

Die den Keimblättern (Kotyledonen) folgenden Niederblätter liegen, soweit sie vorhanden sind, der Sproßachse als einfache bleichgrüne Schuppen an. Auch die Knospenschuppen an den Trieben der Holzge-

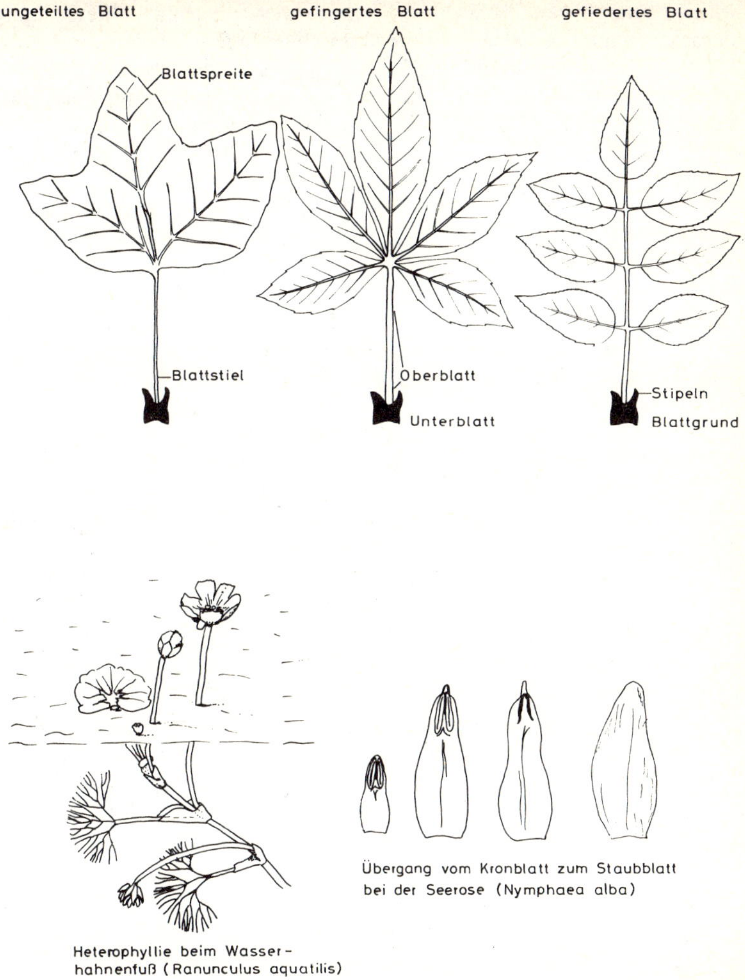

Abb. 57:
Blattformen, Heterophyllie und Übergang vom Kron- zum Staubblatt (verändert nach TROLL, WEBERLING/SCHWANTES).

wächse sind als Niederblätter anzusehen. Die Primärblätter unterscheiden sich von den Folgeblätter meist durch geringere Gliederung. Laubblätter bestehen aus dem Unterblatt und Oberblatt (Abb. 57). Das Unterblatt umfaßt mit seinem Blattgrund die Sproßachse. Dem Blattgrund sitzen vielfach seitlich zipfelartig ein Paar Nebenblätter *(Stipeln)* an. Zwischen ihnen entspringt das aus Blattstiel und Blattspreite bestehende Oberblatt.

Unterscheiden sich auch die Folgeblätter voneinander, so liegt *Heterophyllie* vor, wenn die Gestalt in verschiedenen Sproßabschnitten abweicht. So differieren z. B. die gelappten Jugendblätter des Efeus von den oval ganzrandigen Altersblättern, die erst zur Zeit der Blühreife auftreten. Modifikatorisch (durch den Einfluß der Umwelt bedingt) bildet der Wasserhahnenfuß basale tiefgefiederte Unterwasserblätter und apikalwärts gelappte Schwimmblätter (Abb. 57).

Während Nieder- und Laubblätter dem vegetativen Bereich der Pflanze angehören, rechnen die Hochblätter bereits zur reproduktiven (floralen) Region. In dieser werden mit Anlage von Blüten die Bedingungen für eine Vermehrung und Verbreitung durch Samen geschaffen. Hochblätter erfahren in ihrer Gestalt wie die Niederblätter vielfach eine Vereinfachung. Sie hüllen mitunter die Blüte oder ganze Blütenstände ein und können dann – sofern sie intensiv gefärbt sind – als Schauapparat der Anlockung von Bestäubern dienen. Die weitestgehende Abwandlung haben die Blütenblätter erfahren (s. S. 235).

4.2.3.2 Blattstellung

Umfang des Vegetationskegels und Größe der einzelnen Blattanlage bedingen die Anzahl an Blättern, die in jedem Knoten zur gleichen Zeit angelegt werden können. Die Anordnung der Blätter am Sproß wird Blattstellung genannt. Die folgenden lassen sich unterscheiden:

1. *Wirtelige* Blattstellung: An einem Knoten stehen jeweils zwei oder mehr Blätter.
2. *Wechselständige* Blattstellung: An jedem Knoten nur 1 Blatt.

4.2.3.3. Verzweigung des Sprosses

Eine Verzweigung geht bei den Samenpflanzen von Knospen aus, welche sich in den Achseln der Blätter befinden. Eine mehrfache Verzweigung des Primärsprosses (Hauptsprosses) führt zur Ausbildung eines Sproßsystems, welches mit steigender Blattzahl dem Kormus eine Vergrößerung der photosynthetisch aktiven Blattfläche ermöglicht. Wie die Blätter entstehen auch die Achselknospen in den äußeren Gewebeschichten des Sprosses, also exogen. Das Blatt, in dessen Achsel sich die Knospe befindet, heißt Deck- oder Tragblatt. Die von Knospenschuppen umgebenen Seitenvegetationspunkte können bald austreiben oder aber als „schlafende Augen“ im Ruhezustand verbleiben.

Sie stellen Organreserven dar. Bei den Bedecktsamern (Angiospermen) trägt jedes Laubblatt eine Achselknospe, bei den Nacktsamern (Gymnospermen) dagegen vermögen nur einzelne Blätter Achselsprosse hervorzubringen. Als *Adventivsprosse* werden Seitensprosse bezeichnet, die sich aus bereits ausdifferenzierten Geweben von Sprossen, Wurzeln oder Blättern entwickeln, nachdem diese ihre Teilungsfähigkeit wiedererlangt haben.

Überwiegend stimmen aus Achselknospen hervorgehende Seitensprosse in ihrer Gestalt mit dem Hauptsproß mehr oder weniger überein. Unterschiede bestehen in der Hauptsache in der Orientierung im Raum. Während der Hauptsproß in den meisten Fällen gerade aufwärts *(= orthotrop)* zu wachsen pflegt, richten sich Seitenzweige schräg oder horizontal *(= plagiotrop)*. Wächst jedoch der Hauptsproß bereits plagiotrop, ergeben sich kriechende Pflanzen mit seitlich hervorkommenden und vielfach gleichfalls dem Boden anliegenden Verzweigungen. Unterirdische, meist horizontal wachsende und verdickte Sproßachsen mit sproßbürtigen Wurzeln werden *Erdsprosse (= Rhizome)* genannt (z. B. Quecke). Sie dienen der Reservestoffspeicherung und ermöglichen es, ungünstige Vegetationszeiten zu überstehen. Während der Vegetationsperiode liefern sie einen oberirdischen Sproß, der anschließend wieder abstirbt. Ein unterirdischer Vegetationspunkt aus der Achsel eines Niederblattes setzt dann das horizontale Wachstum fort.

Besonders an Holzgewächsen finden sich sog. *Kurztriebe*. Bei ihnen sind im Gegensatz zu den Langtrieben der Hauptachsen die Blattzahlen reduziert und die Internodien gestaucht. Sie dienen vor allem als Träger der Blätter (Kiefer und Lärche). Kurztrieben kommt bei zahlreichen Obstbäumen besondere Bedeutung zu. Bei diesen erfolgt die Blütenbildung nur an Kurztrieben (Kirsche, Pflaume, Apfel, Birne).

4.2.3.4. Vegetative Vermehrung des Sprosses

Vom Hauptsproß weichen in ihrer Gestalt auch die Ausläufer *(= Stolonen)* ab (Abb. 58), welche sich als plagiotrope Seitensprosse teilweise über der Erde (Erdbeere) oder unter der Erde (Kartoffel) weit vom Muttersproß entfernen. Das rasche Wachstum der Stolonen kommt durch Internodienstreckung zustande. An den Knoten der Stolonen können dann sproßbürtige Wurzeln entstehen und Seitensprosse nächster Ordnung sich aufrichten. Auch am Stolonenende richtet sich der Sproß unter Bewurzelung vielfach auf. Nach Absterben der Stolonen sind auf vegetativem Wege rund um die Mutterpflanze zahlreiche Tochterindividuen entstanden (= vegetative Vermehrung). Die anfängliche Internodienstreckung geht mit Entfernung von der Mutterpflanze in kürzere und schließlich gestauchte Abschnitte über, an denen dann eine Verdickung der Achse eintreten kann, wie bei den endständigen An-

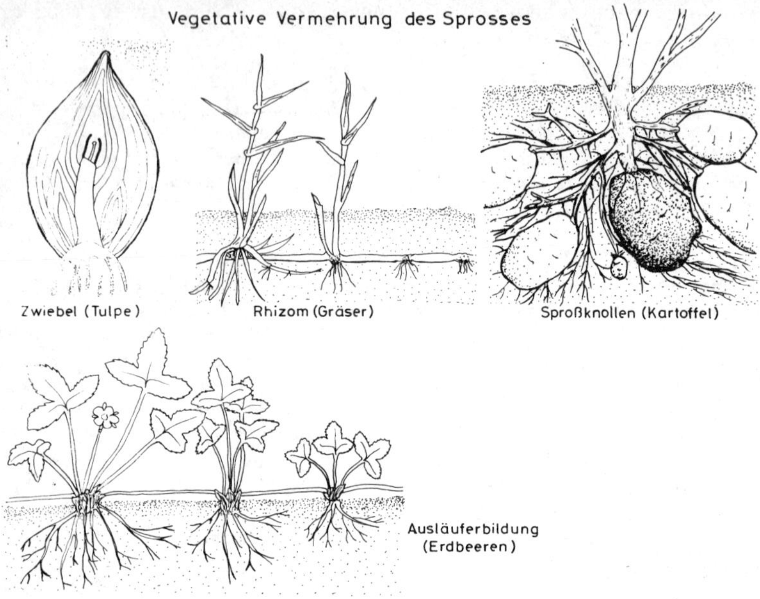

Abb. 58:
Typen vegetativer Vermehrung des Sprosses (verändert nach VOGEL/ANGERMANN, RAUH).

schwellungen der Kartoffelknollen. Ihre sogenannten „Augen" sind nichts anderes als Knospen in den Achseln schuppenartiger Tragblätter.

Ebenfalls der vegetativen Vermehrung dienen die als *Brutknospen* bezeichneten Sprosse. Auch sie stellen Seitensprosse dar, die sich jedoch im Gegensatz zu gewöhnlichen Seitenknospen von der Mutterachse lösen und mit Hilfe sproßbürtiger Bewurzelung zu neuen Pflanzen heranwachsen. Brutknospen sind nur von unentwickelten Blattorganen umgeben und daher zunächst auf heterotrophe Ernährung angewiesen. Die von der Mutterpflanze – ähnlich wie beim Samen – mitgegebenen Reservestoffe bedingen eine Verdickung der Brutknospen, die daher auch *Bulbillen* genannt werden. Brutknospen finden sich bevorzugt in der floralen (reproduktiven) Region.

4.2.3.5. Sproßverzweigung – Apikaldominanz

Wichtig für den Aufbau eines Sproßsystems (auch eines unterirdischen) ist das Verhalten der Gipfelknospe, die normalerweise schneller wächst als die Seitenknospen. Die Bevorzugung der Triebspitze ist bei verschie-

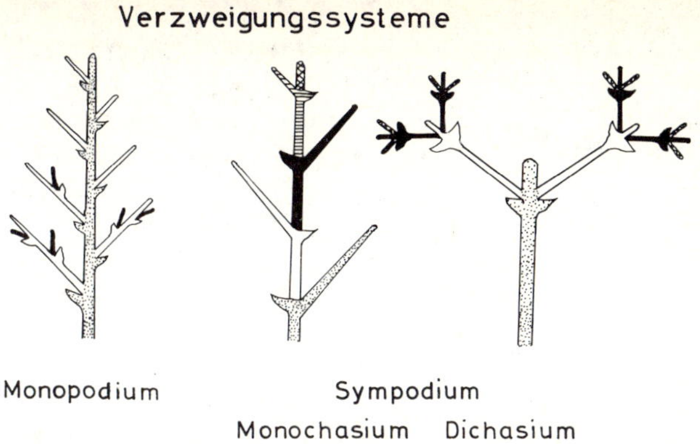

Abb. 59:
Verzweigung und Verzweigungssysteme bei Kormophyten (verändert nach NULTSCH).

denen Arten in unterschiedlichem Maße entwickelt. Die dominierende Rolle der Gipfelknospe (Apikaldominanz) geht vor allem auf die Produktion des Phytohormons Auxin (s. S. 169) zurück; entfernt man nämlich die Gipfelknospe und bestreicht die Wundstelle mit einer Auxinpaste, so bleibt ebenfalls ein Austrieb der Seitenknospen unterdrückt. Durch den hohen Gehalt an Auxinen, der in der Gipfelknospe vorhanden ist, scheint die Ausbildung von Leitbahnenbrücken zwischen Seitenknospen und Leitbahnen in der Sproßachse unzureichend zu sein, so daß die Seitenknospen ungenügend mit den notwendigen Nährstoffen versorgt werden. Die Entfernung der Triebspitze (Dekapitation) führt offenbar zu einer schnellen Verbesserung der Leitbahnenbrücken, so daß die Seitenknospen austreiben. Dies ist bedeutsam für den Viehverbiß und Heckenschnitt. In der Entwicklung ihrer Spitzenknospen unterscheiden sich Monopodium und Sympodium.

a) *Monopodium*
Entwickelt sich im nächsten Frühjahr die Spitzenknospe zur Hauptachse, so bleiben die Seitenzweige im Wachstum ihr untergeordnet. Ein derartiges Sproßsystem, das jährlich die Abstammungsachse verlängert, nennen wir ein Monopodium. Fichte und Tanne erhalten so ihre äußere Erscheinung. Verzweigen sich die Seitensprosse weiter, so werden sie als Seitensprosse 1., 2., 3., usw. Ordnung bezeichnet. Mit zunehmender Ordnungszahl bleibt ihre Entwicklung zurück.

b) *Sympodium*

Geht die Fortsetzung des Sproßsystems jedoch von einer oder mehreren Seitenknospen aus, so entsteht ein Sympodium (Abb. 59). Beim Sympodium bleibt die Hauptachse nach Anlage der Seitensprosse in ihrem Wachstum zurück oder stellt dieses ganz ein. Beim *Monochasium* ist jeweils ein Seitentrieb gegenüber der Hauptachse gefördert (Linde, Hainbuche), beim Dichasium setzen 2 Seitensprosse die Entwicklung fort (Flieder, Kreuzdorn).

4.3. Gewebe des Kormus, Struktur und Funktion

1. Apikalmeristeme

Die polar an den Spitzen von Sproß und Wurzel der Angiospermen angeordneten Vegetationskegel enthalten die *Apikal- bzw. Scheitelmeristeme* genannten Bildungsgewebe. Ihre Zellen sind durch Plasmareichtum, zarte Zellwände und weitgehendes Fehlen von Vakuolen gekennzeichnet. Die von ihnen seit- und rückwärts abgegliederten Zellen teilen sich noch eine Zeitlang weiter. So entsteht eine mehr oder minder „breite" meristematische Zone. Ihre Längenausdehnung bleibt jedoch weit unter 1 mm.

a) Sproßscheitel

Die Initialen des Sproßscheitels liegen in zwei Stockwerken. Die periphere meist aus 1 oder 2 Zellreihen bestehende Schicht liefert durch antikline Teilungen (senkrecht zur Oberfläche) einen äußeren Mantel, die *Tunica,* die den Innenteil bedeckt. Sie wird zum Abschlußgewebe des Sprosses, der Epidermis. Die darunter liegende Initialzellschicht teilt sich sowohl antiklin wie vor allen Dingen periklin (parallel zur Oberfläche). Durch ihre Tätigkeit entsteht der *Corpus,* die Grundmasse des Apikalmeristems. Aus ihm gehen später die Rinde und der Zentralzylinder des Sprosses hervor.

b) Wurzelscheitel

Die äußere Initialzellschicht der Wurzel hat eine doppelte Aufgabe. Einmal gibt sie nach auswärts durch antikline Teilungen ein den Wurzelpol umhüllendes Gewebe, die Wurzelhaube ab, welche durch Ablösen und Verschleimen ihrer peripheren Zellen die in den Boden dringende Wurzelspitze schützt. Zum anderen wird durch perikline Teilungen die *Rhizodermis,* das Abschlußgewebe der Wurzel geliefert. Die aus der mittleren Initialzellenschicht durch peri- und antikline Teilungen hervorgehenden Zellen werden zur Wurzelrinde. Aus den Abkömmlingen des 3. (innersten) Initialzellenstockwerkes entsteht unter wechselnder Drehung der Teilungsebene der Innenteil der Wurzel, der Zentralzylinder. Bei einigen Kormophytengruppen ergeben sich Abweichungen von der hier geschilderten Wurzelgenese (z. B. bei den monokotylen Pflanzen).

2. Dauergewebe

Von den Scheiteln ausgehend lassen sich die folgenden 3 Entwicklungszonen unterscheiden

a) Meristematische Zone
b) Streckungszone
c) Differenzierungszone (Zone der Histogenese = Gewebedifferenzierung)

Mit zunehmender Entfernung von den Initialen strecken sich die Zellen unter Wasseraufnahme und Bildung einer Zentralvakuole (Streckungszone). Ihre Zellwände werden dicker, das Plasma ist dann nur noch auf einen Wandbelag beschränkt. Zellwachstum der Kormophyten bedeutet demnach nicht Plasmawachstum, sondern Aufnahme von Wasser und Vermehrung von Wandmaterial. In der an die Streckungszone anschließenden Differenzierungszone erfolgt eine Spezialisierung der Zellen in verschiedenartige Dauergewebe entsprechend ihren im Kormus zu übernehmenden Aufgaben. Diese Differenzierung kann außer in Form und Größe der Zelle vielfach in der Dicke und chemischen Beschaffenheit der Zellwand ihren Ausdruck finden. Differenzierung wird sicherlich durch sehr komplexe Ereignisse ausgelöst, welche eine differenzielle Aktivierung oder Inaktivierung von Genen oder ganzer Gengruppen hervorrufen. Vorrangig ist an den Differenzierungsvorgängen wahrscheinlich das komplexe Hormonsystem der Pflanzen beteiligt, welches teils synergistisch, teils antagonistisch die verschiedenen Wachstumsvorgänge steuert. So konnte z. B. nachgewiesen werden, daß das in den Leitbahnen des Sprosses befindliche Meristem bei einem Überwiegen von Gibberellinen mehr Assimilatleitungsgewebe, bei vorwiegender Auxinkonzentration (Strukturformeln Abb. 52) bevorzugt wasserleitende Zellen in das Holz abgibt.

4.3.1. Morphologie der Kormophytenzelle

4.3.1.1. Zellwand

Die Zellwand der Kormophyten besteht aus drei Schichten:
Mittellamelle
Primärwand
Sekundärwand.

Sie sind Ausscheidungsprodukte des Protoplasten und bestehen aus Kohlenhydraten unterschiedlicher Moleküllänge. Am Aufbau dieser Makromoleküle können eine Reihe sehr verschiedener Zucker beteiligt sein. Von der Struktur her lassen sich in den Zellwänden eine amorphe *Grundsubstanz* (Hüllsubstanz) und eine fibrilläre *Gerüstsubstanz* unter-

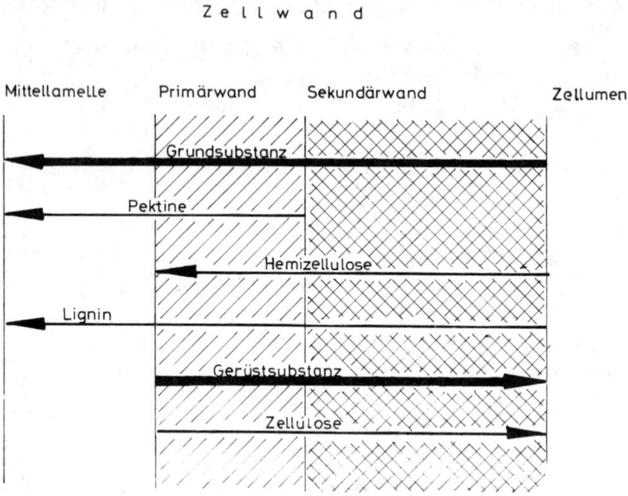

Abb. 60:
Verteilung der verschiedenen Zellwandsubstanzen in der verholzten Zellwand (Pfeilrichtung deutet eine Konzentrationszunahme der Substanz an) (verändert nach ZIEGLER).

scheiden. Diese beiden Komponenten sind in den einzelnen Schichten unterschiedlich stark vertreten (Abb. 60). Die Gerüstsubstanz wird jedoch stets in die Grundsubstanz eingebettet.

a) Mittellamelle

Sofort nach der Mitose entsteht in der Äquatorialebene zwischen den beiden Tochterkernen durch Zusammenfließen von Golgivesikeln die aus sauren Polysacchariden bestehende Mittellamelle. Die Vesikelmembranen liefern dabei gleichzeitig das Material für die beiden die Tochterprotoplasten begrenzenden Plasmalemmen. Die Mittellamelle besteht aus *Protopektin*, einer amorphen Grundsubstanz. Kurzkettige Pektinmoleküle – aus nur wenigen 100 Galakturonsäureeinheiten – werden durch Ca^{2+} und Mg^{2+} zu einem elastischen, gelartigen Netzwerk, dem Protopektin, verbunden. Fibrilläre Gerüstsubstanzen sind in der Mittellamelle nicht vorhanden. Die Mittellamelle (auch Kittlamelle genannt) verkittet die beiden Tochterzellen eng miteinander. Nur an den Zellecken wird später lokal diese Kittsubstanz wieder aufgelöst, wodurch dort die der Gewebedurchlüftung dienenden Hohlräume *(Interzellularen)* entstehen. Bei der Fruchtreife werden die Mittellamellen mitunter fermentativ ganz abgebaut (Schneebeere); durch Kochen können sie gelöst werden (mehlige Kartoffeln).

b) Primärwand

Nach der Trennung durch die Mittellamelle lagern sofort beide Tochterprotoplasten noch im Bereich der Meristeme die Primärwand auf die Kittlamelle auf. Bei der Primärwand überwiegen zwar bei weitem noch die Grundsubstanzen, doch gewährleisten zusätzlich eingelagerte Gerüstsubstanzen größere Stabilität.

Die Grundsubstanz besteht nicht mehr wie bei der Mittellamelle aus Protopektin allein, denn aus 500 bis 1000 Zucker- und Uronsäuremolekülen zusammengesetzte Hemizellulosen treten hinzu.

Während *Pektine* und *Hemizellulosen* sich aus verschiedenartigen Zuckern aufbauen, ist an der Gerüstsubstanz, dem Zellulosemolekül, nur ein Zucker, die Glucose, beteiligt (Abb. 61). Im Gegensatz zur Stärke stellt *Zellulose* ein β1,4-Glucan dar, welches durch das Enzym Zellulase zu dem Disaccharid Zellobiose abgebaut wird.

Die Länge der Zellulosemoleküle ist variabel, je nachdem wie viele Glucoseeinheiten sich an dem linearen Molekül beteiligen. Primärwandzellulose bildet mit 1500 bis 2000 Glucoseeinheiten verhältnismäßig kurze Ketten, bei der Sekundärwandzellulose können dagegen bis 14000 Glucoseeinheiten zusammenkommen. Ein solches Makromolekül erreicht dann eine Länge von 7 μm. Die Zellulosemoleküle liegen jedoch nicht einzeln, 50 bis 100 von ihnen bilden unter paralleler Lagerung eine *Elementarfibrille,* auch *Mizellarstrang* genannt. In so einem Mizellarstrang (Abb. 61) gibt es lokale Bereiche, in denen die benachbarten Glucosemoleküle durch Wasserstoffbrückenbildung kristallgitterähnlich angeordnet sind. Diese Abschnitte werden als *Mizelle* bezeichnet. Aus den streng geordneten Bereichen der Mizelle gehen die Zellulosemoleküle dann in weniger geordnete (parakristalline) Abschnitte über, die sog. Fransenmizelle (Abb. 61). In solchen parakristallinen Teilen können Molekülenden ineinandergreifen, woraus eine Fortsetzung der Mizellarstränge über die Zellulosemoleküllänge hinaus resultiert. Etwa 20 solcher Elementarfibrillen bilden als parallele Bündel die Mikrofibrillen, zahlreiche Mikrofibrillenpakete wiederum die Makrofibrillen. Makrofibrillen können einen Durchmesser von bis zu 0,5 μm erhalten und daher im Mikroskop sichtbar werden. Aus der Packung in ganzen Fibrillenbündeln erklärt sich die außerordentliche Festigkeit der Gerüstsubstanz.

Zwischen den Fibrillen befinden sich *interfibrilläre Räume.* Die ca. 1 nm weiten Zwischenräume der Elementarfibrillen dienen dem Wassertransport (s. S. 285), während die etwa 10 nm breiten zwischen den Mikrofibrillen von der Grundsubstanz gefüllt werden. Es wird angenommen, daß aktiv durch das Plasmalemma ausgeschiedene Glucosemoleküle durch Enzyme der Zellwand extrazellulär zur Zellulose verknüpft werden.

Die Fibrillen der Gerüstsubstanz liegen in der Primärwand ungerichtet als lockeres Netz vor. Diese Anordnung wird als *Streutextur* bezeich-

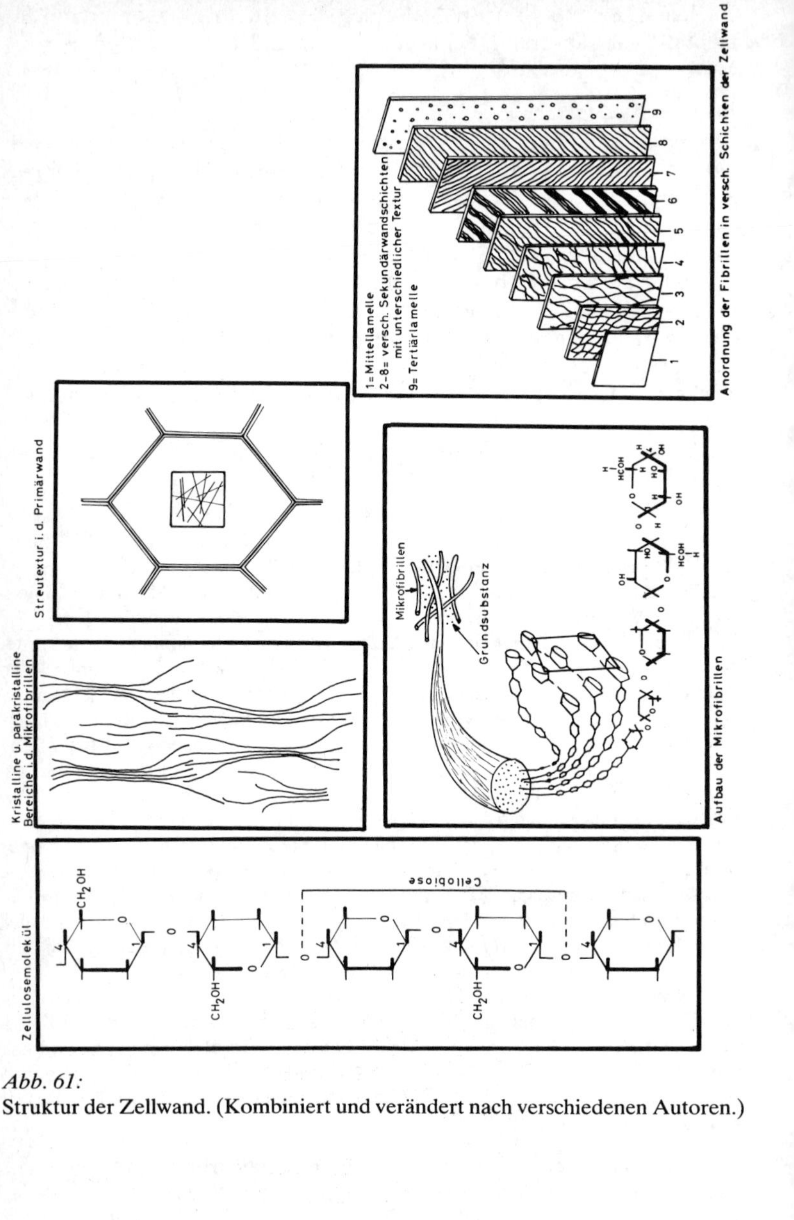

Abb. 61:
Struktur der Zellwand. (Kombiniert und verändert nach verschiedenen Autoren.)

net. Sie gewährleistet Plastizität und Dehnbarkeit der Zellwand während der Zellstreckung. Trotzdem läßt sich bereits die Primärwand mit einem Eisenbeton vergleichen,wobei die Grundsubstanz dem Beton und die Gerüstsubstanz der Armierung entsprechen.

c) Sekundärwand

In der Streckungszone nehmen die Zellen außerordentlich an Umfang zu, was zu einer plastischen Dehnung der Zellwand führt. Gleichzeitig scheidet der Protoplast auf die durch Dehnung dünner gewordene Primärwand eine Sekundärwand aus. Diese Sekundärwand ist im allgemeinen dicker und besteht aus mehreren Schichten, welche durch wiederholte Auflagerungen *(Appositionswachstum)* zustande kommen. In ihnen liegen die Zellulosefibrillen nicht mehr unregelmäßig, sondern parallel angeordnet *(Paralleltextur).* Die Streichrichtung der Fibrillen wechselt dabei vielfach in aufeinanderfolgenden Schichten (Abb. 61). Dies ist wichtig für die Festigkeit und mechanischen Eigenschaften der Zellwand. Eine ringförmig (tangential) angeordnete Textur (Ringtextur) kann bevorzugt einem Innendruck oder den von außen einwirkenden Kräften der Nachbarzellen Widerstand leisten. Eine in Längsrichtung der Zelle sich erstreckende Textur (Längstextur, Fasertextur) weist hohe Zugfestigkeit auf. Sie ist bevorzugt bei Pflanzenfasern verwirklicht. Pflanzenfasern können mitunter eine beachtliche Länge erreichen, so z. B. bei der Ramiepflanze (Fasernessel) 500 mm, beim Lein 40 mm. Ihre hohe Zugfestigkeit bei geringer Dehnung machen sie zur Herstellung von Geweben, Seilen und Tauen geeignet. Häufig trifft man auf eine Schraubentextur (Holzfasern, wasserleitende Zellen). Bei ihr erstrecken sich die Fibrillen in einem ± steilen Winkel schraubig um die Längsachse der Zelle (Abb. 62). Ihrer Mittelstellung zwischen den beiden erstgenannten Texturen entspricht auch die Belastbarkeit. In der gesamten Sekundärwand überwiegt im Gegensatz zu den übrigen Zellwandschichten die Gerüstsubstanz. Sie kann bis zu 94% ausmachen, wobei dann auf die Grundsubstanz aus Hemizellulosen nur 6% entfallen. Aus Abb. 60 ist der unterschiedliche Gehalt an Grund- und Gerüstsubstanzen in den einzelnen Zellwandschichten zu ersehen. (Eine Zunahme der jeweiligen Substanz ist durch die Pfeilrichtung angedeutet.) $^1/_3$ des von Pflanzen gebundenen Kohlenstoffs befindet sich in der Zellulose. Aus Holz, das zu über 50% aus Zellulose besteht, werden jährlich über 1 Milliarde t Zellulose gewonnen.

d) Fasernliefernde Pflanzen

Trotz des sich ausweitenden Gebrauchs von Kunststoffen finden Pflanzenfasern auch heute eine vielseitige Verwendung. Diese Pflanzenfasern können von Sproßachsen oder aus Blättern stammen. Mitunter

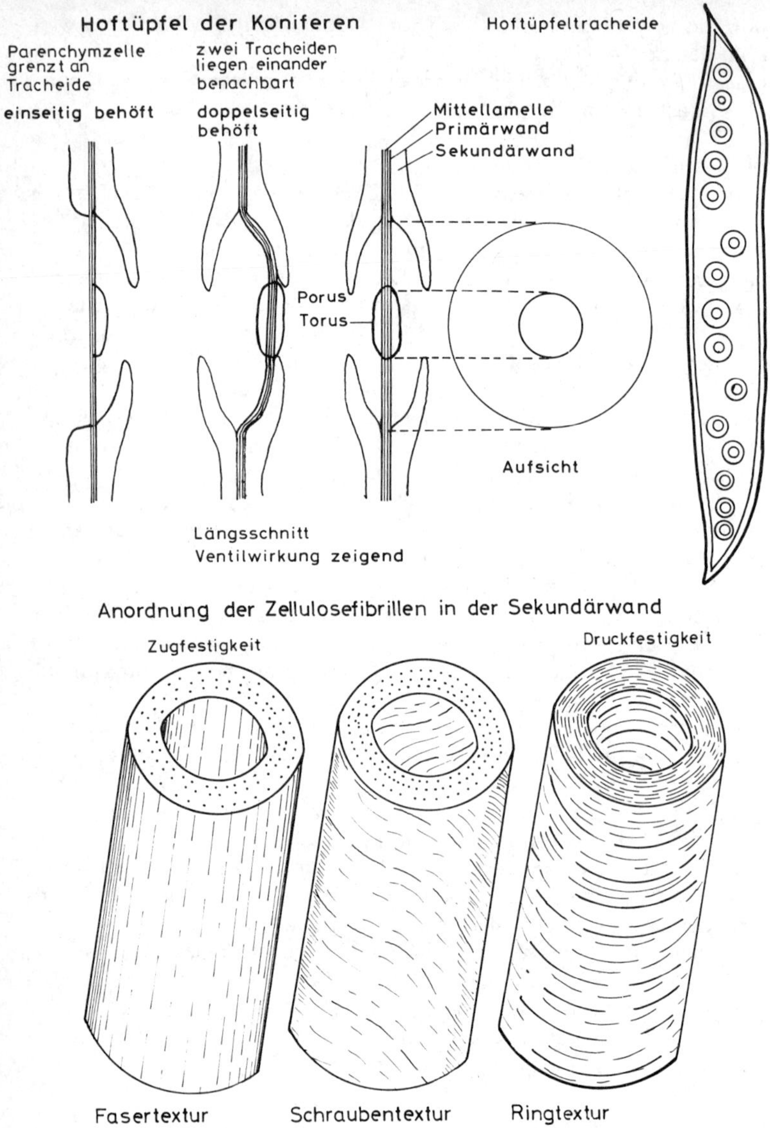

Abb. 62:
Hoftüpfel, Hoftüpfeltracheide und Anordnung der Zellulosefibrillen in der Sekundärwand (verändert nach JAMES, STRASBURGER, NULTSCH).

werden Pflanzenhaare – im Volksmund fälschlich als Fasern bezeichnet – entsprechend genutzt.

Baumwolle

Gossypium, die Baumwolle, wurde bereits unter den Fett liefernden Pflanzen mit ihren verschiedenen Arten aufgeführt (s. S. 40). Der Anbau dieser 5000 Jahre alten Kulturpflanze erfolgt aber bevorzugt wegen ihrer Samenhaare. Bei der Reife öffnen sich die Kapselfrüchte und die Samen mit den Samenhaarbäuschen können gepflückt werden. Anschließend erfolgt eine Trennung in die fetthaltigen Samen, in die langen an der Außenhaut der Samenschale sitzenden Samenhaare, die sog. „Lint-Fasern", und die zwischen ihnen befindlichen kurzen Haare, die „Linters". „Lint"-Haare werden zu Baumwollgarnen versponnen, „Linters" als Polstermaterial oder zur Papier- und Zelluloseherstellung verwendet. Die jährliche Ernte von Baumwollhaaren beträgt etwa 13 Millionen t.

Flachs

Linum usitatissimum, der Flachs oder Lein, ist eine krautige, blaublühende alte Kulturpflanze mit Heimat am Schwarzen Meer und Persischen Golf. Ihren Anbau hat die ertragreichere Baumwollpflanze stark zurückgedrängt. So ist Leinentuch heute in Mitteleuropa nur noch schwer zu bekommen. Flachs kann entweder wegen seines Fettgehaltes (s. S. 42) oder als Faserpflanze kultiviert werden. Die Ernte des Faserflachses erfolgt dann vor der Samenreife. Zur Isolierung der im Stengel befindlichen Faserbündel legt man die Pflanze für einige Zeit zur sog. „Flachsröste" ins Wasser. Pektinabbauende Bakterien lösen bei dieser „Wasserröste" die Mittellamellen auf, so daß sich die Faserbündel durch Klopfen leicht vom übrigen Gewebe trennen lassen. Das „Hecheln" des Flachses durch Ziehen über ein Nagelbrett richtet die Fasern parallel und sondert die spinnbaren Langfasern von den als „Werg" bezeichneten Kurzfasern.

Chinesische Nessel

Die Ramiepflanze (Boehmeria nivea), auch Chinesische Nessel genannt, – sie ist mit unserer Brennessel verwandt – stammt aus China, wo sie wie im übrigen Ostasien schon vor der Baumwolle als Faserpflanze genutzt wurde. Erst im 19. Jahrhundert griff der Anbau auch auf Europa, Nordafrika, Nordamerika, Brasilien und die Philippinen über. Die mitunter über 2 m hohen Sprosse können auf nährstoffreichen Böden und bei feuchtem Klima bis zu 6 × im Jahr geschnitten werden. Die Isolierung der Faserbündel durch Kochen in Laugen („Degummierung") ist kostenaufwendig. Die Fasern sind stark hygroskopisch und wirken daher auf der Haut kühlend. Hieraus erklärt sich ihr Gebrauch für Leib- und Bettwäsche besonders in warmen Ländern. Aus den Fasern werden jedoch auch Küchenwäsche und Filtertücher hergestellt.

Sisalhanf

Agave sisalana, die in Mittelamerika beheimatete Sisalagave, enthält in ihren Blättern als Sisalhanf bekannte Hartfasern. Der bis 1 m hohe Stamm trägt in dichter Rosette 1 bis 2 m lange und 10 cm breite fleischige Blätter, die vom 3. Jahr ab gut 20 Jahre lang geerntet werden können (ca. 200 Blätter pro Pflanze). Danach bildet die Pflanze nach Sproßstreckung einen mächtigen Blütenstand. Nach der Fruchtreife geht sie zu Grunde. Solche nur einmal blühenden Gewächse werden als *hapaxanthe Pflanzen* bezeichnet. Die Sisalagave findet heute Anbau in Großplantagen über die gesamten Tropen. Sisalfasern dienen der Herstellung von Bindegarnen, Seilen und Tauen.

Jute

Conchoris capsularis, Rundkapseljute, und C. olitorius, Langkapseljute, gehören zu den Lindengewächsen. Die beiden in Indien beheimateten, heute aber auch in anderen tropischen Gebieten kultivierten Jutearten erreichen eine Höhe bis zu 4 m. Nach dem Blühen werden die Faserbündel der Stengel durch eine Wasserröste gewonnen. Jutegarn wird zu billigen Geweben, vor allem Säcken, verarbeitet.

Hanf

Cannabis sativa, ein Maulbeergewächs, hat seine Heimat in Zentralasien. Sein Anbau erfolgt in allen gemäßigten Breiten. Die einjährige bis 3 m hohe Pflanze ist zweihäusig, im männlichen Geschlecht (Femelhanf) geringer als im weiblichen (Hanfhenne) entwickelt. Die reicher verzweigten weiblichen Pflanzen reifen später. Die Faserbündel der Stengel werden einer Röste unterworfen. Ihre ca. 20 mm langen Fasern dienen der Herstellung von Bindfäden, Seilen und Tauen. Da sie nicht so elastisch wie die des Leins sind, eignen sie sich nicht zur Herstellung von Geweben.

e) Tüpfel in der Zellwand

Wie bereits auf S. 67 beschrieben, sind die Protoplasten benachbarter Zellen mit *Plasmodesmen* durch die Zellwände hindurch zum *Symplasten* verbunden. Diese Plasmodesmen verlaufen in Wandaussparungen, die in den jungen meristematischen Zellen ziemlich gleichmäßig über die Zelloberfläche verteilt vorliegen. Mit Ausbildung der Sekundärwand werden sie auf lokale Bereiche eingeschränkt (Tüpfel). Bei starker Verdickung der Zellwand lassen sich regelrechte Tüpfelkanäle durch die Zellwand hindurch beobachten. Schließhäute trennen in den Tüpfelkanälen die Protoplasten voneinander. Sie bestehen aus der Mittellamelle und den beiderseits aufgelagerten Primärwänden. Die Schließhäute werden von einer beträchtlichen Plasmodesmenzahl durchzogen, so daß ein ausreichender Stoffaustausch gewährleistet ist.

Einen Spezialtypus stellen die zahlreichen *Hoftüpfel* der Wasserleitungsbahnen dar. Bei ihnen bilden ebenfalls Mittellamelle und Primärwände die von Plasmodesmengängen durchzogene Schließhaut. Die Sekundärwand ist jedoch beidseitig kreisförmig als Höhlung emporgewölbt und enthält jeweils zentral einen *Porus* (Abb. 62). Im Zentrum der Schließhaut befindet sich eine zentrale Verdickung aus Sekundärwand, der *Torus,* welcher genau auf die Porusöffnung paßt. Durch diesen Torus können die Hoftüpfel, welche sich besonders reichlich im Gymnospermenholz finden, wie Ventile verschlossen werden. Bei Luftembolien z. B. wird der Torus durch den einseitigen Druck gegen den Porus gepreßt und damit ein weiteres Vordringen von Luft in benachbarte Zellen verhindert.

f) Sekundäre Veränderung der Zellwand

Nach Ausbildung der Sekundärwand ist die Zellform weitgehend fixiert. Die physikalischen und chemischen Eigenschaften der Zellwand können jedoch noch nachträglich Veränderungen erfahren. Dieses geschieht durch

Inkrustierungen (Einlagerungen in die Zellwand)
Akkrustierungen (Auflagerungen auf die Zellwand)

α) Inkrustierungen

Die bekannteste Inkrustierung erfolgt durch den Holzstoff *Lignin*, der bei verschiedenen Zelltypen in die interfibrillären Räume als zusätzliche amorphe Grundsubstanz eingelagert werden kann. Verholzung erhöht die mechanische Festigkeit vor allem gegen Druckbelastung. Sie geht jedoch zu Lasten von Elastizität und Wasserwegsamkeit in den Zellwänden.

Lignin der Gymnospermen besteht chemisch aus Coniferylalkohol, der hochpolymerisiert vorliegt. Beim Holz der Laubbäume kommt zum Coniferylalkohol noch Sinapylalkohol im Riesenmolekül hinzu und bei monokotylen Pflanzen, wie Gräsern, zusätzlich Cumaralkohol. Verholzung ist auf die Kormophyten beschränkt, erste Ansätze einer Lignifizierung finden sich bei Farnen. Damit stellt Lignin ein typisches Produkt der Landpflanze dar, für deren Stabilität es eine wichtige Rolle spielt. Lignin läßt sich durch Rotfärbung der Zellwände mit Hilfe der Phloroglucin-Salzsäure-Reaktion nachweisen. Diese Reaktion verläuft auch bei Zeitungspapier positiv, da es nicht holzfrei ist. Gutes Schreibpapier besteht dagegen aus reiner Zellulose.

Das dunkler gefärbte *Kernholz* eines Baumes entsteht durch phenolische Verbindungen in der Zellwand. Sie gehören zu den *Gerbstoffen*, die in gewissem Umfang das Holz vor mikrobiellem Abbau schützen. Holzzerstörende Pilze verwenden jedoch mitunter bevorzugt Lignin als Kohlenstoffquelle für den Aufbau ihrer organischen Substanz. Dadurch leidet binnen kurzer Frist die Festigkeit des Holzes. Die zurückbleibende Zellulose läßt dann das weiche Holz weißgebleicht wie Papier erscheinen *(= Weißfäule)*. Wird vor allem Zellulose abgebaut, entstehen im nun rötlich bis braun verfärbten Holz Risse quer zur Faser. Da die Gerüstsubstanz fehlt, geht die Biegefestigkeit verloren *(= Braunfäule)*.

Auch *Mineralstoffe* wie Kalziumkarbonat oder Kieselsäure können in die Zellwand inkrustiert werden, letztere z. B. bei Gräsern oder Sauergräsern. Wegen der Härte ihrer verkieselten Zellwände wurden früher Schachtelhalme als „Zinnkraut" zum Putzen des Zinngeschirrs verwendet.

β) Akkrustierungen

Eine häufige Form der Akkrustierung ist der *Kork* (Abb. 63). Hierbei werden vom Protoplasten der Zellwand nach innen in das Lumen hinein zahlreiche Schichten von *Suberin* und *Wachs* aufgelagert. Suberin besteht aus Estern hochpolymerisierter gesättigter und ungesättigter Fettsäuren. Die abwechselnden Lagen von Suberin und Wachs erfüllen alle Anforderungen modernster Isolationstechnik und machen die Zellwände weitgehend wasserundurchlässig. Nach Aufla-

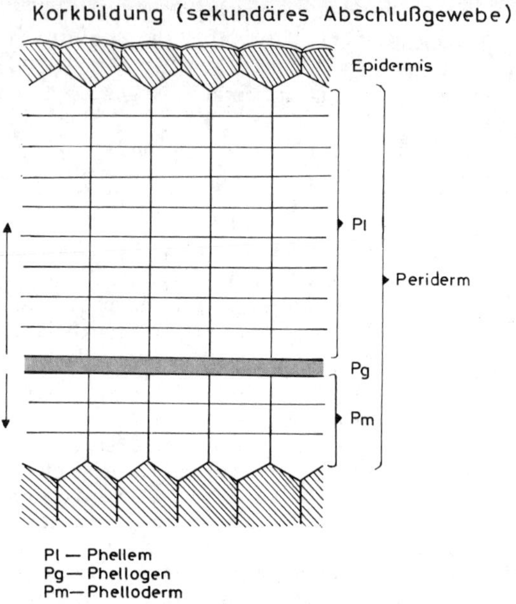

Abb. 63:
Korkbildung aus subepidermaler Zellschicht (nach TROLL).

gerung der letzten Suberinschicht sterben die Protoplasten ab, und das Zellumen füllt sich mit Luft. Hierdurch und infolge des niedrigen spezifischen Gewichtes des Suberins erhält Kork seine außerordentliche Leichtigkeit und Schwimmfähigkeit. Kork bildet, mitunter in beträchtlicher Stärke entwickelt, das sekundäre Abschlußgewebe verdickter Sproßachsen, bei denen infolge Dickenwachstums die primäre Oberhaut (Epidermis) zerrissen ist. Bei den im Mittelmeerraum beheimateten Korkeichen kann er mehrere cm tief und alle 10 bis 12 Jahre erneut geschält werden. Die dabei gewonnenen Korkplatten werden als Isoliermaterial für Kühlräume und seit alters her zum Verschließen von Flaschen verwendet. Beim Schneiden der Flaschenkorke ist auf die dem Gasaustausch dienenden dunkler gefärbten, radial angeordneten Gänge mit lockeren Füllzellen, die sog. *Lentizellen,* zu achten, da durch sie Flüssigkeit nach außen treten kann, wenn sie längs liegen.

γ) Kutikula und Wachs

Das primäre Abschlußgewebe bildet die *Epidermis,* die äußerste Zellage von Sproßachsen und Blatt. Sie wird von einem dünnen, lückenlosen Film (Kutikula) überzogen, welcher die Wasserwegsamkeit bedeutend herabsetzt. Das Kutin der Kutikula hat ähnliche chemische und physikalische Eigenschaften wie Suberin, enthält jedoch etwas weniger ungesättigte Fettsäuren und ist höher polymerisiert. Bei manchen Früchten (Pflaume, Weinbeere) und Blättern (Kohl) läßt sich auf der Oberfläche zusätzlich ein weißer abwischbarer „Reif" erkennen. Er besteht aus Wachs, das zusätzlich auf die Kutikula aufgelagert wurde und die Hemmung der Wasserabgabe noch verstärkt. Bei Pflanzen trockener Standorte kann die Verdunstung durch verdickte Außenwände und in die Primärwand eingelagerte zusätzliche Kutinfilme, die sog. Kutikularschichten, noch weiter herabgesetzt werden. Die lückenlos den gesamten Kormus überziehende Kutikula fehlt nur im Bereich der Wurzel, wo Wasser und Nährstoffaufnahme ohne Widerstände von statten gehen müssen. Wegen des Fehlens einer Kutikula wird das primäre Abschlußgewebe der Wurzel als *Rhizodermis* von der Epidermis unterschieden.

Ein sekundäres Abschlußgewebe der Wurzel, die *Exodermis,* die zunächst hypodermal (unter der Rhizodermis) gelegen nach Absterben der Rhizodermis diese ersetzt, weist dann jedoch eine Kutikula auf, da in dem älteren Bereich der Wurzel Wasser- und Nährstoffaufnahme nur noch bedingt erfolgen. Bei den Kormophyten muß die Ausbildung einer Kutikula als wesentliche Voraussetzung für einen Übergang in den terrestrischen Bereich angesehen werden. Sie ist auch dort vorhanden, wo sie gar nicht benötigt wird, wie z. B. bei den submersen kormophytischen Wasserpflanzen.

δ) Sporopollenine

Sporen und Pollenkörner werden fast stets über ihrer als *Intine* bezeichneten Zellulosewand von einer Außenschicht *(Exine)* umgeben, welche mit Sporopolleninen imprägniert ist. Da Sporopollenine chemisch nur schwer angegriffen werden können, erhöhen sie die Widerstandsfähigkeit dieser im latenten Zustand befindlichen Zellen gegen Witterungseinflüsse und mikrobiellen Abbau.

Das charakteristische Oberflächenprofil der Exine erlaubt vielfach eine Artdiagnose (Palynologie). Sie findet zu Aussagen über die Zusammensetzung früherer Floren durch Identifizierung fossiler Pollenkörner *(= Pollenanalyse)* Verwendung. Damit lassen sich auch durch Untersuchung der Torfschichten in Mooren indirekte Rückschlüsse auf frühere Klimate und wechselnde Klimaperioden ziehen und geologische und geomorphologische Aspekte des Quartär gewinnen. Die Mikroskopie der Pollenkörner gibt fernerhin sichere Auskunft über Herkunftsland oder -erdteil eines Honigs und führt damit zur Klärung, ob es sich z. B. um einheimischen oder Import-Honig handelt, die sich beide zumeist in Qualität und Preis unterscheiden.

4.3.1.2. Zellformen

Vom äußeren Erscheinungsbild her lassen sich bei den Dauergeweben nur zwei Zellformen charakterisieren, die jedoch nichts über ihre Funktion aussagen:
Isodiametrische Zellen
Prosenchymatische Zellen

a) Die isodiametrische Zelle (Abb. 64) ist das Ergebnis eines relativ gleichmäßigen Flächenwachstums in alle Richtungen des Raumes. Die Gestalt einer Kugel mit dem günstigen Verhältnis von Inhalt zu Oberflä-

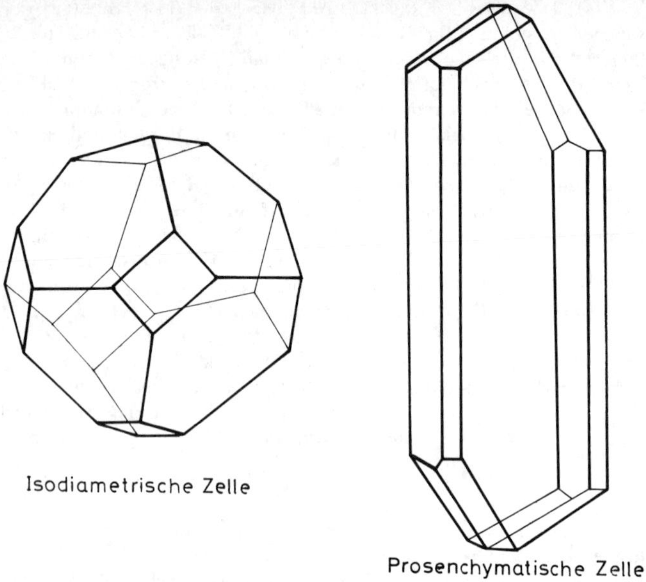

Abb. 64:
Zellformen im Gewebeverband.

che wird jedoch durch den allseitig einheitlichen Turgordruck (s. S. 272) im Gewebeverband verhindert. Durch diesen platten sich häufig benachbarte Zellen gegenseitig ab, woraus eine eckige Zellform resultiert.

b) Prosenchymatische Zellen (Abb. 64) entstehen durch eindimensionale Streckung, dabei kann das Wachstum entweder nur die Zellenden oder aber auch den gesamten Mittelteil erfassen. Einseitiges Spitzenwachstum finden wir bei Haarzellen oder Pollenschläuchen, bipolares z. B. bei Holzfasern.

Nachträgliche Formveränderung kann durch Fusion aneinandergrenzender Zellen entstehen. Hierbei werden die Querwände ganz oder teilweise aufgelöst und so ein Stofftransport über längere Strecken erleichtert. Es finden sich daher Zellfusionen häufiger in Leit- und Ausscheidungsgeweben.

4.3.2. Gewebetypen und Gewebesysteme

Ein Kormus besteht durch Zusammenschluß funktionell gleichgearteter Zellen aus Geweben. Diese wiederum können sich zu Gewebesystemen vereinigen (Abb. 50). Gewebe und Gewebesysteme setzen die Organe

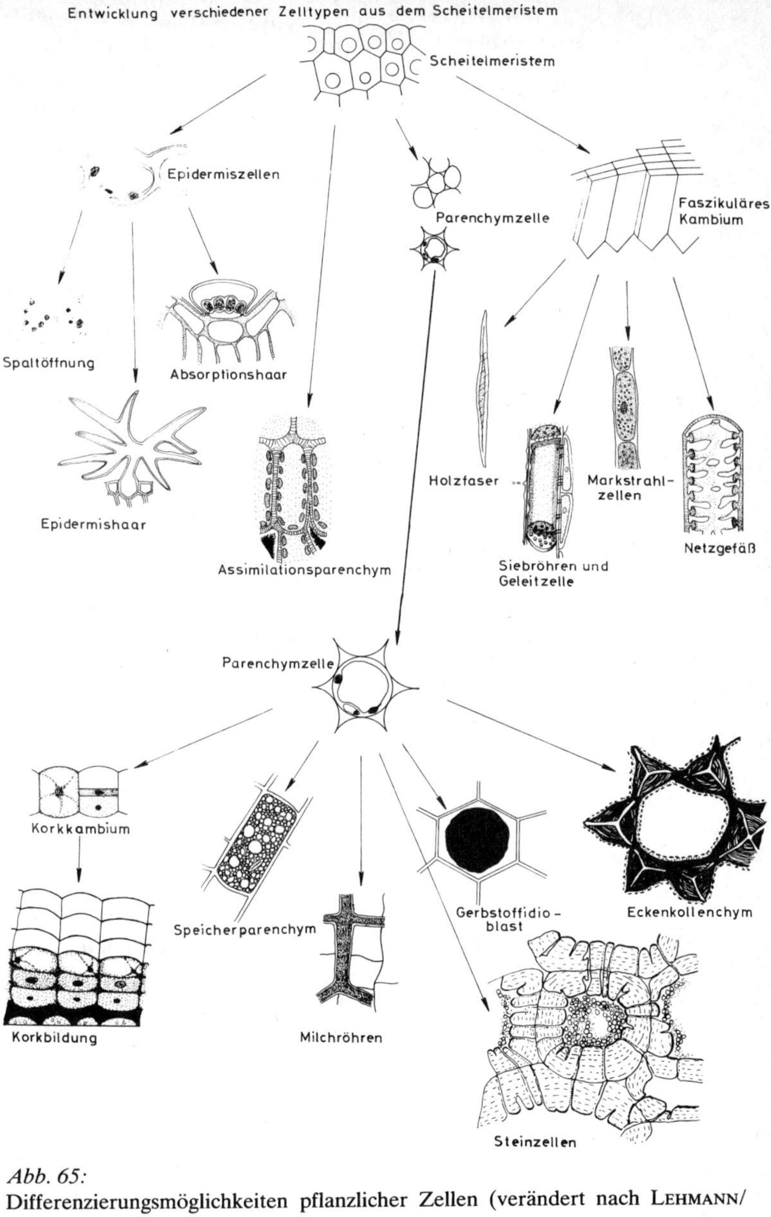

Abb. 65:
Differenzierungsmöglichkeiten pflanzlicher Zellen (verändert nach LEHMANN/SCHULZ).

Sproßachse, Blatt und Wurzel zusammen. Charakteristische Zellen, die in den einzelnen Gewebetypen angetroffen werden, sind in Abb. 65 dargestellt.

Nach ihren Aufgaben im Kormus lassen sich die folgenden Dauergewebe unterscheiden:
Grundgewebe
Abschlußgewebe
Leitungsgewebe
Festigungsgewebe
Ausscheidungsgewebe

a) Grundgewebe oder Parenchyme bilden die Hauptmasse des Vegetationskörpers krautiger Pflanzen. Sie weisen vielfach isodiametrische Gestalt auf, besitzen zumeist eine große Zentralvakuole und eine dünne Zellwand aus Primärwandmaterial. Durch ihre Turgeszenz verleihen sie den krautigen Pflanzen begrenzte Festigkeit. Lage im Kormus und spezielle Funktionen sind der Abb. 50 zu entnehmen.

b) Abschlußgewebe begrenzen den Kormus gegen seine Umwelt. An Sproßachse und Blatt besitzen sie doppelte Aufgabe: 1) Schutz gegen die wechselnden Bedingungen der Umwelt, 2) Regulation des Gasaustausches und der Wasserdampfabgabe (Transpiration). Bei der Rhizodermis der jungen Wurzel steht die Aufnahme von Wasser und Nährsalzen im Vordergrund. Bei den Abschlußgeweben muß zwischen primären und sekundären unterschieden werden. Als *Endodermis* bezeichnet man ein primäres Abschlußgewebe, das in der Wurzel, mitunter auch im Sproß, die im Zentralzylinder befindlichen Leitungsbahnen von der parenchymatischen Rinde trennt. Sekundäre Abschlußgewebe ersetzen die primären, wenn diese dem Dickenwachstum von Sproßachse und Wurzel nicht zu folgen vermögen.

c) Leitungsgewebe sorgen für einen Langstreckentransport in der Pflanze, daher sind ihre Zellen meist prosenchymatisch gestreckt. Der Wasser- und Nährsalzleitung dienen dabei gesonderte Bahnen gegenüber dem Abtransport und der Verteilung von Assimilaten.

d) Festigungsgewebe verleihen der Pflanze Stabilität dort, wo der Turgor (s. S. 273) einer Belastung nicht mehr standhalten könnte.

e) Ausscheidungsgewebe sorgen für eine Abgabe von Stoffwechselschlacken *(Exkrete). Sekrete* sind ebenfalls Ausscheidungsprodukte, die aber für die Pflanze weiterhin Bedeutung haben; z. B. Nektar als Lockmittel für Bestäuber.

4.3.2.1. Innerer Aufbau des Blattes

Den beiden wichtigen Aufgaben des Blattes, nämlich der Photosynthese und der Transpiration zwecks Verteilung der Mineralstoffe wird der einfache anatomische Aufbau gerecht, Sproßachse und Wurzel sind

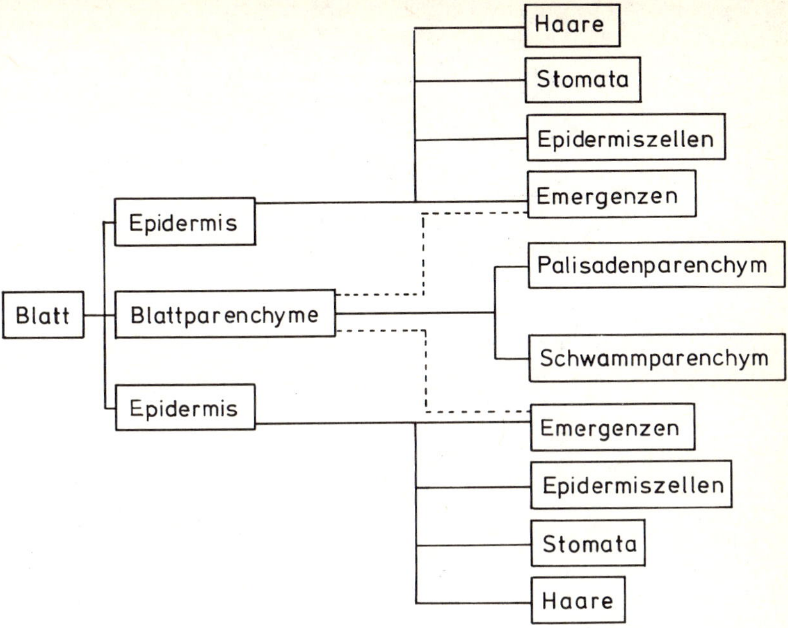

Abb. 66:
Zell- und Gewebetypen des Blattes.

komplizierter gebaut. Rundum wird das Blatt durch ein primäres Abschlußgewebe, in diesem Fall die Epidermis, bedeckt. Zwischen beiden *Epidermen,* derjenigen der Blattober- und derjenigen der -unterseite befindet sich als Grundgewebe das photosynthetisch aktive Blattparenchym, das *Mesophyll* (Abb. 66 u. 67).

4.3.2.1.1. Mesophyll

An die Epidermis der Blattoberseite grenzt das *Palisadenparenchym,* dessen Zellen senkrecht zur Oberfläche orientiert, langgestreckt und reich an Chloroplasten sind. Palisadenzellen liegen dicht gepackt und weisen nur geringe Interzellularen auf. Sie stellen das eigentliche Assimilationsgewebe dar. Palisadenzellen können einschichtig oder in mehreren Lagen übereinander (z. B. Sonnenblätter, Abb. 67) vorkommen. Darunter folgt das *Schwammparenchym.* Seine Zellen besitzen eine unregelmäßige Gestalt, wodurch große Interzellularräume zwischen ihnen entstehen. Dieses *Interzellularensystem* ist eine wesentliche Vorausset-

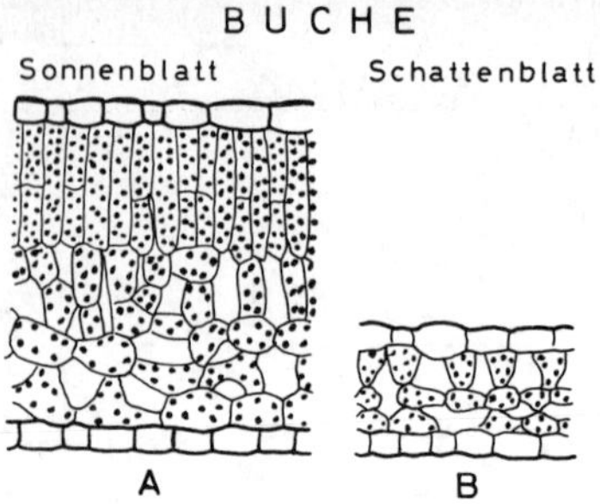

Abb. 67:
Unterschiede im anatomischen Bau von Sonnen- und Schattenblättern der Buche (nach STOCKER).

zung für den Gasaustausch und die Wasserdampfabgabe durch die Spaltöffnungen der Epidermis. In das Mesophyll eingebettet finden sich in bestimmten Abständen *Leitbündel,* die – von außen bereits sichtbar – vielfach als Blattadern, -rippen oder -nerven bezeichnet werden. Diese Leitbündel bestehen aus Leitbahnen, die für den Wasser- und Nährstofftransport sorgen, und aus solchen, welche die Ableitung der Assimilate übernehmen. Sie haben Anschluß an das Leitsystem der Sproßachse, verästeln sich in der Blattspreite immer mehr und enden schließlich blind im Mesophyll. Die Anordnung der Leitbündel ist charakteristisch bei mono- und dikotylen Pflanzen ausgeprägt. Monokotyle (z. B. Zwiebel) zeichnen sich durch parallelen Verlauf der Leitbündel, Dikotyle (z. B. Veilchen) zumeist durch netzartig verzweigte „Blattrippen" aus (Abb. 68). Blätter können durch Entwicklung eines Wasserspeichergewebes (Wasserspeicherparenchym) verdickt werden, ein sekundäres Dickenwachstum, wie bei der Sproßachse und Wurzel, tritt jedoch nicht ein.

4.3.2.1.2. Epidermis

Die Epidermis schließt Blatt- und Sproßachse in einem lückenlosen Verband gegen die Außenwelt ab. Zwischen ihren polygonalen, auch mehr oder weniger gestreckten, mitunter verzahnten Zellen befinden sich keine Interzellularen. Durch den festen Zusammenschluß ihrer Zellen, vielfach durch verdickte Außenwände, Auflagerung einer wasserabweisenden *Kutikula,* Ausscheidung von Wachsfilmen, gegebenenfalls Imprägnierung der Außenwand durch Kutikularschichten (s. S. 194) wird die Epidermis der Aufgabe eines Schutzes unter den verschieden-

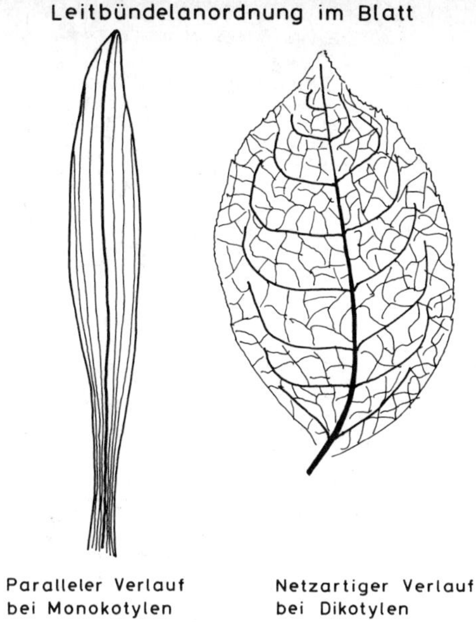

Abb. 68:
Leitbündelanordnung im Blatt.

sten klimatischen Bedingungen gerecht (s. S. 293). Auch die darunterliegende Zellschicht, die *Hypodermis,* kann durch Verdickung ihrer Zellwände in die Abschlußfunktion miteinbezogen werden.

4.3.2.1.3. Haare und Emergenzen

In einem ± regelmäßigen Muster über die Oberfläche verteilt entstehen durch inäquale Zellteilungen und Auswachsen der Epidermiszellen ein- oder mehrzellige Haare *(Trichome).* Ihr Fuß ist in der Epidermis verankert, während sich der Schaft über diese erhebt. Bei den vielzelligen Emergenzen sind auch tieferliegende Gewebeschichten an der Entstehung beteiligt (Stacheln der Rosen, Sockel der Brennhaare). Haare können außer ihrer vielfältigen Gestalt (Abb. 69) auch sehr unterschiedliche *Funktionen* besitzen:

1. lebende Haare vergrößern die Oberfläche und erhöhen damit die kutikuläre Transpiration;
2. tote Haare schaffen als mitunter dichter Haarfilz auf der Blattfläche windstille Räume, in denen sich der Wasserdampf ansammelt. Hier-

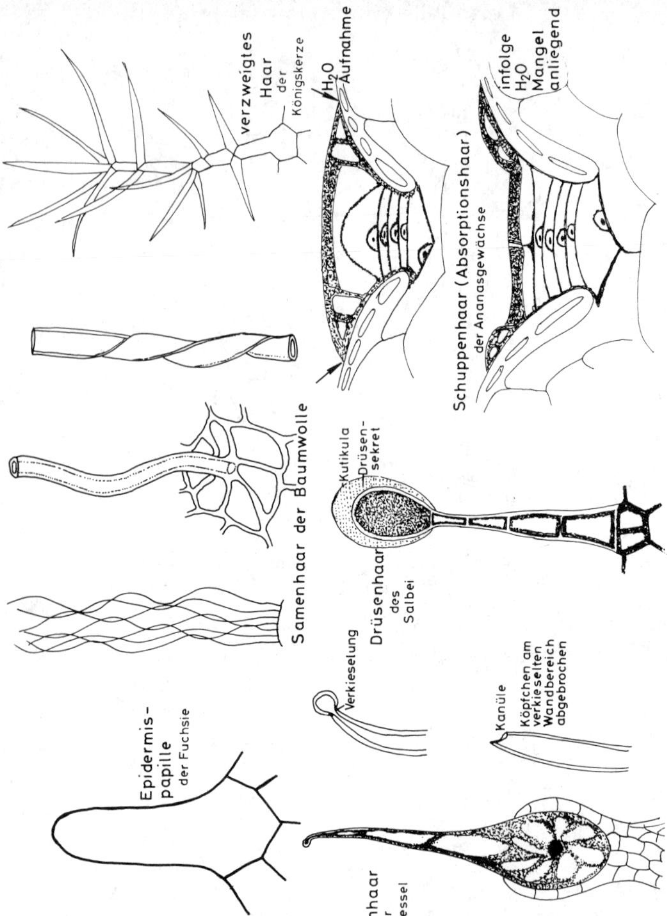

Abb. 69:
Verschiedene Typen von Pflanzenhaaren.

durch kann die Transpiration gesenkt werden, soweit nicht zusätzliche Erwärmung infolge Wärmestaus unter dem Filz diesen Effekt wieder aufhebt;

3. Samenhaare (oder Fruchthaare) bilden nicht selten einen Flugapparat zur Verbreitung leichter Samen und Früchte;

4. Borstenhaare mit verkieselten, verholzten oder kalk-inkrustierten Zellwänden stellen einen bedingten Schutz gegen Tierfraß dar;
5. Brennhaare enthalten zu diesem Zweck zusätzlich eine hautreizende Vakuolenflüssigkeit (z. B. Natriumformiat, Acetylcholin und Histamin bei der Brennessel), die bei Berührung über einen Kanülenmechanismus injiziert wird;
6. Stacheln von Rosen und Brombeeren können als Haftorgane angesehen werden. Früchte und Samen können sich durch solche im Vlies der Tiere verfangen und über größere Strecken transportiert werden;
7. Absorptionshaare vermögen Wasser und Nährsalze aufzunehmen (Wurzelhaare, Saugschuppen auf den Blättern der Ananasgewächse);
8. Fühlpapillen (-borsten) nehmen bei berührungsempfindlichen Pflanzenteilen den Reiz auf und leiten ihn weiter;
9. Drüsenhaare scheiden Stoffe sehr unterschiedlicher Art (Sekrete und Exkrete, mitunter Wasser) aus.

4.3.2.1.4. Schließzellen und deren Bewegungsmechanismus

In der Epidermis finden sich paarweise bohnenförmig gestaltete Zellen, welche einen Spalt zwischen sich frei lassen, die Schließzellen. Mitsamt dem Spalt werden sie *Spaltöffnungen (Stomata)* genannt. Sie sind befähigt, durch Öffnen und Schließen des Spaltes den Gasaustausch und die Transpiration zu regeln (s. S. 294). Schließzellen entstehen durch Teilung aus Epidermiszellen in einem mehr oder weniger regelmäßigen Muster über die gesamte Epidermisfläche verteilt. Spaltöffnungen finden sich vor allem auf den Blattunterseiten *(hypostomatische Blätter)*, werden jedoch bei zahlreichen Arten *(amphistomatische Blätter)* auch auf der Blattoberseite und an der Sproßachse angetroffen. Bei Schwimmblättern von Wasserpflanzen besitzt nur die Epidermis der Blattoberseite Schließzellen *(epistomatische Blätter)*. Über ihre Verteilung und Anzahl gibt Tab. 19 eine Übersicht.

Tab. 19: Spaltöffnungszahlen pro mm^2 bei verschiedenen Pflanzenarten

Pflanzenart	Oberseite	Unterseite
Ölbaum	–	545
Apfel	–	290
Bohne	40	280
Mais	95	160
Erbse	100	200
Kohl	140	225
Seerose	490	–
Mauerpfeffer	18 rundum	

Schließzellen enthalten im Gegensatz zu den übrigen Epidermiszellen stets Chloroplasten. Ihre Zellwände sind nicht überall gleichstark verdickt. Der Öffnungsmechanismus wird durch diese unterschiedliche Verdickung bedingt. Hier ist nur der häufige Typus dargestellt (Abb. 70), wie er bei der Christrose (Helleborus-Typ) angetroffen wird. Das Querschnittsbild zeigt, daß der durch Auflösung der Mittellamelle (schizogen) entstandene Zentralspalt sich von seiner engsten Stelle in der Zellmitte zum Vor- und Hinterhof erweitert. Während die Zellwände der Schließzellen an der Ober- und Unterseite eine starke, un-

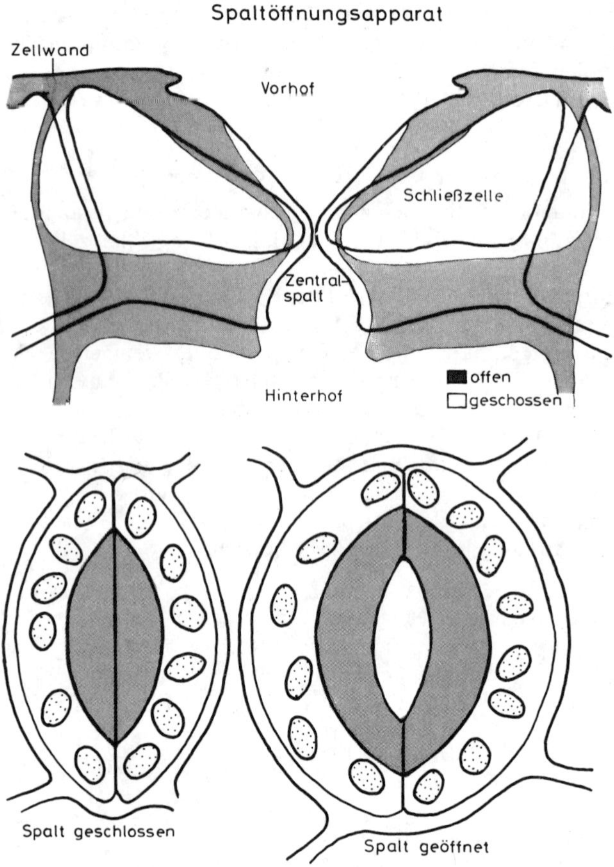

Abb. 70:
Bau und Funktion der Spaltöffnungen (verändert nach Schwendener, Frank).

nachgiebige Verdickung erfahren haben, sind die Mitte der Bauchseite und die gesamte Rückenwand unverstärkt geblieben. Dies hat zur Folge, daß beim Anstieg des Turgors (s. S. 272) in den Schließzellen nur die elastische Rückenwand in Richtung auf die Nachbarzellen (Nebenzellen), die mit den Spaltöffnungen zusammen den Schließzellenapparat bilden, ausweichen kann. Die Bauchwand hingegen vermag sich wegen der Verdickungen an der oberen und unteren Zellwand nicht ebenfalls auszudehnen. Es wird daher die ganze Zelle durch Zug etwas zurückgenommen. Gleichzeitig kippen die Schließzellen an den gelenkartigen Dünnstellen der oberen Zellwand im Übergangsbereich zu den Nebenzellen nach außen oder innen, der Zentralspalt steht dann offen. Bei Abfall des Turgors setzt der rückläufige Vorgang ein.

Steuerung der Spaltöffnungsbewegungen

Die Spaltöffnungen regulieren den Gaswechsel und den Wasserverlust der Pflanzen. Die Diffusion der Wassermoleküle ist etwa 1,5fach höher als die der größeren CO_2–Moleküle. Bei geschlossenen Spalten ist keine CO_2– Aufnahme durch die Blätter mehr möglich. Demgegenüber findet durch die kutikuläre Transpiration eine zwar sehr stark gedrosselte, aber dennoch nachweisbare Wasserabgabe statt. Die Bewegungen der Schließzellen beruhen letztlich auf unterschiedlicher Wasserfüllung der Schließzellen (*Turgorschwankungen,* s. S. 273), und gehören demnach zum Bewegungstyp der *Nastien* (s. S. 238). Die Bewegungen werden durch eine Reihe von Faktoren gesteuert, deren Vernetzung im Detail noch nicht geklärt ist. Wirksame Außenfaktoren sind Licht, Temperatur, relative Luftfeuchte und Verfügbarkeit an Bodenwasser; als innere (= endogene) Faktoren müssen CO_2–Partialdruck in den Interzellularen, Wasserpotential der Zellen, Phytohormone und Ionenhaushalt berücksichtigt werden.

Bei Belichtung und ausreichender Wasserversorgung können die Schließzellen, vor allem aber die Mesophyllzellen, Photosynthese betreiben. Es kommt damit zu einer Absenkung der CO_2–Konzentration in den Interzellularen. So öffnen sich die Stomata, wobei die lichtinduzierte *(photoaktive)* und die CO_2–induzierte *(chemoaktive)* Reaktion ineinander greifen.

Die Öffnungsbewegung geht parallel mit einer Erhöhung der osmotischen Konzentration des Zellsaftes in den Schließzellen und mit einer Aufnahme von Kalium aus deren Nachbarzellen, ausgelöst durch eine Änderung des Elektropotentials. Zur Neutralisation des importierten Kaliums wird wohl bei einigen Pflanzenarten Chlorid verwendet, das zugleich mit dem Kalium in die Zellen eindringt. Bei anderen Arten scheint Äpfelsäure (gebildet auf Kosten der Stärke in den Stomata) zum Abfangen des Kaliums zu dienen. Die von der Äpfelsäure zum Austausch gegen K^+ abdissoziierten H^+-Ionen werden aus den Schließzellen in die Nachbarzellen gepumpt. Das Welketoxin Fusicoccin scheint als Protonenpumpe zu wirken und auch das Eindringen des Kaliums in die Stomata und damit deren Öffnung zu fördern. Demgegenüber geht von dem Phytohormon Abscisinsäure der umgekehrte Effekt aus: ihre bei Wasserstreß verlaufende Akkumulation in den Schließzellen führt zur Inaktivierung der Protonenpumpe und zur Schließbewegung. Die notwendige Energie für die Ionenpumpen können sowohl aus der Photophosphorylierung als auch aus der Atmung stammen. Die Temperatur beeinflußt die Geschwindigkeit der Schließbewegungen: bei 0° C bleiben bei den meisten Pflanzen die Stomata geschlossen; mit steigender Temperatur wird die Öffnungsbewegung beschleunigt (Öffnung innerhalb weniger Sekunden); bei großer Hitze (und der damit verbundenen niedrigen Luftfeuchtigkeit) sind die Spalten geschlossen. Vielfach transpirieren die Schließzellen stärker als die Nachbarzellen. Sie sind somit empfindliche Sensoren für den Wasserzustand der Blätter und sind befähigt zu einer hydroaktiven Bewegung. Für die Schließreaktion wird ein Zeitraum von 10–15 Minuten benötigt.

Die Weite der Spaltenöffnung, d. h. der Diffusionswiderstand für Gase (CO_2, O_2) und Wasserdampf, wird von 2 Regelkreisen gesteuert:

a) Der *CO_2-Regelkreis* spricht auf die CO_2-Konzentration in den Interzellularen an. Sinkt diese unter 300 ppm ab, so kommt es zum Öffnen der Spalten und damit zum Nachschub aus der Außenluft. Dieser Regelkreis besitzt nur so lange Geltung, wie die Wasserversorgung ausreichend ist.
b) Der *H_2O-Regelkreis* dominiert über den CO_2-Regelkreis, sobald die Wasserversorgung ungenügend wird. Bei zunehmendem Wasserstreß nimmt die Abscisinsäurekonzentration in den Schließzellen zu, das

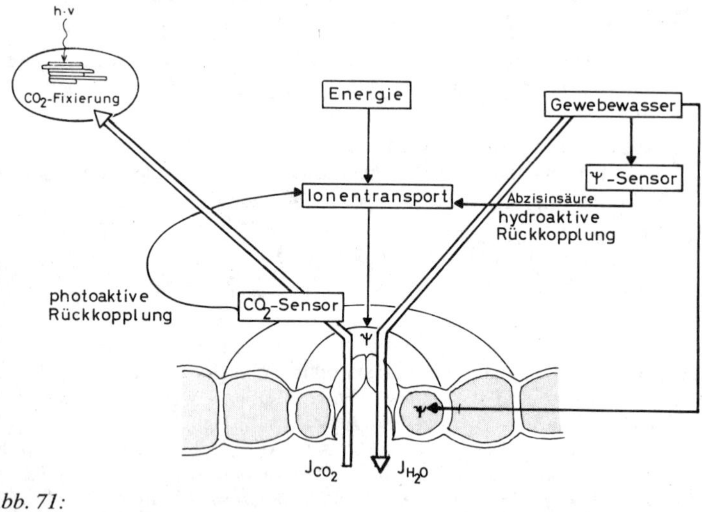

Abb. 71:
Regelkreis für die Spaltöffnungsbewegung (nach Raschke aus MOHR/SCHOPFER).

Wasserpotential sinkt weiter ab und die Schließbewegung setzt ein. Das Ineinandergreifen der beiden Regelkreise wird aus Abb. 71 ersichtlich. Eine besonders günstige Relation zwischen Transpiration und Photosynthese ist bei halb geöffneten Stomata vorhanden.

4.3.2.2. Innerer Aufbau der Sproßachse

Der histologische Aufbau aus den einzelnen Gewebeschichten geht bei zahlreichen einjährigen Pflanzen auf die Differenzierungsvorgänge der vom Sproßvegetationskegel abgegebenen Zellen zurück. Sie bilden den *primären Aufbau* des Sprosses. Mehrjährige – und ganz besonders holzige – Pflanzen erhalten zusätzliches Zellmaterial beim *sekundären Dickenwachstum* durch die Tätigkeit eines *Kambiums.* Dieses Kambium stellt in großen Teilen ein primäres Meristem dar, das seine Teilungsfähigkeit behalten hat, während die übrigen gleichaltrigen Zellen ausdifferenziert wurden. Beim sekundären Dickenwachstum treten die vom Sproßvegetationskegel gebildeten und daher als primär bezeichneten Gewebe (primäre Gewebe) zugunsten der vom Kambium gelieferten sekundären Gewebe mengenmäßig mehr und mehr zurück. Man unterscheidet daher bei vielen Kormophyten einen
1. primären Aufbau der Sproßachse
2. sekundären Aufbau der Sproßachse.
Den vielfältigen Funktionen der Sproßachse dienen jeweils entsprechende Gewebe. Als wesentliche Aufgaben sind zu nennen:
a) *Langstreckentransport* durch Leitungsgewebe
  α) des Wassers und der Nährsalze von der Wurzel zu den Blättern,
  β) der Assimilate von den Blättern zu den Orten des Verbrauches oder der Speicherung;
b) *Festigung* durch Festigungsgewebe;
c) *Reservestoffspeicherung* durch Speichergewebe.

1. Primärer Aufbau der Sproßachse
Die Sproßachse gliedert sich in Abschlußgewebe, Rinde, Zentralzylinder (Abb. 72).

a) Abschlußgewebe
Das primäre Abschlußgewebe des Sprosses wird wie bei den Blättern von einer Epidermis gebildet, welche neben den isodiametrischen Epidermiszellen Spaltöffnungen und Haarbildungen (s. S. 201) aufweisen kann.

b) Rinde
In den äußeren Schichten der primären Rinde treten vielfach erste Festigungselemente zusammen (Abb. 73). In den hypodermalen (= unter der Epidermis gelegenen) Schichten findet sich häufig ein interzellu-

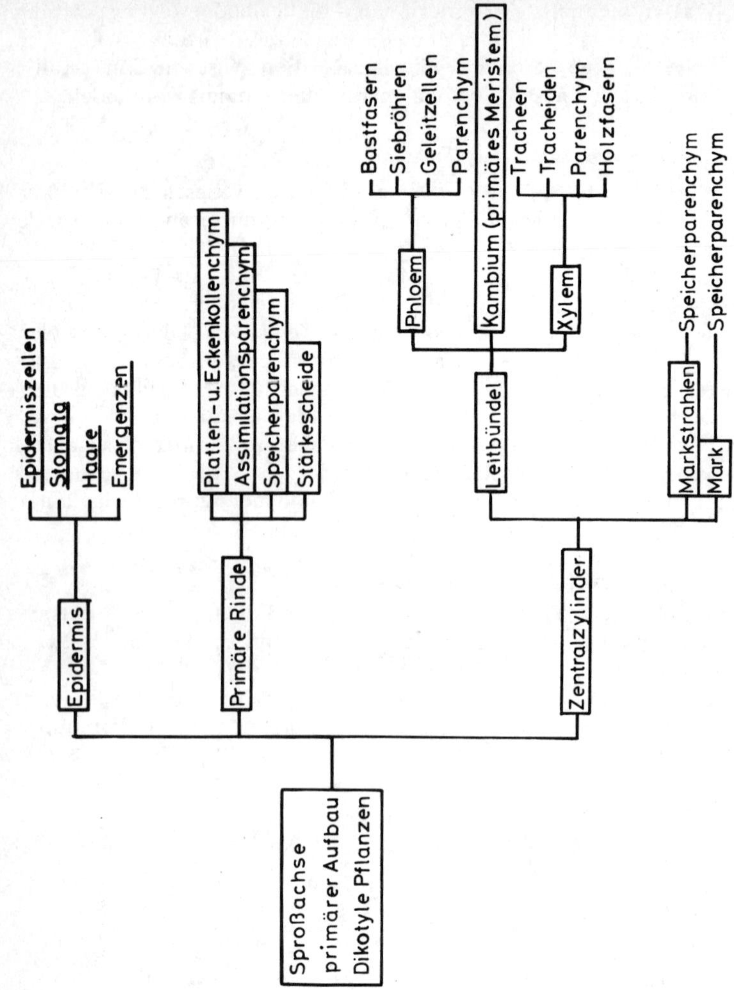

Abb. 72:
Gewebe der Sproßachse.

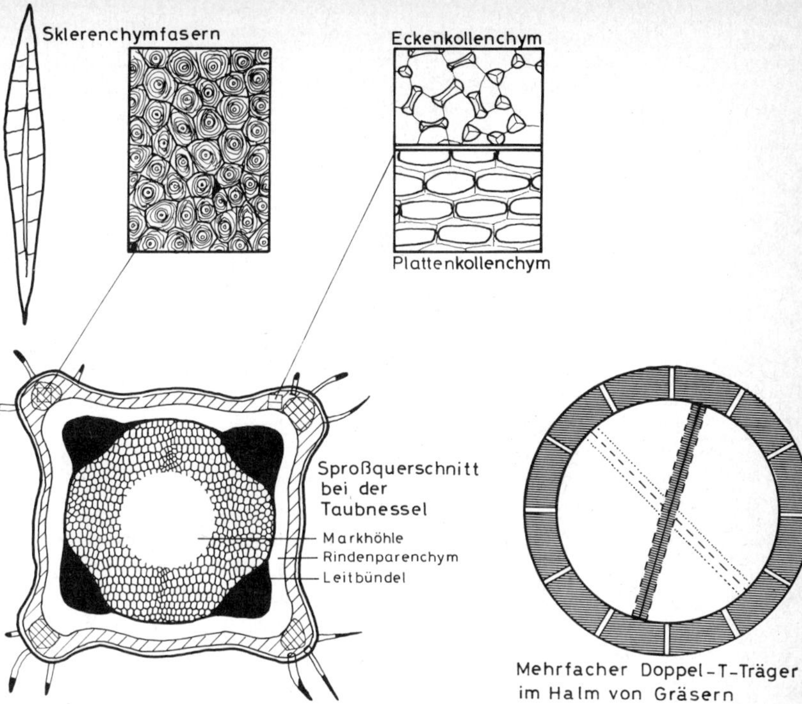

Abb. 73:
Anordnungsprinzipien der Festigungselemente (verändert nach HABERLANDT, FITTING, TROLL).

larenfreies Ecken- oder Plattenkollenchym (Abb. 73), dessen lebende Zellen mit zahlreichen Plastiden versehen sind und außer der Festigung und Verstärkung des darüberliegenden Abschlußgewebes auch der Photosynthese dienen. Beim Eckenkollenchym haben die Kanten der sechseckig durch den Turgor gegeneinander abgeplatteten Zellen lokal eine vielschichtige Auflagerung an Zellwandmaterial erfahren, während die dazwischen liegenden Teile unverdickt blieben. Als Plattenkollenchym werden Zellen bezeichnet, deren nach außen und innen gerichtete Zellwände verstärkt wurden, während die radialen Wände parenchymatischen Charakter behielten.

An ein derartiges *Kollenchym* schließt sich ein interzellularenreiches *Parenchym* an, welches mit Chloroplasten in den äußeren Zellreihen als

Assimilationsparenchym, zentraler gelegen – und dann ohne Chloroplasten – als Speicherparenchym angesehen werden kann. Häufig begrenzt eine Stärkescheide die primäre Rinde gegen den Zentralzylinder. Sie wird von einer mit Stärkekörnern vollgestopften Zellreihe gebildet.

c) Zentralzylinder

Im Zentralzylinder fallen besonders die im Querschnitt eiförmig ovalen bis rundlichen *Leitbündel* auf, welche die Leitbahnen enthalten. Bei dikotylen Pflanzen und Gymnospermen ordnen sie sich zu einem Ring (Abb. 74). Diese Lage ist für beide Pflanzengruppen wichtig, da von dem im Zentrum der Leitbündel befindlichen Kambium (prim. Meristem) das Dickenwachstum seinen Ausgang nimmt. Bei monokotylen Pflanzen sind die Leitbündel unregelmäßig über den gesamten Sproß verteilt (Abb. 75). Bei einer derartigen Anordnung besteht keine Möglichkeit zur Bildung eines geschlossenen Kambiumringes und damit für ein sekundäres Dickenwachstum. Soweit Einkeimblättrige z. B. Mais, Zuckerrohr, Palmen ihren Sproß verdicken, müssen diese Teilungen zumeist bereits im Bereich des Sproßscheitels stattfinden.

Oberhalb der Leitbündel zur Stärkescheide der Rinde gerichtet sind vielfach dicke Kappen aus Festigungsgeweben (Abb. 74) ausgebildet. Diese können sich mitunter auch zu einem kompakten Ring vereinigen. In der Längsachse des Sprosses gestreckte prosenchymatische *Sklerenchymfasern* übernehmen die notwendige Verstärkung gegen Zugbeanspruchung. *Sklerenchyme* (Abb. 73) sind derbwandige Festigungsgewebe, die zumeist nur in ausdifferenzierten Teilen der Sproßachse vorkommen. Als tote Zellen mit allseitig verdickten und häufig auch verholzten Zellwänden können sie nämlich einer Gewebestreckung nicht folgen. Noch stärker und allseitig verdickte, aber isodiametrische Sklerenchymzellen werden *Steinzellen* genannt. Diese sind unelastisch und für eine Belastung durch Zug ungeeignet, dagegen weisen sie hohe Stabilität gegen Druck auf. Sie haben vor allem Teil an Festigungsgeweben in Früchten (z. B. Nußschalen). Die Anordnung der Sklerenchyme folgt im allgemeinen den Prinzipien der Statik. In Blättern kann die Lage zwischen Ober- und Unterseite einem Doppel-T-Träger entsprechen. Ein im Querschnittsbild sichtbarer Sklerenchymring gleicht in seiner Stabilität einem Rohr, das man sich aus vielen Doppel-T-Trägern unter Fortfall ihrer Achse gebildet vorstellen kann (hohle Grashalme Abb. 73). Häufiger finden sich vierkantige Stengel (z. B. Taubnessel). Sie verfügen an ihren Ecken jeweils über ein derbes Bündel von Sklerenchymfasern, welche sich zu zwei gekreuzten Doppel-T-Trägern ergänzen lassen, bei welchen ebenfalls die Achsenteile eingespart wurden.

Das Zentrum der Sproßachse innerhalb der Leitbündel bezeichnet man als *Mark*. Es kann mehr oder weniger kräftig entwickelt und meist

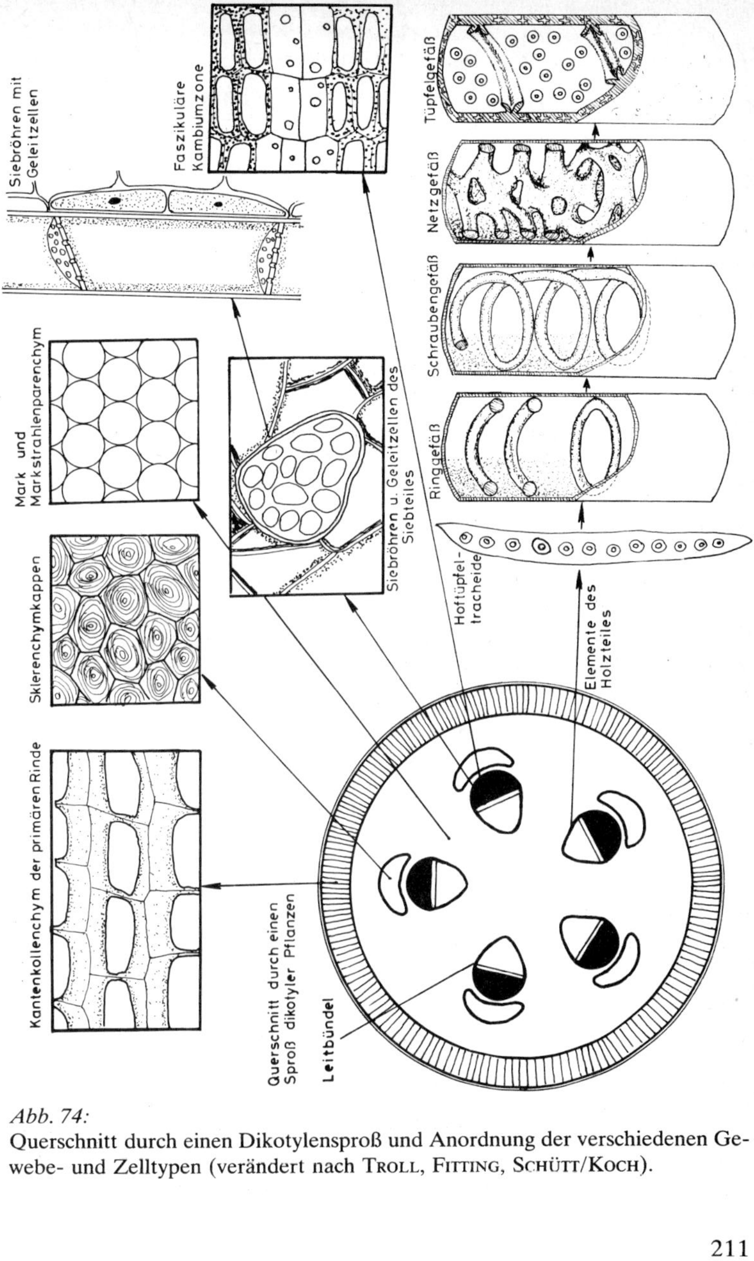

Abb. 74:
Querschnitt durch einen Dikotylensproß und Anordnung der verschiedenen Gewebe- und Zelltypen (verändert nach TROLL, FITTING, SCHÜTT/KOCH).

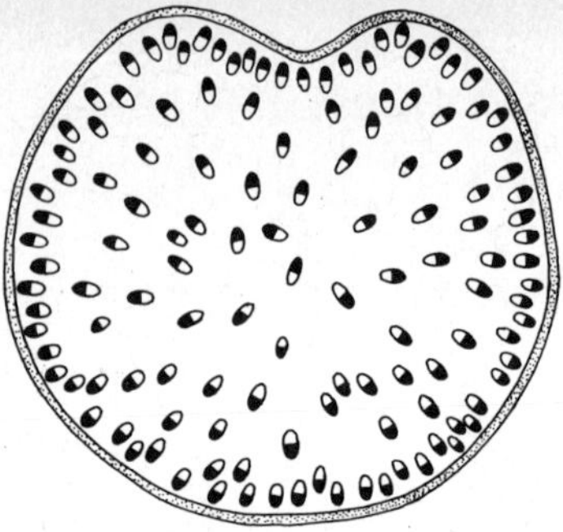

Abb. 75:
Querschnitt durch einen Monokotylensproß (verändert nach SCHENK).

von interzellularenreichem Grundgewebe mit der Funktion eines Speicherparenchyms erfüllt sein.

In Speicherparenchymen werden Reservestoffe abgelagert. Bei Rüben oder in unterirdischen Sproßachsen (Rhizomen, Knollen) ist es sehr umfangreich teilweise bevorzugt im Zentralzylinder, teilweise in der Rinde ausgebildet. Die Speicherparenchyme im Stamm der Laubgehölze enthalten soviel Reserven, daß nach Kahlfraß oder Nachtfrösten im Frühjahr ein erneuter Laubaustrieb erfolgen kann. Im Holz der Nadelbäume fehlt dieses Speicherparenchym weitgehend. Daher gehen diese nach Kahlfraß durch Insekten ein. Im Markraum kann aber auch durch Auseinanderweichen der Zellen nach Auflösung der Mittellamellen *(schizogen)* oder durch Zerreißen *(rhexigen)* während des Wachstums eine Markröhre entstehen.

Das zwischen den Leitbündeln befindliche Gewebe, die Markstrahlen, verbindet das Mark mit der Rinde. Es ist gleichfalls mit Speicherparenchym erfüllt.

Leitbündel

Wasser leitende und Assimilate befördernde Gewebe stellen jeweils ein eigenes, die Pflanze von der Wurzel bis in die Blätter durchziehendes System dar. Beide sind im Leitbündel zu einem gemeinsamen Gewebesystem vereinigt. Der Assimilate leitende Teil wird *Phloem,* der wasserleitende *Xylem* genannt. Die Anordnung von Phloem und Xylem im Leitbündel differiert bei einzelnen Pflanzengruppen (Abb. 76). Zumeist liegt das Xylem zum Mark, das Phloem zur Rinde orientiert *(kollaterales*

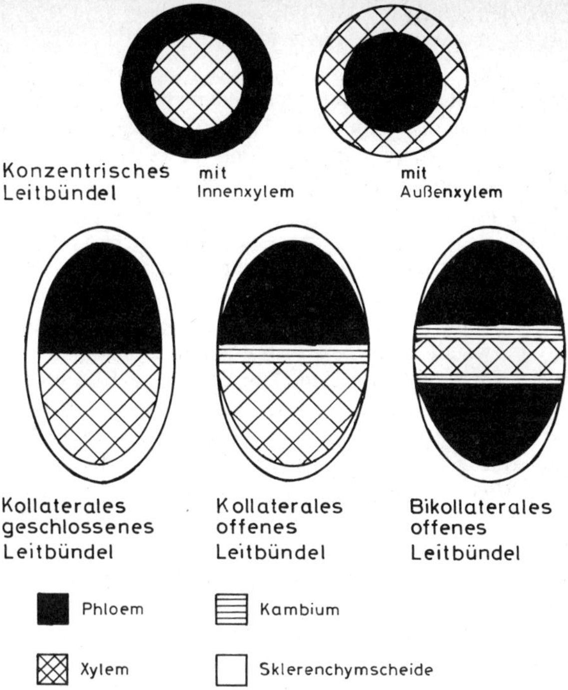

Abb. 76:
Leitbündeltypen (verändert nach SCHÜTT/KOCH).

Leitbündel). Bei Pflanzen mit sekundärem Dickenwachstum befindet sich zwischen beiden das Kambium, das seine Teilungsfähigkeit vom Scheitelmeristem her behalten hat (primäres Meristem). Bikollaterale Leitbündel verfügen über zwei Siebteile, einer nach innen, einer nach außen gerichtet (bei zahlreichen Nachtschatten- und Kürbisgewächsen) und mit jeweils einem Kambium an das Xylem grenzend. Nur das äußere Kambium ist stets teilungsaktiv. Auch *konzentrische Leitbündel* kommen vor. Um die kollateralen und bikollateralen Leitbündel liegt als Schutz gegen Druck eine Schutzscheide aus meistens verholzten Sklerenchymfasern. Diese Schutzscheide ist nur im Bereich des Kambiums durch parenchymatische Zellen unterbrochen.

α) Elemente des Xylems

Verschiedene Zellelemente beteiligen sich bei den Angiospermen am Aufbau des Xylems. Leitungsfunktion (s. S. 288) kommt jedoch nur den

Gefäßen zu, den Tracheen und Tracheiden, beide sind tote, verholzte Zellen mit starken Wandverdickungen.

- *Tracheiden*
  Bei diesen handelt es sich um prosenchymatische schmale, schrägendende Einzelzellen, welche durch Hoftüpfel (s. S. 190) einen Wasserfluß ermöglichen. Bei Gymnospermen sind sie gleichzeitig der einzige im Xylem vorkommende Zelltyp. Das Holz der Nadelbäume besteht daher nur aus Tracheiden.
- *Tracheen*
  Bei den Angiospermen kommen außer den Tracheiden als wasserleitende Elemente vor allem Tracheen vor. Sie sind weitlumiger und bilden *Zellfusionen,* d. h. durch Auflösung der meist waagrecht orientierten Querwände entstehen Röhren, welche aus mehreren Gefäßgliedern zusammengesetzt sind. Durchgehende Röhren können bei Eiche bis 5 m, bei Robinie bis 1 m Länge erreichen. Weitlumige Tracheen der Eiche erreichen einen Durchmesser von bis zu 0,3 mm. Der unterschiedliche Bau von Tracheen und Tracheiden ergibt verschieden hohe Widerstände beim Transport von Wasser mit den Nährsalzen. Auf S. 290 wird ausführlicher über die Funktion des Xylems berichtet.
- *Gefäßverstärkungen*
  Die Wände der Gefäße werden im Laufe ihrer Entwicklung durch charakteristische Verdickungen gegen ein Kollabieren infolge des Unterdruckes verstärkt. So lassen sich Ring-, Spiral-, Netz- und Tüpfelgefäße unterscheiden (Abb. 74). Die beiden erstgenannten, deren Sekundärwandauflagerungen auf Ringe oder Spiralen begrenzt bleiben, sind durch die unverdickten Zwischenstücke dehnungsfähig und werden daher in wachsenden Geweben nahe der Sproßspitze oder in rasch sich vergrößernden Früchten angelegt. Die Netz- und Tüpfelgefäße dagegen weisen starre, aber dafür druckwiderstandsfähigere Zellwände auf, die dieserhalb erst nach vollzogener Streckung ausdifferenziert werden dürfen.
- *Holzparenchym, Holzfasern*
  Sie finden sich im Xylem der Angiospermen. Holzfasern sind stark verholzte tote Sklerenchymfasern. Das Holzparenchym dagegen besteht aus lebendem Speichergewebe.

β) Elemente und Funktion des Phloems

Organische Moleküle werden bei Angiospermen in den *Siebröhren,* bei Gymnospermen in Siebsträngen transportiert. Die Siebröhren befinden sich im Phloem der Leitbündel. Sie stellen ein verzweigtes System dar, das die ganze Pflanze durchzieht. Die einzelnen Röhren sind durch Poren miteinander verbunden. Diese lassen sich phylogenetisch und ontogenetisch auf Plasmodesmen zurückführen. Siebröhren sind lebende Zellen, deren Zellkern und Plastiden zerfallen sind; auch die Mitochondrien degenerieren teilweise. Der Tonoplast fehlt an den Querwänden. Ferner sind keine klaren Grenzen zwischen Plasma und Vakuole gegeben. Aus diesem Grunde spricht man bei Siebzellen von einem Lumen und nicht mehr von einer Vakuole. Es verbleibt aber das stets voll turgeszente Plasmalemma und das endoplasmatische Reticulum. Jede Siebröhre ist von einer oder mehreren *Geleitzellen* begleitet (Abb. 74).

In den Siebzellen werden organische Stoffe wie Aminosäuren, Karbonsäuren, überwiegend aber Kohlenhydrate transportiert. Diese betragen in der Regel mehr als 90% der organischen Moleküle, wobei die Saccharose das dominierende Kohlenhydrat darstellt. Neben Proteinkörpern (P-Proteine) finden sich in den Siebröhren ATP und Phytohormone. Der Phloemsaft hat mit pH 7,4–8,7 einen sehr hohen Wert und einen relativ hohen Kaliumgehalt; letzterer wird mit einem aktiven Ladevorgang für Zucker in Zusammenhang gebracht.

Mechanismus des Siebröhrentransportes

Der Mechanismus ist noch nicht geklärt. Diskutiert wird eine Massenströmung in den Siebröhren, deren Ursache in *osmotischen Potentialdifferenzen* gesehen wird. Dem Einstrom von Wasser an den Orten hohen osmotischen Potentials entspricht ein Ausstrom von Wasser aus dem Phloem an den Orten niederen osmotischen Potentials. Daneben dürfte auch noch ein energieabhängiger *aktiver Transport* eine Rolle spielen. Diesem wird als Nahtransport für die Abgabe von Stoffen aus dem umliegenden Gewebe, z. B. von den Geleitzellen in die Siebröhren hinein, eine größere Bedeutung zukommen. Konzentrationsgradienten des osmotischen Potentials können sich innerhalb einer Pflanze in Abhängigkeit von ihrem physiologischen Zustand sowohl basalwärts als auch apikalwärts einstellen. Deshalb ist im Phloem in unterschiedlichen Siebröhrensträngen teils nach oben, teils nach unten ein Transport von Assimilaten möglich. Es wird aber auch die Ansicht vertreten, daß innerhalb der gleichen Zelle gelöste Stoffe gleichzeitig nach entgegengesetzten Richtungen transportiert werden können. Hierfür sprechen Untersuchungen an Blattläusen: diese stechen nämlich mit ihrem Rüssel Siebröhren an, um daraus die notwendigen Nährstoffe zu gewinnen. Mikroskopische Überprüfungen haben gezeigt, daß mit dem Saugrüssel immer nur eine einzige Siebröhre angestochen wird. Werden nun in ein Blatt oberhalb und unterhalb der Saugstelle markierte Verbindungen in das Phloem eingeführt, so kann man nach einer gewissen Zeit im Saugrüssel der Blattläuse Siebröhrensaft finden, der beide markierten Verbindungen enthält. Neben Siebröhren und Geleitzellen enthält das Phloem der

Angiospermen eine geringe Menge an *Phloemparenchymzellen,* welche der Assimilatspeicherung dienen. Bei Gymnospermen fehlen sie, ebenso wie Geleitzellen, dafür sind die Siebzellen dann kernhaltig.

2. Sekundärer Aufbau der Sproßachse

In seiner am weitesten entwickelten Form tritt sekundäres Dickenwachstum bei den mehrjährigen Laub- und Nadelhölzern auf. (Abb. 77) Hier soll jedoch zunächst als Überleitung von einem Typus sekundären Dickenwachstums bei krautigen Pflanzen ausgegangen werden.

α) Faszikuläres und interfaszikuläres Kambium

Voraussetzung für ein rundum gleichmäßiges Dickenwachstum ist die Entstehung eines geschlossenen Kambiumringes. Kambium als primäres Meristem findet sich in den Stengeln von Kräutern zunächst nur im Bereich der Leitbündel (Faszikel). Es wird daher auch faszikuläres Kambium genannt. Mit Einsetzen des Dickenwachstums gibt dieses in regelmäßiger Folge nach außen Phloemzellen und nach innen Xylemelemente ab. Vom Kambium abgegliedertes Phloem wird auch als *Bast,* Xylem als *Holz* bezeichnet. Die ersten Teilungen des faszikulären Kambiums bringen es mit sich, daß mit ihnen in gleicher Reihe, d. h. quasi auf dem gleichen Ring befindliche Markstrahlenparenchymzellen gedehnt werden *(= Dilatation).* Infolge auftretender Spannungen teilen sich die betroffenen Markstrahlparenchymzellen trotz ihrer Ausdifferenzierung tangential zu einem sekundären Meristem. Meristeme, welche erst nachträglich aus differenzierten Zellen entstehen, indem diese ihre Teilungsfähigkeit wiedergewinnen, werden als sekundäre Meristeme bezeichnet. Dieses sekundäre, außerhalb der Leitbündel liegende Kambium wird interfaszikuläres Kambium genannt. Faszikuläres und interfaszikuläres Kambium bilden gemeinsam einen geschlossenen Kambiumring, der im gleichen Rhythmus nach außen und innen Zellen abgliedert (Abb. 76).

β) Periderm

Die den Sproß nach außen lückenlos abschließende Epidermis kann der Volumenzunahme nur bedingt durch Dilatation folgen. Ehe sie zerreißt, entsteht durch stärker werdende Spannungen hervorgerufen in tiefer liegenden peripheren Schichten der primären Rinde ein sekundäres Abschlußgewebe, das Korkgewebe (= Periderm). Das sich aus einer Reihe benachbarter Zellen durch tangentiale Teilungen bildende sekundäre Meristem, das Korkkambium (= Phellogen) liefert nach außen hin in radialen Reihen interzellularenfreie Korkzellen (= Phellem) und nach innen unverkorkte plastidenhaltige Parenchymzellen (= Phelloderm) (Abb. 63). Das Phellem weist zumeist mächtigere Zellagen als das Phelloderm auf. An den Stellen, an welchen sich in der Epidermis

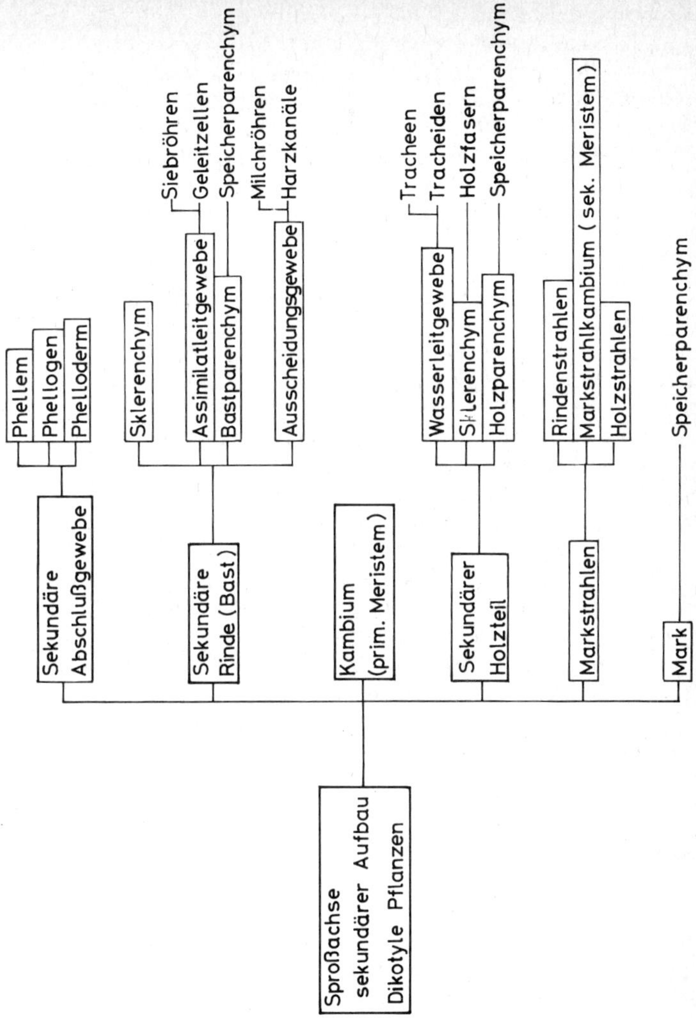

Abb. 77:
Gewebetypen bei sekundärem Dickenwachstum der Sproßachse.

Spaltöffnungen und Atemhöhlen befanden, liegen die Korkzellen nicht dicht gepackt in Reihen, sondern locker und ermöglichen als sog. *Lentizellen* eine Durchlüftung der inneren Gewebeschichten.

Phelloderm kann auch den Verschluß von Wunden übernehmen. Jedoch entstehen vielfach an Wunden durch Teilungen angrenzender Zellen zunächst parenchymatische Gewebe, welche sich erst später ausdifferenzieren (Wundkallus). Bei Obstbäumen ist diese *Kallusbildung* Bedingung für ein Gelingen von Pfropfungen.

γ) Holz

Laub- und Nadelbäume, desgleichen Sträucher verfügen sehr frühzeitig über einen geschlossenen Kambiumring, besitzen dagegen nur wenigzellige, sehr schmale *Markstrahlen.* Ein primärer Meristemring entwikkelt sich als Prokambiumring dicht unter dem Scheitelmeristem. Der aus ihm hervorgehende Kambiumring gibt nach innen stets mehr Zellen ab als nach außen. Der Holzteil eines Stammes erhält daher gegenüber dem Bast ein vielfaches an Volumen. Das Kambium ist nur während der Vegetationsperiode tätig. Seine Teilungsaktivität unterliegt in unseren Breiten einer thermo- und photoperiodischen Steuerung, die auch in den Wuchsstoffhaushalt eingreift. Diese Periodik wird im Holzteil besonders deutlich sichtbar. Nach der Winterruhe setzt das Dickenwachstum mit der Ausbildung weitlumiger aber dünnwandiger Gefäße bzw. Tracheiden ein *(= Frühholz).* Die Wandstärke nimmt im Laufe des Sommers zu, gegen den Herbst werden vom Kambium nur noch englumige Zellen abgegeben mit kräftigen Sekundärwandverstärkungen *(= Spätholz).* Durch den scharf begrenzten Übergang zwischen dickwandigem, englumigen Spätholz und dünnwandigem, weitlumigen Frühholz tritt eine deutliche jährliche Zonierung im Holz auf *(Jahresringbildung).* An den Jahresringen läßt sich im Holz näherungsweise eine Altersbestimmung der Bäume vornehmen. Die Breite eines Jahresringes und damit die Menge jährlichen Holzzuwachses hängt neben Artspezifität von den herrschenden Umwelteinflüssen ab.

Während bei den Nadelholzarten ein einheitlicher Jahresringaufbau mit weiten, dünnwandigen Tracheiden im Frühjahr und dickwandigen, englumigen im Herbst vorliegt (Abb. 78), lassen sich bei dikotylen Hölzern zwei Typen unterscheiden:

- *ringporige* Hölzer mit im Frühholz sehr weitlumigen Tracheen. Die Gefäße werden mit fortschreitendem Jahr enger und derbwandiger. Das Spätholz bilden vorwiegend Holzfasern und Holzparenchym (Eiche, Walnuß, Ulme).
- *zerstreutporige* Hölzer. Bei ihnen finden sich weite Tracheen fast gleichmäßig über den Jahresring verteilt (Buche, Hainbuche, Linde, Abb. 79).

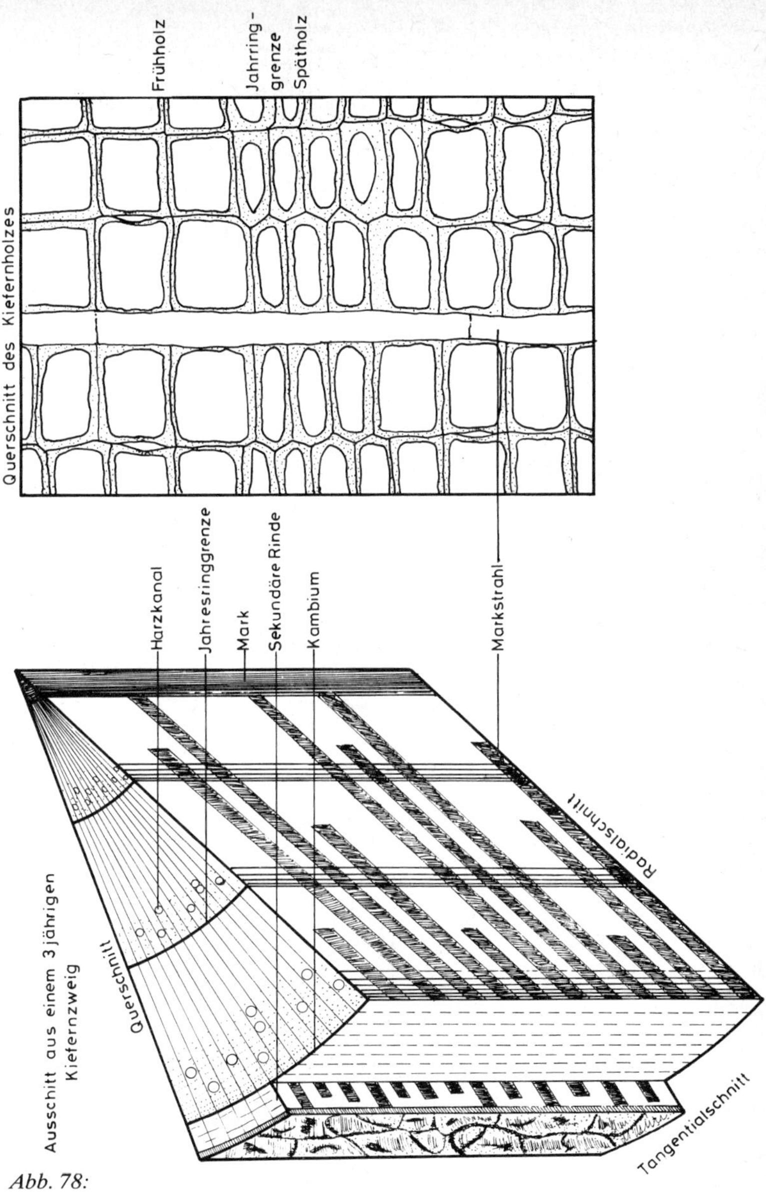

Abb. 78:
Jahresringbildung im Kiefernholz (verändert nach SCHENK, MÄGDEFRAU).

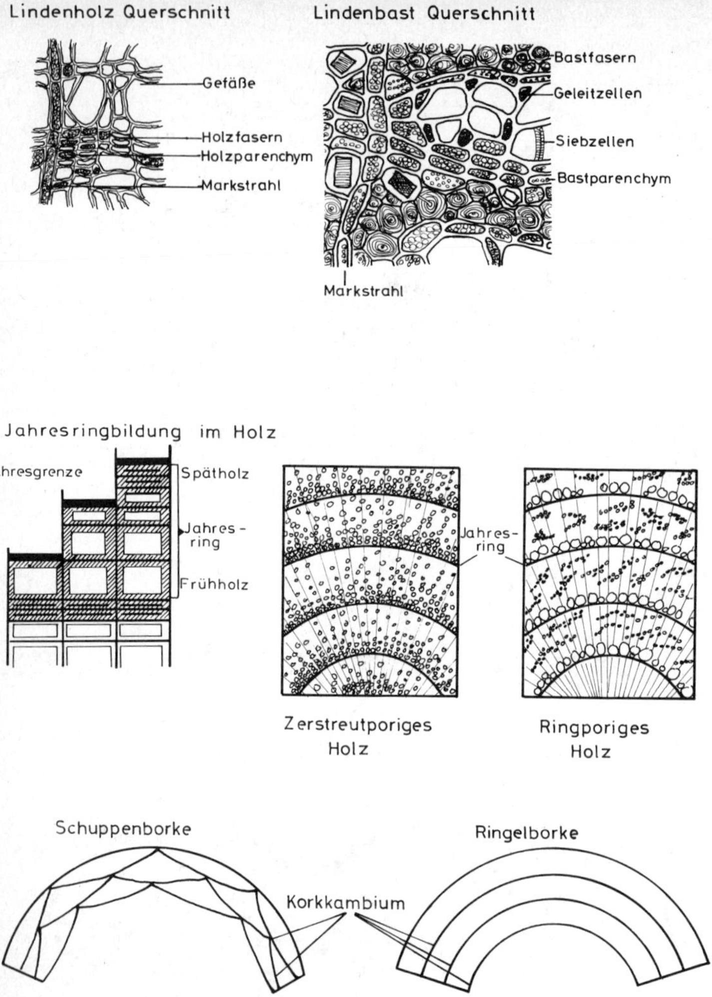

Abb. 79:
Aufbau von Holz und Bast, Jahresringbildung und Borke. (Kombiniert und verändert nach verschiedenen Autoren.)

Am Stammquerschnitt läßt sich mitunter ein deutlicher Farbunterschied zwischen verschieden alten Holzbereichen erkennen. Ein hellerer, wasserreicher Außenteil *(Splint)* hebt sich von einem ± verfärbten, wasserarmen Zentrum *(Kern)* ab, in welchem die Wasserleitung durch Einwachsen benachbarter Parenchymzellen in die toten Gefäße *(Thyllenbildung)* außer Funktion gesetzt ist, und das nur noch der Festigung dient. Oxidationsprodukte von Gerbstoffen, die Phlobaphene, färben die Zellwände dunkel und entfalten antibiotische Wirkung. Inkrustierung mit $CaCO_3$ (Buche) oder Kieselsäure (Teakholz) kann hinzukommen. Besonders bei Nadelhölzern durchziehen schizogen entstandene *Harzkanäle* das Holz, in welche die angrenzenden Drüsenzellen das Harz ausscheiden.

δ) Markstrahlen

Infolge des sekundären Dickenwachstums rücken die vom primären Aufbau abstammenden Markstrahlen (*primäre* Markstrahlen) im äußeren Stammbereich immer weiter auseinander. Da von ihnen neben Stoffspeicherung eine radiale Stoffleitung vom Holz zur Rinde und umgekehrt und über die Interzellularen auch ein Gasaustausch vorgenommen wird, entstehen im Verlauf des Dickenwachstums neben den primären Markstrahlen, die bis ins Mark reichen, *sekundäre* Markstrahlen. Sie enden blind mehr oder weniger tief im Holz und Phloem, je nachdem in welchem Jahresring ein bis mehrere benachbarte Kambiumzellen begonnen haben, Markstrahlzellen statt Xylem und Phloem zu produzieren.

ε) Bast

Auch im Bast läßt sich vielfach eine deutlich erkennbare rhythmische Zonierung beobachten. Diese geht jedoch weniger auf eine Jahresringbildung zurück, sondern vielmehr auf die Abgabe unterschiedlicher Zellelemente. Bei der Linde z. B. werden abwechselnd vom Kambium Lagen aus Siebröhren, Geleitzellen und Speicherparenchym *(= Weichbast)* und anschließend aus sklerenchymatischen Bastfasern *(= Hartbast)* abgegliedert.

ζ) Borke

Bäume mit jährlichem Dickenzuwachs ihrer Sproßachsen erhalten ein tertiäres Abschlußgewebe, die Borke. Dabei erfaßt die Peridermbildung zunächst den gesamten Bereich der primären Rinde und geht dann auch auf die Gewebe der sekundären Rinde, des Bastes, über. Bei der Borkenbildung wechseln Korkschichten mit toten Phloembereichen ab.

Bei der *Schuppenborke* (Kiefer, Eiche) trennt das Periderm jeweils uhrglasförmige Bezirke aus dem lebenden Bast (Abb. 79). Die unregelmäßigen Längsrisse der Schuppenborke gehen auf periphere Spannungen zurück, die mit zunehmender Dicke auftreten.

Bei der *Ringelborke* entsteht ein Peridermring nach dem andern in immer tieferliegenden Schichten (Birke, Kirsche). Mit der Borkenbildung gehen Lignifizierung der Bastfasern, Ausscheidung von Ca-Oxalat-Kristallen in dafür spezialisierten Zellen *(Idioblasten)*, Verdickung der Zellwände von Parenchym zu Steinzellen, Zellfusionen zu *Milchröhrensystemen*, Entstehung von Harzkanälen usw. einher. Hierdurch vermag die Borke nicht nur einen Schutz gegen Wasserverlust und durch die zahlreichen Korkschichten vorzügliche Wärmedämmung zu bieten, sondern durch Harze und Milchsäfte gleichzeitig den Befall durch Mikroorganismen zu mindern.

3. *Gerbstoffe, Kautschuk und Guttapercha als Inhaltsstoff der sekundären Rinde*

Gerbstoffe

Unter dem Begriff Gerbstoffe faßt man eine chemisch nicht einheitliche Gruppe von Sekundärstoffen zusammen, die in vielen Pflanzen vorkommen und die Fähigkeit besitzen, rohe Häute in gegerbtes Leder umzuwandeln. Das Gerben beruht auf der Ausfällung der Eiweiße in den Häuten durch Bildung unlöslicher Verbindungen zwischen Gerbstoff und den Eiweißen. Gerbstoffe besitzen einen herben Geschmack und bestimmen somit den Geschmackswert zahlreicher Früchte (Preißelbeere, Blaubeere) sowie Nahrungs- und Genußmittel (Rotwein, Tee, Kaffee, Kakao). Sie werden als Schutz vor Fäulniserregern in Borken, älterem Holz und in Samenschalen als Inkrusten eingelagert. In lebenden Zellen befinden sie sich in Vakuolen. Die Mehrzahl der dunkel gefärbten Gerbstoffe liegt in glykosidischer Bindung vor. Der bekannteste Gerbstoff dürfte Tannin sein, eine mit Gallus- und Digallussäure veresterte Glucose.

Kautschuk und Guttapercha

Mehr als 2000 Pflanzenarten enthalten in ihren Geweben Kautschuk, jedoch nur in wenigen kommt es zur Anhäufung, so daß eine industrielle Nutzung möglich ist. Der wichtigste Vertreter des Naturkautschuks ist der in den Tropen kultivierte Kautschukbaum (Hevea brasiliensis). In seinen Milchröhren befindet sich eine milchigweiße Emulsion *(Latex)*, die an der Luft gerinnt. Zur Gewinnung des Milchsaftes werden in die Baumrinde Einschnitte gemacht, welche bis zu den Milchröhren reichen. Der ausfließende Milchsaft wird in Sammelgefäßen am Baumstamm aufgefangen. Guttapercha ist in seiner Zusammensetzung dem Kautschuk sehr ähnlich und wird aus dem tropischen Baum Palaquium gutta gewonnen. Kautschuk liefern auch verschiedene Ficus-Arten (Moraceae) sowie einige krautige Kompositen (z. B. Taraxacum kok-saghyz). Kautschuk und Guttapercha sind Polyterpene. Kautschuk ist aus 500–5000 Isoprenresten aufgebaut, Guttapercha dagegen nur aus etwa

100. Kautschuk ist bei Zimmertemperatur amorph und elastisch und nimmt bei Abkühlung Kristallstruktur an. Guttapercha (wertvolles Isoliermaterial) ist bei normaler Temperatur plastisch.

4.3.2.3. Innerer Aufbau der Wurzel

1. Primärer Aufbau der Wurzel (Abb. 80)

Die unverdickte primäre Wurzel weist – gleichermaßen wie die Sproßachse – die Schichten Abschlußgewebe, primäre Rinde und Zentralzylinder auf (Abb. 81).

a) Als *Abschlußgewebe* dient der jungen Wurzel zunächst eine kutikulafreie *Rhizodermis,* die Wasser und Nährsalze leicht aus dem Boden aufzunehmen vermag (s. S. 285, 317). Ihre Oberfläche wird durch

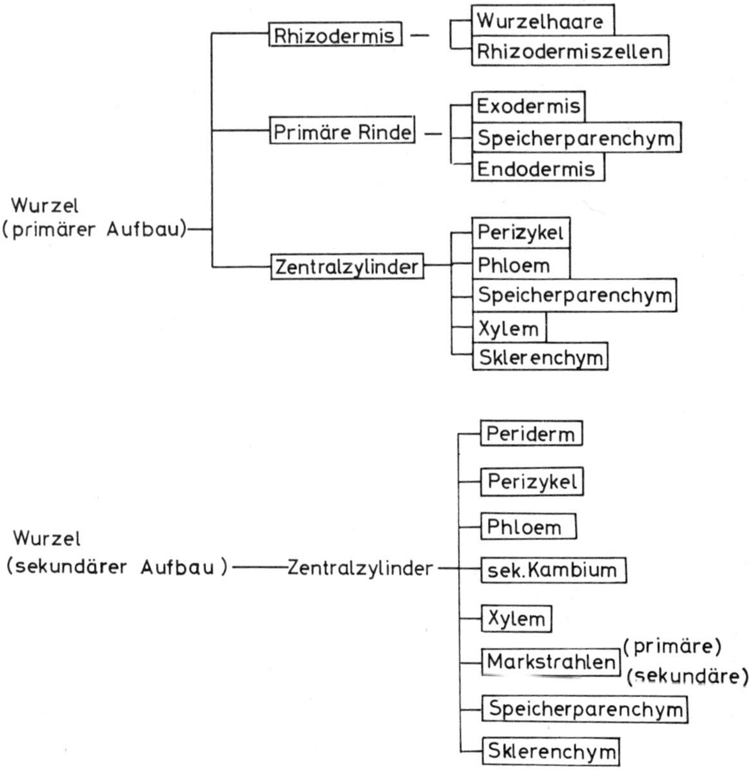

Abb. 80:
Gewebe der Wurzel.

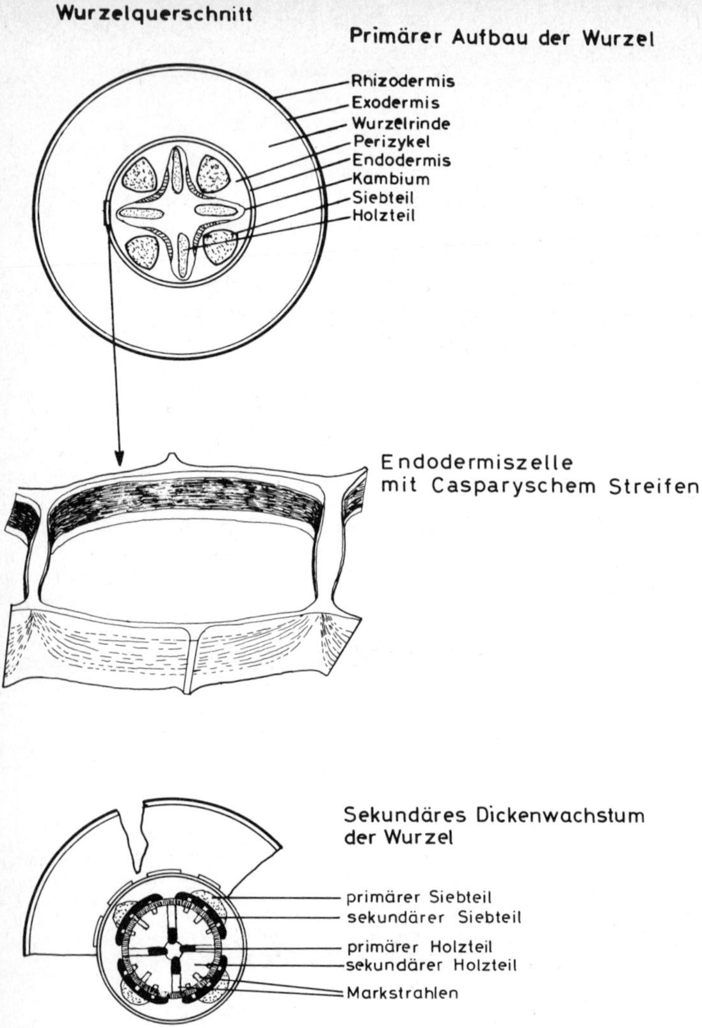

Abb. 81:
Primärer Zustand und sekundäres Dickenwachstum einer Wurzel (verändert nach v. Denffer, Schütt/Koch).

zahlreiche Wurzelhaare *(Absorptionshaare)* vergrößert. Rhizodermis und Wurzelhaare sind nur wenige Tage lebensfähig. Ihre Absorptionsaufgaben übernehmen dann durch das Längenwachstum neu gebildete, näher am Vegetationskegel befindliche, jüngere Rhizodermispartien. An die Stelle der Rhizodermis als Abschlußgewebe tritt eine vor derer Absterben aus hypodermalen peripheren Zellagen der primären Rinde entstandene, schwach verkorkte und daher weiterhin lebensfähige Zellschicht, die *Exodermis* genannt wird.

b) Ein interzellularenreiches, oft mächtiges *Rindenparenchym* übernimmt die Funktion eines Speichergewebes. Zum Zentralzylinder wird die Rinde durch ein primäres inneres Abschlußgewebe begrenzt, die *Endodermis.* Sie umfaßt eine Lage lückenlos aneinandergrenzender isodiametrischer Zellen, an denen im Querschnittsbild eine radiale Wandverdickung auffällt, die wie ein Band die gesamte Zelle umgibt. Diese Verdickung, der sog. *Caspary'sche-Streifen* besteht aus einer Auflagerung korkähnlicher Substanzen (über die den Wassertransport kontrollierende Funktion der Endodermis s. S. 285).

c) Die äußerste Zellschicht des *Zentralzylinders* heißt *Perizykel* oder auch Perikambium. Als Restmeristem besitzt der Perizykel die Fähigkeit zur Ausbildung von Seitenwurzeln, die im Gegensatz zu den Seitensprossen nicht exogen aus peripheren Zellschichten angelegt werden, sondern endogen aus dem Zentralzylinder herauskommen und die Wurzelrinde durchbrechen. Gleichfalls in Gegensatz zur Sproßachse werden Wasser und Assimilate nicht in mehreren deutlich abgegrenzten Leitbündeln, sondern in regelmäßig miteinander abwechselnden Holz- und Siebteilen transportiert, die ein einziges zentrales *radiales Leitbündel* bilden. Nach der Anzahl der im radialen Leitbündel befindlichen Xylemstränge (Holzstrahlen) bezeichnet man die Wurzel als zwei- (diarch), drei- (triarch), oder vielstrahlig (polyarch). Die Holzstrahlen können im Zentrum zusammenstoßen oder dieses ist gefüllt mit Speicherparenchym, häufiger noch mit Sklerenchymfasern. Durch diese zentrale Lage von Xylem und Sklerenchym (Kabelstruktur) vermag die Wurzel alle Anforderungen einer Zugbelastung zu erfüllen. Die radial angeordneten Holzstrahlen reichen bis an den Perizykel.

2. Sekundärer Aufbau der Wurzel (Abb. 80)

a) *Zentralzylinder*

Die Wurzeln nur weniger Kräuter vermögen sich sekundär zu verdikken. Sekundäres Dickenwachstum findet jedoch bei allen Holzgewächsen statt. Bei den meisten Laub- und Nadelbäumen ist dabei die Xylembildung so intensiviert, daß man Stamm- und Wurzelholz makroskopisch nur schwer voneinander unterscheiden kann.

Zu Beginn der sekundären Wurzelverdickung entsteht im Parenchymstreifen zwischen den Xylem- und Phloemsträngen durch radial angelegte Teilungen eine Schicht sekundären Kambiums. Dort wo dieses Kambium an den Holzstrahlen den Perizykel berührt, vervollständigt dieser über den Gefäßen durch Zellabgabe das Kambium zum Ring. Der geschlossene, zunächst sternförmige (Abb. 81) Kambiummantel gibt wie das Sproßkambium nach innen Xylem (Holz) nach außen Phloem (Bast) ab. Eine vermehrte Holzproduktion gleicht alsbald die Einbuchtungen hinter den Siebteilen aus, so daß das Kambium hierdurch Kreisform erhält. Das zwischen primären Holzstrahlen befindliche Sekundärholz liegt wie beim kollateralen Sproßbündel durch das Kambium getrennt vor dem sekundären Bast, der als Kappen die primären Phloemstränge trägt. Nur an der Lage der primären Holzstrahlen zwischen dem sekundären Xylem läßt sich Wurzel- von Stammholz differenzieren.

b) *Tertiäres Abschlußgewebe*
Infolge Dilatation wird die Wurzelrinde zunächst tangential gedehnt, dann zerrissen und schließlich abgestoßen. Zuvor hat sich jedoch ein tertiäres Abschlußgewebe gebildet, welches im Gegensatz zur Sproßachse nicht peripher, sondern endogen vom Perizykel abgegliedert wird (Abb. 81).

4.4. Blüte, Frucht und Same

4.4.1. Einfluß der Jahresrhythmik auf die Pflanze

4.4.1.1. Blütenbildung

Eine Blütenbildung, d. h. der Übergang von der vegetativen zur reproduktiven Entwicklungsphase kann nur unter bestimmten Voraussetzungen eintreten; als wesentlich haben sich erwiesen:
a) Alter der Pflanze, b) Licht bzw. Photoperiode, c) Temperatur

a) *Alter der Pflanze*

a) Zur Blüteninduktion bedarf es eines bestimmten Energievorrates. Das bedeutet, daß die Pflanze ein gewisses Alter (Blühreife) erreicht oder eine bestimmte Mindestzahl an Blättern ausgebildet haben muß. *Therophyten* (= *annuelle* Pflanzen) blühen bereits im ersten Jahr, zweijährige *(= bienne)* im zweiten; unsere Obstbäume z. B. erst nach vielen Jahren, wenn eine sog. Juvenilphase von der Fortpflanzungsphase (adulte Phase) abgelöst wird. Bei Obstbäumen gilt dann die Faustregel, daß zur Anlage von Blüten eine Sproßachse 8 bis 10, eine Frucht etwa 40 Blätter benötigt um auszureifen. Bei starkem Fruchtbehang ist ein

Baum nicht in der Lage, gleichzeitig genügend Blütenanlagen für die nächste Wachstumsperiode zu bilden. Er trägt dann nur alle zwei Jahre, Waldbäume mitunter nur alle vier Jahre (man spricht in diesem Fall von Mastjahren, da früher bei reichem Eicheln- und Bucheckernbesatz im Herbst die Schweine zur Mast in den Wald getrieben wurden).

b) *Photoperiode*

Die eigentliche Induktion der Blütenbildung erfolgt über das Phytochromsystem sodann durch eine entsprechende Photoperiode. Für diese ist nicht die Menge des eingestrahlten Lichtes, sondern die tägliche Lichtdauer ausschlaggebend. Es werden daher sog. *Langtagspflanzen* (LTP), *Kurztagspflanzen* (KTP) und *tagneutrale Pflanzen* (TNP) unterschieden. LTP kommen nur dann zur Blüte, wenn die Tageslänge eine Minimalzeit überschreitet, während bei KTP die kritische Tageslänge nicht erreicht werden darf. TNP erweisen sich als unabhängig von der Tageslänge (Abb. 82a). Die kritische Tageslänge ist artspezifisch und liegt zumeist zwischen 12 und 14 Stunden. Da die Tageslänge auf der Erde breiten- und jahreszeitenabhängig ist, wird verständlich, daß ein Zusammenhang zwischen natürlichem Vorkommen einer Pflanze und ihrem periodischen Licht-Dunkel-Bedürfnis besteht. Mit zunehmender geographischer Breite schwankt die Tageslänge im Jahresverlauf immer stärker, in den tropischen Gebieten finden wir die geringste Periodizität. Pflanzen hoher Breiten werden daher vielfach LTP, die der Tropen – weil es dort keinen Langtag gibt – KTP oder TNP sein (Tab. 20).

Der Photoperiodismus läßt sich demnach als eine genetische Anpassung an die im natürlichen Biotop der Pflanze vorhandenen jahreszeitlichen Wechsel der Tageslänge auffassen. So gelangen Kurztagspflanzen in unseren Breiten zumeist erst in der zweiten Kurztagsperiode des Jahres, dem Herbst, zur Blüte, wenn ihre Entwicklung in der ersten, dem Frühjahr, noch nicht weit genug fortgeschritten war. Es ist daher z. B.

Tab. 20: Beispiele für Langtags-, Kurztags- und tagneutrale Pflanzen.

Langtagspflanzen	Tagneutrale Pflanzen	Kurztagspflanzen
Weizen	Mais	Reis
Roggen	Gurke	Kaffee
Hafer	Einjähr. Rispengras	Zuckerrohr
Gerste	Rhododendron	Gartenerdbeere
Spinat	Buchweizen	Sojabohne
Rüben	Erbse	Topinambur
Mohn	Löwenzahn	

trotz züchterischer Bemühungen nicht gelungen, einen erfolgreichen Anbau der wertvollen Sojabohne in Mitteleuropa zu ermöglichen. Durch die späte Blüte im Herbst kommen die Samen nicht mehr zur Reife.

Die *Blüteninduktion* erfolgt über die Blätter, welche den Reiz aufnehmen. Die Umsteuerung des Vegetationspunktes könnte durch ein noch nicht identifiziertes Stimulanz, ein Florigen genanntes Blühhormon, bewirkt werden. Dieses wird eventuell über das Phloem zum Sproßvegetationskegel transportiert, an welchem statt Laubblattanlagen von jetzt an Blütenorgane entstehen. Man vermutet, daß die Umstimmung vom vegetativen zum generativen Zustand infolge Genaktivierung durch Bildung spezifischer RNS und Proteine hervorgerufen wird. Das hypothetische Blühhormon scheint wenig spezifisch zu sein. Der Blühimpuls kann nämlich durch Pfropfung vom induzierten Sproß auf einen nicht blühbereiten anderen übertragen werden, wobei die beiden Partner – vorausgesetzt sie sind pfropfbar – nicht einmal der gleichen Gattung angehören müssen, z. B. Tabak-Bilsenkraut. Manche Langtagspflanzen lassen sich durch Gibberellinbehandlung zur Blüte bringen. Das bedeutet jedoch nicht, daß die Gibberelline selber mit dem Florigen identisch sind. Vielmehr kann man sich vorstellen, daß ein Gemisch vieler bekannter Wachstumsregulatoren (Wuchs- und Hemmstoffe, Abb. 52), welche einzeln für eine Blütenbildung unspezifisch sind, in ausgewogener Zusammensetzung Blüten zu induzieren vermögen.

c) *Temperatur*

Eine Reihe von Pflanzen benötigt zusätzlich zur Photoperiode eine Kälteeinwirkung, um zur Blütenbildung zu kommen. Vor allem sind dies zweijährige (= bienne) Organismen. Viele bilden im ersten Jahr nur eine bodenständige Rosette aus; nach Einwirken einer Kältephase von mehreren Wochen entsteht an ihnen im zweiten Jahr ein Blütenstand, besonders dann, wenn Langtagsbedingungen eingetreten sind (Rüben, Kohl, Sellerie, Fingerhut). Die wirksamen Temperaturen umfassen dabei im allgemeinen einen Bereich von +2 bis +10° C. Auch die Wintergetreide gehören zu dieser Pflanzengruppe, bei denen eine Sperre aufgehoben werden muß, damit die Photoperiode wirksam werden kann. Bei Roggen und Gerste z. B. unterscheidet man Sommerformen, die – im Frühjahr ausgesät – noch im gleichen Jahr reifen, von Wintersorten, welche im Herbst in den Boden gebracht erst nach einer Kältephase im Langtag zur Blüte kommen. Die Umstimmung in den generativen Zustand erfolgt bei letzteren in der vegetativen Pflanze an den Vegetationskegeln, wobei jede Knospe die Kältewirkung erfahren haben muß. Dieser als Vernalisation bezeichnete Vorgang kann auch an Keimpflanzen im Kühlschrank vorgenommen werden. Mit so vorbehandeltem Material lassen sich dann im Frühjahr ausgewinterte Lücken des Wintergetreides auffüllen.

Das stoffliche Prinzip der *Vernalisation* wird als Vernalin bezeichnet.

Es ist denkbar, daß Gibberelline das Vernalin bilden, denn vielfach kann Gibberellin die Kälteeinwirkung ersetzen.

Auch vegetative und Blütenknospen der Bäume unserer Breiten sind häufig kältebedürftig. So wurde für die Linde ein Bedarf von etwa 1000 Stunden zwischen 0 und +5° C experimentell ermittelt. In nördlichen Breiten benötigen Knospen zumindest 1 Monat mit Temperaturen unter +10° C, um auszutreiben und zum Blühen zu gelangen (Barbarazweige). Bäume südlicher Breiten benötigen diese Kälteperiode nicht.

4.4.1.2. Photoperiodismus und Thermoperiodismus und ihre Wirkungen auf die Vegetationsrhythmik

Die Tageslänge hat auch einen Einfluß auf die Vegetationsrhythmik. Dies ist besonders auffällig bei den Holzgewächsen. Mit dem Kürzerwerden der Tage treten die Knospen, die bereits während des Spätsommers angelegt worden sind, in ein Ruhestadium, dem dann auch andere Pflanzenorgane folgen. In diesem *Vorruhestadium* mit einer Tageslänge von 12–15 Stunden erwerben das Kambium und weitere Gewebe des Sprosses eine zunehmende Resistenz gegen Frost und Entwässerung des Plasmas. Diese Vorgänge stehen in Zusammenhang mit Veränderungen im Enzymspiegel. So treten teils anstelle bestimmter temperaturempfindlicher Enzyme Isoenzyme gleicher Wirkung, jedoch anderer Temperaturoptima. Ferner sind vermehrt Hydrolasen vorhanden. Diese Vorruhe wird durch Aufhören des Wachstums sowie Verlagerungen und Umbau von Reservestoffen eingeleitet. Empfindlich auf die Veränderung der Photoperiode reagieren besonders Birke, Buche, Eiche, Pappel, Fichte und Lärche, um hier nur einige unserer Waldbäume zu nennen. Aber nicht die kürzeren Tage allein, sondern die sinkenden Temperaturen sind ein weiterer, oft noch entscheidenderer Faktor zum Übergang in das Vorruhestadium. Meist sind demnach Photoperiodismus und Thermoperiodismus miteinander verknüpft. Auf die tieferen Nachttemperaturen reagieren insbesondere Esche, Kirsche, Roßkastanie. Während der Vorruhe nimmt die Konzentration der Abscisinsäure zu, die der Gibberelline und Zytokinine dagegen merklich ab. Etwa Mitte November bis Anfang Dezember ist bei unseren Gehölzen die Vollruhe erreicht. In dieser Zeit kann eine experimentelle Verlängerung der Tageszeit oder eine Erwärmung zu keinem Austrieb führen. Somit wird auch vermieden, daß durch ungewöhnlich milde Wintertage eine Pflanzenentwicklung eingeleitet wird, auf die später folgende Frostperioden katastrophale Auswirkungen haben müßten. In der *Vollruhe* aber vermögen tiefere Temperaturen zu keinen Schädigungen zu führen. In Abb. 83 ist die unterschiedliche Frostempfindlichkeit bestimmter Organe und Gewebe dargestellt. Es zeigt sich, daß die Empfindlichkeit der

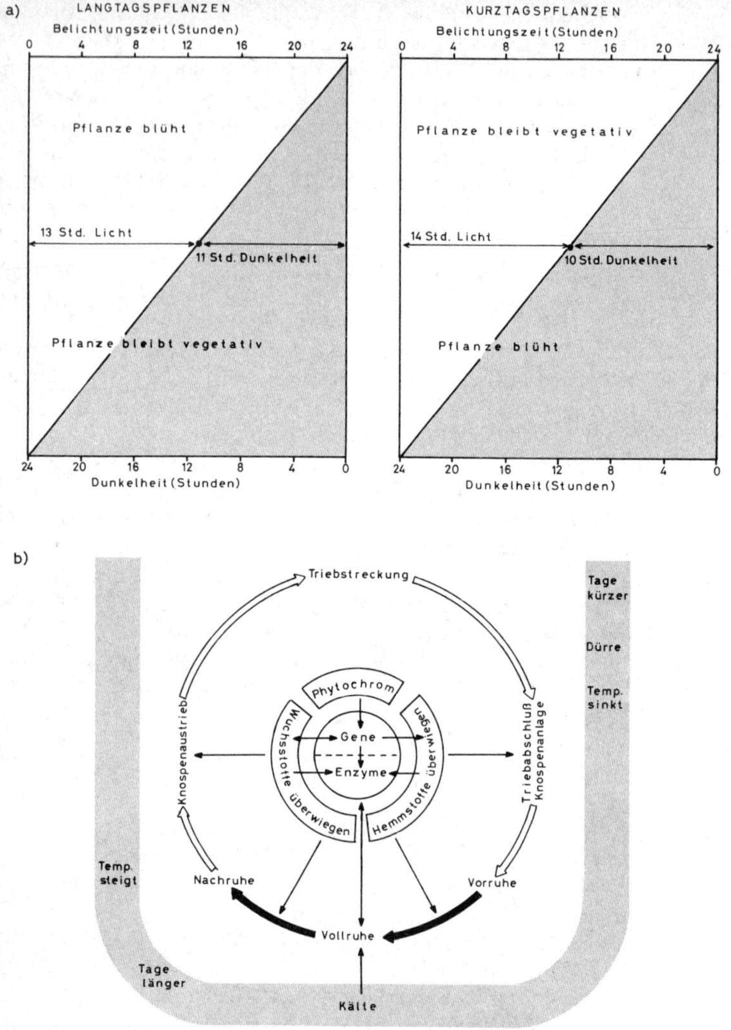

Abb. 82:

a) Blühverhalten von Lang- und Kurztagspflanzen (nach BORNKAMM).

b) Schema der Umwelteinflüsse, der zellulären Steuerung und hormonellen Koordination der Entwicklungsrhythmik bei Holzpflanzen (neu kombiniert nach BORNKAMM, LARCHER).

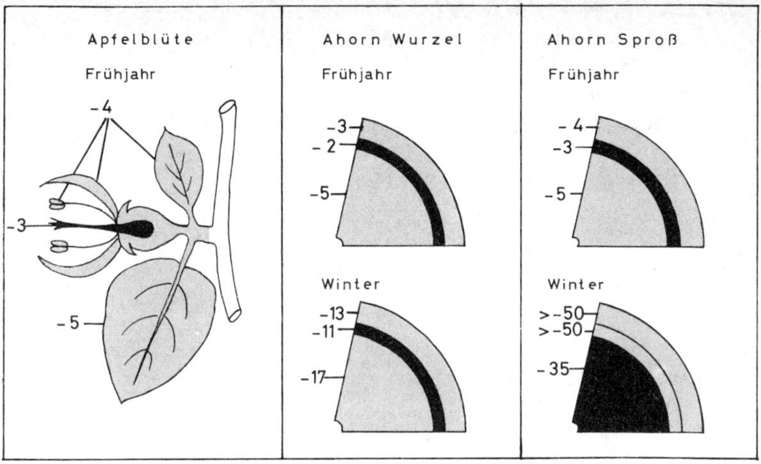

Abb. 83:
Kälteresistenz einzelner Organe und Gewebe verschiedener Pflanzenarten. Angaben in ° C (nach LARCHER).

gleichen Gewebe gegenüber tiefen Temperaturen im Winter zur Vollruhezeit weitaus geringer ist als zum Frühjahr hin. Besonders auffällig ist der Unterschied der Frostresistenz für Rinde und Kambium bei einem Vergleich zwischen Frühjahr und Winter. Sehr empfindlich gegen niedrige Temperaturen sind die Blüten im Gegensatz zu den Winterknospen.

In der *Nachruhezeit* kommt es zur Verminderung der Abscisinsäurekonzentration und zu vermehrter Bildung ihrer Antagonisten, der Gibberelline und Zytokinine. In dieser Zeit führt bereits eine Erwärmung der Zweige auf Zimmertemperatur zum Austrieb (Barbarazweige). Im Freien sind es die größere Tageslänge sowie langsam steigende Temperaturen, die eine Beendigung der Nachruhe bewirken. Diese endet in Mitteleuropa etwa im Februar, so daß nun die klimatischen Faktoren über den Austriebstermin entscheiden (Abb. 82b).

4.4.1.3. Blattalterung und Herbstfärbung

Als genetische Anpassung an den Mangel an verfügbarem Wasser in dem winterlich kalten bzw. gefrorenen Boden findet bei unseren Laubbäumen alljährlich im Herbst der Laubfall statt. Dieser wird vorbereitet durch einen hormonal gesteuerten Alterungsprozeß. Es kommt zu einem Abbau von Stärke, Protein, Chlorophyll und Nukleinsäuren, dadurch wird der Stoffwechsel stark aktiviert und wichtige Elemente wie

N, P, Fe, K werden aus den Blättern abgezogen und in die Speichergewebe des Stammes verlagert. Bei vielen Laubbäumen wird dann eine Trennschicht an der Basis des Blattstieles ausgebildet, die nach dem Blattabwurf durch Bildung einer Zellschicht mit starker Suberineinlagerung Schutz vor Wasserverlusten und vor Eindringen von Schädlingen bietet. An dem Alterungsprozeß *(Seneszenz)* sind mehrere Phytohormone beteiligt, unter denen besonders Äthylen und Abscisinsäure die Ausbildung der Trennschicht und den Blattfall fördern.

Die Seneszenz wird durch eine Reihe von Außenfaktoren beeinflußt, unter denen Licht und Temperatur besonders effektiv sind. Aber auch Streßsituationen, wie z. B. Trockenheit, Stickstoffmangel, Versalzung oder Luftverunreinigungen vermögen eine vorzeitige Alterung zu bewirken (s. S. 381). Künstlicher Langtag (durch Zusatzlicht) verzögert die Alterung. Vermutlich ist an der Lichtwirkung das Phytochromsystem beteiligt (Abb. 82a).

Bei der Herbstfärbung der Blätter, die besonders intensiv bei hohen Tages- jedoch niedrigen Nachttemperaturen wird, dominieren die roten Farben. Sie gehen auf eine Förderung der Anthocyanbildung als Nebenprodukt des lebhaft ablaufenden Abbaustoffwechsels zurück. Während Chlorophyll abgebaut wird, bleiben die nur aus Kohlenwasserstoffen und Sauerstoff bestehenden Karotinoide erhalten. Diese sind demnach für die Gelbfärbung des Herbstlaubs verantwortlich.

4.4.1.4. Photomorphogenese – Phytochromsystem

Im Dunkeln keimende Pflanzen weisen gegenüber den bei Belichtung aufgewachsenen Kontrollen charakteristische Veränderungen auf, die man insgesamt Photomorphosen nennt. Die Pflanzen bleiben chlorophyllos, haben auffällig lang gestreckte Internodien und stark reduzierte Blätter, während die Blattstiele wiederum verlängert sind. Diese Erscheinung wird *Etiolement* oder Vergeilung genannt. Die Ausbildung von Festigungselementen ist stark reduziert, so daß die langen Triebe, wie man sie z. B. bei den im dunklen Keller gekeimten Kartoffeln finden kann, bisweilen sogar umkippen. Das extreme Längenwachstum der Sprosse ist jedoch ökologisch sinnvoll, um so Pflanzen lichtloser bzw. lichtschwacher Standorte (z. B. in Felsspalten) möglichst schnell in eine lichtgünstigere Position zu bringen. Schon eine kurze Belichtung von nur wenigen Minuten Dauer pro Tag genügt nämlich, um die Chlorophyllbildung zu ermöglichen und Festigungselemente in normaler Weise auszubilden. Für die primär hierzu erforderliche Aufnahme des Lichtreizes wird ein *Hellrot-Dunkelrot-System,* das Phytochrom-System, verantwortlich gemacht.

Phytochrom liegt in der Pflanze in zwei relativ stabilen Formen vor, die reversibel ineinander überführbar sind. Die beiden Phytochrome

Tab. 21: Durch das Phytochromsystem (F als Effektor) gesteuerte Photomorphosen beim Senfkeimling (Sinapis alba) nach Mohr u. Schopfer

Hemmung des Hypokotyl – Längenwachstums
Flächenwachstum der Kotyledonen
Entfaltung der Lamina der Kotyledonen
Entwicklung der Primärblätter
Bildung von Folgeblatt-Primordien
Bildung von Xylemelementen
Differenzierung der Stomata in der Epidermis der Kotyledonen
Änderung der Intensität der Zellatmung
Synthese von Anthocyan
Steigerung der Ascorbinsäuresynthese
Steigerung der Chlorophyll a-Akkumulation
Steigerung der RNA-Synthese in den Kotyledonen
Steigerung der Protein-Synthese in den Kotyledonen
Intensivierung des Abbaues von Speicherfett
Intensivierung des Abbaues der Speicherproteine

zeichnen sich durch charakteristische voneinander abweichende Absorptionsmaxima aus. Phytochrom R (= P 660) ist ein offenbar blaugrünes, Hellrot absorbierendes Pigment, das sich als physiologisch inaktiv erwiesen hat. Demgegenüber ist das gelbgrüne Phytochrom F (= P 730) Dunkelrot absorbierend und physiologisch aktiv. In etiolierten Keimlingen liegt nur R-Phytochrom vor, das durch Hellrot in die aktive Form F überführt wird. Akzeptororgane für das Licht sind die Blätter und in blattlosem Zustand die Knospen. Im Sonnenlicht sind hellrote und dunkelrote Strahlung etwa zu gleichen Anteilen vorhanden, was in der dem Licht ausgesetzten Pflanze zu einem Gleichgewicht mit einem etwas stärkeren Anteil an Phytochrom F führt. Sonnenlicht wirkt dementsprechend wie Hellrot auf die Photomorphogenese.

Man nimmt an, daß es mehrere Angriffspunkte für das Phytochrom F gibt, von denen sich eine Reihe nur durch Genaktivierungen erklären lassen. Die in den Zellen für diese Prozesse benötigten Phytochromkonzentrationen sind daher äußerst gering. In Tab. 21 sind einige durch Phytochrom beeinflußte Photomorphosen aufgeführt.

4.4.2. Aufbau und Funktion der Blüte

4.4.2.1. Blüte und Blütenstände

Die *Blüte* ist als eine Sonderbildung der Samenpflanzen anzusehen. Sie fehlt bei allen anderen Pflanzengruppen. Blüten entstehen als Sproßabschnitte mit gestauchten Internodien. Am Vegetationspunkt entwickeln

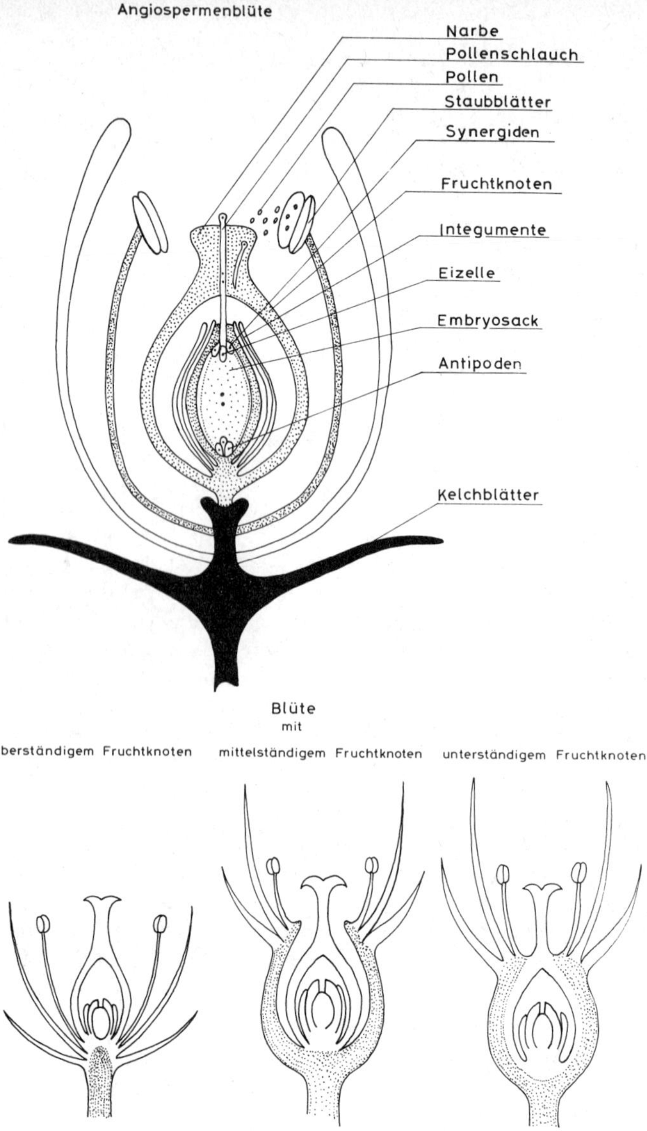

Abb. 84:
Aufbau der Angiospermenblüte und ihrer Organe (verändert nach FIRBAS, TROLL).

sich statt grüner Blätter: a. Hüllblätter, b. Staubblätter, c. Fruchtblätter (Abb. 84).

a. *Hüllblätter* kommen als einfache (ohne Kelch) oder doppelte in 2 Kreisen, Kelch und Krone, angeordnete Blütenhülle vor *(= Perianth).* Sind, wie bei zahlreichen monokotylen Pflanzen, beide Blütenkreise gleichgestaltet, spricht man von *Perigon* (Tulpe).

Kelchblätter schützen die Blütenknospen. Als Übergang zu den eigentlichen Blütenblättern können sie von *Hochblättern* abgeleitet werden, daher sind sie meist noch laubblattartig, grüngefärbt und zugespitzt.

Kronblätter dienen vielfach als Schauapparat zur Anlockung von Insekten, Vögeln oder Fledermäusen, die den Pollen übertragen sollen (s. S. 244). Infolgedessen besitzen sie oft lebhafte Färbung und enthalten dann kein Chlorophyll. Die Färbung kommt entweder durch Chromoplasten (Karotine rot, Xanthophylle gelb) oder im Zellsaft gelöste Anthocyane (rot bis blau) oder Flavone (gelb) (s. S. 240) zustande. Weiße Kronblätter enthalten zahlreiche luftgefüllte Interzellularen (Schneeflockeneffekt). Kronblätter können frei stehen oder miteinander verwachsen sein. Bei vielen Windbestäubern fehlen die Kronblätter teilweise oder ganz.

b. Die Gesamtheit aller *Staubblätter* wird *Androeceum* genannt. Staubblätter treten häufig in Vielzahl auf (Hahnenfuß-, Rosengewächse). Ein Staubblatt *(Stamen)* besteht aus dem Staubfaden *(Filament)* und dem Staubbeutel *(Anthere).* Den letzteren bilden 2 *Theken* mit je 2 *Pollensäcken.* Die beiden Theken werden durch ein steriles Mittelstück, das Konnektiv, zusammengehalten. Staubblätter lassen sich in Kronblätter umzüchten. Die Blattnatur der Stamina ist leicht dadurch nachweisbar, daß in solchen gefüllten Blüten gelegentlich sterile Übergangsformen zwischen Kron- und Staubblättern auftreten, die als Staminodien bezeichnet werden (Seerose, (Abb. 57)). In den Pollensäcken werden die Pollen gebildet. Ihre äußere Zellwand, die Exine, ist oft mannigfach strukturiert. So können sie besser an Insekten und an den Narben der Fruchtblätter haften. Windblütige haben entweder sehr kleine oder mit Luftsäcken versehene Pollen.

c. Die Gesamtheit aller Fruchtblätter *(Karpelle)* bilden das *Gynoeceum.* Die Karpelle sind durch Chloroplasten grün gefärbt und tragen die Samenanlagen. Bei den Nacktsamigen (Gymnospermae) bleiben sie offen und die Samenanlagen liegen an ihnen frei. Bei den Bedecktsamigen (Angiospermae) verwachsen sie zu einem oder mehreren *Fruchtknoten* und können in einem Griffel mit einer oder mehreren Narben enden. Die Narben der Windbestäuber sind oft büschelig fein zerteilt. Insektenblütige Narben haben häufig eine rauhe Oberfläche oder scheiden ein klebriges Sekret aus zum Anheften der Pollenkörner. Auch am Grunde der Blüte findet sich vielfach ein Drüsengewebe, die Nektarien, welche den Nektar ausscheiden. Von Drüsen können auch Duftstoffe zur Anlockung von Insekten abgegeben werden durch Sekretion ätherischer Öle. Zu den übrigen Blütenblättern kann der Fruchtknoten eine oberständige (Abb. 84) (Kreuzblütler), mittelständige (Steinobst), oder unterständige (Kernobst) Lage zum Blütenboden einnehmen. Blüten können einzeln stehen oder zu *Blütenständen (Infloreszenzen)* vereinigt sein.

Einige häufige sind hier aufgeführt (Abb. 85):

1. *Traube:* gestielte Einzelblüten befinden sich an einer Hauptachse (Johannisbeere).
2. *Rispe:* sie wird aus mehreren Trauben zusammengesetzt (zusammengesetzte Traube) (Hafer, Weinrebe).
3. *Ähre:* die Blüten sitzen ungestielt direkt an der Hauptachse (Weide).
4. *zusammengesetzte Ähre:* sie trägt an der Hauptachse zahlreiche Ährchen (Roggen, Gerste).
5. *Kolben:* er stellt eine Ähre mit angeschwollener Hauptachse dar (Mais).
6. *Köpfchen:* nur das Ende der Hauptachse ist verdickt (Klee).
7. *Körbchen:* das tellerartig verbreiterte Ende der Hauptachse ist mit zahlreichen Blüten besetzt (Löwenzahn).
8. *Dolde:* am Ende der Hauptachse entspringen zahlreiche gleichwertige Einzelblüten auf gleicher Höhe (Schlüsselblume).
9. *zusammengesetzte Dolde:* am Ende der Hauptachse entstehen anstelle von Einzelblüten wieder Dolden (Döldchen) (Möhre).
10. *Trugdolde:* bei der hier nur vorgetäuschten Dolde erfolgen die Abzweigungen nicht auf gleicher Höhe (Holunder).

4.4.2.2. Öffnungs- und Schließmechanismus der Blüten

Die Mehrzahl unserer Blüten ist tagsüber geöffnet, nachts geschlossen. Die Bewegung beruht auf einer gegensätzlichen Beeinflussung des Wachstums mal zugunsten der Ober-, mal zugunsten der Unterseite der Blütenblattbasis. Erfolgt diese tagesperiodische Bewegung auch unter konstanten Bedingungen, z. B. auch bei lang anhaltender Dunkelheit, so wird die Bewegung endogen gesteuert. Es handelt sich dann um eine in der Evolution erworbene genetische Anpassung an den 24stündigen Tag- und Nachtrhythmus. Diese *circadiane Bewegung* ist demnach unabhängig von äußeren Einflüssen; sie wird von der inneren *physiologischen Uhr* gesteuert (Tab. 22).

Bei sehr vielen Pflanzen läßt sich aber im Öffnen und Schließen der Blüten eine deutliche Abhängigkeit von Temperatur und Licht erkennen. So vermögen Krokus bereits auf eine Temperaturdifferenz von 0,2° C und die Tulpe auf eine solche von 1° C mit einer Öffnungs- bzw.

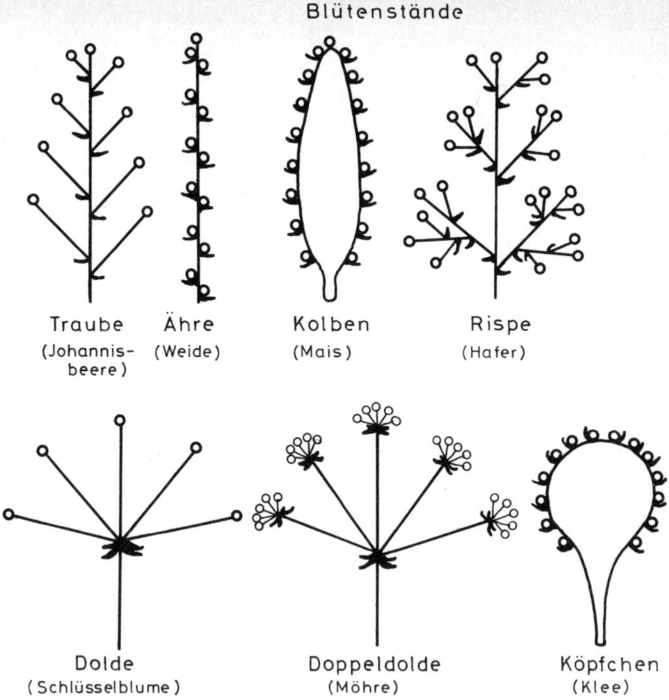

Abb. 85:
Schematische Darstellung von Blütenständen (verändert nach TROLL).

Schließbewegung zu reagieren. Es handelt sich dann um *thermonastische* Bewegungen. Andere Pflanzenarten reagieren sehr empfindlich auf Helligkeitsunterschiede. So vermag bei Enzianen bereits ein durchziehendes Wolkenfeld eine Schließbewegung auszulösen. Nachtblüher, wie z. B. die weiße Lichtnelke, verhalten sich umgekehrt. Diese *photonastischen* Bewegungen beruhen gewöhnlich auf dem unterschiedlichen Wachstum der Blütenblattober- oder -unterseite. Da die Tageszeit des Öffnens und Schließens ihrer Blüten bei zahlreichen Pflanzen artspezifisch variiert, hat der schwedische Botaniker Linné eine Pflanzenuhr entworfen, bei welcher auf einem kreisförmigen, in Sektoren unterteilten Beet die jeweilige Tagesstunde am Blütenschluß abgelesen werden kann (Linnésche Blumenuhr).

Tab. 22: Bewegungen von Organismen und Organen

autonome (= endogene) Bewegungen

durch innere, im Organismus liegende Reize ausgelöst

Nutationen	*autonome Turgorbewegungen*
Krümmungsbewegung durch ungleiches Wachstum verschiedener Organflanken, oft bei Keimlingen oder jungen Sprossen. Pendelbewegung bei Poaceen; bei der Asteracee Calendula Öffnen und Schließen der Blüten auch bei Dauerdunkel im 12stündigen Rhythmus; kreisende Bewegung (Circumnutation) bei Ranken und Winden	Pendelbewegung von Blättern durch ungleichzeitige Turgoränderung auf Ober- und Unterseite eines Blattgelenkes auch im Dauerdunkel. Schlafbewegung (circadiane Bewegung), d. h. Senkung des Blattes und Hebung in ≈ 12 Std.-Rhythmus entsprechend Tag- und Nachtwechsel bei vielen Leguminosen (Phaseolus, Robinia)

Bewegungen in Zusammenhang mit Reifungsprozessen

Turgordifferenzen zwischen bestimmten Gewebeschichten		Bewegung ausgelöst durch unterschiedlich hohen Wasserentzug von Geweben	
Turgorschleudermechanismen	Turgorspritzmechanismen	Kohäsionsbewegungen	Hygroskopische Bewegungen
z. B. Springkraut	z. B. Ausschleudern von Pilzsporen, Spritzgurke	Kohäsionskräfte im Füllwasser austrocknender meist toter Zellen bewirken Krümmungen, z. B. Anulus von Farnsporangien	Quellung und Entquellung toter Zellwände, z. B. Zapfenschuppen von Koniferen, Öffnen und Schließen der Hülsen vieler Leguminosen

Tab. 22: (Fortsetzung)

induzierte (= aitionome) Bewegungen		
durch äußere Reize ausgelöst		
freie Orts-Bewegungen	*Krümmungsbewegungen festsitzender Organe*	
Taxien	*Tropismen*	*Nastien*
a) pos. Taxis: Bewegung zur Reizquelle hin b) negat. Taxis: Bewegung von Reizquelle weg	Wachstumsbewegung durch Reizrichtung bestimmt	Turgorbewegung (selten auch Wachstumsbewegung) durch Bau des Organs, nicht durch Reizrichtung bestimmt
c) Topotaxis: gezieltes Hinschwimmen zur Reizquelle oder von ihr fort	1. Phototropismus (Lichtreiz) a) positiv: z. B. Sproßachsen b) negativ: z. B. Haftwurzeln, Rhizoide, Hypokotyl d. Mistel	1. Photonastie (Reizung durch Schwankung der Lichtintensität): z. B. Öffnen und Schließen von Blütenblättern
d) phobotaktische Reaktion: Einstellung zur Reizquelle durch zeitliche Wahrnehmung von Intensitätsänderungen 1. Phototaxis (Lichtreiz): z. B. Purpurbakterien, Euglena	2. Geotropismus (Reiz ausgehend von Erdbeschleunigung) a) positiv: z. B. Hauptwurzel b) negativ: z. B. Hauptsproß	2. Thermonastie (Reizung durch Temperaturänderungen), z. B. Öffnen und Schließen von Blütenblättern 3. Seismonastie (Erschütterungsreiz), z. B. Mimose
2. Chemotaxis (Konzentrationsgefälle chemischer Substanzen): z. B. Aufsuchen von Nahrungsquellen durch parasit. und saprophyt. Bakterien und Pilze, des Geschlechtspartners bei Gameten von Algen, Pilzen, Moosen und Farnen	3. Thigmotropismus (Berührungsreiz), z. B. Blattstiele von Tropaeolum, Luftwurzeln von Vanille 4. Chemotropismus (Reizung durch Konzentrationsgefälle chem. Subst.) z. B. bei Wurzeln, Parasiten. Insektivoren	4. Thigmonastie (Berührungsreiz), z. B. mitbeteiligt Ranken

4.4.2.3. Blüten- und Früchte-Pigmente

Die Vielfalt der Farbstoffe im Pflanzenreich hat im Sekundärstoffwechsel ihren Ursprung. Sie sind Terpenoidabkömmlinge wie die Karotinoide (auch der Alkohol Phytol als Chlorophyllbestandteil gehört hierzu) oder sie leiten sich von Phenolen ab (Anthocyane und Flavone). Die wichtigsten Unterscheidungsmerkmale beruhen auf ihrer Löslichkeit und der Lokalisation in der Zelle (Tab. 23).

Die Färbung der Blüten wird vornehmlich durch *Karotinoide* und *Flavanderivate* verursacht. Karotinoide liefern die roten bis gelben, die Flavanderivate weißlich-gelbe, rote und blaue Farben. Die letzteren, auch *Flavonoide* genannt, sind die größte Gruppe innerhalb der Phenolabkömmlinge. Gemeinsam ist ihnen das Flavangerüst (Abb. 86). Dies besteht aus 2 Benzolringen, die durch einen Sauerstoff enthaltenden heterozyklischen Ring miteinander verbunden sind. Die meisten Flavanderivate liegen in glykosidierter Form in der Vakuole vor, z. B.:

Anthocyan = Anthocyanidin + Zucker

Blaue und rote Farbtöne können auf die gleiche Anthocyanverbindung zurückführbar sein. So unterscheidet sich die rote Farbe der Rose im Molekülbau vom blau der Kornblume nur dadurch, daß in der Rose das Oxoniumsalz, in der Kornblume aber das Anthocyan als Metallkomplex gebunden an Al^{+++} und Fe^{+++} vorliegt. Oft wechselt die Blütenfarbe

Tab. 23: Charakteristika wichtiger Pflanzenfarbstoffe

Vorkommen in der Zelle	Löslichkeit	Bezeichnung	Farbe
Vakuole	wasserlöslich	glykosidierte Flavanderivate:	
		Flavone	gelb – weißlich
		Anthocyane	rot/blau
Plastiden	fettlöslich	Chlorophylle:	
		Chlorophyll a	blaugrün
		Chlorophyll b	gelbgrün
		Karotinoide:	
		Karotine	orange-rot
		Xanthophylle	gelb
Zellwand	wasserlöslich	Gerbstoffe	braun-rot-schwarz
		Berberin	gelb

während des Aufblühens von rosa nach blau. Die Anthocyane lassen sich als Reduktionsformen der Flavone auffassen.

Die Blütenfarbe bzw. Fruchtfarbe ist abhängig von:

1. Konzentration des Farbstoffes: Farbstoffe können mengenmäßig einen sehr hohen Anteil am Trockengewicht ausmachen, z. B. beim Stiefmütterchen bis zu 30%.
2. Art des Farbstoffes bzw. Farbstoffgemisches: häufig liegen mehrere Farbstoffe nebeneinander vor, z. B. beim Löwenmäulchen gelbe Plastiden und rote Vakuolenfarbstoffe. Auch dann, wenn die Blütenfarbe nur auf einer Farbstoffgruppe beruht, sind meist mehrere Vertreter davon vorhanden. Isolierte Anthocyanidine erwiesen sich in ihrer Färbung abhängig von der Zahl der Hydroxylgruppen am Ring B: mit zunehmender Zahl der Hydroxylgruppen vertieft sich der Farbton (Abb. 86).
3. PH-Wert: die Anthocyane sind im sauren Bereich rot, schlagen mit Annäherung an den Neutralbereich meist über blau bis nach gelb (Flavonfärbung) im stark basischen Bereich um.
4. Komplexbildung mit mehrwertigen Metallionen (z. B. Anthocyane): Es resultieren dann meist blaue Färbungen.
5. Copigmente können zur Farbverschiebung und -vertiefung beitragen.
6. Reifung: zahlreiche Früchte sehen in unreifem Zustand grün aus, und erst mit zunehmender Reifung treten rote oder gelbe Farbstoffe hervor. Diese können

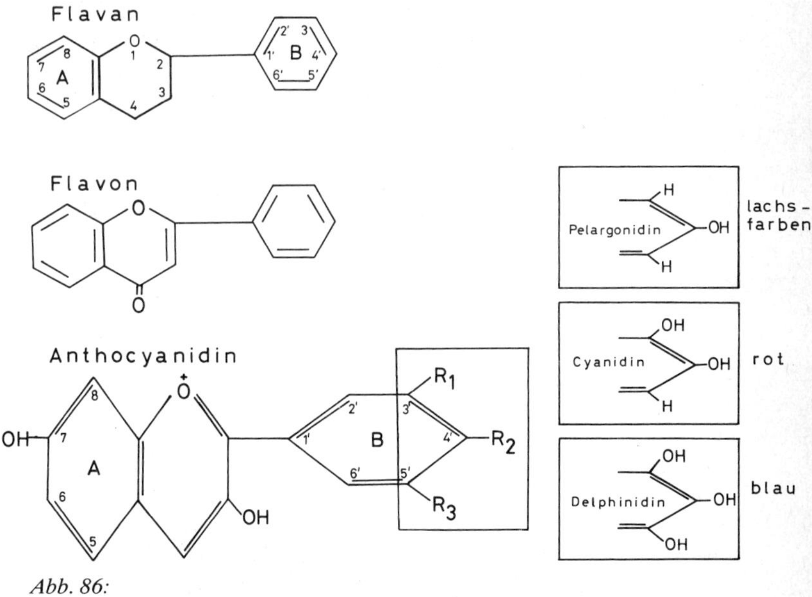

Abb. 86:
Struktur von Vakuolenfarbstoffen (nach HESS).

anfangs vom Chlorophyll überlagert gewesen sein und daher erst bei dessen Abbau sichtbar werden. Einige Farbstoffe werden aber auch erst während der Reifung gebildet. Das zu den Karotinoiden gehörende Lycopin, der Tomatenfarbstoff, ist in seiner Bildung stark temperaturabhängig: er entsteht nur innerhalb der Temperaturspanne zwischen 15–28° C. (Grüne Tomaten läßt man im Herbst bei Zimmertemperatur nachreifen.)

7. Beim Absterben von Zellen kommt es oft zu einer dunklen bis schwarzen Verfärbung (z. B. Druckstellen bei Bananen, angeschnittene Kartoffeln, Äpfel oder auch Pilze). In solchen Zellen liegen ungefärbte Verbindungen vor (sog. Chromogene). Bei dem nach Zerstörung der Zellen nunmehr möglichen Sauerstoffzutritt erfolgt unter Mitwirkung von Enzymen (Polyphenolasen) die Pigmentbildung. Es handelt sich vielfach um dehydrierte Phenole, die nun in ihrer chinoiden Form unmittelbar oder nach Verbindung mit zelleigenen Aminosäuren und Eiweißen als dunkel gefärbte *Melanine* sichtbar werden.

4.4.2.4. Bildung von Pollen- und Samenanlagen

Gymno- und angiosperme Pflanzen stellen den diploiden Sporophyten dar (s. S. 91), d. h. nach Verschmelzen der beiden Gametenkerne ist die Zygote zu dem herangewachsen, was wir als höhere Pflanze, als Kormophyt, ansprechen. Hier soll nur die Entwicklung der Gametophyten bei Angiospermen behandelt werden.

a) Männlicher Gametophyt

Im männl. Geschlecht erfolgt die Reduktionsteilung im Pollensack, in welchem Sporenmutterzellen die Meiose (s. S. 91) durchführen. Jede liefert vier haploide *Pollenkörner*. Sie können mitunter zur Tetrade vereinigt bleiben (Heidekrautgewächse). Jedes Pollenkorn ist ein männlich determinierter Gametophyt, dessen vegetative Zelle auf der Narbe des Fruchtknotens zum Pollenschlauch auswächst und ermöglicht, daß die beiden Gametenkerne die aus dem generativen Pollenkern hervorgehen, (anstelle von Gameten) die Befruchtung durchführen (s. S. 89).

b) Weiblicher Gametophyt

Der weibl. Gametophyt entsteht in der Samenanlage. In dem aus einem oder mehreren *Fruchtblättern* verwachsenen, hohlen Fruchtknoten befinden sich entweder eine, meist aber zahlreiche Samenanlagen. Am *Plazentagewebe* der Fruchtblätter bildet sich zunächst ein Nabelstrang *(Funiculus)*, der die Samenanlage trägt (Abb. 84). Sie besteht aus dem *Nucellus*, welcher von einer oder zwei Samenhüllen *(Integumenten)* umgeben wird. Diese lassen an ihrem Ende eine Öffnung, die *Mikropyle*, frei. Im (noch) diploiden Nucellusgewebe differenziert sich meist nur eine plasmareiche Zelle zur Embryosackmutterzelle. In ihr läuft die Meiose ab, die vier serial angeordnete Zellen liefert. Drei von diesen haploiden Zellen gehen zugrunde. Die übrig bleibende *Embryosackzelle*, der weibl. Gametophyt, macht mehrere Kernteilungen durch, ohne daß es zunächst zu entsprechenden Zellbildungen kommt. Auf dem 8-

Kernstadium ordnen sich je drei Kerne an den Zellpolen der Embryosackzelle und zwei im Zentrum an. Die der Mikropyle zugewandten Kerne lassen danach durch freie Zellbildung eine Gruppe von 3 Zellen entstehen, nach innen gerichtet die einzige *Eizelle* und nach außen zwei Hilfszellen *(= Synergiden).* Am anderen Pol entstehen *3 Antipoden* (-zellen). Die beiden restlichen in der Zellmitte befindlichen Kerne (die sog. Polkerne) vereinigen sich dort zum sekundären, *diploiden Embryosackkern* (Abb. 84). Danach ist die Samenanlage befruchtungsfähig. Die Befruchtung des weibl. Gameten, des Eies, erfolgt auf dem diploiden Sporophyten, der auch für die Ernährung des weibl. Gametophyten sorgt. Erst der nach der Befruchtung entstandene Same, der bereits den fertigen jungen Sporophyten enthält, dient der Verbreitung. In einzelnen systematischen Gruppen gibt es Abweichungen von der geschilderten Entwicklung.

4.4.2.5. Bestäubung und Befruchtung

Bestäubung und Befruchtung sind zwei verschiedene Vorgänge. Unter Bestäubung versteht man die Übertragung der Pollen auf die Narben der Fruchtknoten. Befruchtung bedeutet die Vereinigung männl. und weibl. Gameten bzw. der entsprechenden Kerne.

Getrenntgeschlechtliche Pflanzen, deren männl. und weibl. Blüten auf verschiedene Pflanzen verteilt sind, nennt man zweihäusig *(= diözisch)* (Hopfen, Brennessel, Weiden). Sind beide Geschlechter auf einer Pflanze vereint, bezeichnet man sie als einhäusig *(= monözisch)* (Mais, Hasel, Eiche, Buche). Die meisten Pflanzen haben sogar *zwittrige* Blüten mit beiden Geschlechtern in einer Blüte. Selbstbestäubung *(= Autogamie)* gibt es bei Weizen, Tomaten, Erbsen und Weinreben. Sie kann mitunter bereits in der noch geschlossenen Blüte erfolgen. Zumeist findet jedoch Fremdbestäubung *(= Allogamie)* statt, der besondere Einrichtungen dienen. Eine Selbstbestäubung wird z. B. durch *Heterostylie* erschwert. Die gleiche Art enthält dann Pflanzen mit langen Griffeln und kurzen, tief in der Krone sitzenden Antheren und andere kurzgriffige mit langen darüber hinausragenden Antheren (Primel). Manche Blüten verhalten sich auch entweder protandrisch oder protogyn, je nachdem ob erst die Antheren sich öffnen oder zunächst die Narben bestäubungsreif werden.

1. Bestäubung

Das Heranführen der Pollenkörner kann auf verschiedene Art und Weise erfolgen:

a) durch den Wind (Anemogamie)
b) durch das Wasser (Hydrogamie)
c) durch tierische Organismen (Zoogamie)

Anemogamie

Typische Windbestäuber sind die Kätzchenblütler (Hasel, Birke), bei denen nicht die Staubblätter, sondern hängende Blütenstände durch Pendeln im Wind die Pollen ausstäuben. Die Blütezeit dieser Holzgewächse vor dem Laubaustrieb gewährleistet die erforderliche „Trefferwahrscheinlichkeit", welche jedoch nur durch Produktion großer Pollenmengen erreicht wird. Auch die Nadelbäume sind anemogam. Da Bäume gleicher Art zur selben Zeit blühen, sammeln sich nach Niederschlägen die gelben Pollenkörner in Pfützen (Schwefelregen). Pollenkörner steigen in sichtbaren Wolken auf, wenn der Wind durch ein blühendes Roggenfeld streicht. Obwohl Pollen kilometerweit verfrachtet werden können, ist die Wahrscheinlichkeit einer Bestäubung bei Windblütlern nur in wenigen Metern Abstand vom Pollenspender gesichert. Der Nachteil der Windbestäubung liegt darin, daß keine zielgerichtete Verbreitung der Pollen erfolgt, sondern diese völlig von den jeweiligen Windverhältnissen abhängt. Daher findet man Windbestäubung vor allem in Wäldern, die aus einer beschränkten Zahl von Baumarten bestehen, oder in Monokulturen.

Hydrogamie

Die Wasserblütigkeit ist nur bei wenigen Pflanzen verbreitet. Es handelt sich meist um submerse Arten wie z. B. das Hornblatt (Ceratophyllum) oder die Seegräser, die fädige, bis zu 2 mm lange Pollen besitzen. Bei dem Wasserstern (Callitriche) erreichen schwimmende Pollen, bei der Wasserpest (Elodea) losgelöste männliche Blüten die zeitweise an die Wasseroberfläche gehobenen Narben. Von einigen aufrechten Napf- und Becherblumen wird berichtet, daß durch Regenwasser eine Selbstbestäubung ermöglicht wird (z. B. beim Hahnenfuß, Ranunculus).

Zoogamie

Aus der zufälligen Verteilung der Pollen bei Windblütigkeit dürfte sich mit zunehmender Artenzahl die zielgerichtete Bestäubung durch Tiere evoluiert haben, die heute im Naturhaushalt von großer Bedeutung ist. Die Blütenbestäubung wird vornehmlich durch Insekten, außerdem durch Vögel und Fledermäuse und in Australien auch noch durch Kletterbeuteltiere vollzogen.

Insekten mit saugenden Mundwerkzeugen (Bienen, Hummeln, Fliegen, Tag- und Nachtfalter) sind zum Teil ganz dem Blütenbesuch angepaßt. Zum Zweck der Übertragung muß der Pollen durch Strukturen der äußeren Zellwand oder durch einen aus klebrigen Substanzen bestehenden Pollenkitt am Tierkörper haften bleiben. Zur Anlockung der Bestäuber hat ursprünglich sicher der Nährwert der im Überschuß produzierten Pollen gedient. Sie sind reich an Kohlenhydraten, Fett, Eiweiß und Vitaminen. Solche Pollenblumen wie z. B. Anemone, Mohn (Papaver) sind für Insekten mit beißenden Mundwerkzeugen eine gute Nahrungsquelle. Schon wenig später dürfte sich in der Evolution auch die Ausscheidung zuckerhaltiger Säfte (Nektar) als attraktive weitere Nahrungsquelle angeboten haben. Die Mehrzahl aller heutigen Angiospermen-Blüten sind Nektarblumen. Viele Bestäuber werden durch Farbe und Duft angelockt. Die meisten Insekten reagieren auf gelb, grün, Hummeln und manche Dipteren bevorzugen Blau, einige Tagfalter rot. Eine starke Signalwirkung geht auch von einer UV-Reflexion der Blüten aus, welche zahlreiche Insekten (u. a. auch Bienen!) wahrzunehmen vermögen. So wird UV-Strahlung besonders von gelben (Senf, Sinapis) und violett bis tiefroten Blüten (Mohn, Papaver) reflektiert, weniger von weißen und grünen Blüten. Vogelblütigkeit (Ornithophilie) ist vorwiegend an die Farbe Rot gebunden, aber auch Gelb und Grün haben Signalwirkung. Kolibris suchen die Blüten auf, denen sie den Nektar im Schwirrflug entnehmen, während die Honigvögel gleiches im Sitzen tun. Diese roten Tropenblüten wie Hibiscus, Amaryllis, Aloe strömen keinen Duft aus. Dies ist dagegen der Fall bei den ebenfalls nur in den Tropen vorkommenden Fledermausblüten. Die meist dunkel gefärbten Blüten sind robust gebaut, enthalten viel Nektar und entwickeln starken Frucht- oder Gärungsgeruch.

Für den Blütenduft sind vielfach ätherische Öle, d. h. leicht flüchtige Terpen-Derivate verantwortlich. Viele Blütenblätter enthalten im Zytoplasma ätherische Öle, die durch die Epidermisaußenwand abgegeben werden und dort als Duftstoffe verdampfen. Bei einigen Arten werden sie auch durch Drüsenhaare oder Drüsenzellen ausgeschieden (z. B. Thymol bei Thymus).

Pflanzen, die von Dämmerungs- und Nachtinsekten bestäubt werden, strömen mit ihren leuchtend weißen, rosa bis hellvioletten Blüten einen intensiven Duft aus, der in einigen Fällen bereits gegen Mitternacht aufhört, in anderen bis zum Morgen andauert. Diese Blüten sind natürlich nachts geöffnet, z. B. beim Geißblatt (Lonicera), der Nachtviole (Hesperis) oder der weißen Lichtnelke (Melandrium album). Viele Fliegenblumen zeichnen sich durch Fäulnisgeruch aus. Ihre Blüten weisen vielfach eine schmutzig rot-grüne Fleckung auf. Bestimmte mechanische Einrichtungen der Blüten können mitunter eine Bestäubung sichern. Bekannt ist der Hebelmechanismus des Wiesensalbeis (Abb. 87). Dem honigsuchenden Insekt werden dabei durch lange Hebelarme die fertilen Pollensäcke auf den Rücken ausgedrückt; die gleiche Stellung nimmt bei älteren Blüten die erst dann bestäubungsfähige Narbe ein. Durch die frühere Pollenreife (Protandrie) wird Fremdbestäubung gewährleistet.

Eine Kesselfalle bilden die Blütenstände des Aronstabes (Abb. 87). Sie sind von einem weißen Hochblatt, der sog. Spatha, umgeben. Männl. und weibl. Blüten stehen getrennt am Grunde eines Kolbens, die männl. oberhalb der weibl. Durch Aasgeruch werden kleine Insekten in die Falle gelockt, in welche sie infolge der glatten Spathaepidermis fallen. Durch die Griffel steriler weibl. sog. Hindernisblüten bleiben sie solange im Innern des Kessels gefangen, bis die Antheren sich geöffnet und die Insekten mit Pollen bepudert haben. Erst danach welken die Hindernisblüten bei gleichzeitiger Einstellung der Geruchsentwicklung und lassen die Insekten frei. Diese werden zumeist in die nächste Falle gelockt und führen dort an den bereits fertilen weibl. Blüten Fremdbestäubung durch.

Eine spezielle Anpassung zwischen Pflanze und dem die Übertragung des Pollens gewährleistenden Insekt findet sich bei der Feige. Infolge jahrtausendelanger Kultur sind aus der Wildfeige zwei Varietäten der Kulturfeige entstanden, Ficus carica var. domestica, die sog. Haus- oder Eßfeige, und var. caprificus, die Holz- oder Bockfeige. Letztere, welche keine eßbaren Früchte liefert, enthält allein männl. Blüten und damit Pollen, welcher durch eine spezifische Gallwespe auf die var. domestica übertragen wird. Bei ihr finden sich zwei Typen von weibl. Blüten, einmal langgrifflige, welche Samen produzieren, und kurzgrifflige. In die kurzgriffligen „Gallblüten" legt das Insekt seine Eier. Sie dienen der Aufzucht der Larven. Der aus Südasien stammende Feigenbaum bildet Steinfruchtstände, bei

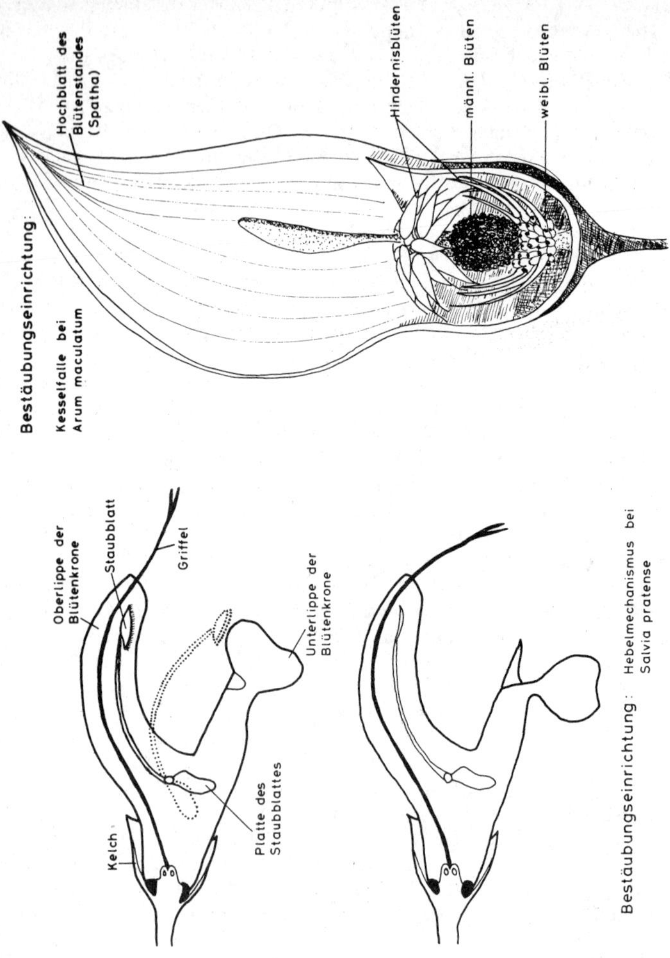

Abb. 87:
Bestäubungseinrichtung bei Aronstab (Arum maculatum) und Salbei (Salvia pratensis). (verändert nach WEBERLING/SCHWANTES)

denen die Blüten im Innern eines fleischig gewordenen Blütenbodens sitzen. Nur eine kleine Öffnung an der Spitze des krugförmigen Blütenbodens dient dem Ein- und Ausfliegen des bestäubenden Insekts. Feigen gedeihen heute vor allem rund um den Mittelmeerraum, wo sie frisch oder getrocknet gegessen werden. Frische Feigen enthalten 16% Zucker, getrocknete über 50% Saccharose. Hierdurch halten sie sich lange konserviert. Das bekannte Karlsbader Kaffeegewürz wird aus Feigen hergestellt.

Als letztes Beispiel für eine Insektenbestäubung seien noch die Täuschungsblüten erwähnt, die Insekten ohne Gegengabe anlocken. Eine solche Beziehung besteht z. B. bei Orchideen der Gattung Ophrys und den Männchen bestimmter Bienen-Gattungen oder der Grabwespe (Gattung Argogorytes). Die Blüten sind hier nämlich zu Weibchen-Attrappen umgebildet, indem Blütenmuster und Farbe dem gefalteten Insektenflügel entsprechen. Angelockt von dem Blütenduft, der dem Sexuallockstoff der Weibchen ähnelt, läßt sich das männliche Insekt auf der Blüte nieder. Die Haare an der Blütenlippe sind so angeordnet wie diejenigen auf dem Rücken des Weibchens. Durch diese taktilen Reize ausgelöste Begattungsversuche führen zum Abreißen der Pollenpakete (Pollinien) der Orchidee. Die Pollinien bleiben am Kopf oder Hinterteil (je nach Art des Insektes) kleben und sichern so die Bestäubung der Pflanze. Die Blüten enthalten keinen Nektar.

2. Befruchtung

Eine Befruchtung kann vonstatten gehen, wenn das Pollenkorn auf der Narbe keimt. Dieses muß nicht immer der Fall sein. Die Unverträglichkeit *(= Inkompatibilität)* zwischen Geschlechtszellen des gleichen Individuums oder der gleichen Sorte ist besonders vom Kern- und Steinobst her bekannt *(Selbststerilität)*. Hier unterbleibt entweder eine Keimung ganz oder der aus dem Pollenkorn sich entwickelnde Pollenschlauch stellt sein Wachstum bald wieder ein. Bei den angiospermen Pflanzen bringt der Pollenschlauch die beiden Spermakerne durch Griffel und Nucellus bis zum Embryosack. In ihm erfolgt eine *doppelte Befruchtung*. Einer der beiden Kerne vereinigt sich mit dem Eizellkern zur Zygote, der zweite verschmilzt mit dem bereits diploiden Embryosackkern zum *triploiden Endospermkern,* auf dessen Teilungen das im Samen befindliche Endosperm (Nährgewebe) zurückgeht (s. S. 167). Unter den Kulturpflanzen befinden sich einige Arten, die Früchte ohne vorhergehende Befruchtung entstehen lassen *(= Parthenokarpie)*. Diese ist bekannt z. B. bei Korinthen, Sultaninen, Orangen, Ananas, Bananen und neuerdings auch einigen Feigensorten.

4.4.3. Samenbildung

Aus der gesamten Samenanlage entwickelt sich nach der Befruchtung ein Samen, wobei die Integumente die Samenschale bilden. Letztere schützt den jungen Keimling (Embryo), der aus der Zygote in einer Reihe von Teilungsschritten entsteht. Diese Entwicklung des Keimlings wird durch die Samenruhe unterbrochen und erst bei der Keimung wieder aufgenommen (s. S. 168).

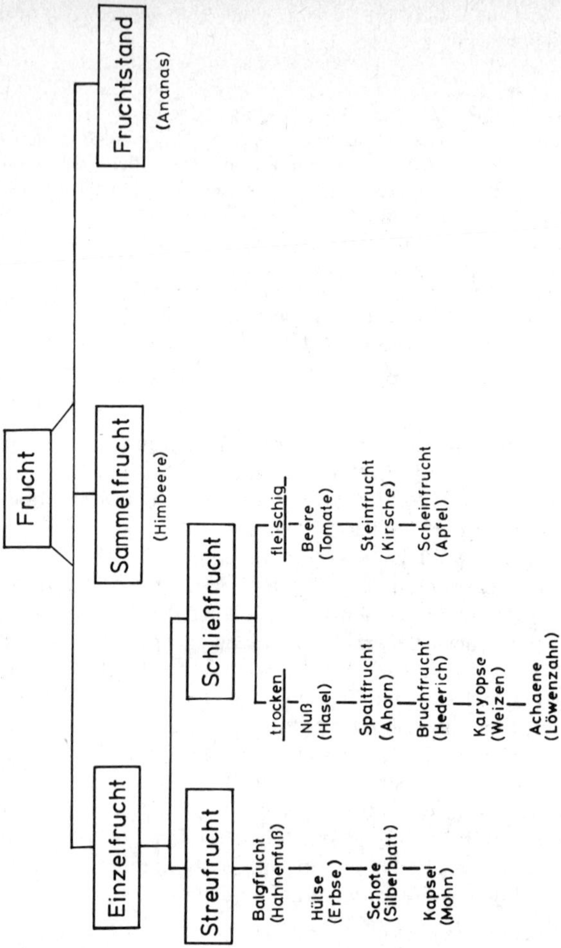

Abb. 88:
Übersicht über Fruchtformen.

4.4.4. Frucht

Aus der Blüte, vor allem aber aus dem Fruchtknoten, ist zur Zeit der Samenreife eine Frucht geworden. An der Fruchtbildung beteiligen sich nicht selten auch der Blütenboden und die Blüten-(-stands-)achse. Kelch-, Kron- und Staubblätter fallen nach Vertrocknen vielfach ab. Bei der Haselnuß und der Tollkirsche bleiben jedoch z. B. die Kelchblätter an der Basis der Frucht erhalten. Der aufgeblasene Kelch umgibt bei der Judenkirsche als „Laterne“ die Frucht. Eine Frucht kann saftig (fleischig) werden oder eintrocknen. Im letzteren Fall entsteht eine pergamentartige Fruchtwand. Die Fruchtknotenwände können sich jedoch auch mitunter durch Steinzellen zu einer festen Schale (Nuß) verhärten.

4.4.4.1. Fruchtformen

Die wichtigsten Fruchtformen lassen sich aus Abb. 89 ersehen:

a) *Einzelfrüchte* gehen aus einer Einzelblüte mit einem Gynoeceum hervor, dessen sämtliche Fruchtblätter miteinander verwachsen sind.
b) Bei den *Sammelfrüchten* haben die Karpelle ihre Eigenständigkeit behalten und jedes für sich ein Gehäuse gebildet. In einer einzigen Blüte entstehen danach mehrere bis viele Einzelfrüchte, die bei der Hagebutte z. B. durch den krugförmigen Blütenboden zu (scheinbar) einer Frucht vereinigt werden. Die Einzelfrüchte sind jedoch die im Innern befindlichen Nüsse. Bei der Erdbeere liegen die zahlreichen Einzelfrüchte (Nüßchen) auf dem angeschwollenen Blütenboden, dessen Fleisch fälschlich als Frucht angesehen wird. Auch Himbeere und Brombeere gehören zu den Sammelfrüchten. Bei ihnen sind Steinfrüchte über dem emporgewölbten leicht herauslösbaren Blütenboden zu Sammelsteinfrüchten verwachsen (Abb. 89).
c) Wie die Frucht auf die Einzelblüte, lassen sich *Fruchtstände* auf Blütenstände zurückführen.

Bei der Ananas verwachsen die parthenokarp sich entwickelnden Beeren mit der Sproßachse und den im Innern der Frucht fleischigen Tragblättern zu einem einheitlichen Verband. Die vieleckige Fruchtoberseite und die verhärteten Spitzen der Tragblätter bilden eine gemeinsame Fruchtstandoberfläche. Die obersten Blätter der Infloreszenzachse wachsen vegetativ durch zu einem rosettenartigen Schopf, der die Ananas krönt. Eine vegetative Vermehrung erfolgt durch Seitentriebe, die in den Achseln der basalen Rosettenblätter entstehen. Sie gelangen im Tropenbereich nach 1 bis 2 Jahren zur Blüte. Die Weltproduktion dieser heute auch frisch exportierten, zumeist aber in Dosen konservierten Früchte beläuft sich auf ca. 4,5 Millionen t.

Einzelfrüchte
Bei den Einzelfrüchten lassen sich Streu- und Schließfrüchte (Abb. 89) unterscheiden. Streufrüchte öffnen sich bei der Reife und geben die Samen frei. Schließfrüchte dagegen umgeben auch weiterhin mit ihrer Fruchtwand oder Teilen derselben die Samen, welche in dieser Form verbreitet werden.

α) Streufrüchte
1. Balgfrucht. Sie besteht aus einem einzigen Karpell. Dieses trocknet bei der Reife ein und öffnet sich an der Verwachsungsnaht (Bauchnaht) (Hahnenfußgewächse).
2. Hülse. Auch die Hülse besteht aus nur einem Fruchtblatt. Sie springt durch

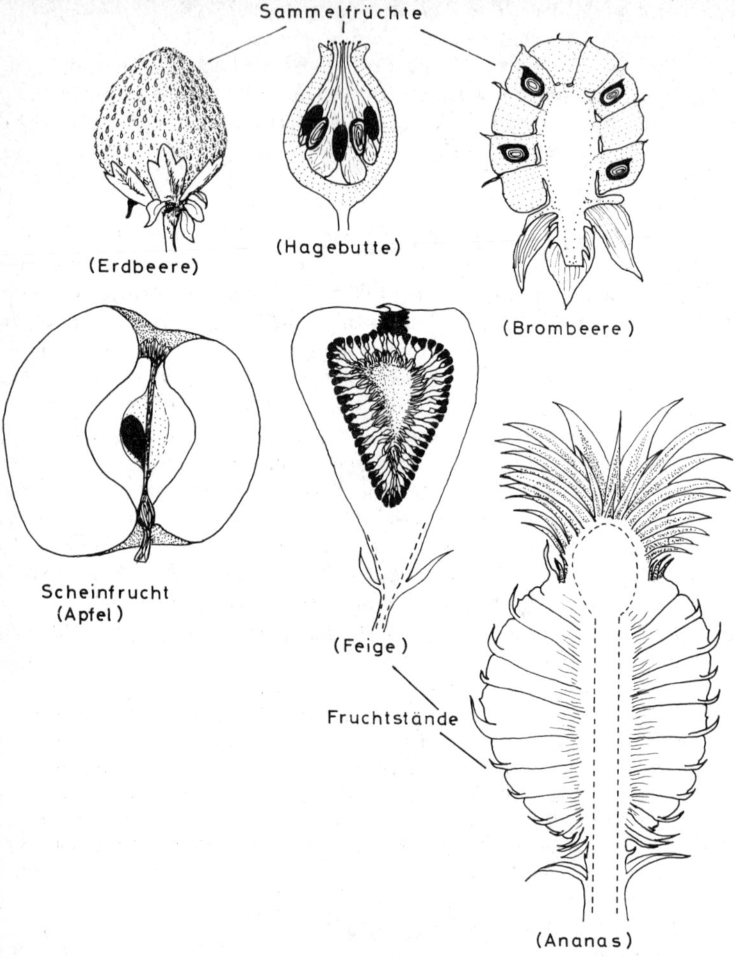

Abb. 89:
Fruchtformen.

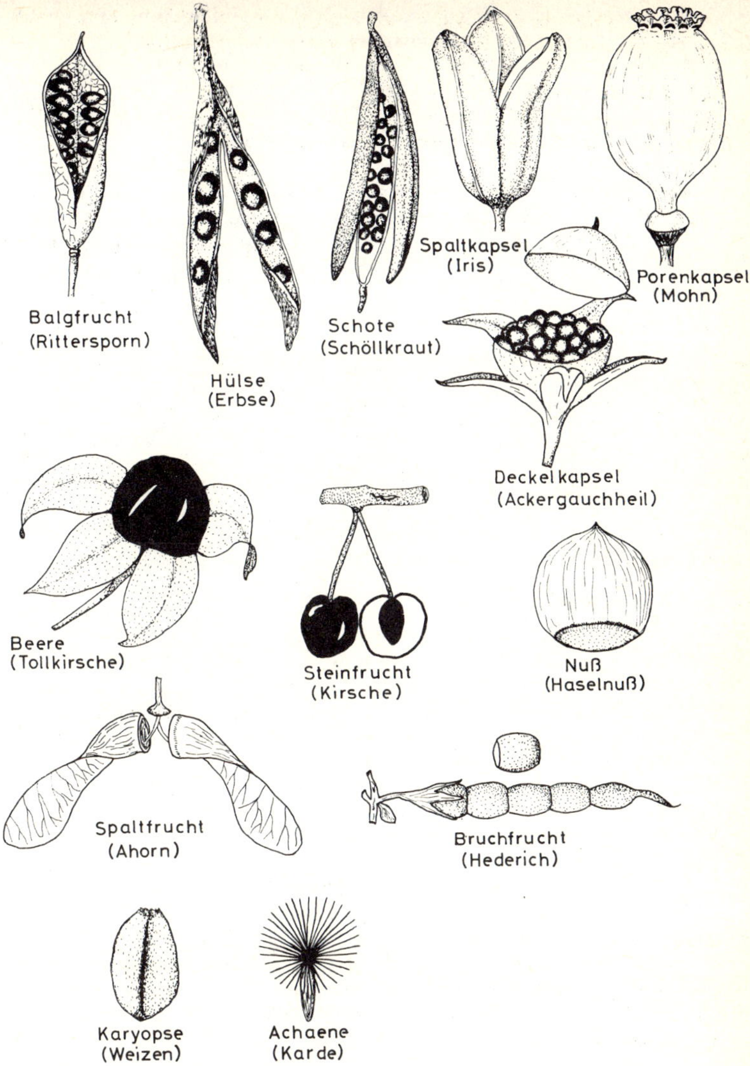
Balgfrucht
(Rittersporn)
Hülse
(Erbse)
Schote
(Schöllkraut)
Spaltkapsel
(Iris)
Porenkapsel
(Mohn)
Deckelkapsel
(Ackergauchheil)
Beere
(Tollkirsche)
Steinfrucht
(Kirsche)
Nuß
(Haselnuß)
Spaltfrucht
(Ahorn)
Bruchfrucht
(Hederich)
Karyopse
(Weizen)
Achaene
(Karde)

Eintrocknen bei der Reife jedoch zusätzlich an der Mittelrippe des Fruchtblattes (Rückennaht) auf (Leguminosen wie Erbse, Bohne, Linse).
3. Schote. Sie wird von 2 miteinander verwachsenen Fruchtblättern gebildet. Ihre pergamentenen Fruchtwandflächen lösen sich bei der Reife von einem Rahmen, der aus den vereinigten Karpellrändern („Scheidewand") hervorgeht. An ihm sitzen die zahlreichen Samen (Kreuzblütler wie Raps, Kohl, Silberblatt).
4. Kapsel. Stets mehrere Fruchtblätter beteiligen sich am Aufbau der trockenen rundlichen Fruchtkapsel. Scheidewände kammern sie. An letzteren entwickeln sich die Samen, welche nach Absprengen eines Deckels (Ackergauchheil), durch Brüche an den Scheidewänden (Tulpe) oder auch durch Poren am Deckelrand (Mohn) freigesetzt werden.

β) Schließfrüchte
1. Nuß. Die Wand der einsamigen trockenen Schließfrucht verholzt vollständig (Hasel, Eichel).
2. Spalt- bzw. Bruchfrucht. Die Spaltfrüchte zerfallen in so viele einsamige Teile, wie es der Anzahl an Fruchtblättern entspricht (Ahorn, Doldengewächse). Die Bruchfrucht zerbricht dagegen quer zur Richtung der Fruchtblätter. Die Anzahl der Fragmente ist abhängig von der Zahl der Samen (Hederich, Rettich).
3. Karyopse. Die einsamige Nuß der Getreide und anderer Gräser wird als Karyopse bezeichnet. Bei ihr ist die Fruchtwand mit der Samenschale fest verwachsen.
4. Achaene. Diese gleichfalls einsamige trockene Frucht trägt einen erst bei der Reife sich entwickelnden Federkelch (Löwenzahn), welcher der Windverbreitung dient oder als Kranz hakiger Borsten (Klette) im Vlies der Tiere haften bleibt.
5. Beere. Ihre gesamte Fruchtwand ist fleischig ausgebildet. Der Same kann nach Verzehr der Frucht zumeist den Darm passieren, ohne geschädigt zu sein (Tomate, Kürbis, Heidelbeere, Weinbeere, Zitrusfrüchte).
6. Steinfrucht. Bei der Steinfrucht sind die verschiedenen Schichten der Fruchtwand (= Perikarp) von unterschiedlicher Konsistenz. Der innerste Teil, das Endokarp, ist stets versteint (verholzte Steinzellen) (z. B. Kirschkern), das mittlere Mesokarp häufig fleischig, das äußere Exokarp häutig (Kirsche, Walnuß, Aprikose, Zwetschge). Bei der Kokosnuß bilden Fasern das Mesokarp.
7. Scheinfrucht. Der Blütenboden läßt durch intensives Wachstum die Scheinfrucht fleischig werden. Beim Kernobst liefern die Fruchtblätter das für den Genuß wertlose Gehäuse, während das Fruchtfleisch der Achse entstammt (Apfel, Birne). Das Dickenwachstum nimmt dabei ein derartiges Ausmaß an, daß sowohl der Blütenboden als auch der erhaltene Kelch in grubige Vertiefungen geraten.

4.4.4.2. Inhaltsstoffe von Früchten

Früchte dienen Tieren und Menschen als Nahrung; fleischige Früchte werden wegen Aroma- und Geschmacksstoffen als Obst und Gemüse verwendet. Der hohe Wassergehalt kann bei einigen Tieren den gesam-

Tab. 24: Inhaltsstoffe einiger Obst und Gemüse liefernder Früchte in 100 g eßbarem Frischgewicht.

Frucht	Wasser	Rohfaser	Mineral-stoffe	Vitamin A	Vit. B_1	Vit. B_2	Nikotin-amid	Vit. C
	g	g	g	I.E.	mg	mg	mg	mg
Apfel	86	0,9	0,4	20	0,03	0,03	0,25	22
Ananas	85	0,4	0,5	100	0,08	0,02	0,2	21
Aprikose	85	0,7	0,6	3000	0,04	0,05	0,8	7
Banane	76	0,9	0,9	400	0,04	0,05	0,7	11
grüne Bohnen	94	1,4	0,7	200	0,8	0,1	0,6	13
Zitrusfrüchte:								
Apfelsine	86	0,5	0,5	100	0,07	0,05	0,26	51
Grapefruit	89	0,3	0,4	100	0,05	0,03	0,23	45
Zitrone	90	0,9	0,5	100	0,05	0,02	0,17	53
Eierfrucht	93	0,9	0,5	20	0,04	0,05	0,06	5
Gurke	97	0,5	0,6	200	0,02	0,03	0,2	1
Johannisbeere								
rot	85	4,8	0,6		0,04	0,02	0,25	33
schwarz	82	5,7	0,6		0,05	0,03	0,3	136
Paprika	91	2,2	0,6	5600	0,06	0,05	0,33	139
Tomate	94	0,8	0,6	1200	0,06	0,04	0,53	24
Trauben	81	0,9	0,5	20	0,04	0,04	0,18	4

ten Wasserbedarf abdecken. Während Samen häufig wegen der energiereichen *Reservestoffe* verzehrt werden, tragen Früchte vor allem zur *Mineralstoff-* und *Vitaminversorgung* bei. Tab. 24 gibt wichtige Inhaltsstoffe einiger Früchte an. Einer Reihe von *Vakuoleninhaltsstoffen* kommt eine gewisse medizinische Bedeutung zu:

organische Karbonsäuren (z. B. Äpfelsäure, Zitronensäure, Weinsäure) stimulieren die Verdauung und wirken diuretisch (Obstkuren).
Flavonoide (besonders bei Zitrusfrüchten verbreitet) regulieren die Kapillarpermeabilität und festigen die Gewebe.
phenolische Verbindungen, wie Gerbstoffe, vermögen normalisierend die Darmflora zu beeinflussen.
Alkaloide und verschiedene *Glykoside* finden vielfältige Anwendung in der Medizin.

Im folgenden sollen einige wichtige Inhaltsstoffe noch besonders herausgestellt werden.

1. Vorkommen und Bedeutung niederer organischer Karbonsäuren

Im Zellsaft finden sich neben den Zuckern und Mineralsalzen die ebenfalls osmotisch wirksamen organischen Säuren. Die niederen organischen Säuren und Hydroxykarbonsäuren lösen die Geschmacksqualität sauer aus. Sie tragen damit wesentlich zum spezifischen Geschmack von Früchten und Säften bei. Die organischen Säuren liegen in den Zellen vorwiegend als Salze vor. Da nun die Säuren selbst nach ihrer Resorption im menschlichen Körper oxidiert werden, kann es bei reichlicher Aufnahme zu einer Beeinflussung des Mineralstoffwechsels im Sinne einer Alkalisierung kommen (Verabreichung von Zitrat, dem Salz der Zitronensäure, bei Gicht, um damit die Löslichkeit der in den Gelenken akkumulierten Harnsäure zu erhöhen). Eine weitere Bedeutung kommt den Karbonsäuren als Konservierungsstoffen zu. Mit ihrer Hilfe ist es vielfach möglich, Aciditätsstufen zu erreichen, die für viele nahrungsschädliche Bakterien wachstumshemmend wirken, andererseits aber für Mensch und Tier ohne Folgen sind.

a) Oxalsäure

läßt sich in mehr oder minder hohen Konzentrationen als Endprodukt des Stoffwechsels stets im Zellsaft finden. Die Oxalsäure liegt meist an Kalzium gebunden vor. Die *Kalziumoxalatkristalle* können ein sehr verschiedenes Aussehen zeigen (Abb. 90): Solitärkristalle finden sich bei der Vanille-Schote, Kristallsand in den Zellen der Kartoffel, Raphiden in der Ananas (auch im Spinat), Kristalldrusen kommen in Brombeeren vor. Harnstein wird auf die Bildung und Ablagerung unlöslichen Kalziumoxalats zurückgeführt.

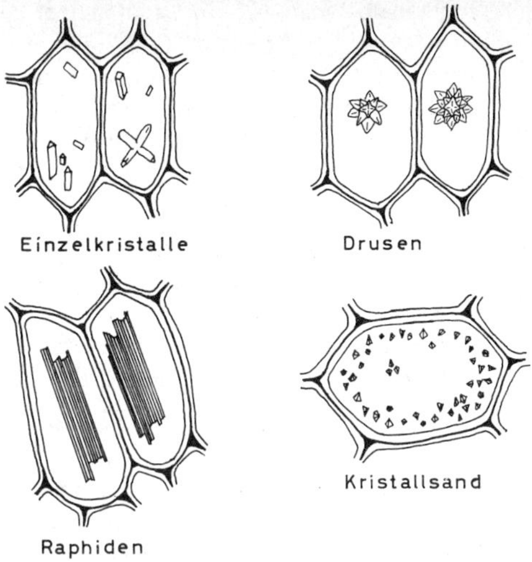

Abb. 90:
Häufige Formen von Ca-Oxalat-Kristallen (verändert nach TROLL).

b) Weinsäure

ist nach dem Vorkommen in Weintrauben benannt, kommt aber auch in anderen Früchten, z. B. der Ananas, vor. Als Weinstein setzt sie sich in Weinfässern und Flaschen am Boden ab.

c) Äpfelsäure

ist in Pflanzen außerordentlich weit verbreitet, kommt in einigen Früchten als dominierende Säure in der Vakuole vor, so z. B. in der Kornelkirsche (Cornus mas), in der Eberesche oder Berberitze. Berberitzenbeeren enthalten bis zu 6% Äpfelsäure. Weit verbreitet ist sie in Kern- und Steinobst. (Große Mengen an Äpfelsäure finden sich in den vegetativen Organen der Sukkulenten, wo sie bis zu 10% des Trockengewichtes ausmachen kann. Hierüber wurde bereits auf S. 126 berichtet.) Äpfelsäure ist angenehm im Geschmack, für den Organismus unschädlich. Sie wird – ebenso wie die Zitronensäure – bei der Zubereitung von Limonaden mitverwendet.

d) Zitronensäure

tritt gleichermaßen wie die Äpfelsäure als regelmäßiges Intermediärprodukt im dissimilatorischen Stoffwechsel (Zitronensäurezyklus) auf. Der Zitronensäuregehalt von Früchten südlicher Breiten ist weitaus höher als derjenige nördlicher. In Zitrusfrüchten kommt bis zu 9% Zitronensäure in der Trockensubstanz vor, rote Johannisbeeren enthalten um 1%. So kann man ein wärmeres Zitronensäureklima vom kühleren Äpfelsäureklima unterscheiden. Zitronensäure wird in der Medizin verwendet, da sie das Blutkalzium bindet und damit blutgerinnungshemmend wirkt. Zitratblut wird vielfach bei Transfusionen eingesetzt.

e) Ascorbinsäure

das Vitamin C, steht in der Struktur den Hexosen nahe und kommt im Organismus nebeneinander als Ascorbinsäure und Dehydroascorbinsäure vor (Abb. 91). Damit steht den Zellen ein wirksames Redoxsystem zur Verfügung, dessen Funktion aber (in der Atmungskette?) noch nicht geklärt ist. Bei Einwirkung von Luftsauerstoff oder Zusatz von Schwermetallsalzen wird die Ascorbinsäure zerstört. Vitamin C-Mangel

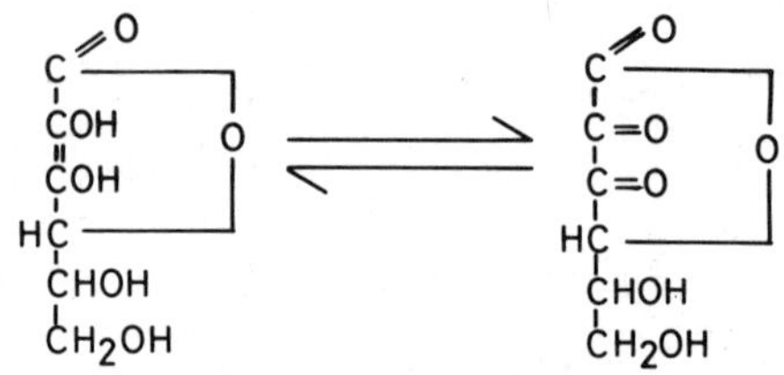

Ascorbinsäure Dehydroascorbinsäure

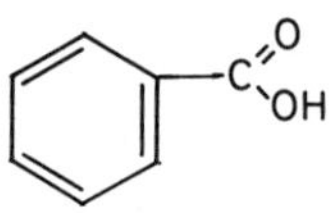

Benzoesäure

$H_3C-CH=CH-CH=CH-COOH$

Sorbinsäure

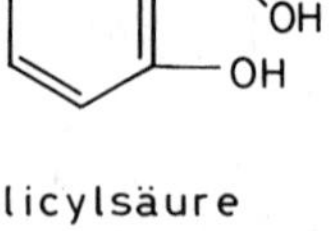

Salicylsäure

Abb. 91:
Struktur ausgewählter organischer Säuren.

Tab. 25: Vitamin C-Gehalt von Obst und Gemüse/100 g Frischgewicht

Gruppe I	0– 30 mg
Äpfel, Aprikosen, Trauben, Karotten, Kartoffeln, Tomaten u. a.	
Gruppe II	31– 50 mg
rote Johannisbeeren, Blumenkohl, Feldsalat, Schnittlauch u. a.	
Gruppe III	51–100 mg
Zitrusfrüchte, Erdbeeren, Rosen- und Grünkohl, Petersilie	
Gruppe IV	100–200 mg und mehr
Paprika, schwarze Johannisbeeren, Sanddorn	

führt beim Menschen zu Störungen des Kalkstoffwechsels, der sich in schweren Fällen durch Knochenbrüchigkeit, Zahnausfall und Blutungsneigung äußern kann. Diese als Skorbut bekannten Mangelsymptome wurden früher oft bei Schiffsbesatzungen beobachtet, die über längere Zeit hindurch keine Frischkost erhielten. Geringerer Ascorbinsäuremangel kann die Ursache für erhöhte Anfälligkeit gegenüber Infektionskrankheiten und Frühjahrsmüdigkeit sein. Der tägliche Bedarf an Vitamin C wird mit 70–100 mg angegeben. Der Gehalt verschiedener Pflanzenarten schwankt innerhalb weiter Grenzen, wie Tab. 25 zeigt.

f) Benzoesäure

(Abb. 91) ist in höheren Pflanzen weit verbreitet und am Aufbau verschiedener Glykoside, ätherischer Öle und Harze beteiligt. In freier Form liegt sie in Preißelbeeren und Moosbeeren vor. Die freie Benzoesäure wirkt als Antiseptikum. Daraus erklärt sich auch, daß gekochte Preißelbeeren nicht verschimmeln. So wird die Benzoesäure zur Nahrungsmittelkonservierung verwendet. Bereits in Konzentrationen von 0,1–0,4% ist sie gegen Bakterien, Hefen und Schimmelpilze wirksam.

Im menschlichen Körper verhält sie sich allerdings nicht völlig indifferent, da sie auf bestimmte Enzymsysteme, wie Lipasen und Katalasen, einen etwas hemmenden Einfluß auszuüben vermag. Im Körper wird sie nicht sofort abgebaut, sondern erst nach Bindung an Glykokoll findet in der Leber eine Entgiftung statt, wobei es zur Hippursäure und weiter zur Bildung von Harn kommt. Benzoesäure wird verwendet für Sauerkonserven, für Senf, Salatsoßen, Fischzubereitungen und Obstmuttersäften. Bei den im Bundesgebiet zugelassenen Konservierungsstoffen wirkt nur ihr nicht dissoziierter Anteil, denn allein das in saurer Lösung vorliegende undissoziierte Molekül vermag durch die Mikroben-Zellmembran zu diffundieren. Dies gilt gleichermaßen für die Sorbinsäure (Tab. 26).

Tab. 26: Nichtdissoziierter Säureanteil in %

bei pH	Benzoesäure	Sorbinsäure
3,0	94	98
4,0	60	86
5,0	13	37
7,0	0,15	0,6

g) Sorbinsäure

(Abb. 91) kommt in den Beeren der Eberesche (Sorbus) vor. Es handelt sich um eine doppelt ungesättigte Fettsäure mit 6 C-Atomen. Auch sie findet Anwendung zur Lebensmittelkonservierung. Sie hat einen schwach säuerlichen Geschmack und keinerlei Nebenwirkungen im Organismus. Im Körper wird sie ebenso wie Fettsäuren abgebaut, braucht also nicht entgiftet zu werden, eine Akkumulationsgefahr besteht nicht. Ihre Wirkung gegen Mikroorganismen (Blockierung von Enzymen) erstreckt sich besonders auf Schimmelpilze und Hefen, dagegen nur bedingt gegen Bakterien. Sie ist besonders im sauren Milieu unter pH 4 wirksam, im neutralen Bereich dagegen weniger. In Konzentrationen von 0,05–0,15% entfaltet sie bereits ihre volle Wirksamkeit, die durch natürliche Säuren, aber auch durch Kochsalz und Zucker, eine weitere Steigerung erfährt. Verwendet wird die Sorbinsäure für Obstsäfte, Sauerkonserven, Fischprodukte, Feinkostsalate, Senf, Süßwaren, Schnittbrot, Margarine, Käse u. a.

h) Salicylsäure

wurde früher (Abb. 91) ebenfalls zur Lebensmittelkonservierung benutzt. Während sie vor allem in Form ihrer Ester und Glykoside häufig in Pflanzen vorhanden ist, findet sie sich in geringen Mengen in Kirschen, Erdbeeren und Himbeeren auch in freier Form im Zellsaft. In der Pharmazie spielt sie als Schmerzdämpfungsmittel eine Rolle, das jedoch nicht ganz unschädlich für den Organismus ist.

2. Glykoside und Alkaloide

a) Oligo- und Polysaccharide gehören zu der chemisch sehr uneinheitlichen Gruppe der *Glykoside.* Gemeinsam ist ihnen, daß die Moleküle zusammengesetzt sind und mindestens einen Zucker enthalten. Jeder Zucker ist entweder mit einem weiteren durch eine glykosidische Bindung verbunden oder aber mit einer zuckerfreien Komponente, die Aglykon genannt wird. (Bei den Anthocyanen wurde bereits darauf verwiesen.) Die Mehrzahl der Glykoside besitzt einen bitteren Geschmack oder ein spezifisches Aroma, sie spielen daher in der Nahrungsmittelindustrie eine wichtige Rolle.

Das Glykosid aus den Früchten der Vanille zerfällt bei deren Bearbeitung (Wärmefermentation) durch enzymatische Hydrolyse in Vanillin und Glucose. Seit die Möglichkeit besteht, Vanillinzucker synthetisch herzustellen, hat der Anbau der in Mexiko beheimateten Vanilla planifolia (Orchidaceae) = Bourbonvanille, sowie der infolge anderer Beimengungen an ätherischen Ölen weniger wertvollen Tahiti-Vanille (Vanilla tahitensis) nicht in dem Umfang zugenommen, wie zu erwarten stand. Gerade die Beimengungen mit zahlreichen ätherischen Ölen zeichnen echte Vanille gegenüber synthetischem Vanillin aus.

In den Früchten von Steinobst, z. B. Aprikosen, Mandeln, Kirschen, Pflaumen, Pfirsichen, ist in den Kernen (Samen) das Glykosid Amygdalin vorhanden. Dieses besteht aus dem Diglykosid Gentiobiose und einem Aglykon, das aus Blausäure und Benzaldehyd (Bittermandel-Geruch) aufgebaut ist. Da in bitteren Mandeln (Prunus amygdalus var. amara) Amygdalin bis zu 8% enthalten ist, besteht beim Verzehr mehrerer bitterer Mandeln (ab ca. 7 Stück) akute Vergiftungsgefahr. Die für Backzwecke und zur Marzipanherstellung in großem Umfang angebauten süßen Mandeln (Prunus amygdalus var. dulcis) enthalten dieses Glykosid nur in ganz geringer Menge.

b) Alkaloide sind im Pflanzenreich weit verbreitet und können in allen Geweben entstehen bzw. abgelagert werden. Sie wirken in der Mehrzahl auf das Nervensystem ein. Daher spielen sie auch als Gifte in der Medizin eine wichtige Rolle (Tab. 27). In den Pflanzen kommen sie meist als Salze der Äpfel-, Wein- oder Zitronensäure in den Vakuolen vor. Vielfach finden sie sich als Glykoalkaloide, z. B. Digitalis-Glykoside. Solanine sind Alkaloidglykoside, z. B. in den Früchten des Nachtschattens (Solanum nigrum), in denen der Kartoffel (Solanum tuberosum) oder der Aubergine (Solanum melogena). Die Familie der Solanaceen ist besonders reich an Alkaloiden. Meist kommen neben einem Hauptalkaloid noch mehrere Nebenalkaloide vor. Aus der Fülle der alkaloidhaltigen Pflanzen sei hier exemplarisch nur das Opium besprochen. Es dürfte dies die alkaloidreichste Droge sein. Sie wird aus dem Milchsaft gewonnen, der beim Anritzen unreifer Fruchtkapseln des Schlafmohns (Papaver somniferum) austritt.

Opium enthält etwa	9%	Morphin (maximal 20%)
	5%	Narkotin
	0,3–0,8%	Kodein
	0,8%	Papaverin.

Narkotin und Morphin wirken schmerzlindernd; Kodein und Morphin beeinflussen jenen Teil des Hirnzentrums, der den Hustenreiz aufnimmt; daher kommen sie in Hustenberuhigungsmitteln vor.

Papaverin hat eine spasmolytische Wirkung.

Tab. 27: Herkunft bekannter Pflanzenalkaloide und ihre Bedeutung für den Menschen (stark vereinfacht).

Bezeichnung	Pflanzenname und Organ	Wirkung	
Opium-Alkaloide	Papaver somniferum (Schlafmohn) unreife Frucht	schmerzlindernd, beruhigend	Suchtgefahr
Kokain	Erythroxylum coca (Koka-Strauch) Blätter Cola verticillata (Kola-Baum) Samen	Anästhetikum, Rauschgift	Suchtgefahr
Lysergsäure-Derivate (LSD)	Ipomea violacea (tropische Winde) Blätter Claviceps purpurea (Mutterkorn) Pilz	Halluzinogene	Suchtgefahr
Psilocybin	Psilocybe mexicana (Teonanacall) Pilz	Halluzinogene	Suchtgefahr
Meskalin	Echinocactus-Arten (mexikanische Kakteen) Sproßachse	Halluzinogene	Suchtgefahr
Ergotamin, Ergotoxin	Claviceps purpurea (Mutterkorn) Pilz	Geburtshilfe	Therapeutika
Chinin	Cinchona succiruba (Chinabaum) Rinde	Malaria-, Grippemittel Wirkung auf Herzmuskel	Therapeutika
Atropin	Atropa bella donna (Tollkirsche) Früchte	Augenheilkunde	Therapeutika
Veratrin	Veratrum album (weißer Germer) Blätter	blutdrucksenkend	Therapeutika
Strychnin, Kurare	Strychnos nux vomica (Brechnuß) Samen	Wirkung auf Muskulatur	Therapeutika
Aconitin	Aconitum napellus (Eisenhut) Wurzel	schmerzlindernd bei Neuralgien	Therapeutika
Scopolamin, Hyoscyamin	Hyoscyamus niger (Bilsenkraut) Blätter	narkotische Wirkung	Therapeutika
Kolchizin	Colchicum autumnale (Herbstzeitlose) Früchte	Anwendung bei Gicht (Mitosegift)	Therapeutika
Nikotin	Nicotiana tabaccum (Tabak) Blätter	Blutgefäßverengend	Genußmittel
Purin-Alkaloide: Koffein, Theophyllin, Theobromin	Coffea arabica (Kaffee) Samen, Tee (Blätter), Kakao (Samen)	Blutdrucksteigernd, stimulierend	Genußmittel

4.4.4.3. *Verbreitung von Früchten und Samen*

Früchte, Fruchtstände oder auch Teilfrüchte, desgleichen die Samen, sind in mannigfacher Art und Weise an die verschiedenen Formen einer Ausbreitung angepaßt. Vier Hauptarten der Verbreitung lassen sich unterscheiden:

1. Selbstverbreitung (Autochorie)
2. Windverbreitung (Anemochorie)
3. Wasserverbreitung (Hydrochorie)
4. Tierverbreitung (Zoochorie)

Selbstverbreitung (Abb. 92)

a. Die einfachste Form der Selbstverbreitung ist das Zubodenfallenlassen.

b. Die Selbststreuer jedoch schleudern aktiv weg.

α) Der Mechanismus der Saftdruckstreuer beruht auf dem Turgor (s. S. 272), der bei der Spritzgurke einen Innendruck von 2,5 Atm erreichen und dadurch die Samen bis 10 m weit aus der Öffnung schießen kann. Gleichfalls durch Turgorerhöhung öffnen sich die Explosionskapseln des Springkrautes (Impatiens), wobei die zerreißenden Kapselteile die Samen fortschleudern (s. S. 273).

β) Die Austrocknungsstreuer nutzen hygroskopische Bewegungen (s. S. 277). Die Torsion der in der Mittagssonne platzenden Fruchtwände bei Hülsenfrüchten läßt sich als Knistern vernehmen. Bei Storch- und Reiherschnabelarten rollen sich die Grannen der Teilfrüchte ein. Quetschschleudern finden sich bei Stiefmütterchen und Veilchen.

c. Selbstableger versenken ihre Früchte durch Wachstum der Blüten- bzw. Fruchtstiele in den Boden (Erdnuß) oder Felsspalten (Zimbelkraut).

Windverbreitung.

a) Die Windstreuer schütteln die Samen nach Versteifung der Sproßachse bei der Reife durch ruckartige Bewegungen aus den Behältern (Glockenblume) oder lassen sie infolge ihres geringen Gewichtes (Mohnsame wiegt 0,5 mg) durch den Wind verblasen (Mohnkapseln).

b) Die Flieger können als Haarflieger durch am Samen oder an der Fruchtwand befindliche Haare oder Haarschirme (Baumwolle, Löwenzahn) oder als Flügelflieger wie Ahorn, Linde, Ulme, Hainbuche (Abb. 91) viele m weit getragen werden.

c) Ganze trockene Fruchtstände transportiert mitunter der starke Herbstwind als Steppenroller über kahle Flächen (Feldmannstreu).

Wasserverbreitung

a) Die Schwimmer verfügen über Lufträume in den Samen und zusätzlich über eine unbenetzbare Oberfläche (Seerose und andere Wasserpflanzen). Besonders mächtig ist das Schwimmgewebe der Kokosnuß durch ihr als Fasern ausgebildetes Mesokarp, so daß sie eine länger dauernde Verdriftung durch Meeresströmungen ohne Schaden übersteht.

b) Samen können aber auch durch Regentropfen verbreitet werden, sei es, daß die Kapsel sich nur bei Feuchtigkeit öffnet (Regenschwemmlinge, wie der Mauer-

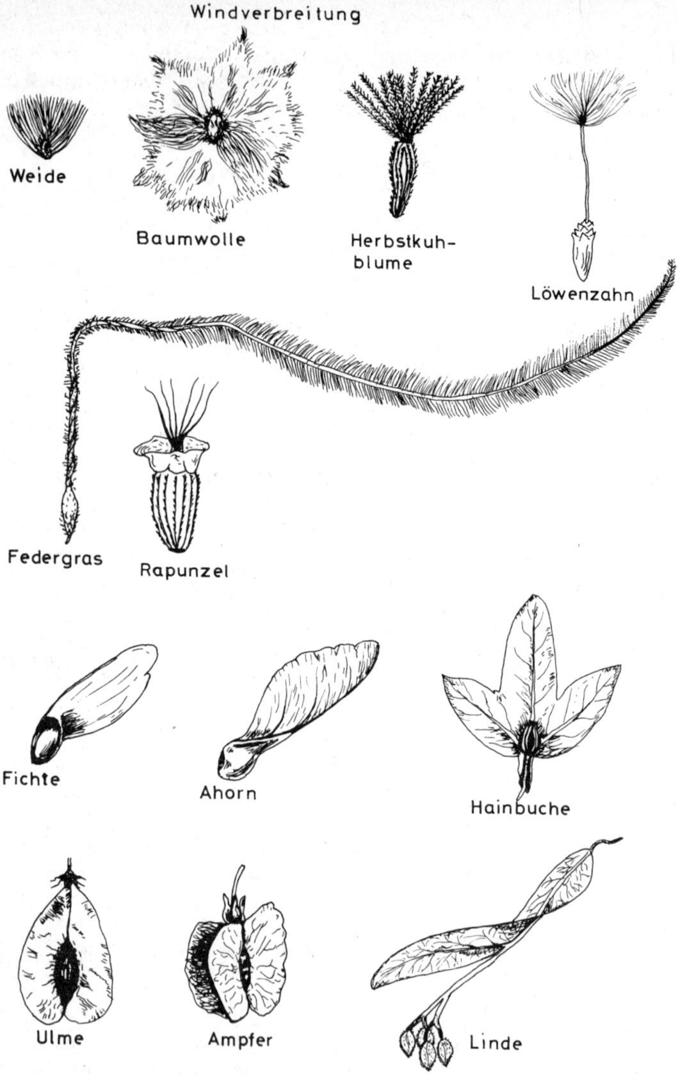

Abb. 92:
Möglichkeiten der Verbreitung von Samen und Früchten (verändert nach Ulbrich, Müller/Schneider).

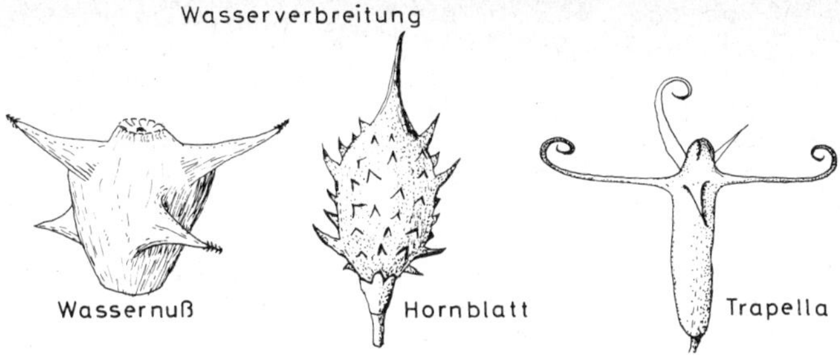

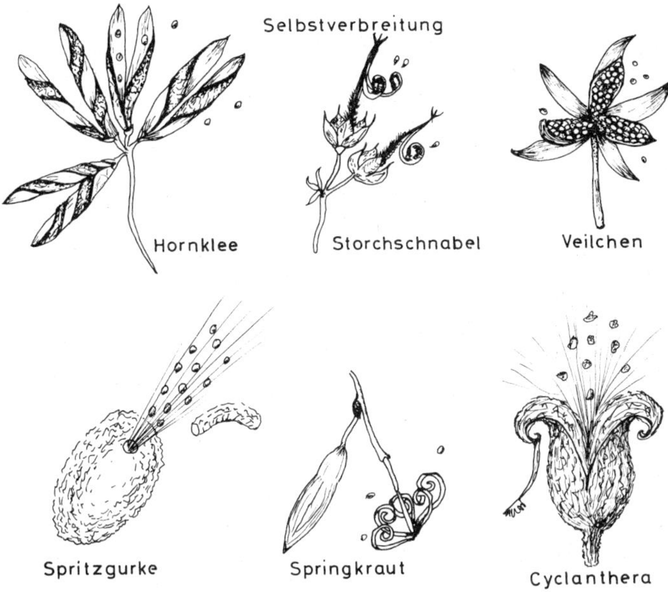

pfeffer) oder daß das Gewicht der Tropfen die Samen wegschleudert. Regenballisten sind z. B. die Täschelkräuter.

Tierverbreitung

Bei der Zoochorie muß man zwischen Epizoochorie und Endozoochorie differenzieren.

a) Die Epizoochorie bedeutet Transport durch äußeres Anheften an Tiere. Kleine Früchte und Samen von Sumpf- und Wasserpflanzen, ebenfalls mancher Ackerunkräuter werden mit feuchten Erd- und Schlammpartikeln an Füßen, Schnäbeln und Gefieder mitgeschleppt. Früchte und Samen können aber auch im nassen Zustand oder durch Drüsenhaare eine klebrige Oberfläche erhalten (Wegerich). Häufig finden sich auf der Fruchtwand Haare und Emergenzen, die für ein Verfangen im Vlies der Tiere sorgen (Kletten). Trampelkletten sind sogar an ein Mitschleifen durch Huftiere angepaßt.

b) Bei der Endozoochorie ist es wichtig, daß der Same oder die Frucht weder beim Kauen noch Passieren des Darmes Schaden nimmt. Dies trifft ganz besonders für Beeren zu, deren Samen zumeist unversehrt wieder ausgeschieden werden. Lockmittel wie Farbe und Geruch fördern eine Aufnahme genauso wie der Gehalt an energiereichen Inhaltsstoffen, Vitaminen und organischen Säuren. Die Verbreitung übernehmen die verschiedensten Tiergruppen.

α) Als älteste Form wird die Saurochorie angesehen. Wie Fossilfunde beweisen, ernährten sich zahlreiche Reptilien früher von Samen und Früchten, während heute nur wenige Eidechsen und Schildkröten zu den Pflanzenfressern zählen.

β) Demgegenüber spielt heute die Ornithochorie (Vogelverbreitung) eine bedeutende Rolle. Die meist lebhaft (besonders rot) gefärbten Früchte (Hagebutte) sind häufig weichschalig und fallen im Herbst nicht ab (Wintersteher). Körnerfresser zerkleinern nicht alle Samen, so daß ein Teil an anderem Ort zur Ausscheidung gelangt.

γ) Fledermausfrüchte stehen an exponierter Stelle im Geäst und zeichnen sich durch ihren Duft aus.

δ) Früchte und Samen, die von Säugern aufgenommen werden sollen, fallen dagegen häufig zu Boden. Sie locken vielfach durch intensiven Duft (Apfel, Aprikose, Pfirsich). Bei der Vorratswirtschaft, die manche Nager betreiben (Eichhörnchen), entgeht stets ein Teil dem Verzehr (Nüsse, Eicheln), da er nicht wiedergefunden wird.

ε) Verschiedene Ameisenarten nehmen gleichfalls zahlreiche Früchte und Samen auf (= Myrmecochorie). Diese haben dann vielfach gewisse Anhängsel (Elaiosomen), die durch ihre Nährstoffe als Lockmittel dienen. Solche Elaiosomen finden sich an den Samen vom Veilchen, Bärlauch, Schneeglöckchen, Taubnessel, Schöllkraut usw.

ζ) Auch der Mensch verbreitet Samen (= Anthropochorie). Diese können sich an seiner Kleidung anheften (Klebkraut) oder von verzehrten Früchten (Obst) stammen. Manche werden unabsichtlich durch Verkehrsmittel verschleppt, wie Wegerich (von Europa nach Amerika, die Pflanze wurde von den Indianern „Der Tritt des weißen Mannes" genannt) und Franzosenkraut gezeigt haben. Bei den Kulturpflanzen jedoch wurde die Ausbreitung bewußt vorgenommen.

5. Wasserhaushalt der Pflanze

5.1. Wasser in der Pflanze

5.1.1. Wassergehalt pflanzlicher Gewebe

Das Wasser stellt den weitaus größten Anteil am Frischgewicht einer Pflanze. Dies ist verständlich, da nur bei ausreichender Wasserversorgung ein geregelter Stoffwechsel ablaufen kann. So enthält das Protoplasma im Durchschnitt 85–95% Wasser, und selbst lipidreiche Organellen wie Chloroplasten und Mitochondrien weisen immer noch mehr als 50% Wasser auf. In Tab. 28 sind die Wassergehalte einiger wichtiger Kulturpflanzen angegeben. Daraus geht deutlich hervor, daß erst bei den im Ruhezustand befindlichen Samen die Wassermenge deutlich abnimmt.

Der Übergang vom Wasser- zum Landleben mußte für die Pflanzen eine beachtliche Erschwernis in der Aufrechterhaltung der für die Lebensvorgänge notwendigen Plasmahydratation zur Folge haben. Die höheren Pflanzen sind in das Dampfdruckgefälle (Wasserpotentialgefälle) zwischen dem Boden (Wurzelbereich) und der Atmosphäre (Sproßbereich) eingeschaltet. Die terrestrischen Protophyten befinden sich zwar in der Mehrzahl nur in einem Medium (z. B. Bakterien im Boden, Bakterien auf Blättern), jedoch fehlt ihnen ein wirksamer Verdunstungsschutz, wie ihn die Kormophyten besitzen. Als ortsgebundene Organismen sind die Pflanzen auf die am Standort zur Verfügung stehenden Wasservorräte angewiesen. Je geringer und ungeregelter die Wasserversorgung ist, desto schwieriger wird die Anpassung.

Tab. 28: Wassergehalt pflanzlicher Nahrungsmittel (Angaben in % des Frischgewichts)

Gemüse:		Obst und Beerenfrüchte:		
Kartoffel	76	Äpfel	84	
Karotten	87	Pflaumen	80	
Rosenkohl	85	Apfelsinen	84	(mit Schale)
Spinat	93	Tomaten	93	
Kopfsalat	95	Bananen	74	
Steinpilze	87	Erdbeeren	85	
Erbsen, unreif	78			
Nüsse:		Getreide:		
Eßkastanien	47	Roggen	13	
Walnußkerne	7	Weizen	12	
Haselnußkerne	7	Hafer	10	
		Roggenbrot	44	
		Weizenbrot	34	

5.1.2. Grundtypen des Wasserhaushalts: Poikilohydre und Homoiohydre.

Nach ihrer Fähigkeit, Austrocknung ohne Schädigung überstehen zu können, werden zwei Pflanzentypen grundverschiedenen Wasserhaushalts einander gegenübergestellt: poikilohydre, d. h. *wechselfeuchte* Arten, und homoiohydre, *eigenfeuchte* Arten.

a) Poikilohydre: diesem Wasserhaushaltstyp gehören vor allem die auf das Land übergegangenen niederen Pflanzen an, die auf einer frühen Stufe der Evolution verblieben sind: hierzu zählen eine Reihe von Bakterien, Blaualgen, Grünalgen (aus der Gruppe der Protococcales), Kieselalgen, manche Pilzmyzelien und einige Moose. Auch höhere Pflanzen machen regelmäßig Entwicklungsstadien durch, in denen sie eine Austrocknung vertragen. So verlieren Farnsporen, Samen und Pollen auch nach längerer Aufbewahrung bei Lufttrockenheit nicht ihre Keimkraft. Unter den Kormophyten gibt es ganz wenige Blüten- und Farnpflanzen, die sekundär zur Poikilohydrie zurückgekehrt sind (unter den Gymnospermen ist kein Vertreter dieses Wasserhaushaltstyps bekannt).

Die Poikilohydren sind in ihrer Lebensaktivität völlig vom Dampfdruck (Bezugsgröße: = bar oder rel. Luftfeuchtigkeit in %) ihrer Umgebung abhängig: das Plasma samt seinen Organellen ist ein *Quellkörper.* Infolgedessen wird zur freien Verfügung stehendes Wasser vom Protoplasten bis zur Sättigung aufgenommen. Diese Quellung wird mit Verringerung des Wasserangebotes rückläufig und zugleich der Stoffwechsel immer mehr eingeschränkt. Im lufttrockenen Zustand ist die Pflanze inaktiv *(latentes Leben),* vermag aber nach Befeuchtung (bei einigen Arten bereits bei Steigerung der rel. Luftfeuchtigkeit) sehr schnell die volle Stoffwechselaktivität zu erreichen. Dies erscheint recht sinnvoll, da in manchen Regionen oder an bestimmten Standorten ausreichende Wassermengen nur kurze Zeit zur Verfügung stehen; man denke z. B. an Wüstengegenden oder an offen liegende Gesteinsblöcke, die von Krustenflechten besiedelt werden. Dort vermag die Nettophotosynthese nach dem Durchzug treibenden Nebels oder nach Benetzung durch Tau kurzfristig stark anzusteigen und zu einer positiven Bilanz zu führen.

Zytologisch sind poikilohydre Arten dadurch gekennzeichnet, daß sie *keine Zentralvakuole* besitzen. (Eine Ausnahme machen die sekundären Poikilohydren, z. B. die Hautfarne.) Sind kleine Vakuolen vorhanden, so können diese Substanzen enthalten, die – wie Fette – nur eine geringe Volumenänderung der Zellen bei Austrocknung zulassen. Damit wird das Protoplasma vor zu starker mechanischer Beanspruchung, die zu irreparablen Strukturänderungen führen

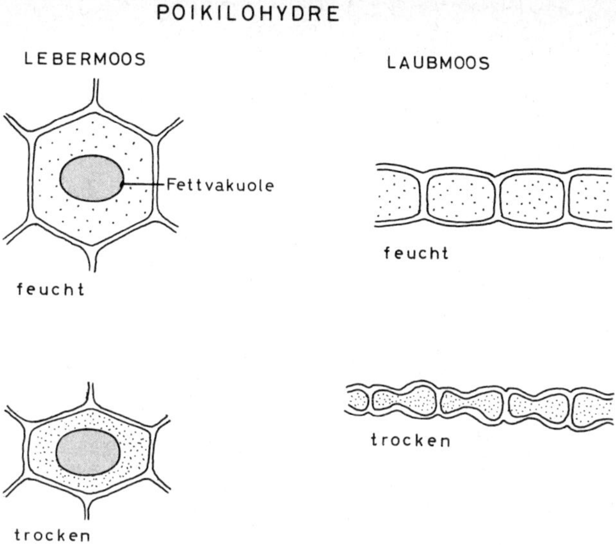

Abb. 93:
Makroskopische Zellveränderungen poikilohydrer Leber- und Laubmoose bei Wasserentzug (verändert nach STOCKER).

könnte, geschützt. In gleichem Sinne läßt sich die leichte Einfältelung (Abb. 93) der Zellwände deuten, die bei manchen Poikilohydren zu beobachten ist. Die Feuchtigkeitsgrenze (Hydraturgrenze), von der ab die einzelnen Arten aktiv werden, ist spezifisch und bestimmend für die Verbreitung. Dies kann auch von praktischer Bedeutung sein: Hausschwamm wächst nur dann im Holz weiter, sofern die Luftfeuchtigkeit über 97% (–41,1 bar) liegt. Die meisten Bakterien weisen ihre optimale Entwicklung bei einer Luftfeuchtigkeit von 98% (–27,2 bar) auf, nur wenige sind bei 96% (–55,2 bar) noch aktiv. Etwas mehr Trockenheit vertragen die Streptomyceten, die noch bei 91% (–127 bar) rel. Feuchte keimen können, ihre Optimalentwicklung aber bei 95–96% rel. Feuchte haben. Die geringsten Feuchtigkeitsansprüche stellen die Schimmelpilze, die zwar auch um 90% (–142 bar) rel. Feuchte am besten gedeihen, jedoch noch bis 70% (–482 bar) keimen können. Dies hat zur Konsequenz, daß eine Konservierung organischer Stoffe wie Heu, Holz, Textilien vor Schimmelbildung nur möglich ist, wenn die Luftfeuchte am Lagerungsort unter 70% bleibt. (Chemische Konservierungsstoffe sind hier nicht berücksichtigt.) Die Poikilohydren spielen auf dem Lande nur eine

Tab. 29: Grundtypen des Wasserhaushalts

	Poikilohydre (wechselfeuchte Arten: Wasserpotential entspricht dem der Umgebung)	Homoiohydre (eigenfeuchte Arten: Wasserpotential unabhängig von dem der Umgebung)
Verbreitung:	in allen Klimagebieten bevorzugt: a) Regen-Nebel-Hochgebirgswälder b) Nebelwüsten	in allen Klimagebieten von sehr nassen bis sehr trokkenen Standorten vorkommend
Ordnungsstufe:	viele Thallophyten, sehr wenige Kormophyten (einige Farne, Blütenpflanzen, Gräser); Samen, Sporen, keine Gymnospermen	wenige Thallophyten, fast alle Kormophyten
anatomische Charakteristik:	Kutikula fehlt, keine oder kleine (lipoidhaltige) Vakuolen; Stomata fehlen bei Thallophyten	bei Kormophyten Stomata und Kutikula vorhanden große Vakuole
Wasseraufnahme:	Wasseraufnahme über gesamte Oberfläche durch Quellung, Nutzung von Nebel- und Tauwasser, teils auch des Wasserdampfes der Luft	Blattaufnahme des Nebel- und Tauwassers stark reduziert bis auf Pflanzen mit Saugschuppen (z. B. Ananasgewächse); Wurzel als Aufnahmeorgan des Bodenwassers
Dürreresistenz:	Austrockungsfähiger Protoplast; Überdauern im Zustand latenten Lebens; Wassergehalt ~ 5% (Farn Ceterach ~ 3% Wassergehalt Flechte Ramalia ~ 1% Wassergehalt Strauch Myrothamnus ~ 0,5% Wassergehalt)	Verlust der Austrocknungsfähigkeit des Protoplasten; morphologisch-ökophysiologische Anpassungen an Wasserverfügbarkeit: Hydrophyten Helophyten Hygrophyten Mesophyten Xerophyten Sukkulente Therophyten und Geophyten

untergeordnete Rolle. Sie sind dort im Vorteil, wo kurze Anfeuchtungszeiten mit häufigen Trockenzeiten wechseln. Ihre optimale Entwicklung finden sie an feuchten Standorten, wo sie auch in größeren Mengen und üppiger vorkommen, z. B. in Gebirgswäldern, in den Regen- und Nebelwäldern der tropischen und subtropischen Regionen.

b) Homoiohydre: Die eigenfeuchten Pflanzen sind weitgehend unabhängig von den Wassergehaltsschwankungen ihrer Umgebung geworden, sofern die Dürrezeit nicht zu lange anhält. Diese wird im *aktiven Zustand* überdauert. Voraussetzungen hierfür bieten große *Vakuolen* in den Zellen als Wasserdepot, Ausbildung von *Abschlußgeweben mit Verdunstungsschutz, Regulierung der Wasserabgabe* (Transpiration), Verankerung der *Wurzel* im wasserführenden Boden. Dort wechselt der Feuchtigkeitsgehalt weit weniger als in der Luft. Die zur Aufrechterhaltung einer ausgeglichenen Wasserbilanz erforderliche komplizierte Organisation führt bei den Homoiohydren dafür aber zum Verlust der Austrocknungsfähigkeit (Tab. 29).

5.1.3. Wasser in der Zelle

Wasser hat für die Pflanze Bedeutung als
a) Lösungsmittel
b) Substrat für chemische Reaktionen
c) Voraussetzung für den Stabilität verleihenden Wanddruck (Turgor)
d) Transportmittel

Damit stellt sich die Frage, wie das Wasser in die Pflanze gelangt, und welche Kräfte für die Wasserbewegung verantwortlich sind.

5.1.3.1. Mechanismus der Wasseraufnahme in Zelle und Gewebeverband

Für die Wasseraufnahme in eine Zelle sind vorwiegend Diffusion und osmotische Kräfte verantwortlich. Bei trockenen Samen muß eine Quellung vorausgehen.

5.1.3.1.1. Diffusion

Wirft man Kochsalzkristalle oder ein Stück Zucker in ein wassergefülltes Glas, so geht die Substanz in Lösung. Bei ihrer ständigen Eigenbewegung (Brown'sche Molekularbewegung) stoßen die am Rande der zu lösenden Substanz befindlichen Moleküle sowohl an dicht gepackte gleichartige wie an die weniger dicht gepackten Wassermoleküle. Entsprechend diesem Potentialgefälle kommt es zu einem Konzentrationsausgleich zwischen den Molekülen der zu lösenden Substanz und denen des Wassers (Abb. 94). Diesen Vorgang bezeichnet man als Diffusion.

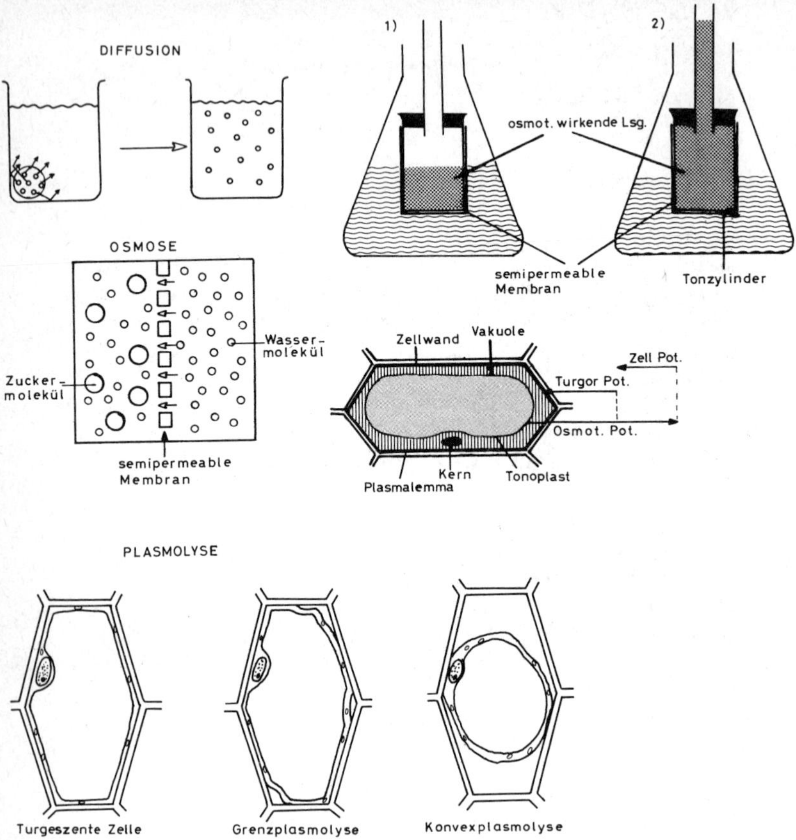

Abb. 94:
Diffusion, Osmose und Plasmolyse; die Zelle als osmotisches System (kombiniert nach versch. Autoren).

Die Diffusion spielt für den intrazellulären Stofftransport eine wichtige Rolle. Dagegen ist sie für den Ferntransport in der Gesamtpflanze ohne Bedeutung, da die Diffusionsgeschwindigkeit zur Überwindung größerer Strecken eine zu lange Zeit benötigt. Die *Brown'sche Molekularbewegung* nimmt mit steigender Temperatur zu, so daß auch die Diffusionsgeschwindigkeit dann höhere Werte erreicht. Sie ist abhängig von der Konzentration und Viskosität des Plasmas.

5.1.3.1.2. Osmose

Die ausgewachsenen lebenden Zellen der homoiohydren Pflanzen besitzen meist eine große Zellsaftvakuole. In ihr befinden sich gelöste Substanzen, die eine osmotische Wirkung entfalten; es sind dies vor allem Zucker, Mineralsalze und organische Säuren. Unter Osmose versteht man die Diffusion durch eine *semipermeable (selektiv durchlässige) Membran,* die zwar die kleineren Moleküle eines Lösungsmittels (Wasser), nicht aber die größeren Moleküle der gelösten Substanz (z. B. Zukker) durchläßt. Im Modell kann man den Vorgang der Osmose an der Pfefferschen Zelle demonstrieren (Abb. 94). Der Botaniker PFEFFER erhielt ein der Pflanzenzelle entsprechendes System, indem er die Poren eines Tonzylinders mit einer semipermeablen Niederschlagsmembran aus Ferrocyankupfer verschloß. Der Tonzylinder ist in etwa mit der Zellwand, die Niederschlagsmembran mit dem Plasmalemma und dem Tonoplasten vergleichbar. Nach Einfüllen einer konzentrierten Zuckerlösung in den so präparierten Zylinder, der sich in einem Gefäß mit destilliertem Wasser befindet, diffundieren Wassermoleküle in diesen hinein. Dagegen können die Zuckermoleküle infolge ihrer Größe die semipermeable Niederschlagsmembran nicht (nach außen) passieren. Die Zuckerlösung entspricht dem Zellsaft. Je konzentrierter dieser ist, d. h. je höher das osmotische Potential zwischen der Lösung und dem Wasser ist, desto schneller und desto mehr Wasser wird angesogen. In dem Maße, wie diese Saugspannung infolge Konzentrationsausgleich abnimmt, steigt der hydrostatische Druck im Tonzylinder. Die sich immer mehr verdünnende Zuckerlösung wird in dem Steigrohr erst dann stehen bleiben, wenn die gleiche Anzahl von Wassermolekülen in den Zylinder hinein wie durch den Gegendruck nach außen dringt.

Jede Lösung hat einen potentiellen osmotischen Druck, der häufig auch als *„osmotischer Wert“* bezeichnet wird. Dieser ist abhängig von der Lösungskonzentration und dem Dissoziationsgrad. Vergleicht man nun den osmotischen Druck einer 10%igen Rohrzuckerlösung mit dem einer 10%igen Traubenzuckerlösung, so erreicht letztere höhere Werte: entscheidend ist nämlich nicht die prozentuale Konzentration der Lösung, sondern die Anzahl der gelösten Teilchen. Diese ist in der Traubenzuckerlösung bei gleicher prozentualer Konzentration weitaus höher als in der Rohrzuckerlösung. Traubenzucker hat ein kleineres Molekulargewicht. Stellt man von Trauben- und von Rohrzucker molare Lösungen her (enthalten in 1000 ml H_2O so viel Gramm Substanz, wie dem Molekulargewicht entspricht), so sind eine 34,2%ige Rohrzuckerlösung und eine 18,0%ige Traubenzuckerlösung äquimolar. *Äquimolekulare Lösungen* besitzen den gleichen osmotischen Druck, sie sind *isotonisch.* Diese Gesetzmäßigkeiten gelten für alle nicht dissoziierenden Moleküle.

Salze, die in wässrigen Lösungen dissoziieren, d. h. bei denen Moleküle in positiv geladene Kationen und negativ geladene Anionen zerfallen (z. B. NaCl in Na^+ und Cl^-), weisen infolge höherer Anzahl gelöster Teilchen auch einen höheren osmotischen Druck auf.

Wird eine mit Lösung gefüllte Pfeffersche Zelle, ein Osmometer, nicht in destilliertes Wasser, sondern in eine Lösung mit einem höheren osmotischen Potential (höhere Konzentration) getaucht, so strömen nun die Wassermoleküle aus dem Osmometer in die umgebende konzentriertere Lösung. Es findet demnach stets eine Wanderung der Wassermoleküle von der weniger konzentrierten *(= hypotonischen)* zur mehr konzentrierten *(= hypertonischen)* Lösung statt.

Bringt man eine Pflanzenzelle in destilliertes Wasser, so besteht ein *osmotisches Potential* zwischen der Lösung in der Vakuole und dem reinen Wasser (s. S. 277). Dieses wird daher von dem hypertonischen Zellsaft angesogen. Die in der Vakuole befindlichen Substanzen weisen osmotische Potentiale auf, die bei der Mehrzahl der Pflanzen zwischen (−)5 bis (−)20 bar liegen. Sie steigen bei Trockenheit an und können an Salzstandorten über (−)150 bar liegen (s. S. 374). Ein Austritt der in der Vakuole befindlichen Stoffe unterbleibt, solange der Tonoplast für die Stoffe impermeabel ist. Zerstört man die Semipermeabilität des Tonoplasten z. B. durch Kochen, so werden die Inhaltsstoffe frei (Kirschen oder Erdbeeren färben Wasser erst beim Kochen, wenn es zum Verlust der Semipermeabilität der Membranen kommt, und somit der in den Vakuolen befindliche Farbstoff Anthocyan in das Wasser gelangen kann).

Steht einer Pflanzenzelle eine ausreichende Wassermenge zur Verfügung, so befindet sie sich in einem Zustand, den man *Turgor* bzw. *Turgeszenz* (turgere = anschwellen) nennt. Bei zunehmendem Wassergehalt der Vakuole wird das Plasma durch den hydrostatischen Druck *(= Turgordruck)* gegen die begrenzt quellbare Zellwand gepreßt, von der ein numerisch gleicher Gegendruck (= Wanddruck) ausgeht. Der Wassergehalt der Zelle befindet sich im Gleichgewicht, wenn der hydrostatische (osmotisch bedingte) Turgordruck dem entgegengerichteten Wanddruck entspricht (Abb. 94).

5.1.3.1.3. Plasmolyse

Osmotische Vorgänge lassen sich mikroskopisch gut an Zellen mit einer Zentralsaftvakuole verfolgen. Legt man eine Zelle in ein hypertonisches Medium, so wird der Zelle solange Wasser entzogen, bis die Wasserpotentiale der Innenlösung (Zellsaft) und der Außenlösung einander entsprechen. Die Zellwand entspannt sich mit zunehmendem Wasserverlust und dem nachlassenden Turgordruck. Mit dem Fortschreiten dieses als Plasmolyse bezeichneten Vorganges löst sich der Protoplast – zumindest stellenweise – von der Zellwand und rundet sich dabei ab. Er bleibt aber mit der Zellwand durch zarte Plasmafäden, die *Hechtschen Fäden*, verbunden. Es handelt sich bei diesen um verlängerte, ausgezogene Plasmodesmen, die ja auch für die Verbindungen zu den Nachbarzellen sorgen. Wird eine plasmolysierte Zelle nun in eine hypotonische (geringer konzentrierte) Lösung übergeführt, so dringt das Wasser aus dieser Lösung wieder in die Zelle ein. Bei dieser *Deplasmolyse* wird mit zunehmender Wasserfüllung der Vakuole der Protoplast immer mehr gegen die Zellwand gepreßt und der Turgordruck damit verstärkt. Die Zelle erhält wieder ihre Turgeszenz zurück.

Die Plasmolyse kann zur Bestimmung des potentiellen osmotischen Drucks des Zellsaftes dienen, indem die Konzentration der Außenlösung ermittelt wird, die bei 50% der Zellen des untersuchten Gewebes zur gerade beginnenden Plasmolyse führt. Dieses Stadium wird „*Grenzplasmolyse*“ genannt. Zellen, die längere Zeit in einem Plasmolytikum liegen, weisen dennoch häufig eine Deplasmolyse auf. Dies zeigt, daß demnach osmotisch wirksame Stoffe aus dem Plasmolytikum schließlich doch die beiden Membranen (Plasmalemma und Tonoplast) haben passieren können. Die Membranen sind also genau genommen nicht semipermeabel, sondern selektiv permeabel. Sie lassen schnell die kleinen Moleküle des Wassers durchtreten, die etwas größeren osmotisch wirksamen Substanzen jedoch entsprechend langsamer.

5.1.4. Gewebespannung – Turgorbewegungen

Schon der Turgor der Einzelzelle, mehr noch derjenige eines Gewebes (Gewebespannung), dienen der Festigkeit. Ein prall mit Wasser gefülltes Gewebe hat einen hohen Turgor, ist turgeszent. Turgorbewegungen sind an lebendes Protoplasma gebunden. Sie sind rein mechanischer Art und beruhen auf dem unter Zerreißung erfolgenden Spannungsausgleich eines die Dehnbarkeit einer Zelle oder Gewebeverbandes überschreitenden Turgordruckes. Oft wird dieser Prozeß durch Berührung oder Erschütterung und die damit verbundene mechanische Zusatzkraft beschleunigt. Turgorbewegungen stehen vielfach im Dienste der Samen- oder Sporenverbreitung.

Zelluläre Turgormechanismen findet man bei den Sporangien zahlreicher Pilze. Bei Pilobolus kommt es zum Abschuß des Sporangiums über mehrere Meter, weil der Turgordruck der Trägerzelle sich zunächst unter Dehnung auf etwa das Doppelte seines Ausgangswertes erhöht. Damit wird schließlich das Stadium erreicht, in dem die Zellwand an einem unelastischen Ring unter dem Sporangium explosionsartig aufplatzt.

Plötzlicher *Ausgleich einer Gewebespannung* findet beim Springkraut statt. Die Frucht ist eine fünffächrige Kapsel. Das unter Turgordruck stehende Gewebe liegt außen, das Widerstandsgewebe innen. Die Fruchtblätter haben daher die Tendenz, sich nach innen aufzurollen. So reißen bei Überschreitung der maximal möglichen *Grenz-Gewebespannung* die Nähte ruckartig auf, und die an der Mittelsäule sitzenden Samen werden fortgeschleudert (Abb. 92).

Zu den Turgorbewegungen gehört auch die oft durch Erschütterungsreize ausgelöste Bewegung der Mimose (Zusammenklappen der Fiederblättchen und Senken der Blattstiele). Diese als seismonastisch bezeichnete Reaktion wird durch Turgorschwankungen ausgelöst und läßt sich daher auch beliebig oft wiederholen.

Am Öffnen und Schließen von Blüten als Reaktion auf Temperatur *(Thermonastie),* Licht *(Photonastie)* oder chemische Einflüsse *(Chemonastie)* sind sowohl Turgorschwankungen als auch Wachstumserscheinungen beteiligt (s. S. 236/Tab. 22).

Gemeinsam handelt es sich um Krümmungsbewegungen, deren Richtung durch den Bau des Organs festgelegt und daher von der Richtung des Reizes unabhängig ist.

5.1.5. Quellung

Unter Quellung versteht man die Flüssigkeits- oder Dampfaufnahme einer hochmolekularen Substanz unter *Volumenzunahme.* Die Wasseraufnahme ist ein rein *physikalischer Vorgang,* der nicht an lebende Strukturen gebunden ist. Quellung und Entquellung sind reversibel. Die Wasserverfügbarkeit der poikilohydren Pflanzen ist an den jeweiligen Quellungszustand gebunden.

In trockenem Zustand sind die makromolekularen Bausteine des Quellkörpers (z. B. Stärke, Zellulose, Eiweiß) so dicht gelagert, daß zwischen ihnen keine größeren, lufterfüllten Hohlräume vorhanden sind. Auf Grund ihrer elektrischen und Adhäsions- (Anheftungs-) Kräfte haben die Quellsubstanzen aber das Bestreben, Wasser anzuziehen. Bei Wasseranlagerung verringern sich die Anziehungskräfte zwischen den Makromolekülen bzw. Molekülaggregaten. Diese weichen nun auseinander und werden von Wasserhüllen umgeben *(Hydratationswasser).* Dieses an Kolloide gebundene Hydratationswasser hat zwar nur einen Anteil von 5–10% des gesamten Wassers in der Zelle, ist aber in dieser Größenordnung absolut lebensnotwendig. Schon eine geringe Verminderung dieses Gehaltes führt zu Strukturstörungen des Protoplasmas und damit schließlich zum Zelltod. Neben den Hydratationskräften kommen für die Wasserbindung in geringerem Umfang kapillare Kräfte in den intermizellaren Räumen zum Tragen.

Man unterscheidet *unbegrenzte* und *begrenzte Quellung.*

Bei der begrenzten Quellung wird ein Quellungsmaximum erreicht, das auch bei höheren Temperaturen nicht überschritten werden kann. Infolge verschiedenartiger Bindungskräfte bleiben die Moleküle bzw. Mizellen (Molekülaggregate) des Quellkörpers netzartig untereinander verbunden. Begrenzt quellbar sind z. B. Zellulose und Stärke.

Zu den unbegrenzt quellbaren Substanzen gehören die Proteine des Zytoplasmas. Sie werden durch die eindringenden Wassermoleküle völlig auseinandergedrängt und bilden dann ein Kolloid. Die Ladung der Kolloidteilchen ist entscheidend für die Anzahl der festgehaltenen Wassermoleküle. Die Proteine sind vorwiegend negativ geladen und werden von den Wasserdipolen so umlagert, daß deren positive H^+ Pole dem Kolloid zugekehrt sind. Die Wassermoleküle ordnen sich dann in einem dichten Schwarm um das Teilchen und bilden eine Wasserhülle (Quellungswasser) (Abb. 95). Die Wasserbindungskräfte nehmen mit der Entfernung vom Kolloid ab, so daß das äußere Wasser nur noch sehr locker gebunden ist und schließlich als freies Wasser zum Dispersionsmittel wird. Diese Form eines kolloidalen Quellkörpers wird *Sol* genannt. Durch Wasserentzug oder durch Entladung (die Ladung stellt ja die Grundlage für die Hydratation dar) verliert sich die Wasserbindung; die Kolloidteilchen verfestigen sich wieder; damit ist der *Gel*-Zustand erreicht.

Der Quellungsgrad wird durch *anorganische Ionen* beeinflußt, da diese die Größe der Wasserhüllen um hydrophile Kolloide herum verändern. Die Ionen besitzen in Abhängigkeit von ihrem Durchmesser und ihrer Wertigkeit einen unterschiedlich dicken Wassermantel. Bei negativer Ladung eines Kolloidteilchens werden von diesem um so mehr Kationen angezogen, je kleiner deren Wassermantel ist. Unter den Alkalien besitzt Cäsium die kleinste, Kalium eine viel größere Wasserhülle. Infolgedessen werden die Cäsiumionen den Kolloidteilchen am nächsten kommen und zur Herabsetzung des elektrischen Potentials der

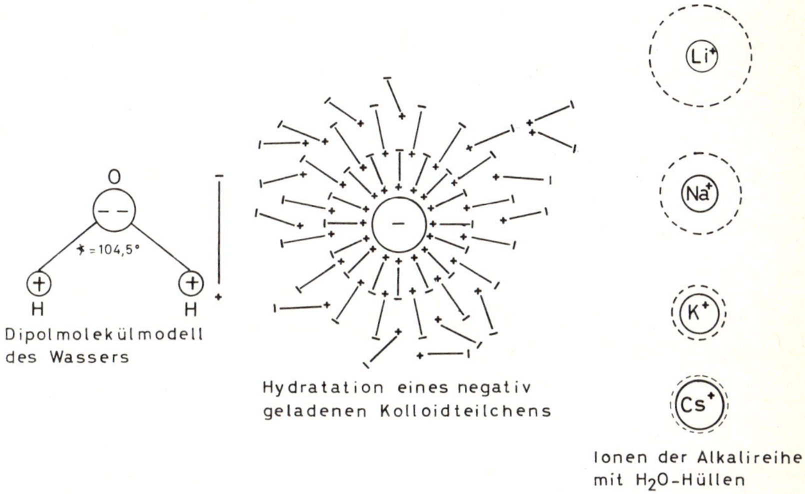

Abb. 95:
Hydration eines Kolloids im geladenen Zustand und abnehmende Dicke der Wasserhülle mit zunehmendem Ionenradius (verändert nach STOCKER).

Teilchen führen. Damit verringert sich deren Wasserbindungskraft. Diese entquellende Wirkung des Cäsiums steht im Gegensatz zu der des Kaliums, das infolge seiner eigenen dickeren Hydratationshülle und dem damit verbundenen größeren Abstand vom geladenen Kolloidteilchen quellungsfördernde Eigenschaften hat (Abb. 95). Zunahme der Ionenwertigkeit hat den gleichen Effekt, wie zunehmende Annäherung und die damit einhergehende Minderung des elektrischen Potentials. So besitzen die zweiwertigen Ionen Ca^{2+} und SO_4^{2-} entquellende Wirkung, während K^+ und Cl^- quellungsfördernd sind. Diese gegensätzliche Wirkung wird als *Ionenantagonismus* bezeichnet. Zur Regulierung des Quellungsgrades des Plasmas spielen die Antagonisten K^+ und Ca^{2+} eine wichtige Rolle. Bei einer Entquellung durch Plasmagifte (z. B. Sublimat, Essigsäure) oder durch hohe Temperaturen kommt es zur *Koagulation*. Diese Ausflockung des Eiweißes führt zur irreversiblen Schädigung.

Die mit der Wasserabsorption quellender Substanzen verbundene Volumenvergrößerung erzeugt einen Gegendruck, der sich mit zunehmendem Wassergehalt verstärkt. Ein ungequollener Quellkörper hat daher nur einen potentialen, aber keinen aktuellen Quellungsdruck. Letzterer tritt erst mit eindringendem Wasser auf. Der *Quellungsdruck* vermag in manchen Quellkörpern bis auf etwa 1000 bar anzusteigen. Hierauf beruht die Möglichkeit, Felsen durch quellendes Holz zu sprengen.

5.1.5.1. Keimfähigkeit

Der Übergang des Protoplasmas in den Zustand latenten Lebens ist stets mit einer Entquellung verbunden. Diese geht im allgemeinen langsam vonstatten (Samenreifung), so daß damit die Funktionen erhalten bleiben. Dies zeigt sich in der Keimfähigkeit von Saatgut, die – in Abhängigkeit von der Pflanzenart – von mehreren Wochen bis zu Jahren und Jahrhunderten reichen kann (s. S. 168): sie beträgt bei den Samen von Pappeln nur wenige Wochen, bei Tanne und Buche etwa ein halbes Jahr, bei vielen Laubbäumen 2–3 Jahre, bei Kleearten und Besenginster einige Jahrzehnte und bei der Lotosblume mehr als 250 Jahre. Das Platzen der Samenschale beruht darauf, daß diese eine viel geringere Masse aufweist, als der von ihr umschlossene Embryo mit seinen Speicherstoffen. Hinzu kommt, daß die Schale meist aus toten, stark verholzten Zellen nur begrenzter Quellbarkeit besteht, während in dem plasmareichen Samenkern die Quellbarkeit viel höher ist.

5.1.5.2. Plasmaströmung

Die in manchen Zellen vorhandene Plasmaströmung (Energie benötigend) ist an den Solzustand gebunden. Bei der *Rotation*, die bei einigen Wasserpflanzen vorliegt, strömt das auf einen dünnen Wandbelag beschränkte Zytoplasma in gleichbleibender Richtung an der Zellwand entlang; bei der *Zirkulation,* die vor allem in Haarzellen zu beobachten ist, rinnt das Plasma in unterschiedlicher Richtung entlang der Wand und in den Strängen des Zellsaftraumes. Die amöboide Formveränderlichkeit einiger Einzeller ist ebenfalls an den Solzustand des Plasmas gebunden.

5.1.5.3. Quellungsbewegungen (Hygroskopische Bewegungen)

Quellung und Entquellung der verdickten Zellulosewände an toten Pflanzenteilen stehen vielfach im Dienste der Artverbreitung. Das Öffnen von Kapseln und Früchten (z. B. Hülse der Platterbse) beruht darauf, daß *unterschiedliche Quellbarkeit einzelner Gewebeschichten* bei Austrocknung zu Spannungen führt, die dann das Aufplatzen der Früchte hervorruft (Abb. 92). Das Öffnen und Schließen von Tannen- und Fichtenzapfen beruht auch auf diesem Quellungsmechanismus (hygroskopische Bewegungen). Je nach Anordnung der Gewebe und deren Textur kann das Öffnen bei Feuchtigkeit oder Trockenheit erfolgen. In feuchten Klimaten öffnen sich die Früchte meist bei Trockenheit, in heißen Gebieten dagegen auch bei Feuchtigkeit wegen der besseren Keimungsbedingungen.

5.1.6. Wasserpotential

Für Stoffwechselvorgänge in der Zelle wird nicht entscheidend sein, wie hoch der Wassergehalt ist, sondern in welchem Umfang freies Wasser zur Verfügung steht. Es lassen sich mindestens 3 Bereiche hinsichtlich ihrer vorherrschenden *Wasserbindung* voneinander abheben:

a) Zellwand: vorrangig Kapillarkräfte in den Mikrofibrillen und Intermizellarräumen; daneben sind die von Protopektinen und Hemizellulosen ausgehenden Hydratationskräfte von untergeordneter Bedeutung.
b) Zytoplasma: Hydratationskräfte dominieren über Kapillar- und (geringfügige) osmotische Kräfte.
c) Vakuole: osmotische Kräfte durch im Zellsaft gelöste Stoffe. Um nun dieses Wasser verfügbar zu machen, muß Energie aufgewendet werden. Es liegt also ein osmotisches Potential sowohl zwischen dem Quellkörper (Zytoplasma, Zellwand) und dem in der Lösung (Zellsaft) befindlichen Wasser wie auch gegenüber reinem Wasser vor. Letzterem ordnet man vereinbarungsgemäß das Potential 0 zu. Als Wasserpotential versteht man die Energiemenge, die nötig ist, um gebundenes Wasser auf das Potential 0 zu bringen. Wasserpotentiale werden in Energieeinheiten ausgedrückt: erg $\cdot$ cm^{-3}, häufiger allerdings in der Druckeinheit bar (1 erg $\cdot$ cm^{-3} = 1 bar). So tritt z. B.

das in Margarine gebundene Wasser erst beim Erhitzen in der Pfanne als (freies) Spritzwasser aus. Es wird demnach erst durch Energie-(Wärme-)zufuhr freigesetzt. Zur Bestimmung des Wasserpotentials werden Pflanzen in eine Druckkammer gegeben, aus der nur der Stengel ein wenig herausragt. Am Manometer ermittelt man den Druck, der notwendig ist, um das im Xylem befindliche Wasser an der Schnittstelle – und damit als freies Wasser – austreten zu lassen.
Osmotische Substanzen in der Vakuole führen zu einem Wassereinstrom in den Zellsaftraum, von dessen Wasserfüllung der Turgordruck (s. S. 272) abhängig ist.

Zu a + b): Wird Holz naß, so weist es eine, wenn auch begrenzte, Quellung auf. Das eingelagerte Wasser wird erst durch Wärmezufuhr beim Trocknen dem Quellkörper wieder entzogen. Es muß also auch hier erst wieder Energie zur Gewinnung freien Wassers zugeführt werden. Daher hat auch das von Quellkörpern gebundene Wasser immer ein negatives Potential gegenüber freiem Wasser. Dieses von Quellkörpern ausgehende Potential sei in seiner Gesamtheit *Matrixpotential* genannt: ψ_M (ψ = psi).

Zu c): Läßt man Kochsalz oder Zucker in einem Behälter längere Zeit offen stehen, so verklumpen diese Substanzen, weil sie Wasser angezogen, d. h. hygroskopisch gebunden haben. Auch dieses Wasser wird erst durch Zufuhr von Wärmeenergie wieder freigesetzt. Somit hat auch der Salze und Zucker als besonders effektive osmotische Substanzen enthaltende Zellsaft stets ein negatives *osmotisches Potential,* bezeichnet als ψ_π (π = pi). Wasser, das einem Druck ausgesetzt ist, wie das unter dem Einfluß des Turgordrucks stehende Wasser in der Zelle, hat ein positives Potential gegenüber freiem Wasser; allerdings kann es auch negativ werden, sobald ein Sog ausgeübt wird, wie dies z. B. bei dem Wasser, das in den Leitungsbahnen unter dem Einfluß des Transpirationssogs steht, der Fall ist. Das *Turgorpotential* sei bezeichnet als: ψ_P. Das Wasserpotential einer Zelle ergibt sich demnach aus dem osmotischen Potential, dem Matrixpotential und dem Turgorpotential:

$$(-)\psi = (-)\psi_\pi + (-)\psi_M + (+)\psi_P$$

Gesamt-Wasserpotential = osmot. Potential + Matrixpotential + Turgorpotential

Da das Matrixpotential im allgemeinen weit weniger wirksam ist als osmotisches und Turgorpotential sind, kann man die Wasserpotentialgleichung, die Auskunft über die Wasserverfügbarkeit gibt, auch in der vereinfachten Form anwenden:

$$(-)\psi = (-)\psi_\pi + (+)\psi_P$$

Gesamt-Wasserpotential = osmot. Potential + Turgorpotential

Tab. 30: Wasserpotential verschiedener Kulturpflanzen

Pflanzenart	Wasserpotential in bar
Getreidearten	(−)10 bis (−)17
Tomate	(−) 7 bis (−)10
Kartoffeln, Sproß	(−) 8 bis (−)12
Kartoffeln, Knolle (Stärke)	(−) 6 bis (−) 8
Rübe, Blätter	(−) 8 bis (−)10
Rübe, Wurzel (Zucker)	(−)14 bis (−)21
Rebe, Blätter	(−) 8 bis (−)12
Rebe, Früchte (Zucker)	(−)30 bis (−)40

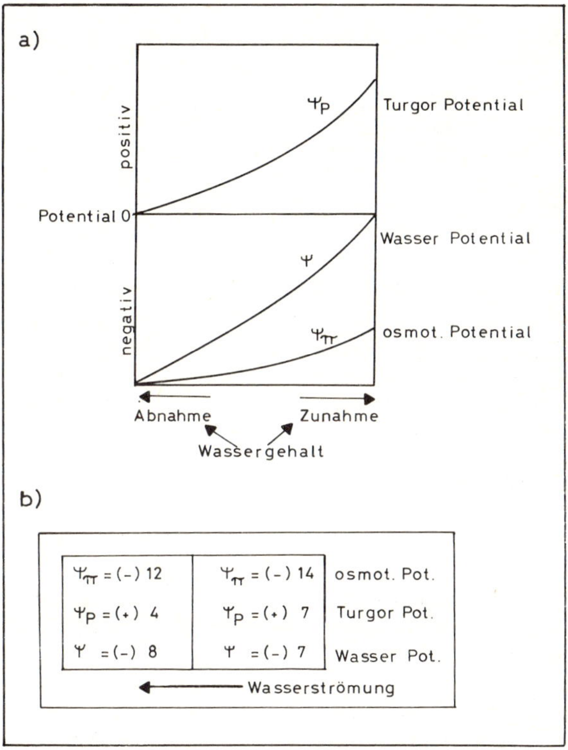

Abb. 96:
a) Veränderung der Potentiale mit ab- oder zunehmendem Wassergehalt.
b) Wasserverschiebung von Zelle zu Zelle (neu kombiniert nach RUNGE, WALTER).

Aus Tab. 30 gehen die mittleren Wasserpotentiale einer Reihe von Kulturpflanzen hervor. Hierbei wird deutlich, daß der Zuckergehalt des analysierten Organs einen maßgeblichen Einfluß auf die Saugkraft der Zelle hat.

Die Beziehungen zwischen Wasserpotential und Wassergehalt sind in Abb. 96 dargestellt. Je geringer der Wassergehalt ist, desto negativer wird das osmotische Potential. Auch das Turgorpotential fällt ab. Die Richtung der Wasserbewegung wird durch Differenzen im Wasserpotential bestimmt.

5.2. Wasser im Boden

Die wichtigste Wasserquelle ist für die meisten Landpflanzen das Bodenwasser, das über die *Niederschläge* und – geringfügig – über *Kondenswasser* (Tau, Reif) aus der Atmosphäre ergänzt wird. Das Bodenwasser enthält stets gelöste Gase und Salze. Häufig kann nicht der gesamte Niederschlag dem Boden zugute kommen, denn Verluste können auftreten durch (Abb. 97):

a) *Interzeption:* Hierunter versteht man das Niederschlagswasser, das an Pflanzen vorübergehend haften bleibt und dann verdunstet. Besonders hoch sind die Interzeptionsverluste in Wäldern, deren Baumkronen einen großen Anteil an Benetzungswasser zurückhalten. Dieser ist in Nadelwäldern höher als in Laubwäldern (Abb. 97). So vermögen Baumkrone und Bodenstreu pro Einzelregen unter Buchen in der Vegetationszeit maximal 6 mm und unter Fichten 10–12 mm durch Interzeption abzufangen. Daraus wird verständlich, daß oft im Walde der Boden trotz eines mittleren Regenfalles keine Wassergehaltserhöhung aufweist.

b) *Oberflächenabfluß:* Bringen Niederschläge pro Zeiteinheit mehr Wasser, als der Boden aufnehmen kann, so fließt der Überschuß als Oberflächenwasser ab. Dieser Anteil ist bei nacktem Boden weitaus höher als bei bewachsenem, er wird noch begünstigt durch Bodenverdichtung und Gefälle. Der Oberflächenabfluß führt zur Verlagerung von Bodenmaterial (Wassererosion). Hiervon sind besonders die sehr feinkörnigen Partikel betroffen, denen Bedeutung als Nährstoffträger zukommt. Demgegenüber bleiben Sande und Kies bei der Wassererosion zurück. Die Fließgeschwindigkeit steigt mit der Hangneigung und beginnt bei Äckern bereits bei einem Gefälle von 1–2°; sie kommt bei ausgedehnten Flächen stärker zum Tragen, als wenn die Äcker durch Hecken unterbrochen werden. Die Reibung zwischen oberflächlich abfließendem Wasser und Boden wird verstärkt durch jede Streu- und Humusauflage. Aus diesem Grund kommt es

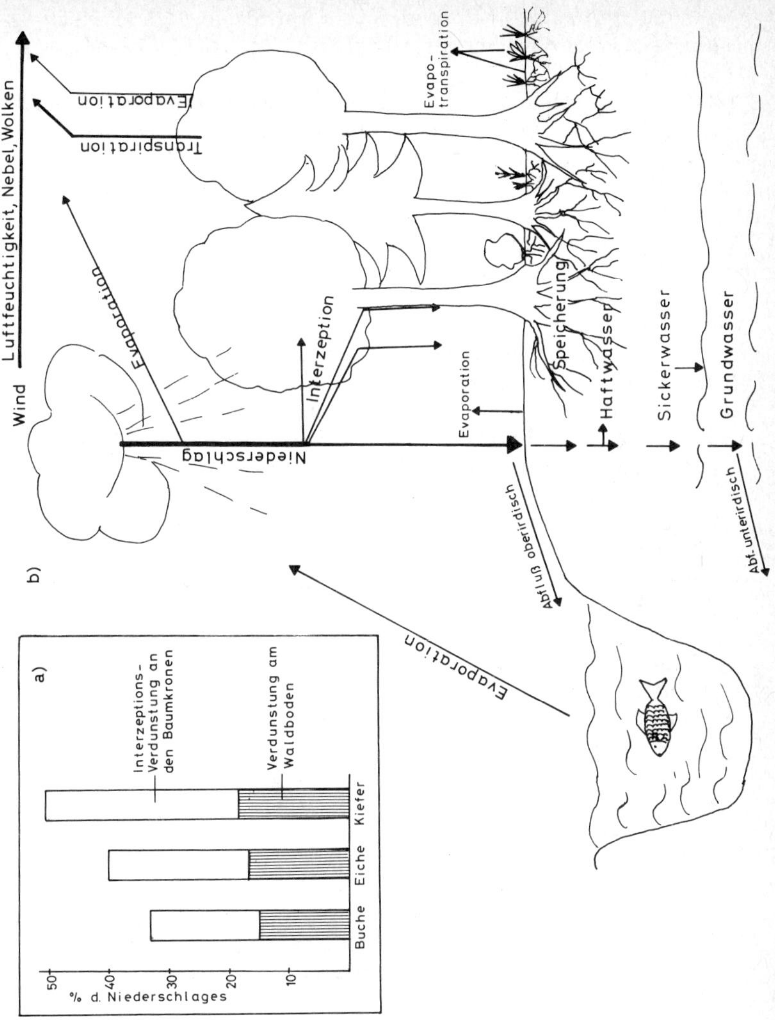

Abb. 97:

a) Interzeptionsverdunstung in verschiedenartigen Waldbeständen.

b) Verteilung und Verbleib von Niederschlagswasser in bewachsenem und unbewachsenem Boden (neu kombiniert nach Brechtel, Walter).

in Wäldern kaum zur Erosion, und hierin liegt auch die Bedeutung der Bodenabdeckung mit Stroh oder Streu (Mulchen) für Weinbergshänge.

c) *Evaporation:* Für die Verdunstung oder Evaporation ist die Differenz zwischen dem Wasserdampfdruck an der verdunstenden Oberfläche und dem der umgebenden Luftschicht maßgebend.

Das Wasser im Boden ist nur zu einem bestimmten Anteil so frei beweglich wie in einem offenen Gewässer. Von den festen Bodenpartikelchen, der Bodenmatrix, gehen *Bindungskräfte* aus, die als Matrix-Potential zwischen trockeneren und feuchten Bodenzonen auftreten. Zusätzlich wirkt auf flüssiges Wasser die nach unten gerichtete Schwerkraft (Gravitationspotential). Man unterscheidet (Abb. 97):

1. *Haftwasser:* Hierunter versteht man im Boden verbleibendes Wasser, das trotz Einwirkung der Schwerkraft festgehalten wird. Je nach Art der vorherrschenden Bindung wird noch zwischen *Adsorptions-* und *Kapillarwasser* differenziert. Unter Adsorptionswasser faßt man das unter Adsorption und osmotischen Kräften stehende Wasser zusammen. Es umhüllt die Oberfläche der Bodenpartikel, ohne daß Menisken gebildet werden. Selbst lufttrockene Böden enthalten stets noch eine bestimmte Wassermenge. Es handelt sich hierbei um (hygroskopisches) Wasser, das mit etwa 500 bar gebunden und daher für die Pflanzen nicht mehr verfügbar ist *(totes Wasser).* Erst die lockerer gebundenen Hydrathüllen um die Bodenteilchen sind für die Wurzeln aufnehmbar. Die zweite Komponente des Haftwassers bildet das Kapillarwasser. Dieses kommt zustande durch das Zusammenwirken von Kohäsionskräften zwischen den Wasserdipolen sowie den Adhäsionskräften zwischen Wassermolekülen und festen Bodenpartikeln. Je feiner die Bodenkapillaren sind, desto fester wird das Wasser gehalten. Von einem Porendurchmesser um ca. 10 µm an sinkt das Wasser ab (Sickerwasser).
2. *Sickerwasser:* In groben Bodenporen (um 50 µm) kommt es zu einer raschen Versickerung von Wasser, für dessen Abwärtsbewegung das Gravitationspotential maßgebend ist. Auch aus wassergesättigten Bodenhorizonten sinkt das Überschußwasser langsam ab.
3. *Grund- und Stauwasser:* Wird absickerndes Wasser durch schwer durchlässige Schichten (Tonschichten) aufgehalten, so findet eine Wasseranreicherung über diesen Schichten statt. Sie wird Grundwasser genannt, wenn sie dauernd vorhanden ist; bei oberflächennaher Anreicherung und dem damit verbundenen Wechsel zwischen nassen und trockenen Phasen spricht man von Stauwasser. Stauwasser hat keinen Anschluß an tiefer liegendes Grundwasser. Ein Stauwasser-Boden ist der *Pseudogley,* gekennzeichnet durch die Marmorierung des vom wechselnden Wasserstand beeinflußten Horizontes: rostrote

und fahl graue bis schwärzliche Flecken, die durch oxidierte oder reduzierte Eisen- und Manganverbindungen verursacht sind, wechseln im Boden miteinander ab. Grundwasserböden nennt man *Gley*-Böden.

Vom Grund-(Stau-)wasserspiegel aus steigt das Wasser in den Bodenkapillaren bis zu einer bestimmten Höhe auf und bildet somit eine geschlossene Kapillarwasserzone. Der kapillare Aufstieg beträgt in Sandböden nur wenige cm. Infolge des von den darüber befindlichen Bodenschichten ausgehenden osmotischen Potentials wird eine Endsteighöhe von ca 30 cm erreicht, in Tonböden kann sie über 1 m liegen. Obwohl in der Kapillarwasserzone – wie im Grundwasser – das Wasser spannungsfrei ist, wachsen die Wurzeln i. a. nicht hinein, weil die Durchlüftungsbedingungen zu schlecht sind. Deshalb wirkt sich auch ein zu hoher Grundwasserstand ungünstig aus, da er das für die Durchwurzelung zur Verfügung stehende Bodenvolumen einengt.

Moor- und Sumpfpflanzen haben ein inneres *Durchlüftungsgewebe,* das den Wurzelzellen den notwendigen Sauerstoff liefert. Als *biochemische Anpassung* an die anaeroben Bedingungen im Substrat kann gelten, daß die auf ständig vernäßten Böden wachsenden Arten als Atmungsprodukt ungiftige Äpfelsäure bilden. Demgegenüber tritt bei nicht adap-

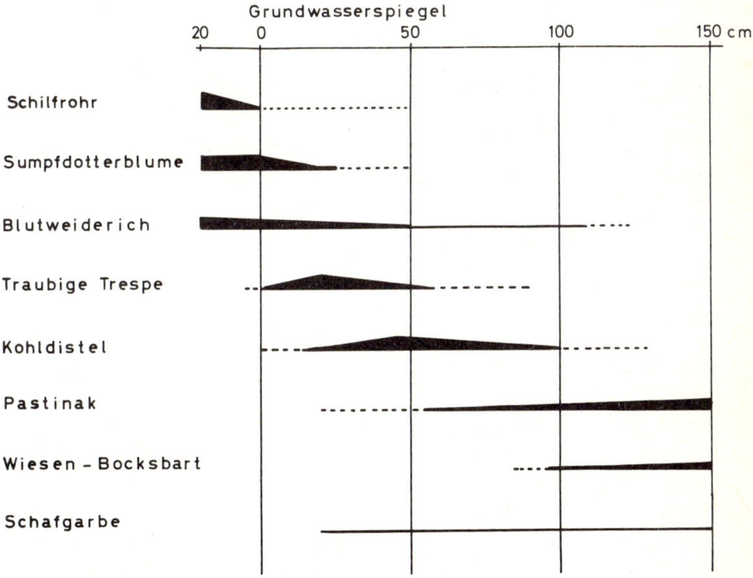

Abb. 98:
Zeigerarten für den mittleren Grundwasserstand (verändert nach Ellenberg).

tierten Arten auf zeitweilig überfluteten Böden bei fehlendem Sauerstoff Gärung auf, als deren Endprodukt der in höheren Konzentrationen giftige Äthylalkohol anfällt.

Als *optimaler Grundwasserstand* wird für Böden 1–2 m, für Wiesen 0,8–1,5 m angegeben. Entsprechend Abb. 98 können bestimmte Pflanzenarten als Indikatoren für den ungefähren Grundwasserstand dienen.

5.2.1. Verfügbarkeit des Bodenwassers

Entscheidend für die Wasserversorgung einer Pflanze ist nicht der Wassergehalt eines Bodens, sondern die Wasserverfügbarkeit (vergleichbar der Wasserverfügbarkeit in der Zelle). Hierfür sind von Bedeutung:

a) die *Wasserkapazität (Feld-Kapazität)* des Bodens; hierunter versteht man die maximal nach Abzug des Sickerwassers im Boden verbleibende Wassermenge. Beruht deren Bestimmung auf Messungen im gewachsenen Boden im Gelände, so spricht man von der Feldkapazität.

b) *permanenter Welkepunkt (PWP):* die Saugspannung, d. h. das Wasserpotential der Wurzel, mit dem Pflanzen Wasser aus dem Boden nehmen können, ist weitgehend artspezifisch. Bei der Mehrzahl der landwirtschaftlich genutzten Arten liegen die Werte zwischen 10–20 bar. Damit können die Kulturen aber den größten Teil des kapillaren Haftwassers und insgesamt bis zu etwa 90% des gesamten Bodenwassers aufnehmen (Abb. 99). Nimmt nun infolge Wasserverdunstung aus dem Boden (Evaporation) die Wasserbindung im Substrat zu, so beginnen die Pflanzen zu welken. Der Welkepunkt ist erreicht, wenn trotz Einbringens der Pflanze in eine wasserdampfgesättigte Atmosphäre deren Welkeerscheinungen nicht mehr zurückgehen. In der Praxis wird der PWP vereinbarungsgemäß mit 15 bar angenommen. Der Gehalt an totem Wasser, das sich dann noch im Boden befindet, liegt in Sandböden um 5%, bei Lehmböden um 15% und in Tonböden um 30% des Bodenfrischgewichts. Da in Tonböden die Durchwurzelung im allgemeinen flacher als in Sandböden ist, treten auf Tonböden früher Trockenschäden als auf Sandböden auf.

   Bei ökologischen Fragestellungen ist es erforderlich, für jede zu untersuchende Art gesondert den PWP zu bestimmen, besonders dann, wenn die Feuchteansprüche der Pflanzen unbekannt sind. Aus Abb. 99 geht hervor, daß *Feuchteanzeiger* (z. B. Springkraut, Frauenfarn, große Brennessel) zu welken beginnen, wenn das Wasser im Boden mit mehr als 3 bar gebunden wird, während bei Pflanzen, die auf trockenen Böden verbreitet sind (wie scharfer Mauerpfeffer, Sand-Fingerkraut, Hungerblümchen) der PWP erst zwischen (−)25

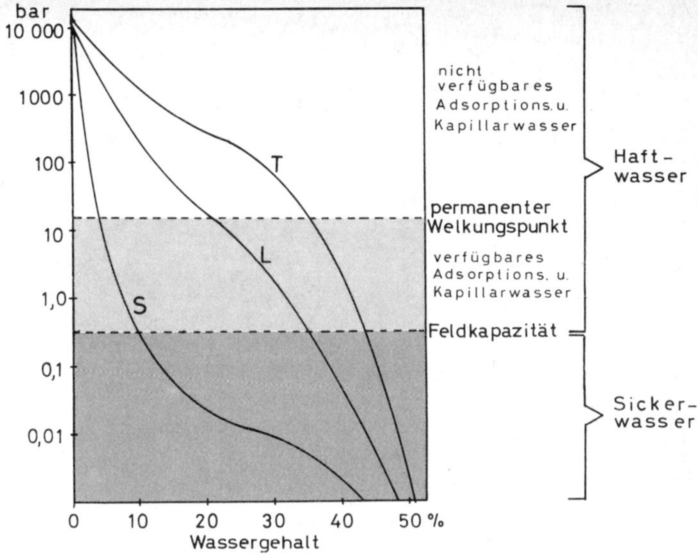

Abb. 99:
Grenzwerte für die Verfügbarkeit des Wassers in Sandböden (S), Lehmböden (L) und Tonböden (T) (nach SCHROEDER).

bis (−)30 bar liegt. Auf Salzböden und in Wüsten kommen Arten vor, deren osmotisches Potential über (−)150 bar beträgt.
Die Menge an pflanzenverfügbarem Wasser (W_v) errechnet sich aus der Differenz zwischen dem Wassergehalt bei Feldkapazität (W_{FK}) und dem Wassergehalt beim permanenten Welkepunkt (W_{PW}) der untersuchten Art:

$$W_v = W_{FK} - W_{PW}$$

5.3. Wasseraufnahme durch die Wurzel und ihre Voraussetzungen

Wasser wird von der Wurzel durch *Quellungs- und osmotische Kräfte* aufgenommen und auf *apoplastischem* und *symplastischem Wege* bis zur Endodermis geleitet (Abb. 100). Bis zu dieser hin ist ein deutliches osmotisches Potentialgefälle zwischen der das Wasser aufnehmenden

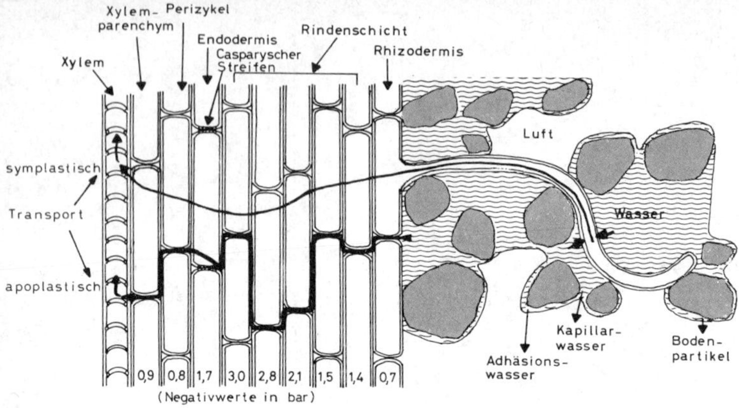

Abb. 100:
Weg des Wassers aus dem Boden entlang eines osmotischen Gradienten über Wurzelhaar bis zum Xylem (verändert nach NULTSCH, LÜTTGE).

Zelle und der Endodermiszelle vorhanden. Von dort aus muß das Wasser über den Symplasten (Casparyscher Streifen verhindert Weiterleitung des Wassers im Apoplasten) (Abb. 81) in den Perizykel hineingepumpt werden; für diesen Transport entgegen dem osmotischen Gefälle ist Energie erforderlich. Wie später noch dargelegt wird, herrscht in den Wasserleitungsbahnen des Zentralzylinders ein der Wassergabe durch den Sproß entsprechender Unterdruck. Daher besteht ein enger Zusammenhang zwischen Wasseraufnahme und -abgabe.

Die potentielle Wasseraufnahme einer Pflanze ist weitgehend von der Leistungsfähigkeit ihres Wurzelsystems abhängig. Günstig muß sich eine Vergrößerung des Wurzelsystems, insbesondere der Zahl der Wurzelhaare auswirken. Gerade letztere verschaffen den engen Kontakt zu den Bodenteilchen und besitzen eine große absorbierende Oberfläche. Einer frei stehenden Roggenpflanze werden bei 1–2 m Wurzeltiefe mehr als 2 Millionen Wurzelhaare (Saugwurzeln) mit einer Gesamtlänge des Wurzelsystems von ca. 80 km zugeschrieben. In dichtem Verband mit anderen Getreidepflanzen verringert sich zwar die Wurzelmasse, soll aber immer noch 1 km betragen.

Die Wurzel kann nur dann Wasser aus einer Bodenlösung entnehmen, wenn ihr Wasserpotential negativer als das des Bodens ist. Während dem Eindringen des Wassers in die Wurzel selbst (in Apoplast und Symplast, Abb. 100) wenig Widerstand entgegengesetzt wird, ist der Transportwiderstand innerhalb des Bodengefüges sehr viel größer.

Demnach resultiert – bei einer gegebenen Temperatur – die *Wasseraufnahme der Wurzel* (W_a) aus der Größe der *absorbierenden Oberfläche* (W_A) und der Differenz zwischen dem *Wasserpotential der Wurzel* (ψ *Wurzel*) und dem *Wasserpotential des Bodens* (ψ *Boden*). Sie sind umgekehrt proportional den Transportwiderständen (r), die für das Wasser innerhalb des Bodens bestehen, sowie beim Übergang vom Boden in die Pflanze

$$W_a = W_A \cdot \frac{\psi \,\text{Wurzel} - \psi \,\text{Boden}}{\Sigma \, r}$$

Die *Bodentemperatur* spielt für die Wasseraufnahme der Pflanze in zweifacher Hinsicht eine Rolle:

a) Jede Abkühlung des Wurzelsystems führt zu einer Verringerung der *Plasmapermeabilität* (bzw. Erhöhung der Plasmaviskosität) und damit zu gedrosselter Wasseraufnahme. Diese soll bei einer Temperatursenkung von + 20° C auf 2° C für Heidekraut 79%, für Schwarzerle 56% und für die Gartenbohne 46% des Ausgangswertes betragen.

b) Die *Wachstumsgeschwindigkeit* der Wurzel wird in hohem Maße von der Bodentemperatur beeinflußt. Da die Wassernachleitung in den Böden sehr unzureichend und sehr langsam ist, wird für die wasserverbrauchende Pflanze ein rasches Wurzelwachstum zum Aufsuchen immer neuer Feuchtebereiche notwendig. Bei Kakteen in der Sahara wurden nach Wiederbefeuchtung des Bodens innerhalb von 5 Stunden neu gebildete Saugwurzeln zwischen 0,5–2 cm gemessen.
   Es scheint Beziehungen zwischen Wurzelwachstum und Hauptverbreitungsgebiet von Arten zu geben: Apfelbäume stellen bei Unterschreitung von + 4° C das Wurzelwachstum ein; die optimale Wachstumstemperatur liegt bei 18° C, das Maximum ist mit 25° C erreicht. Demgegenüber wachsen die Wurzeln der Baumwolle nicht mehr, wenn die Bodentemperatur auf + 16° C abgesunken ist; optimales Wachstum der Wurzeln findet bei 27° C statt, das Maximum ist mit 39° C angegeben.
   Der Boden ist ein Mosaik trockenerer und nasserer Stellen, so daß auch die wachsenden Wurzeln in Bereichen sehr unterschiedlicher Feuchtegrades vorkommen können. Infolge eines *Quertransportes des Wassers* innerhalb des Wurzelsystems ist dennoch eine ausreichende Versorgung der Pflanze möglich. Ein solcher Wasserausgleich wird teils dadurch noch verbessert, daß Wurzeln verschiedenen Alters miteinander verwachsen können. Solche Fusionen finden nicht nur innerhalb des Wurzelsystems eines Individuums statt, sondern es sind auch Verwachsungen zwischen verschiedenen Individuen der gleichen Art beobachtet worden (z. B. im Erlenbruch, Fich-

tenwald). Bei Pflanzen kalter Hochebenen sollen sogar *Wurzelkonnektive* gefunden worden sein, an denen mehr als eine Pflanzenart beteiligt war.

5.4. Wassertransport

Bei den Kormophyten kann man unterscheiden zwischen einem Kurz- und einem Langstreckentransport des Wassers. Beide sind miteinander vernetzt:

1. *Kurzstreckentransport:* kennzeichnend für diese Wasserleitung ist eine *Wasserverschiebung von Zelle zu Zelle,* die dem Wasserpotentialgradienten entspricht (Abb. 100). Sie verläuft über Symplast und Apoplast und existiert gleichermaßen in den Parenchymgeweben von Wurzel zu Sproß.
Vom Perizykel der Wurzel gelangt das Wasser in die Gefäße, die sich im Mesophyll der Blätter immer mehr verästeln. An den tracheidalen Enden tritt das Wasser in das Gefäß – Parenchym über, von wo aus – wiederum durch Wasserverschiebung – die weitere Verteilung stattfindet.

2. *Langstreckentransport:* in den *Leitungsbahnen* des Xylems, das im Stamm, in Ästen und in Blattstielen besonders stark vertreten ist, findet eine Wasserströmung statt.
Unsere Bäume erlangen Höhen zwischen 30–40 m, maximale Werte liegen um 100 m. Damit stellt sich die Frage nach den Kräften, die den Wassertransport über derartige Distanzen gewährleisten.
a) *Wurzeldruck:* bei Verletzung der wasserleitenden Gefäße kommt es bei Gehölzen im zeitigen Frühjahr zur Flüssigkeitsabscheidung, zum Bluten. Dieser *Blutungssaft* steht demnach unter einem Druck, der in der Wurzel lokalisiert ist. Er liegt bei Bäumen zwischen 1–2 bar und erreicht die höchsten Werte kurz vor dem Laubaustrieb. Als Mechanismus für den Wurzeldruck wird angenommen, daß von den lebenden Zellen im Perizykel osmotisch wirksame Substanzen an die Gefäße abgegeben werden, denen das Wasser entsprechend dem osmotischen Potentialgradienten folgen muß. In den Wasserleitungsbahnen findet man nicht nur anorganische Salze, die primär ja aus der Bodenlösung stammen, sondern auch Zucker, organische Säuren, Vitamine, Enzyme und weitere organische Stoffe.

Der Zuckergehalt des Xylemsaftes wird z. T. genutzt. Der *Zuckerahorn* liefert pro Tag im Frühjahr etwa 4 l Saft mit einem Zuckergehalt zwischen 4–6%. Stamm und Infloreszenzen einiger Palmen (Dattelpalme, Ölpalme, Kokospalme) enthalten ebenfalls einen zuckerhaltigen Blutungssaft, der zu *Palmwein* vergoren wird.

b) *Transpirationssog:* die durch Transpiration verursachte Saugspannung der Zellen ist zweifellos die wichtigste Kraft für den Wassertransport. Eingespannt in das Dampfdruckgefälle zwischen Boden und Atmosphäre ist der Sproß einem sehr viel höheren Dampfdruckdefizit ausgesetzt als die Wurzel. Als Konsequenz wird daher das *Wasserpotential* von unten nach oben immer negativer, d. h. die Saugkraft der Zellen nimmt zu (Abb. 101). Voraussetzung für den *Transpirationssog,* der von den Blättern ausgehend bis zu den Wurzeln reicht, ist die Kontinuität der Wasserfäden in den Leitungsbahnen. Sie beruht auf der festen Bindung der Wassermoleküle untereinander, der *Kohäsion,* und der *Adhäsion* zwischen Wassermolekülen und Wand. Zur Überwindung der Kohäsionsspannung sind Kräfte zwischen 300–400 bar erforderlich, so daß damit ein Zerreißen der Wasserfäden ausgeschlossen wird.

Bei Schnittblumen kommt es zur Unterbrechung der Wasserfäden, wenn die Pflanzen zu spät in Wasser gestellt werden. Dann ist das im Xylem befindliche Wasser z. T. durch die Transpiration der Blätter aus den Leitungsbahnen gesogen, und beim Einstellen in Wasser funktioniert der Kohäsionsmechanismus infolge eingedrungener Luft nicht mehr. Deshalb ist es sinnvoll, die Stiele von Schnittblumen zu verkürzen, um wieder den Anschluß an die kohärenten Wasserfäden zu erreichen. Da Bakterien oder gequollene Gewebe Gefäße leicht verstopfen, empfiehlt sich eine häufigere Erneuerung der Schnittfläche.

Im Xylem stark transpirierender Pflanzen besteht bei hoher Zugspannung die Gefahr des Auftretens von Gasembolien in den Leitungsbahnen. Von diesen sind vor allem die Tracheen betroffen, die durch eingedrungene Gasblasen außer Funktion gesetzt werden. So sind bei den ringporigen Eichen die Tracheen infolge eingedrungener

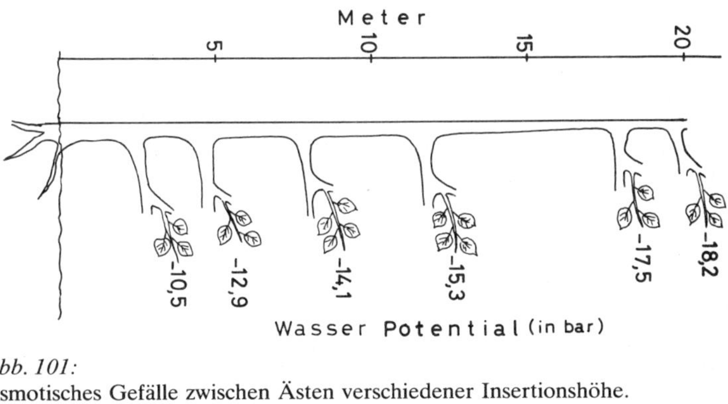

Abb. 101:
Osmotisches Gefälle zwischen Ästen verschiedener Insertionshöhe.

Luftblasen meist nur eine Vegetationsperiode hindurch funktionsfähig. Zu Frühjahrsbeginn muß erst ein neues Wasserleitungssystem gebildet werden. Dies dürfte mit eine der Ursachen für das späte Austreiben der Eichen sein.

Durch den Transpirationssog entsteht eine beachtliche *Zugspannung,* die zu einem Kollabieren der Leitungsgefäße führen müßte, wenn diese keine Wandverstärkungen aufwiesen. Durch die Zugspannung wird ein Unterdruck in den Gefäßen erzeugt, der um so höher liegt, je stärker der Wasserverbrauch ist.

c) Die Kapillarkräfte spielen für den Wassertransport kaum eine Rolle, durch sie kann das Wasser im Holzkörper nur etwa 4–17 cm gehoben werden.

5.4.1. Transportgeschwindigkeit des Transpirationsstromes

Die Geschwindigkeit, mit der die Nachleitung des Transpirationswassers erfolgt, hängt nicht nur von der Saugspannung in den Gefäßen ab, sondern ebenso von der Größe der *Leitfläche* und von den *Leitungswiderständen* im Xylem. Die Wassermenge, die pro Zeiteinheit transportiert werden kann, wird mit der Zunahme an Leitungsgefäßen steigen. Bezieht man die Gesamtheit der Gefäßdurchmesser auf das Gewicht der zu versorgenden Pflanzenteile, so erhält man die *relative Leitfläche.* Diese ist besonders groß bei Pflanzen, die an Trockenstandorten eine sehr hohe Transpiration aufweisen. Sie beträgt bei Wüstenpflanzen etwa 2–3 mm^2/g Frischgewicht, bei Schattenpflanzen feuchterer Standorte bleibt sie unter 0,5 mm^2/g. Bei Bäumen nimmt die relative Leitfläche von unten nach oben zu.

Leitungswiderstände ergeben sich zunächst schon dadurch, daß der

Tab. 31: Maximalgeschwindigkeit des Transpirationsstromes

Pflanzenart	mm/min
Moose	17–33
Nadelhölzer	25
zerstreutporige Laubhölzer:	
Buche:	17–67
ringporige Laubhölzer:	
Eiche:	330–750
Lianen:	
Waldrebe:	2000–2500

Transpirationsstrom in der Sprossachse entgegengesetzt zur Schwerkraft verläuft; ferner bestehen Reibungswiderstände durch die Enge der Leitungsbahnen. Zudem bieten Querwände, die besonders in den Tracheiden in regelmäßigen Abständen vorhanden sind, erhebliche Filtrationswiderstände. Daraus ergibt sich, daß die maximal erreichbare Transportgeschwindigkeit mit dem anatomischen Bau des Xylems in Zusammenhang steht: Lianen enthalten nur Tracheen, Nadelhölzer dagegen nur Tracheiden. So weisen Koniferen niedrigere Wassertransportgeschwindigkeiten auf als Laubhölzer, die sowohl Tracheen als auch Tracheiden besitzen. Maximalwerte für die Geschwindigkeit der Wasserströmung findet man bei Lianen (Tab. 31).

5.5. Wasserabgabe

In der Vegetation findet man drei Möglichkeiten zur Wasserabgabe realisiert: Evaporation, Guttation und Transpiration.

5.5.1. „Evaporation" der Poikilohydren

An allen feuchten Oberflächen findet eine *Verdunstung* statt, sofern eine Dampfdruckdifferenz zur angrenzenden Luftschicht besteht. Dieser rein physikalische Prozeß einer unbehinderten Abdiffusion von Wassermolekülen bei unbegrenztem Wassernachschub wird Evaporation genannt. Feuchter Boden, jede Wasserfläche weisen demnach eine Evaporation auf. Sie kommt in ähnlicher Form bei vielen wassergesättigten poikilohydren Pflanzen vor, die ja noch keine Kutikula besitzen, welche die Wasserdiffusion behindern könnte. So findet z. B. eine Art „Evaporation" an Pilzfruchtkörpern statt, deren Verdunstungsverluste durch Wassernachschub sowohl aus dem Myzel im Boden als auch durch Kapillarwasser zwischen den Hyphen des Plektenchyms erfolgt. Eine solche innere kapillare Zuleitung von Wasser ist nicht nur bei *Pilzen,* sondern auch bei *Flechten* vorhanden. Bei *Torfmoosen* läßt sich ebenfalls eine „Evaporation" feststellen, obwohl ihre Blättchen bereits eine Kutikula besitzen. In diesem Falle sorgt nämlich aus dem nassen Untergrund stammendes und zwischen den dicht verwachsenen Stämmchen kapillar aufsteigendes Wasser für eine Befeuchtung der Pflanzenoberfläche. Es handelt sich hier demnach um eine äußere kapillare Wasserzuleitung. Nur in ruhiger Luft verlaufen die Verdunstung einer Wasseroberfläche und die einer wassergesättigten poikilohydren Pflanze völlig gleichsinnig. Sobald aber Wind aufkommt, reicht der Wassernachschub nicht mehr zur Deckung der gesteigerten Abdiffusion des Wassers an der Pflanzenoberfläche aus. Diese beginnt daher abzutrocknen. Daraus resultiert eine Erniedrigung des Dampfdruckes an ihrer Oberfläche, der somit zu einer Verringerung der Verdunstung führt.

Die Wasserverluste eines bewachsenen Bodens entstehen aus Evaporation und Transpiration und werden unter dem Begriff *Evapotranspiration* zusammengefaßt (Abb. 97).

5.5.2. Guttation

Guttation bedeutet Ausscheidung wässriger Lösungen in Tropfenform. Nach feuchtwarmen Nächten kann man bei zahlreichen niederwüchsigen Pflanzen an Blatträndern und Spitzen abgeschiedene Tropfen hängen sehen (z. B. bei Gräsern, Erdbeer-Blättern). Guttationstropfen bilden sich nur dann, wenn die Luft nahezu dampfgesättigt ist (Wasserdampfabgabe, d. h. Transpiration, ist bei einer rel. Feuchte von 96–100% nicht mehr möglich). Unter dem Einfluß des Wurzeldrucks (s. S. 288) kommt es zum Austritt von Flüssigkeit an besonderen Wasserspalten. An diesen sog. *Hydathoden* enden Tracheiden. Hydathoden sind – im Gegensatz zu Spaltöffnungen – nicht verschließbar. Durch Guttation hat die Pflanze die Möglichkeit, auch dann noch die Versorgung mit Nährsalzen zu sichern, wenn eine Transpiration aus klimatischen Gründen nicht möglich ist.

5.5.3. Transpiration

An sonnigen Tagen verlieren die Pflanzen in der Regel ein Mehrfaches ihres gesamten Wassergehaltes. Eine Birke mit ca. 200000 Blättern gibt an Sonnentagen etwa 60–80 l Wasser ab, bei sehr heißer Witterung bis zu 400 l. Aus den in Tab. 32 zusammengestellten Beispielen geht hervor, daß Fichte und Buche einen etwa gleichhohen Wasserverbrauch haben, wenn die Jahrestranspiration berechnet wird.

Bäume entnehmen das Wasser tieferen Bodenschichten als die Mehrzahl der Kulturpflanzen. Deshalb bleibt unter den Gehölzen die Bodenkrume feucht, zumal die Beschattung hinzukommt. Gräser entziehen mehr Wasser den oberen Bodenschichten.

Für Land- und Forstwirtschaft, die möglichst hohe Erträge der angebauten Kulturen erzielen wollen, ist die Kenntnis der Wassermenge wichtig, die zum Aufbau von 1 kg Trockenmasse benötigt wird. Aus Tab. 33 ist klar ersichtlich, daß der Wirkungsgrad, mit dem die verschiedenen Pflanzenarten das Wasser zur Stoffproduktion nutzen, sehr unterschiedlich ist. Die Zahlenangaben unterliegen erheblichen Schwankungen, die nicht nur klimatisch bedingt sein müssen. Unter sonst gleichen Bedingungen ist der *Transpirationskoeffizient* (= Verbrauchte Wassermenge in g pro 1 g Trockensubstanz) bei guter Mineralstoffernährung günstiger als bei Nährstoffmangel.

Tab. 32: Transpiration im Jahresdurchschnitt bei verschiedenen Pflanzenarten

Pflanzenart	Transpiration in l/Jahr
1 Maispflanze	100–180
1 ha Getreide	1,5– 2,5 Millionen l
1 ha grundwasserfernes Grünland	3,5 Millionen l
1 ha grundwassernahes Grünland	8 Millionen l
1 ha Buchenwald	3,6 Millionen l
1 ha Fichtenwald	3,2– 3,9 Millionen l

Tab. 33: Transpirationskoeffizient verschiedener Kulturpflanzen (Photosynthesetyp: C_3, nur Mais C_4)

Pflanzenart	Wasserverbrauch pro g Tr.	Pflanzenart	Wasserverbrauch pro g. Tr.
Mais	300–400 g	Sommerroggen	400–600 g
Zuckerrüben	350–450 g	Rotklee	600–800 g
Sommerweizen	400–550 g	Gemüse und schnell wachsende Unkräuter ca.	800 g
Kartoffeln	400–600 g	Luzerne ca.	900 g

Hohe Transpirationsintensität wirkt sich auf den Wärmehaushalt des Blattes aus. Die Verdunstung von 1 g $H_20 \cdot dm^{-2} \cdot h^{-1}$ bedeutet einen Energieverbrauch von 0,42 $J \cdot cm^{-2} \cdot min^{-1}$. Die Transpirationskühlung ist vor allem in heißen Gebieten von Bedeutung, da sie zu einer Absenkung der Blattemperatur um mehrere Grade führt. Welke Blätter weisen bei starker Sonneneinstrahlung weitaus höhere Temperaturen auf als voll turgeszente.

Man unterscheidet zwischen einer kutikulären und einer stomatären Transpiration.

a) Bei der *kutikulären Transpiration* handelt es sich um eine nicht regulierbare Wasserverdunstung, die von den gequollenen Außenwänden der Epidermis ausgeht. Bei großer Lufttrockenheit kommt es zur Entquellung der Zellwände. Dadurch verdichtet sich das Mizellargerüst und Wasser kann schwerer entweichen. Dieser rein physikalische Vorgang reduziert den Wasserverlust. Stärke und Beschaffenheit der Kutikula und der Epidermisaußenwand hängen von der Pflanzenart und den Standortbedingungen ab und beeinflussen in hohem Maße die kutikuläre Transpiration: Sie beträgt bei Kakteen etwa 0,05% der Verdunstung einer freien Wasserfläche (Evaporation), bei Hartlaubpflanzen 0,5% und bleibt auch bei Pflanzen feuchter Standorte immer noch unter 10%.

b) Die *stomatäre Transpiration* beruht auf der Diffusion des Wasserdampfes, der aus den Interzellularen stammt und durch die regulierbaren Spalten in die Atmosphäre entweicht. Die geringe Spaltgröße der geöffneten Schließzellen scheint zunächst schlecht mit den hohen Wasserverlusten eines Blattes in Einklang zu stehen, die bis zu 60% der Evaporation einer gleichgroßen Wasserfläche betragen können. Die Öffnungen der Stomata machen ja nur 1–2% der Gesamtblattfläche aus. Dies bedeutet aber, daß damit für die Wassermoleküle beim Austritt aus den einzelnen Spalten nach allen Seiten hin ein freies Diffusionsfeld besteht. Kleinere Öffnungen verdunsten im Verhältnis mehr als größere, weil sich mit zunehmender Größe einer Wasserfläche die abdiffundierenden Moleküle gegenseitig behindern. Die Transpiration wird um so höher sein, je größer das Dampfdruckgefälle zwischen dem Innern des Blattes und der Außenluft ist. Sie wird demnach durch die Außenfaktoren Temperatur, Wassersättigungsdefizit der Luft (bzw. rel. Luftfeuchtigkeit) und Wind beeinflußt. Während nun die Poikilohydren in der Höhe ihrer Wasserabgabe völlig von den genannten Außenfaktoren abhängen, ist bei den Homoiohydren eine Reihe von *Transpirationswiderständen* bzw. Diffusionswiderständen eingeschaltet. Als solche müssen gelten:

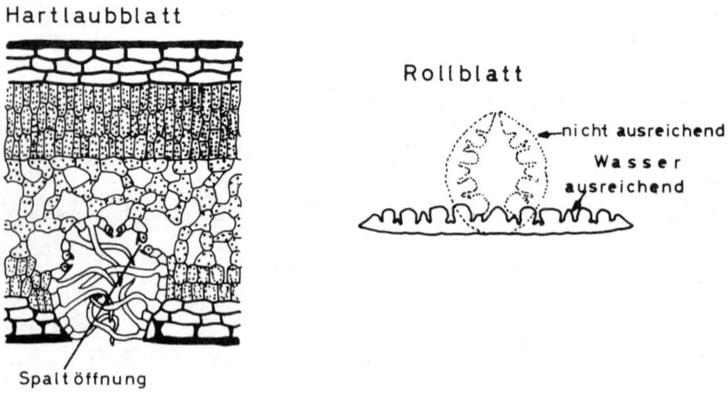

Abb. 102:
Querschnitt durch ein Hartlaub- (Oleander) und ein Rollblatt (Steppengras) (nach STOCKER).

α) *Der anatomische Bau* der Spaltöffnungszellen; die Diffusion von Wasserdampf wird erschwert durch Einsenkung der Stomata, wie dies häufig bei Pflanzen trockener Standorte vorkommt. Es bildet sich dann über der Schließzellenöffnung ein windstiller und damit mehr oder minder dampfgesättigter Raum (Abb. 102). Bisweilen vermag ein Filz toter Haare, der unter Umständen den Spalt überdeckt, noch zusätzlich die Wasserdampfdiffusion zu erschweren. Gleiches gilt für Rollblätter, die bei vielen Gräsern anzutreffen sind: bei ausreichender Luftfeuchtigkeit sind die Blätter ± flach ausgebreitet, rollen sich aber bei zunehmendem Wassersättigungsdefizit der Luft zusammen, so daß damit die Stomata vor weiteren Wasserverlusten geschützt werden. In krassem Gegensatz hierzu steht die Aufwölbung der Stomata bei Arten feuchter Standorte. Dort sind gerade alle jene morphologischen Merkmale günstig, die den Abtransport des interzellulären Wasserdampfes erleichtern (Abb. 103). Der Schließzellentyp ist artspezifisch.

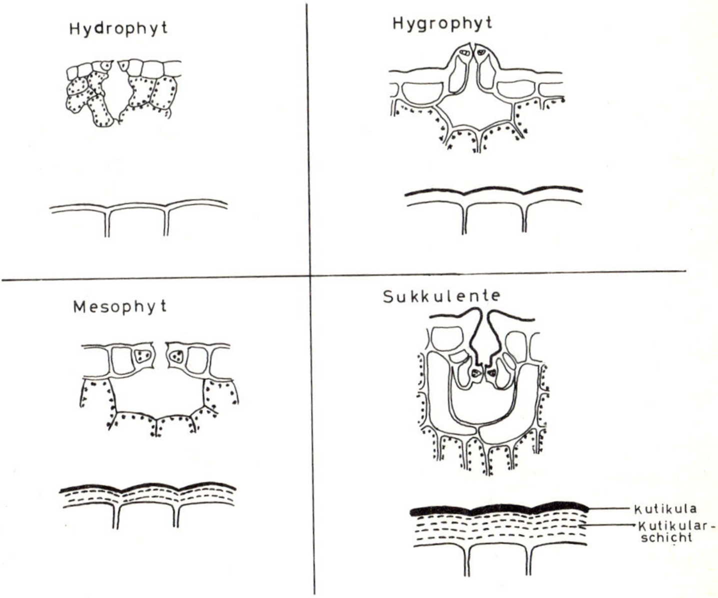

Abb. 103:
Transpirationswiderstände durch den Bau der Spaltöffnung und Cutinisierung der Epidermis bei Pflanzen unterschiedlicher Standorte (verändert nach Stocker).

β) *Änderung des Wasserpotentials* von Schließ- und Mesophyllzellen: Bei unzureichendem Wassernachschub erhöht sich die Wasserbindung in den Zellen und Wänden. Damit sinkt das Dampfdruckpotential zwischen Außenluft und Interzellularenluft, und die Diffusion von Wassermolekülen wird verringert. Unter diesen Umständen kann sogar bei geöffneten Spalten, jedoch stark abgesunkenem Wasserpotential der Mesophyllzellen kaum noch Wasserdampf in die Interzellularen und von dort ins Freie gelangen.

γ) *Die Veränderung des Porendurchmessers:* die Schließzellenbewegung liefert das wirksamste Transpirationsregulativ. Dies läßt sich gut belegen, wenn man den Tagesgang der Transpiration aufzeichnet, der vorrangig von der Spaltenweite bestimmt wird.

Demnach setzt sich der Gesamtdiffusionswiderstand eines Blattes für Wasserdampf zusammen aus:
dem atmosphärischen oder Grenzflächenwiderstand
dem kutikulären Widerstand
dem stomatären Widerstand

5.5.3.1. Tagesgang der Transpiration

In Abb. 104a ist der Transpirationsverlauf von 3 Pflanzenarten am gleichen Standort eingetragen. Hierbei zeigt sich, daß alle Arten am frühen Morgen einen Anstieg der Transpiration aufweisen, der zunächst etwa parallel zu dem der gleichzeitig gemessenen Evaporation verläuft. Für Prunella (Brunelle) ergibt sich im Tagesablauf eine *1 gipfelige Transpirationskurve* mit einem Optimum zur heißen Mittagszeit. Der anschließende Transpirationsrückgang muß – wie aus der Evaporationskurve ersichtlich – auf dem allmählichen Temperaturrückgang und dem damit verbundenen Anstieg der relativen Luftfeuchtigkeit beruhen. Während nun die Prunella eine hohe uneingeschränkte Transpiration unter den gegebenen Bedingungen zeigt, reagieren Centaurea (Glockenblume) und Geranium (Storchschnabel) empfindlicher. Bei Centaurea ergibt sich deutlich eine *2 gipfelige Transpirationskurve,* die bei dem ohnehin nur schwach transpirierendem Geranium auch weniger gut ausgeprägt ist. Beide Arten schränken durch weitgehenden Spaltenschluß ihre Wasserabgabe während der heißen Tagesstunden ein. Erst am späten Nachmittag findet unter den günstigeren klimatischen Bedingungen ein erneuter Transpirationsanstieg durch Öffnung der Schließzellen statt.

Bei guter Wasserversorgung besitzen Sonnenpflanzen pro Zeiteinheit eine höhere Transpiration als Pflanzen feuchter oder schattiger Standorte (Abb. 104b). Dies beruht auf der höheren Zahl an Spaltöffnungen und dem ausgedehnteren Wurzelsystem.

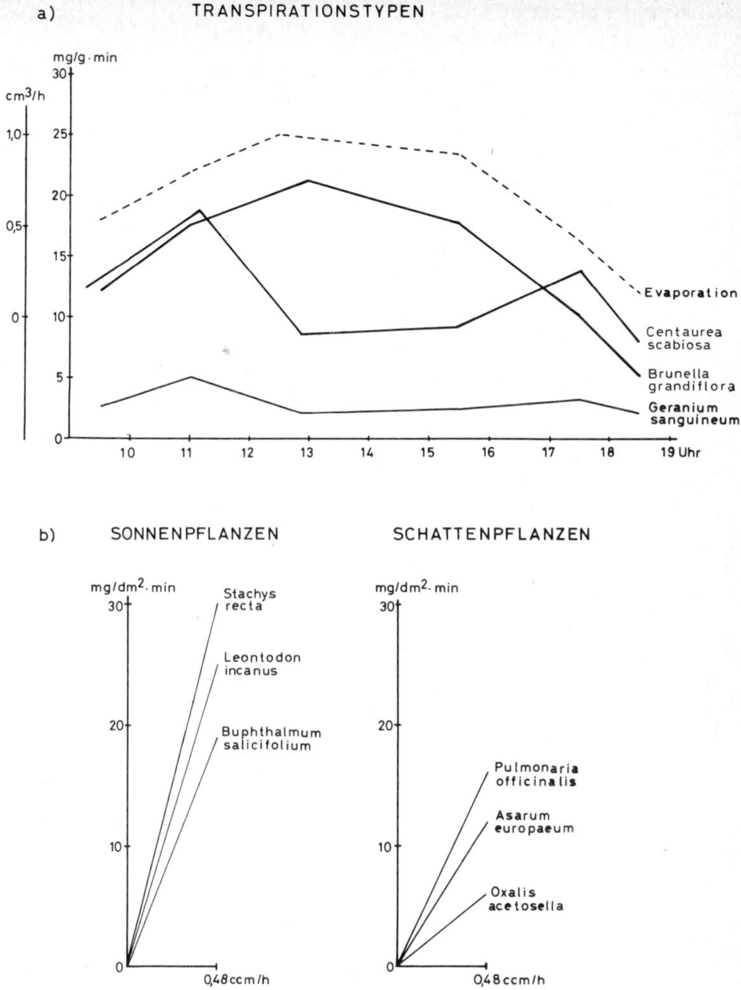

Abb. 104:
Transpiration:
a) Tagesgang der Transpiration verschiedener Pflanzenarten;
b) Transpirationshöhe von Sonnen- und Schattenpflanzen (kombiniert nach MÜLLER-STOLL, PISEK, CARTELLIERI).

5.6. Wasserbilanz

5.6.1. Anpassungen an die Feuchtigkeitsbedingungen am Standort.

Aus Abb. 105 wird bereits die unterschiedliche Sensibilität verschiedener Pflanzenarten hinsichtlich einer Beanspruchung ihres Wasserhaushaltes ersichtlich. Eine Pflanze kann nur dann existieren, wenn sie über eine ausgeglichene Wasserbilanz verfügt. Diese ist ausgeglichen, wenn

Wasserbilanz: Wasserabsorption – Transpiration = 0 ist.

Im allgemeinen weist die Bilanz tagsüber ein Defizit auf. Nachts findet ein Ausgleich statt, weil die Wasserabsorption durch die Wurzel ohne Transpirationsverluste vonstatten gehen kann (Stomata nachts geschlossen). In längeren Trockenzeiten reicht bei abfallendem Bodenwassergehalt die nächtliche Transpirationspause nicht aus, um das Wassersättigungsdefizit in der Pflanze zu beheben.

Als empfindliche Indikatoren für eine Wasserverknappung lassen sich das osmotische Potential oder das Wasserpotential benutzen. Jedes Absinken ihrer Werte weist auf ein zunehmendes Wassersättigungsdefizit in den Blättern hin. Im Verlauf einer Dürrezeit fällt das Wasserpotential ab. Hält die Trockenheit länger an, so macht sich eine gewisse Abhärtung der Pflanze bemerkbar: Sofern die Wasservorräte ausreichen, um neue Blätter zu bilden, zeigen diese Anpassungen an die trockene Witterung. Schon morphologisch fallen sie durch geringere Größe auf, besitzen eine dickere Kutikula, mehr Stomata pro Flächeneinheit und eine dichtere Aderung. Häufig wird auch das Palisaden-Parenchym mehrschichtig ausgebildet. Solche feuchtigkeitsbedingten morphologisch-anatomischen Unterschiede ergeben sich bereits bei ein und derselben Pflanze, z. B. im Blattbau von Sonnen- und Schattenblättern der Buche (Abb. 67). Noch extremer werden die geschilderten Anpassungen, wenn man die gleiche Pflanzenart als Trocken- und als Feuchtkultur ansetzt (Abb. 106).

Bestimmt man die Amplitude der osmotischen oder der Wasserpotentiale von Pflanzen verschiedener Lebensräume, so kann man sie bestimmten ökologischen Gruppen zuordnen. Hinsichtlich ihrer Wasserbilanz sind zu unterscheiden:

1. *Hydrolabile Arten;* sie sind dadurch charakterisiert, daß sie größere Wasserverluste vertragen, wobei die Zellsaftkonzentration entsprechend zunimmt. Dies bedeutet zugleich, daß damit mehr Energie aufgewendet werden muß, um das gebundene Wasser auf das Niveau freien Wassers zu heben. Demnach wird das Wasserpotential sehr negativ.

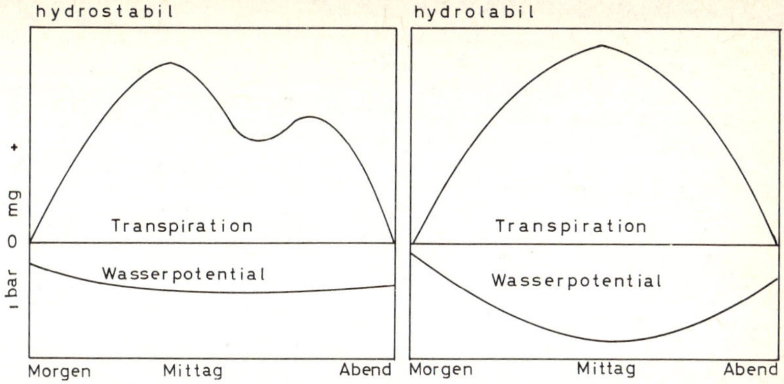

Abb. 105:
Verlauf von Transpiration und Wasserpotential bei hydrostabilem und hydrolabilem Wasserbilanztyp (nach LARCHER).

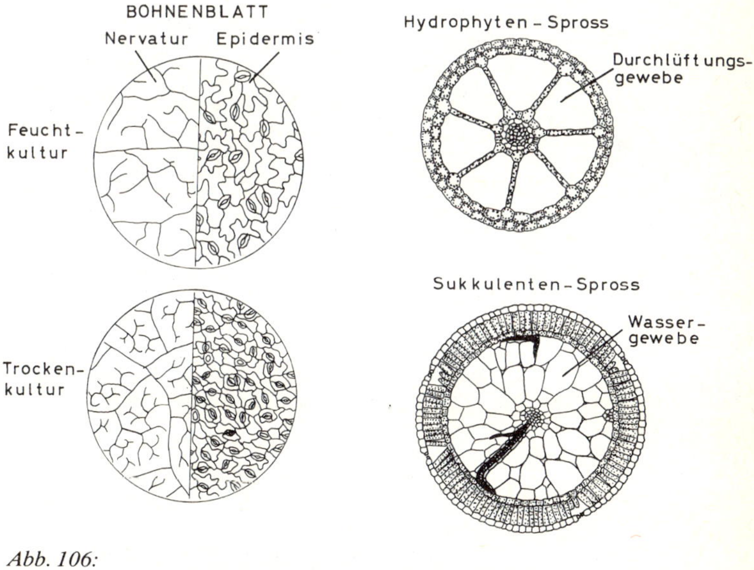

Abb. 106:
Stomata- und Gefäßbündeldichte einer Trocken- und einer Feuchtkultur von Bohnen; anatomischer Bau eines Hydrophyten- bzw. Helophyten-Sprosses sowie eines Sukkulenten-Sprosses (kombiniert nach TUMANOW, STOCKER).

Tab. 34: Vorkommen, Wasserbilanztyp und Photosynthesetyp homoiohydrer Pflanzen

Biotop-Charakter	Bezeichnung	Charakteristik morpholog.-anatomisch	Charakteristik ökophysiologisch	Wasserbilanz Dürreresistenz
naß: Gewässer	Hydrophyten (Wasser-Pflanzen)	Kutikula sehr dünn, Stomata fehlend bis primitiv, 60–70/mm^2 Interzellularen sehr groß Leit- und Festigungsgewebe kaum vorhanden Wurzelsystem: fehlend – reduziert	Photosynthese: Nutzung von HCO_3^-; C_3-Typ Transpiration: sehr hoch bei verminderter Regulationsfähigkeit der Stomata	hydrolabil stenohydrisch Wasserpotential (−)4 bis (−)12 bar
naß – feucht:	Helophyten (Sumpf- und Moorpfl.)	Kutikula dünn bis mäßig verdickt Stomata 100–120/mm^2 Interzellularen sehr groß Leit- und Festigungsgewebe teils gering, teils stark Wurzelsystem gering bis mäßig	Photosynthese: C_3-Typ Transpiration: sehr hoch	hydrolabil – hydrostabil stenohydrisch Wasserpotential (−)6 bis (−)16 bar Dürre nicht tolerierend
feucht: Nebel-, Regen-, schattige und Hochgebirgswälder	Hygrophyten (Feuchtpfl.)	Kutikula dünn Stomata aufgewölbt, 40–60/mm^2 Leit- und Festigungsgewebe gering Wurzelsystem mäßig bis gut	Photosynthese: C_3-Typ Transpiration: sehr hoch	hydrolabil stenohydrisch Wasserpotential (−)5 bis (−)15 bar Dürre nicht tolerierend
mäßig feucht bis mäßig trocken Wiesen – Weide – Ackerland, Waldstandorte	Mesophyten (Land-Pfl. nicht extremer Standorte) Wiesenpflanzen Laubwerfende Gehölze Mehrzahl unserer Kulturpflanzen	Kutikula mäßig verdickt Stomata nicht versenkt, 80–120/mm^2 Leit- und Festigungsgewebe mäßig Wurzelsystem mäßig bis extensiv	Photosynthese: C_3-Typ Transpiration hoch bis mäßig	hydrolabil – hydrostabil stenohydrisch – euryhydrisch, Wasserpotential (−)5 bis (−)25 bar kurze Dürrezeit tolerierend

sehr trocken Wüsten, Halbwüsten, Dünen	passive Xerophyten (Dürre-Flüchter) α) Ephemere Therophyten β) Ephemere Geophyten	Kutikula mäßig verdickt Leit- und Festigungsgewebe mäßig Wurzelsystem mäßig bis extensiv	Photosynthese: C_3-Typ C_4-Typ Transpiration hoch, in Trockenzeit keine	hydrolabil stenohydrisch Wasserpotential (−)5 bis (−)20 bar Therophyten: Dürrezeit als Samen tolerierend Geophyten: Dürrezeit durch Erneuerungsknospen im Boden tolerierend
sehr trocken Wüsten, Steppen, Dünen, Heide, Macchie	aktive Xerophyten (Trockenpflanzen)	Kutikula meist sehr dick Stomata eingesenkt, 200–600/ mm^2 Leit- und Festigungsgewebe in Sproßachse sehr stark Wurzelsysteme meist extensiv α) sklerophylle (hartblättrige) Xerophyten β) malakophylle (weichblättrige) Xerophyten γ) metaphylle Xerophyten	Photosynthese: C_3-Typ C_4-Typ Transpiration: hoch bis minimal hoch, Blätter welken, fallen ab gering, Blätter vergilben, fallen ab	hydrolabil – hydrostabil stenohydrisch – euryhydrisch Wasserpotential (−)15 bis (−)80 bar lange Dürrezeiten vegetativ tolerierend
sehr trocken Wüsten, Halbwüsten	Sukkulente (Wasserspeicher-Pflanzen)	Kutikula verdickt Stomata eingesenkt, 40–60/mm^2 Wasserspeicher-Parenchym Leit- und Festigungsgewebe minimal Wurzelsystem schwach bis mäßig	Photosynthese: C_3-Typ CAM Transpiration: minimal	hydrostabil stenohydrisch Wasserpotential (−)3 bis (−)18 bar lange Dürrezeiten vegetativ tolerierend

2. *Hydrostabile Arten;* sie besitzen eine weitgehend ausgeglichene Wasserbilanz. Dies kann darauf beruhen, daß die Stomata sehr empfindlich auf eine Wasserverknappung reagieren. Sie schließen sich frühzeitig, und durch starke Kutinisierung, Behaarung und Wachsauflagerungen der Epidermisaußenwände wird die Transpiration praktisch unterbunden. Eine andere Möglichkeit zur Bewahrung einer nicht defizitären Wasserbilanz bei Trockenheit beruht auf der Anlage von ober- oder unterirdischen Wasserspeichern oder ausgedehnten Wurzelsystemen, die bis in den Bereich des Kapillarwassers vordringen. Pflanzen, die eine große Amplitude ihres Wasserpotentials (oder osmotischen Potentials) aufweisen, nennt man *euryhydrisch;* Arten, die nur eine geringe Amplitude der Potentiale vertragen, bezeichnet man als *stenohydrisch.*

Jedermann sind bestimmte Beziehungen zwischen *Pflanzenverbreitung* und *Standortbedingungen* bekannt: so wird man z. B. Sumpfdotterblumen nicht in einem Walde oder Pilze während der sommerlichen Trockenzeit suchen. Das Vorkommen einer Art oder Lebensgemeinschaft in einem bestimmten Lebensraum ist an das Zusammenspiel einer Vielzahl von Faktoren geknüpft, doch erweist sich oft ein bestimmter Faktor als dominant. In Tab. 34 wird als Dominante der Feuchtigkeitsgehalt des Biotops gewertet. Da dieser eng mit dem Mineralstoffgehalt des Bodens verknüpft ist, werden – sofern Besonderheiten vorliegen – auch einige Angaben über die Nährstoffversorgung gemacht. Schließlich muß berücksichtigt werden, daß bei geschlossenen Spaltöffnungen auch keine Photosynthese mehr möglich ist. Da sich jedoch im Verlaufe der Evolution verschiedene Photosynthesetypen mit unterschiedlicher Effektivität herausgebildet haben, die zugleich eine gewisse Beziehung zu den Standortbedingungen zu sehen erlauben, sind in der Tab. 34 auch die vorherrschenden Photosynthesetypen aufgeführt. Hinsichtlich einer Anpassung an die Wasserverhältnisse des Standortes läßt sich eine Typisierung in folgende ökologische Pflanzengruppen durchführen:

a) *Hydrophyten:* Dies sind Wasserpflanzen, die fließende oder stehende Gewässer besiedeln. Sie können ständig untergetaucht (submers) leben wie z. B. die Wasserpest (Elodea canadensis), oder aus dem Wasser aufragen (emers) wie der Wasserknöterich (Polygonum amphibium). Die frei schwimmenden Wasserpflanzen, zu denen das Phytoplankton ebenso zählt wie die Wasserlinsen oder „Entengrütze" (Lemna-Arten), sind allein auf den Nährstoffvorrat des Gewässers angewiesen. Einige Arten sind völlig wurzellos wie der Wasserschlauch (Utricularia) oder das Hornblatt (Ceratophyllum). Alle im Sediment wurzelnden Arten haben zwei Bereiche zur Sicherung ihres Nährstoffbedarfes (z. B. Wasserpest oder Tannenwedel, (Hippuris) zur Verfügung. Bei den Hydrophyten fehlen die Spaltöffnungen oder sie sind in ihrer Ausbildung stark reduziert bei gleichzeitigem Verlust der Regulationsfähigkeit. Bei Schwimmblättern befinden sie sich auf der Blattoberseite z. B. bei der Seerose (Nymphaea).

b) *Helophyten:* Sumpf- und Moorpflanzen, die zu dieser Gruppe gehören, besiedeln vernäßte Böden. Damit besteht die Gefahr anaerober Bedingungen für die Wurzeln. Um deren Sauerstoffversorgung zu sichern, werden bei den Helophyten (wie auch bei den Hydrophyten) Durchlüftungsgewebe (Aerenchyme) ausgebildet (Abb. 106). Die Helophyten weisen eine hohe Transpiration auf, für welche die aufgewölbten Stomata günstige Voraussetzungen schaffen (Abb. 103). Die Gruppe der Helophyten ist uneinheitlich. Neben Arten mit einer sehr dünnen Kutikula und emporgehobenen Stomata sowie wenig Sklerenchym, wie z. B. bei der Sumpfdotterblume (Caltha palustris) oder dem kriechenden Hahnenfuß (Ranunculus repens), finden sich Arten wie Sumpfporst (Ledum palustre) und Wollgras (Eriophorum) mit typisch xerophytischen Merkmalen (dickere Kutikula, viel Sklerenchym). Die Letztgenannten sind besonders auf Hochmooren verbreitet. Sie sind an diesen Standorten fast ausschließlich auf die Nährstoffe angewiesen, die ihnen als Staub zugeweht oder mit den Niederschlägen angeliefert werden. Während Wasser reichlich zur Verfügung steht, ist häufig ein Stickstoff- und Phosphormangel festzustellen, der zu gleichsinnigen anatomisch-morphologischen Veränderungen wie Wassermangel führt *(Peinomorphie).*

c) *Hygrophyten:* Diese Pflanzengruppe wächst an feuchten Standorten, wie in Nebel- und Regenwäldern, aber auch die Moose und Kräuter im Schatten unserer Wälder, z. B. Springkraut (Impatiens), Buschwindröschen (Anemone nemorosa), sind hierher zu rechnen. Die Transpiration dieser Arten ist hoch; als anatomisches Merkmal dieser Vertreter können wieder die dünne Kutikula, wenig sklerenchymatische Elemente und die aufgewölbten Spaltöffnungen erwähnt werden (= hygromorphe Merkmale). Mitunter bilden lebende Haare auf der Blattoberfläche samtartige Belege. Durch die hiermit verbundene Vergrößerung der Oberfläche wird die kutikuläre Transpiration erhöht. Eine aktive Wasserausscheidung kann an den Feuchtstandorten durch Hydathoden erfolgen (Abb. 103).

d) *Mesophyten:* Sie stellen den überwiegenden Anteil unserer heimischen Flora, wachsen an mäßig feuchten bis mäßig trockenen Standorten. Unsere laubwerfenden Wälder, die Wiesen und Weiden und die Mehrzahl unserer Kulturpflanzen rechnen zu den Mesophyten. In ihrem Wasserhaushalt bilden sie eine Übergangsgruppe zwischen den Hygrophyten und den an extreme Trockenzeiten angepaßten nachstehenden Wasserbilanztypen (Abb. 103).

e) *Xerophyten:* Hierunter versteht man alle homoiohydren Pflanzen, die an extrem trockenen Standorten leben können und zeitweilig besonders hohen Anforderungen an ihren Wasserhaushalt ausgesetzt sind. Es handelt sich vornehmlich um Wüsten- und Halbwüstenpflanzen der ariden und semiariden Gebiete, bei denen auch die spezielleren Photosynthesetypen C_4 und CAM häufiger vorkommen. Einige xerophytische Vertreter finden wir aber auch bei uns, besonders an stark geneigten Südhängen, z. B. Steppengräser (Stipa-Arten) und Küchenschelle (Pulsatilla). Die immergrünen Nadelbäume lassen sich insofern den Xerophyten zuordnen, als sie während des Winters aus dem gefrorenen Boden kaum Wasser entnehmen können. Die Nadeln weisen auch typische xeromorphe Merkmale auf, wie dicke Kutikula, eingesenkte Spaltöffnungen (Abb. 103), Verringerung der Oberfläche im Verhältnis zum Gesamtvolumen. Letzteres stellt nämlich einen recht wirksamen Schutz vor Verdunstungsverlusten dar. In gleicher Richtung läßt sich auch die Verzwergung (Nanismus) deuten. (In sehr trockenen Sommern fällt auch bei uns auf den Feldern der niedrige Wuchs des Getreides auf.)

Die Gruppe der Xerophyten läßt sich untergliedern in

1. *passive Xerophyten:* Die hierzu zählenden ephemeren (vorübergehend auftauchenden) Arten weichen der Dürre aus: Entweder überdauern sie als Samen (Therophyt) oder mittels unterirdischer Knospen (Geophyt), wie z. B. Tulpen (Tulipa-Arten), die bisweilen länger als ein Jahr währende Trockenzeit. Nach Einsetzen der Regenzeit entwickeln sie sich rasch (die Wüste blüht dann), der Lebenszyklus ist aber auch sehr schnell abgeschlossen. Einige Therophyten, die auch in der heimischen Flora vorkommen und dem C_4-Photosynthesetyp angehören, sind das Salzkraut (Salsola kali), Fuchsschwanz-(Amaranthus-)Arten, zahlreiche Melden-(Atriplex-)Arten und Heliotrop (Heliotropium scabrum).
2. *aktive Xerophyten:* Alle hierzu rechnenden Arten überdauern auch extreme Trockenzeiten mit ihren oberirdischen Organen. Dabei ergeben sich mehrere Möglichkeiten zur Bilanzierung ihres Wasserhaushaltes:

   α) sklerophylle Xerophyten: Hierher gehören zahlreiche Steppen- und Savannengräser (z. B. Pennisetum- und Stipa-Arten), Hartlaubgewächse wie Stechginster (Ulex europaeus), Steineiche (Quercus ilex), Pflanzen mit kleinen, harten Blättern wie beim Heidekraut (Calluna vulgaris) oder der Bärentraube (Arctostaphylos uva-ursi). Nadelförmige Blätter sind u. a. beim Wachholder (Juniperus-Arten) vorhanden. Bei den Rutensträuchern, zu denen der Besenginster (Sarothamnus scoparius) gehört, sind die Blätter so stark reduziert, daß die nunmehr grüne Sproßache die Photosynthese durchführt. Einige Akazien-Arten besitzen Blattstielblätter *(= Phyllodien)*

Abb. 107:
Reduktion von Organen im Sproßbereich.

(Abb. 107); hier ist es zu einer Verringerung der Blattspreite zugunsten des Blattstieles gekommen. Eine Abflachung des Sprosses macht die Blätter gänzlich überflüssig. Die Flachsprosse *(= Phyllokladien)* vermögen die Assimilationsaufgaben völlig abzudecken. Bei dem als Gemüsepflanze und für Blumenbinderei verwendeten Spargelkraut (Asparagus-Arten) und dem im Mittelmeergebiet heimischen Ruscus entstehen in den Achseln reduzierter schuppenförmiger Blättchen blattartige Phyllokladien, die in eine Stachelspitze auslaufen. Die Seitensproßnatur läßt sich an den Blüten erkennen, die auf der Oberseite in der Mitte des Phyllokladiums aus der Achsel eines kleinen schuppenartigen Blättchens entspringen (Abb. 107).

Derartige Abwandlungen von der ursprünglichen morphologischen Gestalt nennt man Metamorphosen. Beim Phyllokladium erhält eine Sproßachse das Aussehen und die Funktion eines Blattes; trotz äußerer Ähnlichkeit entstammen beide verschiedenen Grundorganen, demnach sind Blätter und Phyllokladien einander nur *analog* (funktionsgleich), jedoch nicht *homolog* (herkunftsgleich). Dagegen sind Sproßachse und Phyllocladium einander homolog.

Der skleromorphe Charakter findet bei den Sklerophyllen seinen Ausdruck in einer vermehrten Ausbildung von Sklerenchym-Elementen auf Kosten von Parenchymzellen. Der

$$\text{Skleromorphie-Index} = \frac{\text{Zellulose} + \text{Lignin}}{\text{Protein}}$$

ist daher bei den sklerophyllen Xerophyten auch größer als bei den Mesophyten oder gar Hygrophyten. Selbst bei großem Wasserverlust kommt es durch das ausgedehnte Sklerenchym-Gewebe zu keinen sichtbaren Welkeerscheinungen. Die Skleromorphie kann bis zur Verdornung führen, findet sich diese doch bei zahlreichen Wüsten- und Steppenpflanzen (Dornbusch). Sie bildet jedoch gleichzeitig einen ausgezeichneten Schutz gegen Tierfraß. Daher kommen Dornen auch bei nicht xeromorphen Pflanzen und in anderen Klimaten vor. Zu Dornen können Sproß (Schlehe, Weißdorn, Kakteen), Blätter (Berberitze) und Wurzeln (z. B. bei der Ameisenpflanze Myrmecodia) umgewandelt werden (Abb. 107).

Allen sklerophyllen Xerophyten ist die dicke Kutikula und eine starke Kutinisierung der Zellwand gemeinsam. Die Spaltöffnungen liegen tief eingesenkt, so daß in der Trockenzeit bei geschlossenen Stomata die Transpiration sehr gering und die Wasserbilanz ausgeglichen bleiben. C_4-Pflanzen sind bei ihnen besonders häufig unter den Gräsern anzutreffen, so gehören z. B. Bartgras- (Andropogon-) und Mohrenhirse- (Sorghum-) Arten hierzu, ebenso das Zuckerrohr (Saccharum officinarum).

β) malakophylle Xerophyten: Sie unterscheiden sich von den sklerophyllen dadurch, daß sie ihre Transpiration während der Dürrezeit kaum einschränken; dadurch entstehen hohe Wasserverluste, die sich im Welken der weichen, meist stark behaarten Blätter deutlich äußern. Durch teilweisen Blattabwurf wird die transpirierende Oberfläche entsprechend dem Wasserdefizit stark verringert. Bei diesem Wasserbilanztyp sinkt das Wasserpotential während der Dürrezeit stark ab. Zahlreiche Pflanzenarten mit ätherischen Ölen gehören in diese Gruppe, wie z. B. Thymian- (Thymus-)Arten, Lavendel (Lavandula officinalis), Salbei- (Salvia-)Arten.

γ) metaphylle Xerophyten: Bereits mit Beginn der Trockenzeit schließen sie ihre Spaltöffnungen. Auf diese Weise bleibt zwar die Wasserbilanz weitgehend ausgeglichen, jedoch muß zur Aufrechterhaltung der notwendigsten Lebensfunktionen auf Reservestoffe zurückgegriffen werden. Während der Trockenzeit vergilben die Blätter zahlreicher Arten, fallen ab, so daß unter Umständen nur die Fruchtstände übrigbleiben. In diese Gruppe gehören viele Milchsaft führende Pflanzen, wie die Wolfsmilchgewächse, z. B. der Christusdorn (Euphorbia splendens). Unter den Euphorbiaceen findet man sowohl Arten, die dem C_4- als auch solche, die dem C_3-Photosynthesetyp zuzurechnen sind. Einige Doldenblütler (Umbelliferen) mit dicker Pfahlwurzel sowie einige Liliaceen sind unter die metaphyllen Xerophyten einzureihen.

δ) Sukkulente: Sie sind gekennzeichnet durch Wasserspeichergewebe, tief eingesenkte Spaltöffnungen und starke Kutinisierung der äußeren Zellwand (Abb. 106). Wasserspeichergewebe können bereits von Epidermen oder subepidermalen Zellen als ein- bis mehr-

reihiges äußeres Wasserspeichergewebe angelegt werden, zumeist sind sie jedoch vielschichtig zentraler in den Rindenpartien gelegen (inneres Wasserspeichergewebe), wodurch die Organe dick und fleischig-saftig umgeformt werden. Solche Pflanzen erhalten dann die einheitliche Bezeichnung Sukkulente. Dieser Name bedeutet weder nähere Verwandtschaft noch einheitliche morphologische Herkunft. So können Sprosse, Blätter oder Wurzeln sukkulent werden. Typische Blattsukkulente finden sich bei Agaven- und Aloe-Arten und bei den auch bei uns an Mauern, Felsen oder anderen Trockenstandorten häufigen Mauerpfeffer-Arten. Die in ganz verschiedenen Verwandtschaftskreisen ausgebildete Stammsukkulenz stellt als „Kaktusform“ in Anpassung an Trockenklimate mit episodischen Regenfällen ein typisches Beispiel für *Konvergenz* darf. (Unter Konvergenz wird die übereinstimmende Ausgestaltung infolge Anpassung an gleichartige Umweltbedingungen bei Arten systematisch verschiedener Gruppen verstanden.) Den säulen- oder kugelförmigen blattlosen Kakteen der Neuen Welt entsprechen zum Verwechseln ähnliche Bildungen bei den Euphorbien der Alten Welt. Mit der Stauchung der Sproßachse zur Kugelform erreichen die Kakteen die Idealform kleinstmöglicher Transpirationsfläche. Bei ihnen sind die Blätter zu Blattdornen, die Seitenzweige zu Haarpolstern (Areolen) reduziert. Bei manchen Kakteen können auch Seitensprosse zu Dornen umgebildet sein (Sproßdornen).
Auch ohne Wasseraufnahme vermag dieser Pflanzentyp viele Monate – bisweilen sogar Jahre – am Leben zu bleiben. Eine Reihe dieser Arten gehört dem CAM-Photosynthesetyp an (s. S. 129). Darunter befinden sich Vertreter der Dickblattgewächse (Crassulaceen), Kakteen (Cactaceen), Korbblütler (Compositen).

5.6.2. Wasserstreß und Produktivität

Es ist eine nur allzu bekannte Tatsache, daß Wassermangel zu erheblichen Ertragsausfällen führt. Wird man zunächst davon ausgehen, daß Wasserstreß durch eine Wassergehaltsabnahme im Boden bedingt ist (z. B. infolge fehlender Niederschläge, jedoch hoher Evapotranspiration), so zeigt Abb. 108, daß andere Faktoren in gleicher Richtung wirken: Sicher wird dabei die Verfügbarkeit des Wassers im Boden eine entscheidende Rolle spielen. Sie kann begrenzt werden dadurch, daß kaum Wasser vorhanden ist oder daß das Wasser durch hohen Mineralsalzgehalt zu stark gebunden wird. Letzteres ist an Salzstandorten der Fall, weshalb die osmotischen Potentiale der Salzpflanzen (Halophyten) auch meist tiefer als bei Pflanzen liegen, die im gleichen Klimagebiet salzfreie Böden gleicher Feuchtigkeit besiedeln.

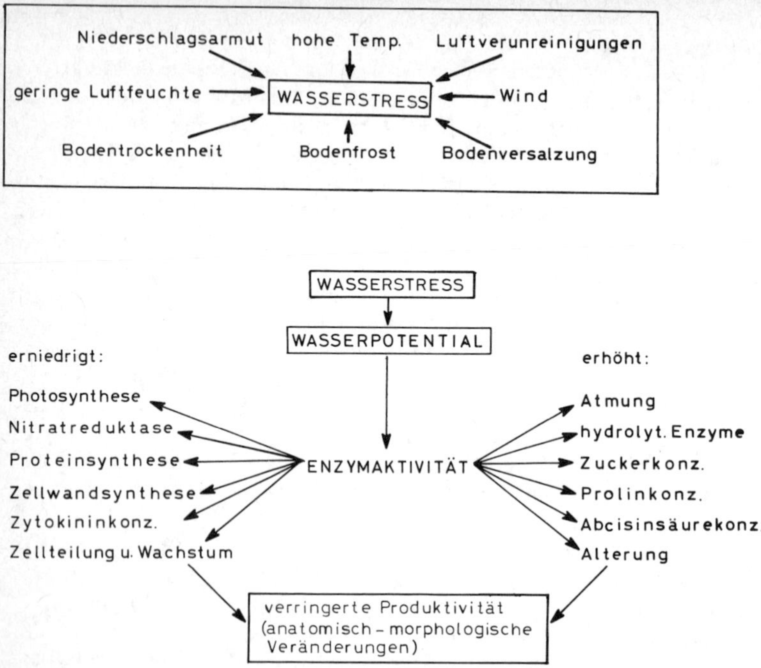

Abb. 108:
Wasserstreß auslösende Faktoren; Bedeutung eines Wasserstreß für die Produktivität.

Bei Temperaturen unterhalb − 1° C gefriert das Bodenwasser, aber schon ab + 5° C ist die Wasseraufnahme durch die Wurzel erschwert. Wenn nun im Spätwinter oder zeitigen Frühjahr Sonnenschein die Zweige erwärmt und daher die Transpiration durch Stomata und Lentizellen gefördert wird, kommt es bei tiefen Bodentemperaturen leicht zur *Frosttrocknung*. So übersteht der auf mageren Böden und entlang unseren Autobahnen verbreitete Besenginster zwar oft die Kälte, nicht aber die winterlichen Wasserverluste.

Wasserstreß wird hervorgerufen durch alle Klimafaktoren, die den Diffusionswiderstand des Wasserdampfes beim Austritt aus den Schließzellen abbauen. Hierzu gehören niedrige relative Luftfeuchtigkeit, hohe Luft- und Blattemperatur sowie Bewindung. Schließlich vermögen auch Luftverunreinigungen, die zugleich mit dem CO_2 der Luft in die Blätter gelangen, ein Wasserdefizit zu verursachen. Durch Schädigung der

Schließzellen verlieren diese ihre Regulationsfähigkeit, so daß damit die Wasserabgabe der Pflanze außer Kontrolle gerät.

In Abb. 108 sind einige Stoffwechselprozesse aufgeführt, deren Förderung oder Hemmung direkt oder indirekt mit der Veränderung des Wasserpotentials in Zusammenhang stehen. Besondere Bedeutung muß man dabei der Enzymbeeinflussung zumessen, von deren Aktivität die biochemischen Umsetzungen in der Pflanze abhängen. So sind auch die unter Wassermangel zu beobachtenden anatomisch – morphologischen Veränderungen (Zunahme der Xeromorphie) und damit der Ertragsausfall hierauf zurückzuführen.

6. Nährstoffversorgung

6.1. Gewässer als Quelle für den Mineralsalzgehalt von Pflanzen

Es war bereits darauf verwiesen worden, daß die autotrophen Wasserpflanzen den für die Photosynthese erforderlichen Kohlenstoff in gelöster Form als HCO_3^- dem umgebenden Medium entnehmen. Um existieren zu können, brauchen sie aber auch eine Reihe anderer Nährelemente. Diese essentiellen *Nährstoffe* der grünen Pflanzen sind ausschließlich anorganischer Natur, während die heterotrophen Arten zusätzlich organische Komponenten benötigen (Tab. 36). Als essentiell gilt ein Element (Verbindung), das für den Lebensablauf eines Organismus unbedingt notwendig ist und dessen Funktion durch kein anderes Element vollwertig ersetzt werden kann. Hierzu zählen: Kohlenstoff (C), Sauerstoff (O), Wasserstoff (H), Stickstoff (N), Schwefel (S), Phosphor (P), Kalium (K), Kalzium (Ca), Magnesium (Mg), Eisen (Fe), Mangan (Mn), Kupfer (Cu), Zink (Zn), Molybdän (Mo), Bor (B), Chlorid (Cl), Natrium (Na), Silizium (Si) und Kobalt (Co). Etwas unterschiedlich werden die 3 letzterwähnten Elemente bewertet, da sie offenbar nur für bestimmte Pflanzengruppen essentiell sind. So scheint z. B. Kobalt für höhere Pflanzen und Pilze weniger von Bedeutung zu sein als für bestimmte Bakterien und Algen, andererseits benötigen höhere Pflanzen und Algen Silizium, während dieses Element von Pilzen und Bakterien entbehrt werden kann.

Generalisierend läßt sich die *Zusammensetzung einer Pflanze* angeben als zu 70% aus Wasser, 27% organischer Substanz und 3% Mineralsalzen bestehend. Hiervon entfallen gut 97% auf die Elemente C, H, O, N, S und P.

Der *Mineralsalzgehalt,* der beim Verbrennen der Trockensubstanz einer Pflanze als Asche zurückbleibt, ist abhängig sowohl von der Art wie dem Nährstoffangebot des Substrates. Aber auch innerhalb verschiedener Gewebe einer Pflanze, ja selbst innerhalb einer Zelle können sehr erhebliche Unterschiede bestehen. So ist z. B. 82% des Gesamteisengehaltes einer Zelle in Chloroplasten lokalisiert.

Die Höhe des Aschengehaltes einer Pflanze und die prozentuale Zusammensetzung der Asche (Tab. 35) besagt wenig über den tatsächlichen Bedarf. Für den normalen Ablauf der Photosynthese sind nur geringste Spuren an Chlorid notwendig, doch kann dieses Element in weitaus höheren Konzentrationen in der Pflanze vorliegen. Verschiedene marine Algen, insbesondere Braunalgen, reichern Jod bis zur 30000-fachen Konzentration des Meerwassers in ihren Geweben an. Das im Überschuß akkumulierte Jod wird technisch verwertet. Ebenso können

Tab. 35: Mittlerer Aschengehalt getrockneter Pflanzen (nach LARCHER 1976 verändert).

Pflanzengruppe	Asche in % der Trockensubstanz
Bakterien	8–10%
Pilze	7– 8%
Planktonalgen (ohne Skelettsubstanzen)	bis 5%
Kieselalgen (Diatomeen)	bis 55%
Moose	2– 4%
Farne	6–10%
Dikotyle Kräuter	6–15%
Bäume:	
Blätter	3– 4%
Holz	0,5%
Wurzel	2– 3%

in der Pflanzenasche Elemente auftauchen, die im Stoffwechsel keine Funktion zu erfüllen haben, sondern eher toxisch wirken, wie z. B. Quecksilber, Fluor u. a. Ihre Anreicherung im Nahrungsnetz vermag für Konsumenten gefährlich zu werden (s. S. 378).

Um die essentiellen Elemente für Pflanzen zu ermitteln, arbeitet man vielfach mit Nährlösungen, wie sie als Hydrokultur bekannt sind. Hierbei werden die zu prüfenden Arten in Wasser kultiviert, dem man gezielt Nährstoffe zugesetzt hat. Beispiele für die Zusammensetzung von Nährlösungen für verschiedene Organismengruppen sind aus Tab. 36 ersichtlich. Nicht alle Pflanzen lassen sich jedoch in wässrigem Medium gut kultivieren, sondern besser in festeren Substraten wie Sand, Vermiculit, Erde oder Agar-Agar. Das letztgenannte Substrat wird bevorzugt für die Anzucht von Mikroorganismen verwendet. All diesen standardisierten Substraten werden gezielt Nährstoffe zugefügt. Aus der Vitalität bzw. an Mangelerscheinungen der Kulturen (Tab. 38) läßt sich auf die Wirkung einzelner Elemente und deren Kombination schließen. N, S, P, B, Mo und Cl werden als Anionen (Nitrat, Sulfat, Phosphat, Borat, Molybdat, Chlorid) aufgenommen, Stickstoff seltener auch als Kation NH_4^+ und von einigen Bakterien und Blaualgen in elementarer Form als N_2. Bei solchen Kulturversuchen zeigt sich, daß die Pflanzen ein Wahlvermögen hinsichtlich der angebotenen Mineralsalze besitzen. Dies äußert sich oft in einer pH-Veränderung des Nährmediums: wird z. B. zum Boden NH_4Cl gegeben, so nimmt die Pflanze bevorzugt NH_4^+ im Austausch gegen H^+-Ionen auf. Dadurch kommt es zu einer Versauerung des Substrates. NH_4Cl wird deswegen als physiologisch saures Salz be-

Tab. 36: Zusammensetzung von Nährlösungen für autotrophe höhere Pflanzen sowie für Pilze

a) Makroelementlösung für höhere Pflanzen nach KNOP.	
gelöst in	1000 ml aqua dest.
$Ca(NO_3)_2$	1,00 g
$MgSO_4 . 7\ H_2O$	0,25 g
KNO_3	0,25 g
KH_2PO_4	0,25 g
KCl	0,12 g
$FeSO_4$	Spur
Mikroelementlösung	1 Tropfen
b) Mikroelementlösung nach HOAGLAND (A–Z Lösung)	
gelöst in	1000 ml aqua dest.
$B\ (OH)_3$	614 mg
$Mn\ Cl_2 \cdot 4\ H_2O$	389 mg
$Ni\ SO_4 \cdot 7\ H_2O$	59 mg
$Al_2\ (SO_4)_3$	55 mg
$Ti\ O_2$	55 mg
$Zn\ SO_4$	55 mg
$Cu\ SO_4 \cdot 5\ H_2O$	55 mg
$Co\ (NO_3)_2 \cdot 6\ H_2O$	55 mg
KJ	28 mg
KBr	28 mg
$Sn\ Cl_2 \cdot 2\ H_2O$	28 mg
Li Cl	28 mg
c) Nährlösung für Pilze (nach ERNST 1978)	
gelöst in	1000 ml aqua dest.
Saccharose	50,00 g
$NH_4\ NO_3$	1,90 g
$K_2\ HPO_4$	0,34 g
$Mg\ SO_4 \cdot 7\ H_2O$	0,25 g
$Fe\ Cl_2 \cdot 4\ H_2O$	0,40 mg
$Zn\ Cl_2$	0,40 mg
$Cu\ Cl_2 \cdot 2\ H_2O$	0,10 mg
$(NH_4)_6\ Mo_7\ O_{24} \cdot 4\ H_2O$	0,014 mg
$CaCl_2$	0,020 mg

zeichnet. Die Zelle hat andererseits aber auch kein völliges Ausschlußvermögen für nicht benötigte oder gar giftige Stoffe, wie die bereits erwähnte Aufnahme von Schadstoffen beweist.

Man unterscheidet Makro- und Mikronährstoffe *(Haupt- und Spurenelemente)*, wobei erstere in weit höheren Konzentrationen von der Pflanze benötigt werden als letztere. So ist z. B. das Makroelement

Stickstoff in einer etwa 1000 fach höheren Konzentration in der Pflanze vorhanden als das Mikroelement Zink.

Es gelten als

Makroelemente: C, H, O, N, S, P, K, Ca, Mg

Mikroelemente: Fe, Mn, Zn, Mo, B, Cl u. a.

Bisweilen ist die Differenz, in der Makro- und Mikroelemente in der Pflanze vorhanden sind, nur gering. So kann z. B. die Konzentration an Eisen oder Mangan die des Schwefels erreichen. Aus diesem Grunde ist es weitaus günstiger, eine Einteilung nach der Funktion der Mineralsalze und deren biochemischem Verhalten vorzunehmen. Eine entsprechende Tabelle ist auf S. 323 zu finden, wo auch auf die Nährstoffaufnahme aus dem Substrat näher eingegangen wird.

Für das *Plankton* (= Lebensgemeinschaft ein – vielzelliger Schwebeorganismen) und frei im Wasser schwimmende höhere Pflanzen stellt das Gewässer eine Art Nährlösung dar, die sie mit ihrer gesamten Oberfläche aufzunehmen vermögen. Eingeschränkt ist solche Absorbierbarkeit von Mineralsalzen für die im Wasser lebenden, jedoch im Untergrund (Sediment) verankerten Arten. Diese nehmen die Nährstoffe bevorzugt durch die Wurzeln auf (s. S. 320).

Der Mineralstoffgehalt des Süßwassers hängt von der geologischen Beschaffenheit des Untergrundes ab und kann durch Niederschläge mehr oder minder stark beeinflußt werden. Vielfach tragen diese infolge Einwaschung aus dem anliegendem Bodenbereich zu einer Erhöhung der Nährstoffkonzentration bei. Auf die speziellen Probleme, die sich bei Einleitung von Abwässern ergeben, wird auf S. 388 noch eingegangen werden. Der Abdampfrückstand liegt bei Süßwässern zwischen 20 und 900 mg/l Wasser und damit bedeutend niedriger als beim Eindampfen von Meerwasser, wo ein Rückstand zwischen 35 000–38 000 mg/l erhalten wird.

6.2. Boden als Quelle für den Mineralsalzgehalt der Pflanze

6.2.1. Bodenbildung

Die auf S. 310 angesprochenen Gewässer werden von den Pflanzen in weit geringerem Umfang als Nährstoffquelle genutzt als der Boden. Diesem kommen folgende Funktionen für die Pflanze zu:

a) Substrat zur festen Verankerung der Wurzel
b) Wasserspeicher
c) Lieferant für Nährsalze und Sauerstoff
d) Lieferant energiereicher Substanzen für die Destruenten.

Aus dieser Aufstellung ergibt sich, daß der Boden ein *3-Phasensystem* darstellt: die feste Phase besteht aus anorganischen und organischen Stoffen, die flüssige aus der Bodenlösung (Wasser mit gelösten Salzen) und die gasförmige Phase wird von der Bodenluft gebildet. In seiner Gesamtheit ist der Boden als ein außerordentlich dynamisches System zu betrachten, in dem gleichzeitig Abbau-, Aufbau- und Verlagerungs-Prozesse stattfinden. Die Abbau-Vorgänge stehen unter dem Einfluß von Atmosphärilien und Organismen, führen zur Verwitterung des Lithosphärenmaterials und schließlich zur Bodenbildung. Man unterscheidet

1. *physikalische Verwitterung:* die Temperaturwitterung verursacht Gesteinslockerung infolge ungleicher Ausdehnungskoeffizienten der Mineralien bei Erwärmung und Abkühlung; der Spaltenfrost kann Sprengungen von Gestein verursachen, wenn im Winter das in Risse gelangte Wasser gefriert; in Gesteinsspalten befindliche Wurzeln vermögen bei ihrem Dickenwachstum einen steigenden Druck (bis zu etwa 15 bar) auszuüben, der vorhandene Gesteinsrisse zu erweitern vermag.
2. *chemische Verwitterung:* eindringendes Niederschlagswasser führt zu Lösungs- und Hydratationsvorgängen, wechselnder Grundwasserstand im Substrat zu Oxidations- und Reduktionsprozessen.
3. *biologische Verwitterung:* die von den Bodenorganismen und Wurzeln abgegebene Atmungskohlensäure bewirkt nach ihrer Lösung im Bodenwasser einen Säureangriff auf die Gesteinsmineralien. Zusätzlich können von Mikroorganismen und Pflanzenwurzeln ausgeschiedene organische Säuren zur Gesteinszersetzung beitragen.

Flechten gehören zu den niederen Pflanzen, die ein besonders gutes Aufschlußvermögen für fest gebundene Nährelemente haben. Sie sind oft die Pioniere bei der Besiedlung nackter Felsen. Unter den Kulturpflanzen besitzt die Luzerne ein sehr großes, Gerste dagegen ein geringes Aufschlußvermögen. Der lebenden organischen Substanz im Boden, die aus Wurzeln und den Bodenorganismen *(=Edaphon)* besteht, läßt sich die tote als *„Humus“* gegenüberstellen. Hierunter versteht man meist die in oder auf dem Boden befindlichen, dunkel gefärbten organischen, von toten Pflanzen und Tieren, Ausscheidungs- und Stoffwechselprodukten stammenden Substanzen, die einem ständigen Abbau, Umbau und Aufbau unterliegen. (Die Definitionen sind nicht ganz einheitlich.) Humus ist chemisch ein sehr heterogener Komplex hoch- und niedermolekularer Verbindungen. Vereinfacht lassen sich die Humusstoffe in 3 Gruppen einteilen, die auch zur Differenzierung wichtiger Bodentypen herangezogen werden:

a) *Huminsäure – Vorstufen:* Als saure, niedermolekulare Abbauprodukte entstehen aus dem Lignin verholzter Zellwände die Fulvosäuren. Sie ergeben mit Wasser hellgelb gefärbte echte Lösungen. Ihre

Polymerisationsprodukte sind die *Humoligninsäuren,* die nur noch kolloidal auftreten und mit Eisenoxidhydrat-Gelen feste Ausfällungen (Ortstein) liefern. Die genannten *Humusstoffe* sind für *Rohhumus* und Hochmoortorf charakteristisch.

b) Huminsäuren: Ihre Bildung beruht auf einer Oxidation der Vorstufen in schwach alkalischer Lösung (bei Anwesenheit von $CaCO_3$) und gleichzeitiger Gegenwart von NH_3. Die Huminsäuren enthalten etwa 5% Stickstoff, ergeben mit Kalk die schwerlöslichen Kalzium-Humate, die durch Verkleben von Bodenteilchen eine haltbare Bodenkrümelung bedingen. Die Ca-Humate treten leicht mit Tonmineralien zu Ton-Humus-Komplexen zusammen. Sie sind sehr quellungsfähig und daher wichtige Wasserspeicher im Boden. Huminsäure-reich ist der *Mull* (milder Dauerhumus).

c) Humine: Sie entstehen, wenn reine Huminsäuren nach starker Austrocknung ihre Quellbarkeit völlig verlieren. Im Boden stellen sie dann nur noch Ballast dar. Reich an Huminen ist die Braunkohle.

An der Zersetzung der organischen Ausgangssubstanzen, die sowohl zu einfacheren Baustoffen (Huminstoffen) wie zur völligen *Mineralisierung* führen kann, sind *Mikroorganismen* maßgeblich beteiligt. Zunächst bauen die Reduzenten die leicht verwertbaren Pflanzenbestandteile wie Zucker und Stärke ab. Dies geschieht vor allem durch Bakterien und Schimmelpilze (Mucoraceen); ihnen folgen zellulolytische Bakterien, sowie Strahlenpilze (Actinomyceten), während die schwerer angreifbaren Lignine und Proteine mehr den höheren Pilzen (Basidiomyceten)

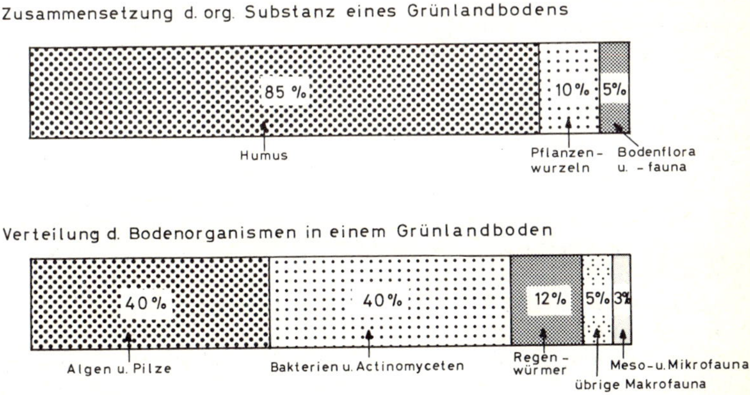

Abb. 109:
Zusammensetzung der organischen Substanz und des Edaphons in einem Grünlandboden (Zahlenangaben nach TISCHLER).

überlassen bleiben (Abb. 109). Die aufeinander folgenden Organismengruppen *(Sukzessionen)* haben unterschiedliche Umsatzleistungen: so werden von den Bodenpilzen etwa 30–40% des im abzubauenden organischen Material befindlichen Kohlenstoffs in körpereigene Substanz umgewandelt; Bodenbakterien inkorporieren nur 5–10% der C-Quelle. Daher ist auch bei gleichem Nährstoffangebot die Menge des bakteriell freigesetzten CO_2 bedeutend höher als die von den Pilzen stammende. Umgekehrt liegen die Verhältnisse für den Stickstoff, denn der N-Bedarf der Bakterien ist größer als der der Pilze: die Bakterientrockensubstanz enthält 10–12% N, die der Pilze 5–8% N. Daher wird N-ärmerer Bestandsabfall auch besser von Pilzen als von Bakterien verwendet.

Die verbreitetsten terrestrischen Humusformen sind Mull, Moder und Rohhumus.

a) Der tief dunkel gefärbte, sehr gut zersetzte, nährstoffreiche *Mull* findet sich in krautreichen Laubwäldern, fruchtbaren Wiesen und natürlichen Steppen, in denen die Böden eine ± neutrale Reaktion aufweisen. Mullböden liefern ideale Ackerböden. Die Bodenmikroflora wird weitgehend von Bakterien und Strahlenpilzen gestellt.
b) *Moder* ist eine Übergangsform zum schlecht zersetzten, an Mineralstoff armen und sehr sauren Rohhumus.
c) Im *Rohhumus* sind für die Umsetzungen vielfach anaerobe Bakterien sowie zahlreiche höhere und niedere Pilze verantwortlich. Sie vermögen die meist ligninreiche, doch N-ärmere Streu wie z. B. von Besenginster, Heidekraut, Blaubeeren oder Nadelbäumen (Fichten, Kiefern) hinreichend aufzuschließen. Böden mit dicker Rohhumusauflage sind ackerbaulich wertlos.

Gilt ein Boden als humusreich, wenn der Anteil an organischer Substanz um 10–15% beträgt, so liegt dieser bei Moorböden stets über 30%. Der nährstoffreiche Flachmoortorf gibt nach Trockenlegung einen guten Ackerboden im Gegensatz zum Hochmoortorf, der extrem nährstoffarm ist.

Beim Abbau der organischen Substanzen im Boden entsteht nicht immer Humus. In kalkreichen tropischen und subtropischen Böden ist bei ausreichender Feuchtigkeit die mikrobielle Aktivität zu hoch, so daß pflanzliche und tierische Reste völlig mineralisiert, d. h. zu CO_2, Wasser und Mineralsalzen abgebaut werden. Es fehlt daher in diesen Böden der Humus.

Durch Verwitterung, chemische Umlagerung und Neubildung entwikkelt sich aus dem Muttergestein *(= unreifer Boden)* langsam ein *reifer Boden.*

Dieser Entwicklungsprozeß ist mit einem Tonaufbau und einer Horizontbildung verbunden. An letzterer ist die organische Substanz maßgeblich mitbeteiligt. Die unterschiedlich gefärbten *Horizonte* sind meist parallel zur Bodenober-

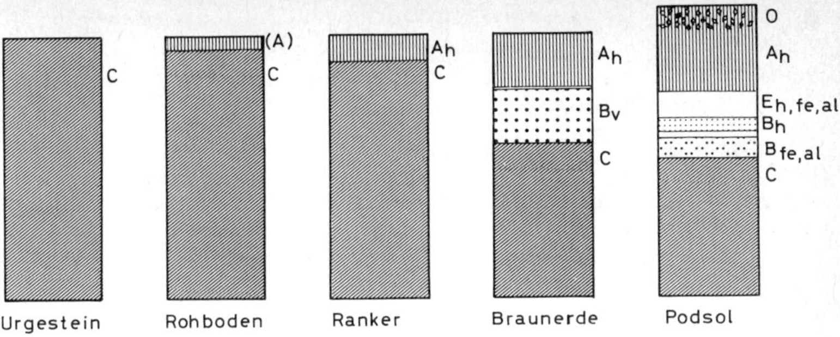

Abb. 110:
Schematische Darstellung einer Bodenentwicklung (nach SCHROEDER).

fläche angeordnet. Sie werden mittels Buchstaben- oder Zahlensymbolen charakterisiert und erlauben eine Unterscheidung verschiedener Bodentypen.

Nach SCHEFFER – SCHACHTSCHABEL (1976) werden die Horizonte wie folgt bezeichnet:

O = Gesamtheit der organischen Substanz, die dem Mineralboden aufliegt

A = oberster mineralischer, mit organischer Substanz vermischter Horizont (Oberboden)

A_h = von Huminstoffen dunkel gefärbter Mineralbodenhorizont

A_e = Eluvialhorizont, d. h. durch Auswaschung gebleichter Horizont, verarmt an organischer Substanz und Sesquioxiden (Fe- und Al-Verbindungen)

B = verbraunter, zum Teil durch Einwaschung aus dem A-Horizont angereicherter Unterboden

B_v = durch Mineralverwitterung verbraunter und verlehmter Horizont ohne Einwaschung

B_h = Subhorizont des B-Horizontes mit starker Einwaschung von Huminstoffen und Sesquioxiden

C = Ausgangsgestein, aus dem der Boden entstand (Untergrund)

In Abb. 110 ist eine mögliche Bodenentwicklung in humidem Klima schematisch dargestellt. Die Mehrzahl unserer Wald- und Ackerböden zählt zu den *Braunerden.* Die schlechtesten Böden sind bei uns die gealterten, nährstoffarmen und strukturlosen *Podsolböden.* Durch Grundwasser beeinflußt sind *Gleye* und *Auenböden.*

6.3. Nährstoffverfügbarkeit

Von den im Boden vorhandenen Nährstoffen ist nur ein geringer Anteil direkt pflanzenverfügbar: im Bodenwasser sind nämlich kaum 0,2% der Gesamtmenge an Mineralstoffen gelöst. Demgegenüber befindet sich mit rund 98% der Mineralsalzvorrat des Bodens in der toten organischen Substanz und muß aus dieser erst freigesetzt werden. Die noch verbleibenden etwa 2% der Bioelemente sind an Bodenkolloide, vornehmlich Ton und Humuspartikel, adsorbiert.

Hierbei handelt es sich um Nährionen bzw. Dipolmoleküle, die sich – bedingt durch die elektrischen Oberflächenladungen der Bodenkolloide und Huminstoffe – an diesen austauschbar festsetzen. Damit ist auch schon angedeutet, wie diese Ionen oder Dipolmoleküle für die Pflanze zugänglich gemacht werden können: die Bodenkolloide wirken wie Ionenaustauscher. Dies bedeutet, daß die Kationen oder Anionen – je nach ihrer sorptiven Bindungskraft – mehr oder weniger gut entweder durch andere Ionen oder durch H^+-Ionen bzw. HCO_3^-(OH^-)-Ionen ausgetauscht werden können. Die sorptive Bindungskraft läßt bei den wichtigsten Kationen in der Reihe $Al^{3+} \rightarrow Ca^{2+} \rightarrow Mg^{2+} \rightarrow NH_4^+ \rightarrow K^+ \rightarrow Na^+$ nach; bei den Anionen sinkt sie vom $PO_4^{3-} \rightarrow SO_4^{2-} \rightarrow NO_3^-$ zum Cl^- ab. Dies bedeutet, daß z. B. Al^{3+} relativ fest von den Bodenkolloiden sorbiert wird. Befinden sich Al^{3+}-Ionen in der Bodenlösung, so werden diese von den Kolloidteilchen bevorzugt angezogen und der Bodenlösung entnommen, andere Kationen, die nicht so fest haften (z. B. K^+-Ionen), gehen dafür in die Bodenlösung über.

Die Funktion der kolloidalen *Ton- und Humuskomplexe* beruht demnach in der Adsorption der Nährelemente und der Stabilisierung der Ionenverhältnisse in der Bodenlösung; sie stellt schließlich noch einen gewissen Schutz vor Auswaschung dar.

Die Mineralstoffvorräte im Boden hängen weitgehend von der Konzentration der Wasserstoffionen ab. Diese beeinflussen die Einstellung des Ionenfließgleichgewichtes: sehr saure Böden sind arm an Kationen wie den lebenswichtigen Kalium-, Kalzium- und Magnesium-Ionen. Phosphor wird als schwer verfügbares Fe- und Al-Phosphat festgelegt. Andererseits wird das in höheren Konzentrationen phytotoxisch wirkende Aluminium im Austausch gegen H^+ verstärkt freigesetzt. Bodenstruktur und Mikroorganismenaktivität verschlechtern sich hierdurch. Demgegenüber werden in basischen Böden die Mikroelemente in verstärktem Maße gebunden.

Die *Bodenreaktion* ist abhängig von der chemischen Zusammensetzung des Ausgangsgesteins, vom Klima und der Vegetation. In humiden Klimaten führen hohe Niederschläge leicht zur Entbasung durch Bodenauswaschung; in ariden Gebieten kommt es bei hoher Verdunstung (Evaporation) zu einem aufwärts gerichteten Wasserstrom, der die in der Bodenlösung vorhandenen Salze an der Bodenoberfläche anreichert. Es kann so zur Bodenversalzung kommen, zu Standorten, die nur von den besonders angepaßten Salzpflanzen *(Halophyten)* besiedelt werden (s. S. 372).

Auf die Beziehungen zwischen Bodenmikroflora und Bodenacidität war bereits verwiesen worden. Bestimmten niederen und höheren Pflanzen sowie Pflanzengesellschaften kommt ein Zeigerwert für die

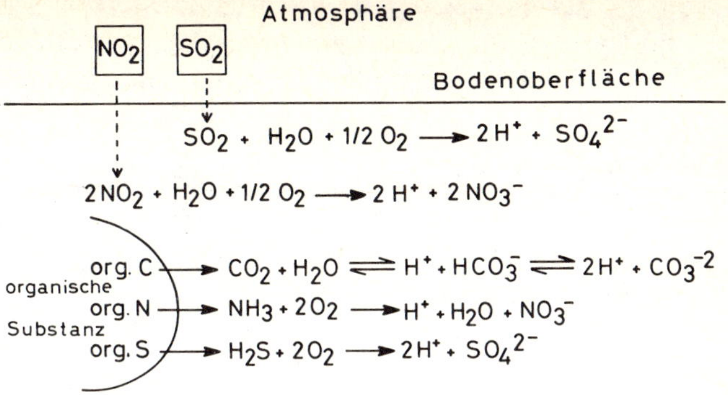

Abb. 111:
Vorgänge, die zur Bodenversauerung führen können (nach MENGEL/KIRKBY).

Tab. 37: Reaktionsansprüche einiger Kulturpflanzen an den Boden

Pflanzenart	pH-Amplitude
Kartoffel	4,8–6,8
Erbsen	6,0–7,0
Kopfsalat	5,3–7,5
Zwiebeln	6,5–7,5

Substratreaktion zu. So findet man z. B. Heidekraut, Blaubeere oder den kleinen Sauerampfer auf sauren Böden, während auf basischen Rittersporn, Bärlauch und Salbei verbreitet sind. Derartige Pflanzen werden nach ihrem ökologischen Verhalten als *Acidophyten* bzw. *Neutro- oder Basiphyten* bezeichnet. Demgegenüber weisen die *indifferenten Arten* keine Bindung an einen bestimmten pH-Bereich auf (z. B. Kornblume, Hirtentäschelkraut, Vogelknöterich). Bei diesen Wildpflanzen stimmen vielfach die physiologischen Reaktionsansprüche an das Substrat nicht mit ihrer Verbreitung auf Böden bestimmter pH-Bereiche überein, da der Konkurrenzfaktor bei der Besiedlungsmöglichkeit von Standorten eine nicht zu unterschätzende Rolle spielt (s. S. 329).

Unsere fruchtbaren Kulturböden reagieren i. a. schwach sauer, wobei sich die Acidität auch ohne Zutun des Menschen langsam verstärkt. Karbonate und Bodenkolloide besitzen abpuffernde Wirkung. In Belastungsgebieten mit höherem SO_2-Gehalt der Luft geht die Bodenansäuerung durch die sauren Niederschläge schneller als in unbelasteten vonstatten (Abb. 111). Viele unserer Kulturpflanzen haben aber ihre beste Entwicklung auf schwach sauren bis neutralen Böden (Tab. 37).

6.4. Mechanismus der Aufnahme von Mineralstoffen und deren Verwertung

Bei den wurzellosen Pflanzen werden die Nährstoffe meist über die gesamte Oberfläche aufgenommen. Bei den im Substrat wurzelnden Arten ist diese Fähigkeit stark reduziert, jedoch nicht völlig verloren gegangen, wie die Erfolge einer Blattdüngung mit Mikroelementen zur Behebung von Mangelsymptomen zeigen. Hierbei werden die in Lösung aufgesprühten Mineralsalze bevorzugt durch winzige Poren in der Kutikula der Blätter *(Ektodesmen)* in die Epidermiszellen aufgenommen, von wo aus der Transport – entsprechend der Verlagerbarkeit – weiter in das Gewebe stattfindet. So kann es auch zur *Akkumulation von Schadstoffen,* z. B. Schwermetallen, in Pflanzen kommen, die in stark durch Luftverunreinigungen belasteten Gebieten wachsen. Stärker aber ist meist die Anreicherung gasförmiger Luftverunreinigungen wie SO_2 oder HF, die zugleich mit dem CO_2 bei der Photosynthese durch die Spaltöffnungen der Blätter aufgenommen werden (s. S. 385).

Zweifellos ist die Wurzel für die Mehrzahl der höheren Pflanzen das wichtigste Organ zur Versorgung mit Nährstoffen. Diese erfolgt durch:

a) *Absorption der Ionen aus der Bodenlösung:* in dieser liegen die Nichtmetalle (N, S, P, B und Si) als Oxokomplexe vor; lediglich kann der Stickstoff auch in der NH_4^+-Form vorkommen und so aufgenommen werden (Tab. 38). Erdalkalien und Alkalien (K, Na, Mg und Ca) – in geringem Umfang auch Schwermetalle – (Fe, Mn, Cu, Zn, Cd) finden sich als Kationen.

b) *Ausscheidung von H^+-Ionen (Protonenpumpe) und anorganischen Säuren:* durch sie werden gebundene Nährelemente freigesetzt und können dann in Ionenform oder als *Chelate* (in organischer Komplexbindung) absorbiert werden. Die Schwermetalle werden vielfach erst in der Chelatform pflanzenverfügbar.

c) *Austauschabsorption der an kolloide Bodenteilchen gebundenen Ionen:* diese werden gegen H^+ und HCO_3^--Ionen, die von den Wurzeln an die anliegenden Ton- und Humuspartikel abgegeben werden, eingewechselt. Die Wurzelhaare der höheren Pflanzen wachsen an diesen Kolloiden vorbei und „lecken" sie gewissermaßen ab. Hierbei findet der Kationenaustausch statt (Abb. 112). Die Austauschkapazität ist im allgemeinen bei einkeimblättrigen Pflanzen größer als bei zweikeimblättrigen, besonders hoch bei den Torfmoosen.

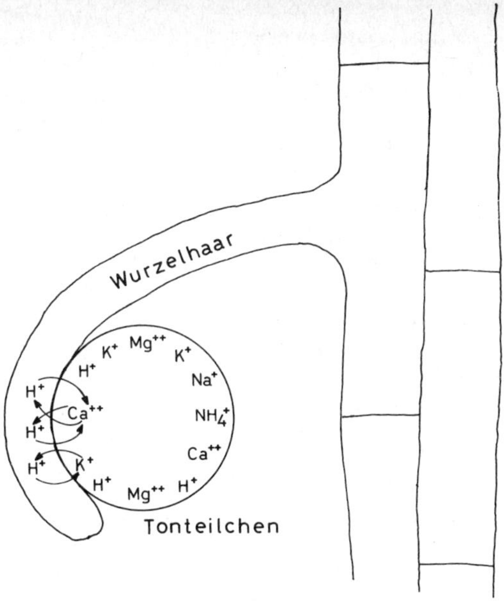

Abb. 112:
Austauschabsorption von Ionen, die an Tonteilchen adsorbiert sind.

Man unterscheidet eine passive und eine aktive Aufnahme der Nährelemente (s. S. 69).

1. Passive Aufnahme: Hierbei handelt es sich um einen chemisch-physikalischen, reversiblen Vorgang, der ohne Energiebedarf abläuft. Die im Bodenwasser gelösten Ionen gelangen durch Diffusion mit dem einströmenden Wasser zunächst in den Apoplasten der Wurzel, wo sie durch die Oberflächenladungen an den nassen Zellwänden von Wurzelhaaren und Wurzelrindenzellen adsorbiert werden. Um in das Zellinnere zu gelangen, müssen sie zunächst den toten Raum der Zellwand, danach die Membran des lebenden Protoplasmas passieren. Die Feinstruktur der Zellwand zeigt ein Hohlraumsystem, das sich aus den Intermizellarräumen innerhalb der Elementarfibrillen und den Interfibrillarräumen zwischen den Mikrofibrillen zusammensetzt. Die Intermizellarräume können nur Wassermoleküle sowie andere kleinere Moleküle frei durchwandern, während die Interfibrillarräume auch für größere Moleküle zugänglich sind. Die Zellwand stellt somit keine größere Barriere für die eindringenden Ionen dar. Diese gelangen damit in einen *„scheinbar freien Raum“* (AFS = apparent free space).

2. *Aktive Aufnahme:* Bei dieser werden Ionen oder Moleküle durch die Membran (Plasmalemma) gepumpt. Hierfür wird Energie benötigt, zumal auf diesem Wege die Substanzen auch gegen ein Potentialgefälle transportiert werden können (Bergauftransport). Einer Hypothese zufolge belädt sich ein auf Eiweißbasis beruhender *Carrier* unter Beteiligung von ATP an der Membranaußenseite mit der zu transportierenden Substanz. Diese wird dann an der Innenseite der Membran in das Zytoplasma abgegeben (Abb. 113). Die relativ hohen K^+-Konzentrationen gegenüber den niedrigen Na^+-Konzentrationen im Zellinnern lassen sich nur mit diesem aktiven Transport in Verbindung bringen. Diese unterschiedlichen Ionenkonzentrationen bedingen ein elektrisches Potential von etwa 20–80 mV zwischen Innenseite der Membran (negativ) und Außenseite (positiv). Natürlich können auch andere Ionen an dem *Membranpotential* beteiligt sein.

Nur aus dem Zusammenspiel zwischen passiver und aktiver Stoffaufnahme erklären sich *Wahlvermögen* und *Akkumulation:* die Zelle vermag bestimmte Ionen gegen das Konzentrationsgefälle aufzunehmen und zu speichern. Diese Fähigkeit hat besondere Bedeutung für Wasserpflanzen, die ihre lebensnotwendigen Elemente oft nur in

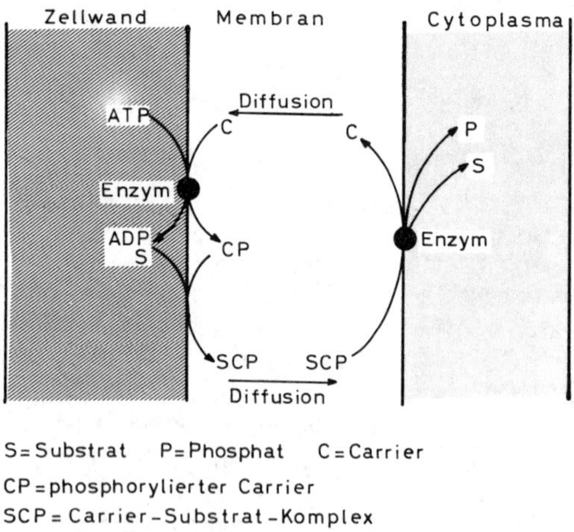

Abb. 113:
Schema der Carrier-Hypothese (nach LÜTTGE).

Tab. 38: Bedeutung der Nährelemente für die Pflanze (Kombiniert nach versch. Autoren)

Element	Bevorzugtes Vorkommen im Boden	Aufnahmeform	Verwendung in der Pflanze	Wichtige Mangelsymptome
N	zu 98% organisch gebunden; Humus als N-Reservoir; anorganisch vorwiegend als NH_4^+; NO_3^- leicht auswaschbar	NO_3^-; NH_4^+ (N_2)	in reduzierter Form als Baustoff für Aminosäuren, Eiweiß, Nukleinsäuren, Enzymbestandteil, sek. Pflanzenstoffe; NO_3^- in Vakuolen	älteste Blätter vergilben vorzeitig, Peinomorphie, Starrtracht, Relation Sproß/Wurzel zugunsten der Wurzel verschoben
S	zu 60–90% organisch gebunden; anorganisch als SO_4^{2-}, S^{2-}	SO_4^{2-}; (S^{2-}) als SO_2 aus der Luft	in reduz. Form als Baustein von Eiweiß; Bestandteil von Co-Enzymen (z. B. Acetyl-CoA), sek. Pflanzenstoffe (z. B. Senföle); SO_4^{2-} in Vakuole	Kümmerwuchs
P	20–60% organisch gebunden (z. B. im Phytin); anorg. Phosphate des Ca, Fe, Al	HPO_4^{2-} $H_2PO_4^-$	Baustoff für ATP, NADP, Zuckerphosphate, Nukleinsäurebaustein, Phosphatide	Peinomorphie, Starrtracht, Blühverzögerung
K	Bestandteil von Tonmineralien; Feldspat, Glimmer	K^+	kolloidchem. Wirkung (quellungsfördernd); Enzymaktivierung, Membrantransport	Welketracht, Störung des Wasserhaushalts, Früchte platzen auf
Ca	Silikate (Kalkfeldspat); Phosphate (Apatit); Karbonate (Dolomit); Sulfate (Gips)	Ca^{++}	kolloidchem. Wirkung (quellungshemmend); Membrantransport; Baustoff für Mittellamelle (Ca-Pektinat); gelöst oder kristallin als Ca-Oxalat, Ca-Karbonat	gestörtes Teilungswachstum, Kleinzelligkeit

Tabelle 38 (Fortsetzung)

Element	Bevorzugtes Vorkommen im Boden	Aufnahmeform	Verwendung in der Pflanze	Wichtige Mangelsymptome
Mg	Silikate (Montmorillonit, Kaolinit, Hornblende, Serpentin); Karbonate (Dolomit, Magnesit); Sulfate (Bittersalz)	Mg^{++}	Zentralatom im Chlorophyll, Aktivator für Phosphorylierungen; Stabilisator für Funktionsfähigkeit von Ribosomen und Membranen	Chlorosen, beginnend bei älteren Blättern, Störung des Wasser- und Kohlenhydrathaushalts
Fe	Sulfide (Pyrit); Phosphate (Vivianit); Oxide (Hämatit, Goethit); Silikate (Olivin, Hornblende)	Fe^{2+} Fe-Chelat	Enzymbestandteil (Zytochrome, Ferredoxine) bei Leguminosen im Leghämoglobin	Chlorosen, beginnend bei jungen Blättern (Weißfärbung, grüne Blattaderung)
Mn	Oxide (Braunstein) Silikate (Biotit)	Mn^{2+} Mn-Chelat	Enzymaktivator besonders für Zitronensäurezyklus, Phosphorylierungen, Decarboxylierungen; Wasserspaltung der Photosynthese	Wachstumshemmung
Cu	Sulfide (Kupferglanz); Oxide (Rotkupferkies, Malachit)	Cu^{2-} Cu-Chelat	Enzymbestandteil (Zytochromoxidase, Ascorbinsäureoxidase, Laccase, Polyphenoloxidasen)	„Urbarmachungskrankheit" (Spitzen- oder Blattrandnekrosen, Blüten- und Fruchtansatz behindert)
Zn	Silikate (Biotit, Augit, Hornblende), Karbonate (Galmei)	Zn^{2-} Zn-Chelat	Enzymaktivator (Dehydrogenasen); Beeinflussung von Proteinstoffwechsel und Wuchsstoffwirkung	Hemmung des Längenwachstums (Rosettenbildung), Kleinblättrigkeit

Tabelle 38 (Fortsetzung)

Element	Bevorzugtes Vorkommen im Boden	Aufnahmeform	Verwendung in der Pflanze	Wichtige Mangelsymptome
Co	Silikate (Serpentin, Hornblende), Karbonate (Galmei)	Co-Chelat	notwendig zur Bindung molekularen Stickstoffs durch N-bindende Mikroorganismen; Zentralatom des Vitamin B_{12}	
Na	Chloride (Steinsalz), Karbonate (Soda), Sulfate (Glaubersalz) } Salzböden	Na^+	kolloidchem. Wirkung (quellungsfördernd) Stofftransport durch Membranen	
B	Borate Silikate (Biotit, Muskovit)	HBO_3^{2-} $H_2BO_3^-$	Kohlenhydratstoffwechsel, Wuchsstoffaktivierung	Wachstumshemmung von Sproß und Wurzel sowie des Pollenschlauchwachstums, damit auch der Befruchtung (Herz- und Trockenfäule von Rüben)
Mo	Molybdate ($CaMoO_4$) Sulfide (Molybdänglanz) Silikate	MoO_4^{2-}	Bestandteil der Enzyme für Nitratassimilation und Bindung molekularen Stickstoffs	Wachstumsstörungen Chlorosen
Cl	Chloride (NaCl = Steinsalz, KCl = Sylvin), Silikate (Chlorapatit)	Cl^-	kolloidchem. Wirkung (stark quellungsfördernd), Enzymaktivator (Photosynthese)	unspezifische Wirkung
Si	Silikate Tonmineralien	$Si(OH)_4$	bei Gräsern, bes. Sauergräsern, Schachtelhalmen u. a. Einbau in die epidermalen Zellwände; notwendig für Diatomeen	

Spuren in ihrem Medium vorfinden (s. S. 311). Andererseits ist die Art der gekoppelten Ionenaufnahme auch dafür verantwortlich, daß Schadstoffe nicht völlig ausgeschlossen werden können.

Aufnahmeform und Funktion der Nährelemente ist aus Tab. 38 ersichtlich.

Unter den aufgeführten *Mangelsymptomen* sind die beim Fehlen von Magnesium oder Eisen auftretenden Chlorosen besonders auffällig. Die hierbei typische Aufhellung der Blätter beruht auf Chlorophyllmangel.

Bei unzureichender Versorgung mit Stickstoff und Phosphor (z. B. auf Hochmoorböden) kommt es zur Peinomorphie: die Pflanzen sind kleinwüchsig, stehen aber starr aufrecht (= Starrtracht). Es werden relativ weniger parenchymatische Zellen zugunsten von Festigungselementen gebildet. Bei N-Mangel weisen die Blätter vielfach eine fahle, hellgelbe Tönung, bei P-Mangel eine schmutzig grüne Färbung auf. Oft kommen daneben noch rote Farbtöne durch Anthocyanbildung vor.

6.5. Mineralstofftransport

Die Nährionen werden im Wurzelbereich bis hin zu den wasserleitenden Gefäßen auf zwei Wegen transportiert:

a) apoplasmatisch: der in der Zellwand (s. S. 288) verlaufende Wasser- und Nährsalztransport endet an der Barriere des Casparyschen Streifens der Endodermiszelle. An dieser Stelle muß der Eintritt in den Symplasten erfolgen (s. S. 286).

b) symplasmatisch: die durch Diffusion in die Zellwand gelangten Nährelemente werden durch das Plasmalemma in das Zytoplasma der Parenchymzelle geschleust und können von dort aus in den Zellsaft gelangen. Die Vakuolen stellen ausschließlich Speicherräume dar, aus denen bei Bedarf die Ionen wieder an das Zytoplasma abgegeben werden. Der eigentliche Ionentransport vollzieht sich unter Umgehung der Vakuolen über den Symplasten, d. h. über das Netz der Protoplasten, dessen Verknüpfung von Zelle zu Zelle durch die Plasmodesmen gewahrt ist. Auf dem symplasmatischen Wege gelangen die Nährelemente ebenfalls zu den Endodermiszellen und von diesen weiter zu den Wasserleitungsbahnen. Um in das Innere der Gefäße zu kommen, müssen die Ionen nun vom Symplasten in den Apoplasten übertreten (Abb. 100). Passive und aktive Vorgänge werden an diesem Transportweg beteiligt sein.

Mit dem Transpirationsstrom im Xylem aufsteigend werden die Nährsalze – gemeinsam mit zumeist nur geringfügigen organischen Verbindungen – passiv in der Pflanze verteilt, wobei die Richtung dieses Transportes durch die Wasserpotentialgradienten bestimmt wird. Darüber hinaus können Ionen an den Leitungsbahnen adsorbiert werden. Bei sinkenden Konzentrationen im Transpirationsstrom werden sie wieder freigegeben, so daß sich damit starke Schwankungen der Ionenkonzentration vermeiden lassen.

Ein gewisser Ionenanteil tritt vom Xylem oder von parenchymatischen Zellen aus auch in die Assimilate leitenden Bahnen des Phloems ein und wird durch diese verteilt. Die Ionenbeweglichkeit im Phloem ist allerdings sehr unterschiedlich. Kalium gilt als besonders gut beweglich, so daß ihm spezifische Funktionen für den Phloemtransport zugeschrieben werden. Stickstoff und Schwefel wandern im Phloem vor allem in organischen Verbindungen, während Phosphor in größeren Mengen in Ionenform transportiert wird. Demgegenüber gelten Kalzium, Strontium, Bor, Blei und eine Reihe anderer Elemente als immobil. Sie werden daher besonders in den wasserverbrauchenden (Blättern) akkumuliert, zumal sie auch nicht vor dem Laubfall in andere Organe (z. B. in den Stamm) verlagert werden können. Letzteres ist bei Kalium oder Phosphor üblich. Auch bei den immergrünen Pflanzen werden die Blätter und Nadeln nach einer gewissen Zeit abgeworfen, z. B. Efeu nach 2–3, Tanne nach 5–7 Jahren. Der Abwurf bedeutet eine Beseitigung von unbeweglichen Ballaststoffen. Bei einer Kontamination von Pflanzen mit Schadstoffen, die aus der Luft oder dem Boden aufgenommen worden sind, erfolgt oft ein verfrühtes Absterben und damit Laubfall der Blätter.

Die Immobilität des Kalziums im Phloem gegenüber Kalium dürfte mit auf der Bildung schwerlöslichen Kalziumphosphats beruhen. Dadurch wird die Relation Ca/K in der Pflanzenasche um so niedriger, je mehr das Phloem in einem Organ über das Xylem dominiert. So wird die Kartoffelknolle fast ausschließlich über das Phloem versorgt und enthält daher kaum Kalzium. Parasiten lassen auf Grund ihres Ca/K Verhältnisses Folgerungen zu, ob sie Phloem oder Xylem anbohren. Die Kleeseide entnimmt als Vollparasit die benötigten Stoffe sowohl dem Phloem als dem Xylem: Ca/K = 1 : 17; der Halbparasit Mistel zapft nur die Wasserleitungsbahnen an: Ca/K = 3 : 1.

7. Wechselbeziehungen innerhalb der Lebensgemeinschaften

Innerhalb einer jeden Lebensgemeinschaft ist sowohl jedes Individuum wie auch die gesamte Biozönose einer Reihe *hemmender, fördernder* und *indifferenter Standortfaktoren* ausgesetzt (Abb. 114). Sie entscheiden über die mehr oder weniger starke Bindung an bestimmte Organismengruppierungen und Standortqualitäten. Die Beziehungen werden noch mannigfaltiger, wenn nicht nur die Phytozönose, sondern die in jeder Biozönose vertretene Zoozönose mit in die Betrachtung einbezogen wird. Im folgenden sollen vornehmlich die Bedingungen innerhalb einer pflanzlichen Lebensgemeinschaft behandelt und die Bedeutung der Tiere nur an wenigen Beispielen dargelegt werden.

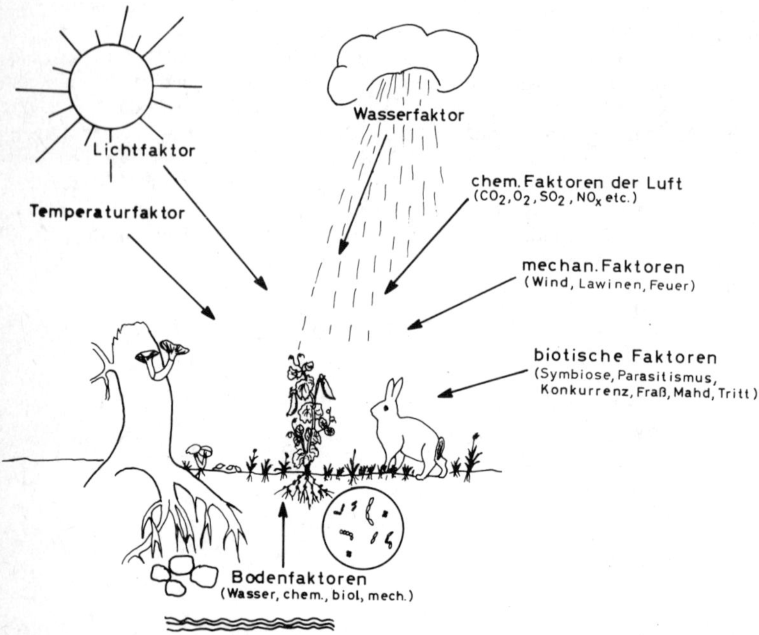

Abb. 114:
Standortfaktoren für eine Biozönose.

7.1. Konkurrenz, Allelopathie

Jeder Organismus nimmt einen bestimmten Raum ein, benötigt Energie, Nährstoffe und die Möglichkeit zur Arterhaltung. Demnach findet in einer Biozönose stets ein auf physikalisch-chemischer Basis beruhender Wettbewerb der Organismen statt. Von *Konkurrenz* oder *Wettbewerb* spricht man, wenn das Wachstum oder die Entwicklung einer Art durch die Anwesenheit anderer Arten negativ beeinflußt wird, ohne daß Parasitismus vorliegt. Man unterscheidet:

a) intraspezifischer Wettbewerb: Hierbei handelt es sich um die Konkurrenz von Individuen derselben Art um Licht, Wasser und Nährstoffe. Schwache Exemplare können dadurch völlig unterdrückt oder sogar ausgemerzt werden, so daß der Artbestand letztlich gekräftigt wird.

b) interspezifischer Wettbewerb: Der Konkurrenzkampf spielt sich zwischen Pflanzen verschiedener Artzugehörigkeit, d. h. zwischen Populationen ab.

Unter den im Freiland herrschenden wechselnden Außenbedingungen findet eine völlige Unterdrückung einer Art nur bei sehr starker Konkurrenzüberlegenheit der anderen Art statt. Im allgemeinen findet man *Mischbestände,* in denen die Populationen entsprechend ihrer Durchsetzungskraft vertreten sind. Als *ökologisches Optimum* bezeichnet man die Bedingungen, unter denen eine Art in der Natur am häufigsten vorkommt; das *physiologische Optimum* dagegen entspricht den Bedingungen, unter denen eine Art als Einzelkultur oder unter Laboratoriumsverhältnissen am besten gedeiht. Ökologisches und physiologisches Optimum sind selten deckungsgleich (Abb. 115). Jede Art hat ihr spezifisches Verbreitungsmaximum, und dies wird sowohl durch ihre Konkurrenzkraft als auch durch die übrigen Standortfaktoren bestimmt. In den Nordalpen ist z. B. in der Höhenlage der Waldgrenze von Buchen und Fichten an den Südhängen die Buche überlegen, an den Nordhängen dagegen die Fichte, an Ost- und Westhängen findet man in der gleichen Höhenstufe Mischbestände aus Buchen und Fichten.

Eine Biozönose ist kein statisches, sondern ein dynamisches Gebilde. Kartierungen in Mischbeständen haben gezeigt, daß z. B. die Wuchsstellen einzelner Individuen in einem Wiesenbestand von Jahr zu Jahr ihren Platz wechseln, indem die Rhizome oder Ausläufer peripher auswachsen, im Zentrum dagegen absterben und damit Raum für andere Arten freimachen. Besonders auffällig sind die Hexenringe, d. h. das gleichzeitige Auftreten von Pilzfruchtkörpern in einem Kreis. Sie zeigen an, daß das Myzel im Boden gleichmäßig von einem Zentrum aus fortgewachsen ist. So kommt es also in Mischbeständen zu einer gewissen Rotation von Pflanzen. Auch von tropischen Urwäldern liegen Beobachtungen vor, nach denen Sämlinge unter dem Schirm einer artfremden Baumart bes-

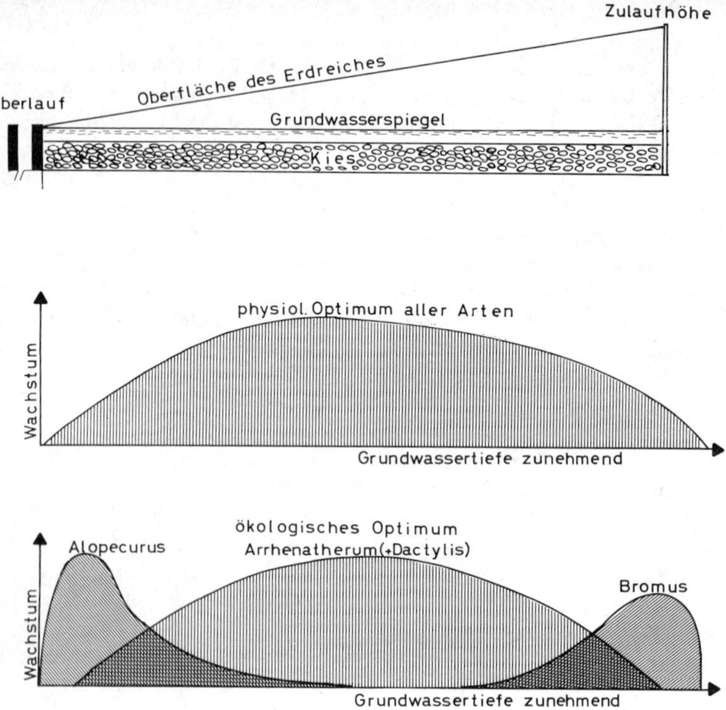

Abb. 115:
Konkurrenzverhalten der Wiesengräser Alopecurus pratensis, Arrhenaterum elatius, Dactylis glomeratus und Bromus erectus in Rein- und Mischsaat bei unterschiedlichem Abstand vom Grundwasserspiegel; physiologisches Wachstumsoptimum ist für alle Arten in Reinsaat gleich im Gegensatz zum ökologischen Optimum: Alopecurus wird auf den feuchten, Bromus auf den trockenen Bereich abgedrängt (nach WALTER).

ser keimen als unter der Baumkrone der gleichen Art. Hierdurch werden ebenfalls Mischbestände begünstigt.

Während man in der freien Natur stets mehr oder weniger vielseitig zusammengesetzte Mischbestände findet, werden die Kulturpflanzen meist in *Reinbeständen (Monokulturen)* und nur selten in Mischungen angebaut (z. B. findet man in unseren Wäldern häufig Fichtenmonokulturen). Die Mehrzahl der Pflanzenarten reagiert auf den Anbau von Monokulturen früher oder später negativ, was sich wirtschaftlich als

Ertragsminderung bemerkbar macht. Als Ursache hierfür wird meist eine *„Bodenmüdigkeit"* angenommen. Zweifellos handelt es sich hierbei um einen bodenbiologischen Faktorenkomplex, der bisher noch nicht völlig geklärt ist. Möglicherweise spielen Wurzelausscheidungen eine Rolle, ferner ernährungsphysiologisch wirkende Hemmstoffe, die von einer pflanzenartenspezifisch beeinflußten Bodenmikroflora gebildet werden. Bei Daueranbau einer bestimmten Pflanzenart können solche Hemmstoffe angehäuft werden, so daß sie das Pflanzenwachstum ernsthaft gefährden. Weiterhin wird vermutet, daß durch die Monokultur geförderte phytopathogene Bakterien und Pilze, eventuell auch Bakteriophagen an der Bodenmüdigkeit beteiligt sind. Eine Verarmung des Substrates an bestimmten Elementen vermag u. U. die Anfälligkeit der Monokultur gegenüber Schädlingen zu erhöhen.

Unter *Allelopathie* versteht man die gegenseitige Beeinflussung von Pflanzen durch stoffliche Ausscheidungen. Sie können für den Konkurrenzkampf zwischen höheren Pflanzen oder zwischen höheren Pflanzen und Mikroorganismen von Bedeutung sein. Solche Substanzen gehören verschiedenen chemischen Stoffklassen an, z. B. Aminosäuren, Glykosiden, Terpenen, Phenolen, Alkaloiden, Chinonen. Oft ist es allerdings schwierig, allelopathische Erscheinungen von anderen zu trennen, z. B. von der Wurzelkonkurrenz um Wasser und Nährsalze.

Die ersten Freilandbeobachtungen über allelopathische Wirkungen sind aus Heil- und Gewürzpflanzenkulturen überliefert. Die Autoren berichten von Wachstumshemmungen und Veränderungen des Gehaltes bestimmter Inhaltsstoffe von Pflanzen in Abhängigkeit von deren Artenkombination. Solche Befunde sind besonders an Exemplaren gemacht, die zwischen Pflanzen aufwuchsen, welche reichlich ätherische Öle produzieren, wie man sie z. B. bei Wermut, Kümmel, Thymian oder in den auffallend artenarmen Beständen des Bärenlauchs findet. Vielfach gelangen in Blättern befindliche Toxine durch Auswaschung mit dem Regenwasser oder erst bei der Streuzersetzung in den Boden. Die artenarme Flora unter bestimmten Gehölzen wird mit solchen allelopathischen Effekten in Verbindung gebracht. So soll z. B. das in jungen Blättern und unreifen Früchten von Walnußbäumen vorkommende Hydroxyjuglon (ein Naphthochinon) den Aufwuchs von Kräutern im Baumbereich hindern. Kommt diese Verbindung mit abgestorbenen Pflanzenteilen in den Boden, so tritt eine Oxidation zum Juglon ein. Diese Substanz wirkt auf die meisten zweikeimblättrigen Arten, insbesondere auf Ericaceen, ausschließend. Demgegenüber werden andere Arten, wie z. B. das Kentucky-Blaugras gefördert.

Äthylen, das vor allem von höheren Pflanzen abgegeben wird, hat als *„Fruchtreife-Hormon"* in der Praxis Bedeutung erlangt. Die Äthylenproduktion einer reifenden Frucht stimuliert nämlich den Reifeprozeß anderer. Durch Äthylenbegasung kann unreif gepflücktes Obst (z. B. Bananen) zum Reifen gebracht werden. Äthylen beschleunigt in Abhängigkeit von seiner Konzentration den Austrieb von Kartoffelknollen, die Keimung von Samen, das Reifen von Früchten und die Kallusbildung, vermag aber bei anderen Pflanzen das Wachstum von Sproß und Wurzel zu retardieren (s. S. 232).

Die Exkretionsprodukte der Wurzeln einer Pflanze sind für die spezielle Rhizosphärenflora mitverantwortlich. Die ausgeschiedenen Stoffe können sowohl bestimmte Mikroorganismen fördern als auch andere in ihrer Entwicklung hemmen. Ebenso vermögen Wurzelexkrete eine Wirkung auf andere Pflanzen auszuüben: z. B. wird von Haferwurzeln das Kumarinderivat Scopoletin abgegeben, das im Laboratoriumstest bereits in einer Konzentration von $3 \cdot 10^{-5}$ Mol das Wachstum von Fremdwurzeln zu hemmen vermag. Pfirsichwurzeln enthalten Amygdalin, das beim Abbau im Boden in Blausäure, Benzaldehyd und Glucose gespalten wird. Bei Apfelbäumen wird von abgestorbenen Wurzeln das Phenol Phloroglucin freigesetzt.

In der westprovençalischen Garigue können die beiden Ericaceen Rosmarinus officinalis und Erica arborea mit ihren Wurzelexkreten dafür verantwortlich gemacht werden, daß niemals mehr als 2% an Therophyten (einjähriger Pflanzen) in dieser Pflanzengesellschaft auftreten. Demgegenüber findet man in den benachbarten Phytozönosen, in denen Rosmarin und Erica nicht vorhanden sind, mehr als 50% an Therophyten. Auch die immergrünen Steineichenwälder im Bereich von Mittelmeer und Adria scheinen zu einer intraspezifischen Hemmung anderer Arten durch toxische Wurzelausscheidungen zu führen. Diese Beispiele dürfen jedoch nicht darüber hinwegtäuschen, daß die allelopathischen Effekte selten allein zu der Verarmung innerhalb einer Phytozönose führen. Unter natürlichen Bedingungen handelt es sich um einen Faktorenkomplex, so führt z. B. ausbleibender Schnitt in Wiesengesellschaften oder fehlende Beweidung im Grünland häufig zu einer *Autintoxikation* der Gramineen, wobei durch mangelhaften Abbau es zu einer Ansammlung dichter Streumassen kommt. Hierbei sind sowohl eine Wirkung spezieller Blattinhaltsstoffe als auch die Veränderung des Gaswechsels, der Feuchte, des Nährstoffhaushaltes im Substrat sowie die damit einhergehende Umgestaltung der Bodenmikroflora und -fauna wichtig. In Wäldern beeinflussen polyphenolische Substanzen aus dem abgeworfenen Laub nicht nur in artspezifisch unterschiedlicher Weise die Bodenparameter, sondern hemmen auch durch Verringerung der wichtigen Nitrit- und Nitratbakterienpopulationen die Mineralisation des Stickstoffs im Boden.

Zu den Stoffen, die die Konkurrenzfähigkeit einer Art verbessern, gehören auch die Antibiotika, auf die bereits auf S. 56 näher eingegangen worden ist. Die zum Plankton zählenden Blaualgen-Arten Aphanizomenon gracile und Oscillatoria planktonica unterdrücken signifikant durch ihre in das Wasser abgegebenen Stoffwechselprodukte (Polypeptide) das Wachstum anderer Arten. Sie selbst zeigen in den von ihnen besiedelten vornehmlich nährstoffreichen (= eutrophen) Gewässern Massenentfaltung. Das von der Alge Chlorella gebildete Chlorellin hemmt das Wachstum einiger Kieselalgen.

Schließlich sollte man noch die *Pheromone* erwähnen. Das sind chemische Bodenstoffe, die zwischen Individuen der gleichen Art wirksam sind. Zu diesen Pheromonen gehören Stoffe, die zur Ausbildung des Sexualcharakters (z. B. der Sexualorgane) führen *(= Termone)* und solche, die die *chemotaktische Anlockung* und Verschmelzung der Gameten bewirken *(= Gamone)*. Die Grünalge Chlorella gibt Glykoproteide an das Wasser ab, die zur chemotaktischen Auffindung des gametischen Partners führen. Die Spermatozoiden der Moose und Farne werden ebenfalls durch Gamone angezogen, die vom Archegonium ausgeschieden werden. Bei Laubmoosen dient Saccharose, bei vielen Farnen Äpfelsäure und beim Bärlapp Zitronensäure als Anlockungsstoff.

7.2. Biochemische Wirkungen zwischen Pflanzen und Tieren

Chemische Substanzen bestimmen weitgehend das Abhängigkeitsgefüge innerhalb einer Biozönose. Die stofflichen Beziehungen zwischen Pflanze und Tier sind so mannigfaltiger Art (Bildung von Nähr-, Anlokkungs-, Hemm- und Giftstoffen), daß hier nur exemplarisch einige wenige behandelt werden sollen. Auf Anlockungsstoffe im Dienste der Bestäubung ist bereits auf S. 244 hingewiesen worden. Erwähnt wurden schon die allelopathische Wirkung entfaltenden ätherischen Öle, die in der Familie der Doldengewächse (= Umbelliferen wie z. B. Kümmel, Bibernelle, Koriander) verbreitet sind. Sie können auf Insekten eine abschreckende Wirkung ausüben und gehören damit zu den Abschreckstoffen *(= Repellents)*. Oft sind diese zusätzlich alkaloidhaltig wie z. B. bei dem ebenfalls zu den Doldengewächsen zählenden Schierling. Eine Anzahl von Pflanzen vereinigt insektizide und Repellent-Wirkung in sich, z. B. Basilikum. Diese Pflanze enthält ein Mücken- und Fliegengift und weist gleichzeitig durch den Besitz ätherischer Öle Repellent-Wirkung auf. Fraß-, Kontakt- und Atemgifte für Insekten sind vor allem in den Familien der Nachtschatten- und Gänsefußgewächse verbreitet. Bei Chrysanthemum-Arten (Korbblütler) findet man Kontaktgifte, die in die chemische Gruppe der Pyrethrine einzuordnen sind.

Ecdysone sind Häutungshormone. Bei Insekten verhindern sie durch Auslösung immer neuer Häutungen die Beendigung der Juvenilphase und damit die Entstehung des fertigen Insekts (Imago). Durch Zufall wurde das Vorkommen Ecdyson-artiger Stoffe auch in Pflanzen *(= Phytecdysone)* entdeckt und zwar zunächst in Papier, das aus dem Holz der Tanne Abies balsamica hergestellt worden war. Das wirksame Agens wurde „paper factor" genannt. Dieser stört den normalen Ablauf der Insektenmetarmorphose. Unklar ist, ob die Abwehrwirkung, die bestimmte Hölzer wie z. B. das Sandelholz auf Motten ausüben, auch auf dem Vorkommen hormonartiger Stoffe beruht. Bisher hat man in 54 Pflanzenfamilien Phytecdysone gefunden. Gehäuft kommen sie bei den zu den Farnen zählenden Polypodiaceen vor.

Durch die Abgabe chemischer Stoffe kann es zu Entwicklungsanomalien pflanzlicher Gewebe kommen. Allgemein bekannt sind die durch Insekten und Milben hervorgerufenen *Gallen* (pflanzliche Gallen werden auf S. 344 besprochen); man denke z. B. an die Gallen auf Eichen-, Linden- oder Buchenblättern, welche durch Stiche von Gallwespen oder Milben verursacht werden. Diese bewirken Zellteilungen, Wachstum und eine sowohl morphologische wie biochemische Differenzierung in Geweben, die von der Norm in charakteristischer Weise abweicht. Die Spezifität der gebildeten Galle hängt von der Pflanze und ihrem tierischen Partner ab. So können auf dem gleichen Blatt unter dem Einfluß verschiedener Tiere auch verschiedenartige Gallen gebildet werden. Sie führen zu einer Abkapselung der in das Gewebe abgelegten Eier und der sich daraus entwickelnden Larven. Mechanische und chemische Wirkungen des Gallinsektes und der heranwachsenden Larve gelten als steuernde Faktoren für die Gallentwicklung, die ursächlich noch nicht geklärt ist.

Jährlich werden aus den Küstenregionen nördlich des 30. Breitenkreises Vergiftungen gemeldet, hervorgerufen durch ein von Arten der Dinoflagellatengattung Gonyaulax produziertes Toxin. Die Vergiftungssymptome treten beim Menschen etwa 30–60 min nach Genuß einer Muschelmahlzeit auf und zwar immer dann, wenn eine Massenentfaltung von Gonyaulax (mitunter bis über 100 000 Zellen/ml Seewasser) zu einer sichtbaren Verfärbung des Meerwassers, der sog. *„Rote Tide"*, geführt hat. Den meisten Muscheln dagegen schadet dieses Toxin des Dinoflagellaten nicht, jedoch dem Menschen, der ohne von der Massenentwicklung des planktischen Flagellaten zu wissen, die Muscheln ißt. Der Giftstoff wird im Körper der Muscheln angereichert, da diese sich durch Einstrudeln und Filtrieren von Plankton ernähren. Mycrocystis aeruginosa, ebenfalls eine planktische Blaualge, enthält ein Endotoxin, das nach Applikation Versuchstiere binnen 30 bis 60min tötet. Bei diesem Toxin handelt es sich um ein zyklisches Polypeptid, dessen letale Dosis bei 500 µg/kg Körpergewicht liegt, und das wie das Gift (Phalloidin) des gefürchteten grünen (Amanita phalloides) und weißen Knollenblätterpilzes (Amanita virosa) ein typisches Lebertoxin darstellt. Wie Microcystis kann auch die Blaualge Anabaena flos-aquae sich lokal bis zur Wasserblüte vermehren. Bei einer Massenentfaltung besteht akute Intoxikationsgefahr zum einen für die Fischfauna, zum anderen für Weidetiere, wenn sie aus so belasteten Gewässern trinken.

Als Stoffwechselprodukte scheiden einige Schimmelpilze aus der Gruppe der Aspergillaceen (wie z. B. Aspergillus flavus und Penicillium-Arten) und ebenso Obstfäulepilze der Gattung Fusarium Toxine in Lebens- und Futtermitteln sowie Obst aus. Diese *Mykotoxine* können nach dem Verzehr infizierter Nahrung zu Leberschädigungen führen oder bei häufigem Genuß kanzerogen wirken. Man wurde auf diese hochgiftigen Substanzen (u. a. *Aflatoxine,* Patulin) aufmerksam, als Küken nach Fütterung mit Erdnußschrot an Lebercirrhose eingingen (20 μg können ein Truthahnküken töten). Solche Schimmelpilze wachsen gerne auf Erdnüssen oder anderen Nüssen, Mais oder Getreideprodukten (verschimmeltes Brot!), Obst usw.

Bei der Gattung Penicillium lassen sich bei nahe verwandten Arten Ausscheidungsprodukte unterschiedlichen Effektes beobachten, nämlich Antibiotikabildung (Penicillin), Toxinausscheidung (Aflatoxine) und Aromaentwicklung in Käse (Roquefort, Camembert, Brie).

7.3. Anthropogene Beeinflussung der Unkrautgesellschaften durch Bekämpfungsmaßnahmen

Etwa 35% der Welternte wird alljährlich durch Schädlinge vernichtet, wobei diese Verluste in unterentwickelten Regionen bis zu 57% betragen können. Berücksichtigt man, daß etwa 60% der Weltbevölkerung nicht ausreichend ernährt ist, so ergibt sich die zwingende Notwendigkeit einer wirksamen Bekämpfung der Schädlinge, die zu Ertrags- und Qualitätseinbußen unserer Kulturpflanzen führen. Als *Schädlinge* kommen in Betracht:

a) Tiere als *Kulturpflanzenfresser*
b) Mikroorganismen als Erreger von *Pflanzenkrankheiten,* den Virosen, Bakteriosen und Mykosen
c) *Unkräuter* (und Ungräser), die auf Kulturland unerwünscht sind, da sie mehr Schaden als Nutzen verursachen.

Im folgenden sei nur auf Unkräuter eingegangen. Diese lassen sich nach ihrer Vergesellschaftung mit Kulturpflanzen einteilen in:

– *Winterungsunkräuter* (vorkommend in der Wintersaat), z. B. Windhalm (Apera spica venti), Ackersteinsame (Lithospermum arvense), Mohn-Arten (Papaver), Wicken-Arten (Vicia)

- *Sommerungsunkräuter* (vorkommend in der Sommersaat), z. B. Hederich (Raphanus raphanistrum), Acker-Senf (Sinapis arvensis), Akker-Kratzdistel (Cirsium arvense), Saat-Wucherblume (Chrysanthemum segetum)
- *Hackfruchtunkräuter,* z. B. Melden (Atriplex), Weißer Gänsefuß (Chenopodium album), Knöterich-Arten (Polygonum), Franzosen-Kraut (Galinsoga parviflora)
- *Kleeunkräuter,* z. B. Löwenzahn (Taraxacum officinale), Wegerich-Arten (Plantago), Kreuzkraut-Arten (Senecio), Hirtentäschel (Capsella bursapastoris)
- *Wiesen- und Weidenunkräuter,* z. B. Löwenzahn (Taraxacum officinale), Wucherblume (Chrysanthemum leucanthemum), Gänseblümchen (Bellis perennis), Hahnenfuß-Arten (Ranunculus)
- *Forstunkräuter,* z. B. Weidenröschen (Epilobium angustifolium), Reitgras (Calamagrostis epigeios).

Die Grenze zwischen Unkräutern und Nutzpflanzen ist jedoch fließend: so werden eine ganze Reihe von Unkräutern wirtschaftlich genutzt, z. B. als Viehfutter, zur Bienenweide, andere finden als Heilpflanzen wie Kamille (Matricaria), Schafgarbe (Achillea millefolium) oder Gewürze wie Beifuß (Artemisia) Verwendung. Aus Unkräutern können auch Kulturpflanzen werden, wofür Roggen, Hafer, Buchweizen, Hanf, Rüben oder Mohn bekannte Beispiele liefern. Andere Arten kommen in verschiedenen Varietäten gleichzeitig als Unkraut und Kulturpflanzen vor wie Senf (Sinapis alba), Feldsalat (Valerianella locusta) oder die Wilde Möhre (Daucus carota).

Die Notwendigkeit einer Unkrautbekämpfung wird sich vornehmlich nach den verursachten Schäden zu richten haben. Unkräuter treten nämlich als Konkurrenten um Standraum, Wasser, Nährstoffe und Licht gegenüber den Kulturpflanzen auf. Diese Konkurrenz kann bereits in sehr frühen Entwicklungsstadien beginnen, wobei die Standortbedingungen die Beziehungen zwischen den Konkurrenten erheblich beeinflussen: so wurde z. B. in Konkurrenzversuchen zwischen Gerste und Flughafer bei hoher Nährstoffversorgung die Vitalität der Gerste gegenüber Flughafer gemindert (deutliche Ertragseinbußen); demgegenüber erhielt die Gerste durch Düngung deutliche Vorteile im Gegensatz zu dem Unkraut Ackersenf. Eingriffe in das Standortgefüge vermögen also zu einer quantitativen Änderung der Unkrautflora zu führen (Tab. 39).

Die Unkrautflora hat sich im Laufe der Zeiten sehr verändert. Zu Anfang des Ackerbaus, als die Möglichkeiten der Bodenbearbeitung und Düngung sehr unvollkommen waren, dominierten mehrjährige Arten, insbesondere Gräser. Mit der Verbesserung und Intensivierung der Bodenbearbeitung vollzog sich eine Verschiebung zugunsten einjähriger Arten. Durch Kalkung und Düngung wurden die ursprünglich hinsicht-

Tab. 39: Beziehung zwischen anthropogen beeinflußten Standortfaktoren und Unkräutern (in Anlehnung an KOCH/HURLE)

Beeinflussender Faktor	Einfluß auf die Unkrautflora
Kalkung	Säureanzeiger verschwinden; Artenverarmung, da zuvor größere natürliche Variabilität am Standort
Düngung	Magerkeitsanzeiger verschwinden, nitrophile Arten dominieren; Artenverarmung, da zuvor größere natürliche Variabilität am Standort
extensive Bodenlockerung	mehrjährige Arten dominieren, einjährige Arten finden nur bedingt Entwicklungsmöglichkeiten
intensive Bodenlockerung und -wendung	einjährige Arten dominieren, mehrjährige Arten finden wenig Entwicklungsmöglichkeiten
Saatgutreinigung	Saatunkräuter mit extrem kurzlebigen Samen verschwinden; Artenverarmung
Herbizidanwendung	Selektion von Arten; Artenverarmung und -verschiebung (evtl. resistenter Rassen)

lich der Bodenbeschaffenheit recht unterschiedlichen Ackerflächen immer mehr einander angeglichen, zugleich damit auch das Artenspektrum eingeengt. Eine weitere Verarmung an Unkräutern brachte die *Saatgutreinigung.* Durch sie verschwanden weitgehend die „Saatunkräuter", d. h. Arten mit sehr kurzlebigen Samen wie Kornrade (Agrosthemma githago), Taumellolch (Lolium temulentum) und Roggentrespe (Bromus secalinum).

Die Intensivierung des Ackerbaus – gekennzeichnet durch enge Fruchtfolge, gute Bodenbearbeitung, Düngung und Herbizidanwendung – hat im Verlauf der letzten 100 Jahre zu einer starken Reduzierung der Unkrautflora geführt, an artenreichen Standorten auf 30–40% des ursprünglichen Bestandes, so daß heute auf den Feldern im Normalfall nur noch 15–25 Arten gefunden werden. Zugleich ist ein Wechsel in der Bedeutung einzelner Unkrautarten eingetreten. Die ehemals weitgehend dominierenden einjährigen Pflanzen wie Hederich (Rhaphanus raphanistrum) und Ackersenf (Sinapis arvensis) sind in ihrer Bedeutung weit unter diejenige einjähriger Gräser wie z. B. Ackerfuchsschwanz (Alopecurus myosuroides), Windhalm (Apera spica venti) und Flughafer (Avena fatua) zurückgefallen. Unter den mehrjährigen Arten haben die Quecke (Agropyron repens) und die Ackerwinde (Convolvulus arvensis) an Bedeutung gewonnen.

Die pflanzenvernichtende Wirkung bestimmter Chemikalien wurde Mitte des vorigen Jahrhunderts entdeckt. Um die Jahrhundertwende wurde bereits Kupfersulfat zur selektiven Bekämpfung von Hederich und Ackersenf eingesetzt. Bestanden bis Ende der 30er Jahre die chemischen Unkrautbekämpfungsmittel vorwiegend aus anorganischen Metallsalzen und Säuren und beruhten auf Ätzwirkungen, so gelangten mit der Entdeckung des künstlichen Wuchsstoffes 2,4 D (2,4-Dichlorphenoxyessigsäure) organische Herbizide in den Vordergrund. *Wuchsstoffherbizide* (verursachen Wachstumsstörungen) werden heute weltweit zur selektiven Bekämpfung vorwiegend dikotyler Unkräuter eingesetzt. Auf damit freigewordenem Standraum vermögen sich dann in stärkerem Maße Ungräser auszubreiten, ebenso lichtbedürftige, jedoch weniger herbizidempfindliche Arten wie der Ackerschachtelhalm (Equisetum arvense) und die Ackerwinde (Convolvulus arvensis). Die zur Bekämpfung von Unkräutern verwendeten Herbizide und die zur Eliminierung von pilzlichen Schädlingen eingesetzten *Fungizide* gehören zu den *Pestiziden* (pest = Schädling). Im allgemeinen werden die Wirkstoffe nicht in reiner Form, sondern in einem Gemisch aus Wirkstoffen und Beistoffen benutzt (= formuliertes Herbizid). Letztere sind Lösungsmittel oder Trägerstoffe oder dienen zur Erhöhung der Verteilungs- unf Haftfähigkeit.

In Tab. 40 sind einige Herbizidvertreter und deren Wirkungsweise in der Pflanze sowie ihre Persistenz (= Verweildauer in der ursprünglichen Form) im Boden angegeben. Die meisten Herbizide können durch Bodenmikroorganismen ab- oder umgebaut werden, wobei es zu vorübergehenden Änderungen in der Bodenbiozönose kommen kann. Die Wirkungen der Herbizide auf das Artengefüge gehen selten über das Einsatzjahr hinaus. Nach zehnjähriger Daueranwendung fand nach bisherigen Versuchen eine Reduzierung der Bodenorganismen um nur 5% statt. Durch bestimmte Herbizide werden Funktionen der Reduzenten beeinträchtigt: so erfolgt z. B. durch halogenierte Fettsäuren, durch Carbamate und Harnstoffderivate ein Eingriff in den N-Kreislauf, indem Ammonifikation, Nitrifikation und Bindung des Luftstickstoffs gehemmt werden. Außerdem tritt eine Verlangsamung der Zellulosezersetzung ein.

Die möglichen ökologischen Auswirkungen des weltweiten Herbizideinsatzes sind kaum überschaubar. Im Bundesgebiet werden etwa 85% der Ackerflächen mit Herbiziden behandelt, ein geringerer Prozentsatz wird in der Forstwirtschaft, bei der Unterhaltung von Verkehrswegen und Wasserläufen, in Parks und Hausgärten sowie in der Landespflege eingesetzt. Im Wald bleibt der mit Herbiziden behandelte Flächenanteil zwar bisher unter 1%, jedoch unterliegen gerade die ökologisch wichtigen, an Pflanzen und Tierarten reichen Kahlschläge, Schonungen und

Wegränder meist einer mehrjährigen Behandlung. Die genannten Biotope sind aber Lebensraum einer Reihe in ihrem Bestand bedrohter Pflanzen- und Tierarten (Zusammenstellung in der „Roten Liste“). So ist aus der Sicht des Artenschutzes von Bedeutung, daß durch Unkrautvernichtung einer Reihe von Tieren (z. B. Körnerfressern, Insekten) die Futtergrundlage entzogen oder verringert wird. Durch mehrjährigen Herbizideinsatz sinkt besonders der Anteil an Kräutern und fruchtenden Obergräsern. Manche Herbizidverbindungen bleiben auch in den resistenten Pflanzenarten vorhanden und werden mit der Nahrung aufgenommen (Bedeutung der Rückstandsanalytik!). So wird von Ausfällen bei Weidetieren berichtet, die Futter aus frisch behandelten Beständen erhielten. Im allgemeinen erlischt aber die Herbizidwirkung innerhalb

Tab. 40: Bestandteile einiger Herbizide und deren Wirkungen

Wirksames Agens	Aufnahme und Wirkungsweise
Phenoxyfettsäuren:	
z. B. 2,4 D (2,4-Dichlorphenoxyessigsäure) MCPA (4-Chlor-2-methylphenoxyessigsäure) 2,4,5 T (2,4,5-Trichlorphenoxyessigsäure)	Aufnahme über die Blätter, Verteilung in der ganzen Pflanze; Beeinflussung vieler Stoffwechselprozesse, besonders des Nukleinsäurestoffwechsels; unkontrolliertes Wachstum mit Verwachsungen von Blättern, Verdickungen des Stengels, rapider Verbrauch der Reservestoffe, Pflanzen sterben langsam ab (Wuchsstoff- und Entlaubungsherbizide) Im Boden leicht verlagert; Abbau innerhalb weniger Wochen (am langsamsten bei 2,4,5 T). Wirkung gegen dikotyle Arten
Carbamate:	
z. B. Asulam (Methyl-N-(4-aminobenzolsulfonyl)-carbamat) Propham (Isopropyl-N-phenylcarbamat	Asulam wird hauptsächlich über die Blätter aufgenommen, Propham ist ein Bodenherbizid, dessen Aufnahme vorwiegend über den Sproß junger Keimlinge erfolgt, weniger über die Wurzel; Wirkung auf die Zellteilung durch Störung des Mitoseablaufs; Hemmung der Photosynthese; bei Anwendung des Bodenherbizids Aufplatzen der Wurzelhaare; Wuchshemmung, Blattkräuselungen, Chlorosen. Im Boden Abbau innerhalb von 1–2 Monaten. Wirkung von Asulan gegen dikotyle, Propham gegen monokotyle Arten.

Tab. 40: (Fortsetzung)

Wirksames Agens	Aufnahme und Wirkungsweise
Harnstoff-Derivate:	
z. B. Diuron (N'-3,4-Dichlorphenyl)-N'-N-dimethylharnstoff	Aufnahme vorwiegend über die Wurzel, akropetaler Transport; Hemmung der Photosynthese durch Unterbindung des Elektronentransportes; Wachstumshemmung, langsame Wirkung. Im Boden stark sorbiert, Abbau erst nach mehreren Monaten. Wirkung gegen mono- und dikotyle Arten.
Triazine:	
z. B. Atrazin (4-Äthylamino-6-isopropyl-amino-2-methoxy-s-triazin) Simazin (4,6-Diäthylamino-2-chlor-s-triazin)	Aufnahme über Wurzel und Blätter; Hemmung der Photosynthese; Wachstumshemmung, Chlorosen; Blätter sterben zuerst ab. Im Boden Abbau erst nach mehreren Monaten, bei hohen Aufwandmengen erst nach mehr als einem Jahr. Wirkung gegen mono- und dikotyle Arten.
Halogenierte Fettsäuren:	
z. B. TCA (Trichloressigsäure) Dalapon (2,2-Dichlorpropionsäure)	Aufnahme über Blätter und Wurzel; vermutet wird Beeinflussung der Proteinstruktur, der Enzym- und Membraneigenschaften; Wachstumshemmung, Chlorosen. Im Boden leichte Verlagerung, kann Folgekultur noch schädigen. Radikalmittel gegen monokotyle Arten.

kurzer Zeit, so daß bei Einhaltung der empfohlenen Wartezeiten kaum mit einer Gefährdung gerechnet werden kann. Eine indirekte Wirkung der Herbizide auf die Tierwelt kann durch eine Veränderung in der Zusammensetzung der Pflanzeninhaltsstoffe gegeben sein. So steigt durch 2,4 D-Behandlung der Zucker- und Nitratgehalt, bei einigen Arten auch der HCN-Gehalt. Bisweilen werden dann auch giftige Pflanzenarten gefressen, die sonst von den Tieren gemieden werden. Eine Gefährdung des Menschen kann in erster Linie durch Unfälle bei der Herstellung der Herbizide und versehentlicher Einnahme frisch kontaminierter Nahrungspflanzen bestehen.

Zur Minderung der mit der Herbizidanwendung (= chemische Unkrautbekämpfung) verbundenen Ökosystembelastung bei dennoch notwendiger Unkrautbekämpfung dienen mechanische (Anwendung von Geräten, die Unkräuter durch Herausreißen, Abschneiden oder Verschütten vernichten) und biologische Maßnahmen. Unter letzteren versteht man Verfahren, bei denen Antagonisten von Unkräutern eingesetzt werden, um den Bestand unerwünschter Pflanzenarten unter die wirtschaftliche Schadensschwelle zu vermindern.

Das bekannteste und wirtschaftlich wohl bedeutendste Beispiel für eine gelungene biologische Unkrautbekämpfung bietet die Zurückdrängung der Feigenkakteen (Opuntien) in Australien. Diese wurden Mitte des 19. Jahrhunderts aus Amerika eingeführt und breiteten sich sehr schnell im Lande aus, so daß bereits um 1925 etwa 50% des Weidelandes durch den Opuntienbefall nicht mehr genutzt werden konnten. Mit der Einführung des argentinischen Kleinschmetterlings Cactoblastis cactorum konnten die Feigenkakteen wirksam bekämpft werden, denn durch den Fraß der minierenden Schmetterlingsraupen wurden die Kakteen weitgehend zerstört und damit Weideland wieder nutzbar. In USA ist die Bekämpfung des aus Europa eingeführten Johanniskrauts (Hypericum perforatum) mittels der Blattkäfer Chrysolina hyperici und Chrysolina quadrigemina gelungen.

7.4. Toleranz

Das Zusammenleben verschiedenartiger Organismen innerhalb der Biozönose bedeutet nicht nur Wettbewerb, sondern darüber hinaus kann es auch zu einer Duldung (Toleranz) zwischen zwei Partnern kommen, bei denen lediglich einer aus dem engeren Zusammenleben Vorteile zieht, ohne den anderen Partner ernstlich zu schädigen; jedoch bestehen fließende Übergänge zum Parasitismus.

7.4.1. Epiphyten

Epiphyten (Überpflanzen) gelangen dadurch unter günstigere Lichtbedingungen, daß sie ihren Wuchsort nicht mehr am Erdboden, sondern auf anderen Pflanzen haben. Dafür sind sie aber von der Wasser- und Nährstoffaufnahme aus dem Boden abgeschnitten und stattdessen angewiesen auf die Wasserversorgung durch die Niederschläge und die darin gelösten Nährsalze. Herangewehte Staubpartikel sind zur Sicherung der Ernährung wichtig. Besonders in unseren Wäldern gibt es eine reiche Epiphytenvegetation an Luftalgen, Flechten und Moosen. Selbst in den Städten findet man besonders an der Wetterseite der Baumstämme, die von den Niederschlägen am stärksten betroffen sind, einen grünen Anflug von Luftalgen. Je nach der lufthygienischen Situation des Gebietes können auch Flechten hinzutreten. Während diese Thallophyten mit einem geringen Angebot an Wasser und Nährstoffen bei langsamem

Wachstum vorliebnehmen, stellen die epiphytischen Kormophyten weitaus höhere Ansprüche an ausreichende Luftfeuchtigkeit. Sie sind daher in erster Linie in tropischen und subtropischen Regen- und Nebelwäldern verbreitet. Dort findet man an Baumstämmen und Ästen neben einem dichten Teppich epiphytischer Moose und Farne auch zahlreiche Orchideen und Bromeliaceen. Diese Kormophyten haben sich in vielfältiger Weise an die epiphytische Lebensweise angepaßt. Einige, wie die Hautfarne (Hymenophylle), gehören zu den poikilohydren Arten. Andere Kormophyten, vor allem solche, die in den oberen Regionen von Bäumen Fuß gefaßt haben, besitzen xerophytische Merkmale. Zum Auffangen von Wasser und Nährsalzen werden von einigen Farnen Blattrosetten (Nestfarn) oder durch abgewandelte Blätter Nischen (Geweihfarn) gebildet, in denen herabfallende Streu, abgewaschene Humuspartikel aufgefangen werden. Auch bei den südamerikanischen Bromeliaceen findet die Wasser- und Salzaufnahme allein durch die Blätter statt, die vorhandenen Wurzeln haben lediglich eine Haftfunktion. Demgegenüber besitzen einige epiphytische Orchideen grüne Luftwurzeln, die sowohl die Wasser- und Nährstoffaufnahme als auch die Assimilation bestreiten, Blätter sind nicht mehr vorhanden.

7.4.2. Lianen

Lianen sind Kletterpflanzen, wobei 4 verschiedene Arten des Kletterns unterschieden werden können.

a) Wurzelkletterer: Die hierher gehörenden Arten, z. B. der Efeu, kriechen an den Baumstämmen empor, an denen sie sich mit negativ phototropischen kurzen Wurzeln festhalten. Es handelt sich hierbei um Wurzeln, die aus dem Sproß hervorbrechen.

b) Spreizklimmer: Die hierher gehörenden Arten schieben sich frei durch das Geäst hindurch. Gegen ein Zurückrutschen sind sie geschützt durch rückwärts gerichtete Seitensprossen oder Blattstiele, die oft eine Unterstützung durch Dornen, Stacheln oder Haare erfahren. Als Beispiel aus der heimischen Flora kann das in Wiesen häufige Klebkraut (Galium aparine) dienen; für die Tropen ist der Kletterbambus ein charakteristisches Beispiel, der sich bis hoch in die Baumwipfel hinauf verankert. Bei üppigem Wachstum kann er allerdings seine Stütze völlig überwuchern und damit zum Absterben bringen.

c) Rankenkletterer und Windepflanzen: Sowohl metamorphosierte Sprosse als auch Blätter können am Klettern beteiligt sein. Das Winden um eine Stützte erfolgt durch Langtriebe, bei denen das Wachstum der Internodien dem der Blätter vorauseilt. Es bilden sich lange Triebspitzen, die eine kreisförmige Bewegung (autonome Nutationen) ausführen und sich dabei um eine Stütze herumschlingen. Sproßranken findet man beim Weinstock, ein Beispiel für Blattranken bieten Wicke, Erbse, Kürbis. Bei den Blattranken handelt es sich um ein Vorauseilen der Mittelrippenpartie beim Wachstum des dikotylen Blattes. Gemeinsam ist den Sproß- und Blattranken ihre Berührungsreizbarkeit *(Haptotropismus)* (Tab. 22). Man versteht darunter eine Wachstumskrümmung nach der berührten Seite hin, so daß es damit zu einem spiraligen Umwachsen um den festen Gegenstand kommt. Die benötigte Reaktionszeit bis zum Einsetzen einer Krümmung kann weniger als 30 Sekunden sein. Bei einigen hochdifferenzierten Ranken erfolgt eine Reizleitung von der Berührungsstelle fort; es kommt zu einer spiraligen Einrollung des basalen Rankenteiles. Dies wird durch Einschaltung eines Umkehrpunktes der Drehrichtung ermöglicht. Auf diese Weise kann sich die rankende Pflanze an die Stütze heranziehen.

Lianen, deren hin und her gewundene Stämme oft über 100 m lang sind, haben ihre optimale Entwicklung im tropischen Regenwald; zu den baumerwürgenden Lianen gehören die Ficus-Arten.

7.5. Wechselbeziehungen zwischen Partnern verschiedener Species

Kurzfristige Wechselbeziehungen zwischen zwei Partnern bezeichnet man als *Mutualismus.* Solche Wechselbeziehungen spielen vor allem zwischen Pflanzen und Tieren eine große Rolle. Man denke an die *Blütenbestäubung,* an die endozoochore *Verbreitung* von Pflanzen (z. B. durch gefressene und unversehrt wieder ausgeschiedene Samen) und an mannigfache *Ernährungs-* und *Schutzbeziehungen* zwischen Pflanze und Tier.

7.5.1. Ernährungsabhängigkeiten

Die Abhängigkeit zweier artfremder Organismen voneinander kann darauf beruhen, daß sie durch das Zusammenleben einen gegenseitigen Nutzen haben *(Symbiose)* oder aber, daß lediglich ein Organismus von einem anderen ausgebeutet wird (Parasitismus). Als Ausgangsbasis für ein derartiges „Zusammenleben“ kann das als *Parabiose* bezeichnete „Nebeneinanderleben“ zweier Organismen angesehen werden, wie es sich bei den nitrifizierenden Bakterien Nitrosomonas und Nitrobacter (s. S. 361, 144) ergibt.

7.5.1.1. Parasitismus

Parasitisch lebende Pflanzen zeichnen sich äußerlich dadurch aus, daß sie kein oder kaum Chlorophyll besitzen. Sie ernähren sich von organischer Substanz, schaffen eine enge Verbindung zum Wirtsorganismus und entnehmen diesem die für sie notwendigen Stoffe.

7.5.1.1.1. Bakterien und Pilze

Parasitische Bakterien leben meist interzellular in Gewebepartien, deren Mittellamellen sie enzymatisch auflösen. Damit werden die Zellen isoliert, sterben ab und können nun durch die Bakterien ausgenutzt werden. Besonders bekannt ist der Erreger des Pflanzenkrebses, der bei zahlreichen Kulturpflanzen, insbesondere bei Obstbäumen, auffällige Wucherungen hervorruft. Bei diesem durch Agrobacterium tumefaciens erzeugten *Pflanzenkrebs* ergeben sich gewisse Parallelen zum tierischen. Der durch ein Tumor-induzierendes Prinzip (TIP) entstehende Tumor weist gleichfalls ungehemmtes und desorganisiertes Wachstum bei fast völlig fehlender Zelldifferenzierung auf. Das Bakterium dringt an Wundstellen in die Pflanze ein. Die Tumorbildung – einmal in Gang gesetzt – läuft auch nach Abtöten der Bakterien im Gewebe unentwegt weiter. Sie kann transplantiert werden. Die augenblickliche Diskussion weist darauf hin, daß es sich bei diesem TIP um eine DNS handeln könnte. Die durch Agrobacterium tumefaciens hervorgerufene Krebsbildung kann nicht mit einer *Gallbildung* parallelisiert werden, wie sie durch andere Bakterien, Pilze, Milben oder Insekten hervorgerufen wird (s. S. 334).

Hexenbesen z. B. an Koniferen hervorgerufen durch Rostpilzinfektion, kommen durch ungeregeltes Auswachsen sämtlicher Knospen an gestaucht bleibenden Trieben infolge Ausscheidung von Wuchsstoffen zu stande. Mit Abtöten des Erregers unterbleibt jegliches weitere Wachstum.

Eine größere Rolle als Bakterien spielen als Krankheitserreger parasitische Pilze wie z. B. die *Rost-* und *Brandpilze, Echter* und *Falscher Mehltau.* Dieses Überwiegen der *Mykosen* (Krankheiten hervorgerufen durch Pilze) gegenüber Bakteriosen (Krankheiten hervorgerufen durch Bakterien) kann auf die saure Reaktion der Pflanzenzelle zurückgeführt werden, deren pH-Wert um 5 eine für die meisten Pilze optimale Bedingung darstellt, während Bakterien i. a. ein neutrales bis schwach alkalisches Medium verlangen. Die überwiegend als Dermatophyten oberflächlich Mykosen bei Mensch und Tier hervorrufenden Pilzarten (Haut-, Haar- und Nagelkrankheiten) beweisen jedoch, daß Pilze sich auch an den im neutralen bis schwach alkalischen Bereich liegenden pH-Wert der Zellen im tierischen Organismus anpassen können. So kennen wir auch eine Reihe „tiefer“ Mykosen, die Knochen und innere Organe befallen.

Für die oben angeführten Pflanzenkrankheiten ist es charakteristisch, daß das Myzel, die typische fädige Wuchsform der Pilze, mit seinen Zellen, den Hyphen, in den Interzellularen des Wirtes wuchert und lediglich Saughyphen *(Haustorien)* in die Zellen hineinsendet. Bei den zahlreichen Arten des Falschen Mehltau dringen dann nur die der Vermehrung des Parasiten dienenden Zellen, die Sporangien mit ihren Endosporen oder aber die Konidien mit ihren Tragzellen (Konidien- oder Sporangienträger) aus den Spaltöffnungen des Wirtes hervor. Von dort können sie durch den Wind, Tier oder Mensch auf den nächsten Wirt, oft über Kontinente hinweg, verbreitet werden. Da sich die Spaltöffnungen bei vielen Pflanzenarten nur oder überwiegend auf der Blattunterseite befinden, lassen dann beim Falschen Mehltau die weißen „Sporenrasen“ die Blattunterseiten der befallenen Pflanzen weiß erscheinen.

Seltener leben Pilze direkt im Plasma der Wirtspflanze (intrazellulär). Letzteres ist z. B. der Fall bei dem Erreger der Kohlhernie (Plasmodiophora brassicae). Es handelt sich hier um einen *Endoparasitismus* im Gegensatz zum *Ektoparasitismus,* bei welchem der Parasit an der Oberfläche der befallenen Organe wächst und lediglich mit seinen Haustorien in die Epidermis eindringt. Der Echte Mehltau (z. B. Erysiphe graminis, der Getreidemehltau) überzieht im Gegensatz zum Falschen beide Blattseiten mit einem weißen Myzelfilz. Je nach ihren Ernährungsansprüchen lassen sich obligate Parasiten von fakultativen unterscheiden. Obligate Parasiten, wie Echter und Falscher Mehltau oder Rostpilze, vermögen sich nur im lebenden Wirtsgewebe zu entwickeln. Eine Kultur auf künstlichen Substraten ist nicht möglich. Fakultative Parasiten befallen zwar gleichfalls den lebenden Wirtsorganismus, vermögen jedoch nach seinem Absterben saprophytisch weiter zu existieren. Sie können auch auf künstlichen Nährböden kultiviert werden. Eine Zwischenstellung nehmen die Perthophyten ein, welche nur abgestorbene Pflanzenteile besiedeln. Vom Pilz ausgeschiedene Toxine werden durch die Leitbahnen der Wirtspflanze verbreitet und töten dann toxigen das noch nicht befallene Gewebe. Auf diese Art und Weise vermögen sie sich immer neue Nahrungsquellen in einer einmal infizierten Wirtspflanze zu erschließen (z. B. Hallimasch).

Die Infektion der Wirte erfolgt zumeist durch Wunden, Stomata oder auch durch die Epidermisaußenwand hindurch. Hierbei spielen Umweltbedingungen, wie Feuchtigkeit und Temperatur, eine wesentliche Rolle, da sie Keimung der Sporen und Entwicklung des Krankheitserregers zu fördern und zu beschleunigen vermögen. Dadurch können sich in unseren Monokulturen Pilzkrankheiten rasch ausbreiten und epidemischen Charakter annehmen, ein Vorgang, der in natürlichen Pflanzengesellschaften selten auftritt.

7.5.1.1.2. Parasitierende Samenpflanzen

Bei dem Parasitismus von Kormophyten werden nicht einzelne Zellen, sondern das Leitungssystem des Wirtes angezapft. Man unterscheidet *Halbparasiten,* bei denen der Parasit seine photosynthetische Funktion beibehalten hat, infolgedessen besitzt er noch grüne Blätter (z. B. Mistel). Diese Halbschmarotzer entsenden ihre Saugorgane nur in die Wasser und Nährsalze führenden Gefäßbahnen des Xylems. Im Gegensatz dazu verschmelzen die *Vollparasiten* nicht nur mit den Leitungsbahnen des Xylems, sondern ebenso mit den Siebröhren. Sie bilden kein oder kaum Chlorophyll mehr aus, die Blätter werden meist sehr stark reduziert. Bei dem Teufelszwirn (Cuscuta) fehlen die Blätter völlig, ebenso die Wurzel. Bei dieser Pflanze stirbt die Keimwurzel gleich nach der Keimung ab, statt dessen wird das Material zur Verlängerung des dünnen, kreisenden, nach einer Wirtspflanze suchenden Keimsprosses verwendet. Alle Parasiten weisen eine sehr reiche Samenbildung auf, um hiermit zu erreichen, daß wenigstens einige der Keimlinge später eine Wirtspflanze finden und für die Weiterverbreitung der Art sorgen können. Die Parasiten sind meist streng spezialisiert und bilden bisweilen auch innerhalb einer Art *physiologische Rassen* aus. Z. B. unterscheidet man bei der halbparasitischen Mistel eine solche auf Laubbäumen von den Tannen- und Kiefernmisteln. Bei der Mistel ist die Verbreitung der Art durch besondere Anpassungen gesichert. Infolgedessen werden auch weniger Samen ausgebildet. Die Beeren werden nämlich von Vögeln, vor allem Drosseln, gefressen, die Samen mit dem Kot oder beim Abwetzen des Schnabels auf Baumäste übertragen, an denen sie kleben bleiben und dann später auskeimen.

In unseren Wiesen kommt eine Reihe von Halbparasiten vor, so der Klappertopf (Rhinanthus), Augentrost (Euphrasia), Ackerwachtelweizen (Melampyrum) und die beiden Vollparasiten Kleeseide (Cuscuta) und Würger (Orobanche).

Neben diesen Ektoparasiten gibt es auch unter den Kormophyten einige Endoparasiten. Sie lösen den Vegetationskörper des Wirtes stellenweise völlig auf, durchziehen ihn mit fädigen Zellen, die an einigen Stellen wieder an die Oberfläche des Wirtes kommen, um hier Blütenknospen auszubilden. Die größte dieser Parasitenblüten hat 1 m Durchmesser und stammt von der auf Sumatra heimischen Rafflesia arnoldi.

7.5.2. Symbiose

Während bei dem Parasitismus die Ausnutzung der anatomisch miteinander verbundenen artverschiedenen Partner einseitig ist, handelt es sich bei der Symbiose um eine *Lebens- (Ernährungs-) Gemeinschaft,* aus der beide Vorteile haben. Diese können für die beiden Partner gleichzeitig (z. B. Flechten), ebenso aber auch zu unterschiedlichen Zeiten bestehen (z. B. Knöllchenbakterien). Offenbar hat sich die Symbiose aus einem wechselseitigen Parasitismus entwickelt, indem aus gegenseitigem Angriff und Abwehr ein Gleichgewichtszustand geworden ist. Diese ursprüngliche Herkunft aus dem Parasitismus wird noch recht deutlich bei den Knöllchenbakterien, einer Symbiose zwischen Bakterien und Hülsenfrüchtlern (Leguminosen).

7.5.2.1. Knöllchenbakterien

Die im Boden lebenden saprophytischen Stäbchenbakterien der Gattung Rhizobium werden durch Wurzelsekrete von Leguminosen angelockt. Es besteht eine strenge Spezifität zwischen Bakterienart und der Leguminosenart, in die das Bakterium einzudringen vermag. So wird z. B. vom Klee an der Oberfläche der Wurzelhaare ein bestimmtes Protein (Trifoliin) ausgeschieden, das eine Bindung mit einem Polysaccharid der Bakterienwand des für Klee spezifischen Rhizobium trifolii eingeht. Mit Oberflächenpolysacchariden anderer Rhizobiumarten kommt dagegen keine Anheftung zustande. Die Symbiose beginnt mit dem gegenseitigen „Erkennen". Es lassen sich verschiedene Phasen unterscheiden (Abb. 116a):

a) Nach Auflösung der Zellwand dringen die *Bakterien* in das Wurzelhaar ein und vermögen innerhalb eines schleimigen Infektionsschlauches bis zur Endodermis vorzustoßen. In dem befallenen Bereich werden Zellteilungen induziert, als deren Ergebnis vergrößerte Zellen entstehen. Eine erhöhte Konzentration von Wuchsstoffen in den Wirtszellen muß hierfür verantwortlich gemacht werden. So bilden sich lokale Wucherungen, die Wurzelknöllchen. In ihrem Inneren sind sie dicht von den aus den Infektionsschläuchen herausgetretenen Bakterien erfüllt. Diese haben bis zu diesem Stadium rein parasitär auf Kosten der Wirtspflanze gelebt und ihr Nähr- und Wirkstoffe entnommen. Die Abwehrkräfte der Leguminose sind dann aber auch so weit gestiegen, daß die Infektion sich nicht über den Knöllchenbereich hinaus ausdehnen kann.

b) Die frei im Plasma der Knöllchenzellen befindlichen Bakterien binden in dieser Phase atmosphärischen Stickstoff, den sie in Form von Bakterieneiweiß speichern; Überschüsse werden als lösliche N-Verbindungen, wie z. B. Asparaginsäure, an die Wurzelzellen abgegeben. Die Bakterien, deren Gestalt nunmehr unregelmäßig geworden ist, werden *Bakteroide* genannt.

c) Die Bakteroide schwellen stärker an und werden schließlich aufgelöst. Damit setzt die *„Verdauung"* des gesamten Zellinhaltes, sowohl des Plasmas wie das der Bakteroiden durch die Leguminose ein. Diese gewinnt dadurch die an die Bakterien abgegebenen Kohlenhydrate zurück und zusätzlich den im Bakterieneiweiß gebundenen Stickstoff. Die Knöllchen schrumpfen zusammen, doch verbleiben in Interzellularen noch Schleimfäden mit lebenden Bakterien.

d) Mit dem Absterben der Pflanze gelangen die in den Infektionsfäden befindlichen Bakterien in den Boden, wobei mehr Bakterien anfallen, als ursprünglich bei der Infektion vorhanden waren. Als Fazit ergibt sich demnach doch ein gegenseitiger Nutzen von dieser Form des Zusammenlebens.

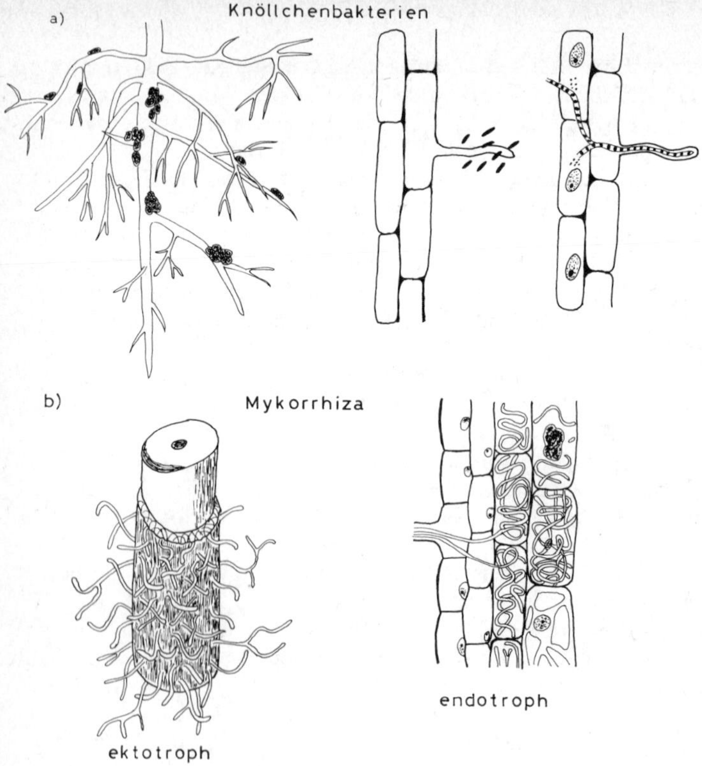

Abb. 116:
a) Wurzelknöllchen bei Leguminosen:
Wurzel mit ausgebildeten Knöllchen;
Wurzelhaar im Boden mit Rhizobien;
Infektionsschlauch.
b) Mycorrhiza:
ektotrophe bei Baumwurzeln,
endotrophe bei Orchideen (nach STOCKER u. PFEFFER).

Entscheidend für die ATP benötigende Bindung des Luftstickstoffs ist das eisenhaltige Enzym *Nitrogenase.* Auch Molybdän wird als Co-Faktor benötigt. Die Nitrogenase kann durch Sauerstoff inaktiviert werden. Bei den zu den Leguminosen zählenden Schmetterlingsblütlern (Fabaceen) wird der Sauerstoff in den Wurzelknöllchen durch ein rot gefärbtes Protein, das *Leghämoglobin,* abgefangen. Auch diese Verbindung ist

Tab. 42: Höhere Pflanzen und ihre N_2-fixierenden Symbionten (nach MEDINA 1977)

Höhere Pflanze	Symbiont	Lokalisation der Symbiose
Leguminosen	Rhizobium sp.	Wurzelknöllchen
Alnus sp.	Actinomyceten	Wurzelknöllchen
Psychotria sp.	Klebsiella	Blattknöllchen
Coriaria thymifolia	Actinomyceten	Wurzelknöllchen
Gunnera sp.	Cyanophyceen	Einschlüsse im Blattstiel

ein Symbioseprodukt, indem das Bakterium die Porphyrin-, die Leguminose die Proteinkomponente stellen.

Die Luftstickstoffmengen, die durch Knöllchenbakterien gebunden werden, sind beachtlich. Frei lebende Rhizobien scheinen dagegen nicht zur Stickstoffbildung befähigt zu sein. Man rechnet damit, daß pro Jahr auf der Erde etwa 80×10^6 t N_2 allein durch diese Art der Symbiose fixiert werden gegenüber ca. 40×10^6 t technisch festgelgtem N_2. Der Anbau von Hülsenfrüchten (z. B. Erbsen, Bohnen, Luzerne, Klee, Wikken) trägt daher zur Bodenverbesserung bei, ein Effeckt, der durch Gründüngung mit Leguminosen noch verstärkt werden kann.

Bei der Erle, bei Sanddorn und Gagelstrauch bilden sich Wurzelknöllchen, in denen sich als Symbionten die ebenfalls luftstickstoffbindenden Actinomyceten („Strahlenpilze“) befinden.

Symbiosen zwischen N_2-fixierenden Bakterien und höheren Pflanzen sind vermutlich weiter verbreitet als bisher angenommen. So hat man sie neuerdings auch bei tropischen Gräsern gefunden. Sie sind nicht nur auf den Wurzelbereich beschränkt (Tab. 42).

7.5.2.2. Mykorrhiza

Unter Mykorrhiza versteht man eine Symbiose zwischen einem Pilz und einer autotrophen Pflanze. Diese Art der Symbiose spielt in Wäldern eine besondere Rolle. Ihr Anteil beträgt in Buchen- und Fichtenwäldern zwischen 70–80%. Einige Pflanzenarten gelten als obligat mykotroph, sie sind also ohne ihren Symbionten nicht mehr lebensfähig. Hierzu gehören Buche, Bergahorn, Eiche, Weißtanne. Demgegenüber sind Linde, Ulme, Weide, Pappel fakultativ mykotroph; sie bilden nur unter schlechteren Standortbedingungen eine Mykorrhiza.

Mykorrhiza scheint überhaupt weiter verbreitet zu sein, als man anfänglich angenommen hatte, da auch zahlreiche Kräuter und Gräser auf diese Symbiose angewiesen sind oder durch sie ein deutlich besseres Fortkommen aufweisen.

Der Infektionsverlauf in der Wurzel der höheren Pflanze verläuft ähnlich wie bei den Knöllchenbakterien. Man unterscheidet zwischen ektotropher und endotropher Mykorrhiza:

a) ektotrophe Mykorrhiza:

Viele unserer Bäume und Sträucher besitzen besondere kurze Wurzeln, die von einem dichten Geflecht von Pilzhyphen umgeben sind. In der Wurzelrinde wachsen die Hyphen lediglich interzellulär. Während die Pilze Assimilate von ihrem Partner beziehen, liefern sie diesem mittels ihrer außerhalb befindlichen Hyphen Wasser und Nährsalze, insbesondere N und P, in verstärktem Umfange (Abb. 116b). So enthalten z. B. Zirbenjungpflanzen in ihren Nadeln 86% mehr N, 234% mehr P und 75% mehr K als symbiosefreie.

Für etwa 60 Pilzarten ist die Fähigkeit zur Bildung einer ektotrophen Mykorrhiza genauer bekannt. Eine Reihe von Pilzen, wie etwa Täublinge, Milchlinge, bilden nur in Verbindung mit einer Baumwurzel Fruchtkörper aus. So ist es bisher auch noch nicht gelungen, den symbiontisch lebenden Steinpilz in Reinkultur zur Fruchtkörperbildung zu bringen, im Gegensatz zu dem Champignon, der saprophytisch lebt (also nur abgestorbenes organisches Material zur Ernährung braucht). Bei einigen Pilzen ist eine strenge Bindung an bestimmte Baumarten vorhanden: so findet man den Birkenpilz nur im Bereich von Birkenwurzeln, den Goldröhrling in Lärchen-, den Butterpilz in Nadelholzbeständen.

b) endotrophe Mykorrhiza:

Bei fast allen Orchideen ist eine endotrophe Mykorrhiza vorhanden, die dadurch charakterisiert ist, daß der Pilz in die Zellen der Wurzelhaare oder Rindenzellen eindringt, jedoch die Verbindung zum Boden beibehält. Die befallenen Zellen bleiben lebend und geben Kohlenhydrate an den Pilz ab, der für die Belieferung mit Wasser und Nährsalzen durch sein Bodenmyzel sorgt. In den Pilzhyphen, die in tiefere Gewebeschichten eindringen, wird Eiweiß, Glykogen und Fett gespeichert. Nur diese „Speicherhyphen“ werden von der Wirtspflanze aufgelöst und verdaut. Da Orchideen winzige Samen mit kaum Reservestoffen haben, ist der Keimling darauf angewiesen den Symbionten mitzuführen oder am Standort anzutreffen. Der Pilz übernimmt dann zunächst die Ernährung des Keimlings fast völlig.

Einige Orchideen sind ohne Pilz nicht mehr lebensfähig (Abb. 116b). Es handelt sich um Arten, die kaum noch zur Photosynthese befähigt sind, wie z. B. die Nestwurz (Neottia nidus-avis) oder die Korallenwurz (Corallorhiza). Die endotrophe Mykorrhiza ist aber auch bei autotrophen Pflanzen, wie Ericaceen und Pirolaceen, weit verbreitet.

7.5.2.3. Flechten

Ein gut ausgewogenes Gleichgewicht zwischen Pilz und Alge besteht in den Flechten. Sie sind Doppelorganismen, die äußerlich als einheitlicher Organismus erscheinen (Abb. 117). Ursprünglich dürften wohl parasitische Pilze grüne oder blaugrüne Algen umsponnen haben und in die Zellen eingedrungen sein. Die Algen werden aber nicht abgetötet, sondern im Flechtenthallus kommt es zu einem gegenseitigen Stoffaustausch: der Pilz liefert Wasser, Nährsalze und Wirkstoffe, die Alge dagegen Assimilate. Untersuchungen mit markiertem $^{14}CO_2$ haben gezeigt, daß bereits 2 Minuten nach Photosynthesebeginn dem Pilz Kohlenhydrate zugeführt werden. Dabei liefern Blaualgen Glucose, Grünalgen dagegen Zuckeralkohole. Beide Stoffgruppen vermag der Pilz in Mannit oder Arabit, seine wichtigsten Speichersubstanzen, umzuwandeln. Meist ist der Pilz für die Gestaltung des Thallus maßgeblich. Zwischen den quellbaren Hyphen vermag sich Niederschlagswasser in sehr erheblichem Umfange kapillar einzulagern. Das in die Hyphen aufgenommene Wasser verdunstet nur langsam, so daß damit den im Flechtenthallus befindlichen Algen das für die Photosynthese nötige Wasser zur Verfügung gestellt wird. Flechten sind oft die Pioniere an klimatisch oder hinsichtlich der Nährstoffversorgung ungünstigen Standorten. Eine Reihe von Flechten besitzt N_2-bindende Blaualgen, wodurch eine Unab-

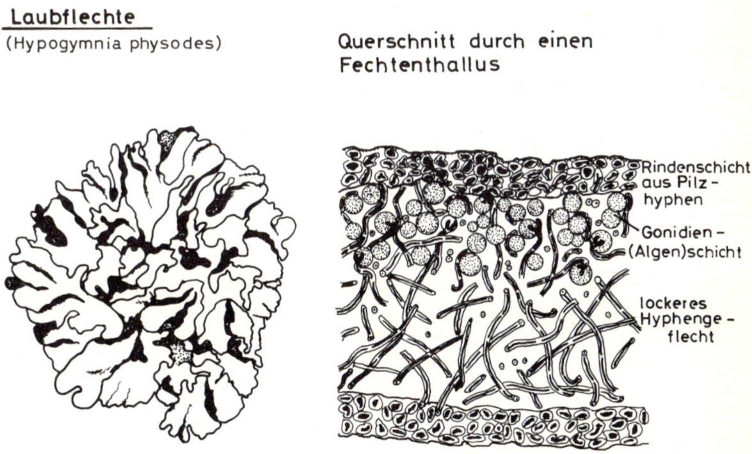

Abb. 117:
Laubflechte und Querschnitt durch einen Flechtenthallus (nach WEBERLING/SCHWANTES, NIENBURG).

hängigkeit vom Stickstoffvorrat des Substrates erreicht wird. Flechten finden sich an Felsen, Steinen, Baumrinden, haben aber als poikilohydre Organismen ihre optimale Verbreitung in Regen- und Nebelwäldern. Flechten reagieren sehr empfindlich auf Luftverunreinigungen, so daß sie als *Bioindikatoren* zur Beurteilung der lufthygienischen Situation von Städten und Ballungsräumen eingesetzt werden (s. S. 378).

7.5.2.4. Symbiosen zwischen tierischen und pflanzlichen Organismen

Mannigfaltige Symbiosen haben sich zwischen tierischen und pflanzlichen Organismen herausgebildet. Einige Tierarten können geradezu als *Mikrobenzüchter* bezeichnet werden. Bei den pflanzlichen Organismen handelt es sich zumeist um Algen, Bakterien oder Pilze.

Verschiedene Protozoen, Schwämme, Polypen, Strudelwürmer und Rädertierchen nehmen einzellige Grünalgen (sog. Zoochlorellen) oder auch gelbbraungefärbte Algen (sog. Zooxanthellen) in ihren Körper auf (= Endosymbiosen). Zahlreiche dieser Algensymbiosen bedeuten sicherlich nicht mehr als eine gleichgültige Einrichtung ohne sonderlichen Nutzen für einen der beiden Partner, allenfalls eine Förderung des tierischen Organismus. Doch hat sich daraus mitunter ein nicht zu entbehrendes Zusammenleben entwickelt. Dieses gilt wohl bereits für den grünen Süßwasserpolypen, Chlorohydra viridissima, welcher viel weniger auf den Fang von Beutetieren angewiesen ist, als seine symbiontenfreien Verwandten. Der marine Strudelwurm, Convoluta roscoffensis, ist jedoch völlig abhängig von seinen grünen „Bewohnern". Sobald die jungen Larven symbiontische Algenzellen aufgenommen und diese sich entsprechend vermehrt haben, stellen sie das Fressen völlig ein. Bei Niedrigwasser kommen die Würmer aus dem Meeresboden ans Licht, wobei die Algenzellen Kohlenhydrate assimilieren können, bei Hochwasser ziehen sie sich wieder in den Schlick zurück. Gegen Ende ihres Lebens wird die bis dahin vorhandene Immunität der Algen aufgehoben, die Symbionten werden verdaut. Danach folgt alsbald der Tod des Tieres.

Bei zahlreichen Insektenlarven, die sich mit zellulosereicher aber eiweißarmer Kost begnügen müssen, finden sich seitliche Darmausstülpungen, sog. *Gärkammern,* in welchen Bakterien für einen Aufschluß der Zellulose sorgen. Die Symbionten werden bei einigen Insekten sogar von Generation zu Generation weitergegeben. Bis zur Reifung der Ovarien werden die Bakterien dann mitunter in speziellen Zellen und Geweben *(Myzetomen)* aufgewahrt. Etwas derartiges führt natürlich zu einer Festigung der Wirt – Symbiont – Beziehung.

Die nährstoffreichen Bastschichten der Bäume bieten mannigfachen Kleinzoenosen bestehend aus Insekten (z. B. Bast- und Borkenkäfern) und Pilzen Unterschlupf und Nahrung. Zwischen gewissen Borkenkäfern und Monilia-Arten (Deuteromycetes) kommt es dabei zu einer engen Symbiose. Die Tiere kultivieren in den im Holz angelegten Gängen als „Ambrosiazüchter“ den Pilz und halten ihn von Fremdinfektionen durch andere Pilze frei – vielleicht durch Abgabe spezieller Antibiotika. Nicht das Holz sondern der Pilzbelag der Bohrgänge dient dann als Nahrung. Die Käfer sorgen auch für eine Übertragung des Pilzes auf die nächste Generation.

Pilzzüchtende Blattschneiderameisen und Termiten legen regelrechte Pilzgärten an. Die von ihnen geschnittenen Blattstücke oder Holzteilchen werden nicht gefressen, sondern nur zu einer breiigen Masse zerkaut. Auf diesem Brei entwickeln sich die Pilze. Verschiedene Ameisen- und Termitenarten kultivieren häufig unterschiedliche Pilzarten. Der *Pilzgarten* ist jedoch stets die Monokultur einer einzigen Pilzart. Fremdinfektionen werden rechtzeitig aussortiert, Feuchtigkeit und Nährstoffangebot konstant gehalten. Der Pilz gedeiht dabei so reichlich, daß der ganze Staat davon leben kann. Die Pilze gehören im allgemeinen zur Gruppe der Basidiomyceten, jedoch gelangen sie im Bau der Insekten nicht zum Fruktifizieren, also zur Ausbildung ihrer Hutfruchtkörper. Dafür produzieren sie an den Hyphenenden kugelige Anschwellungen, sog. Kohlrabi, die sie außerhalb des Insektenstaates nicht zu bilden vermögen. Diese Kohlrabi stellen die Nahrung der Blattschneiderameisen dar. Außerhalb des Baues entwickelt der Pilz dagegen völlig normale Pilzhüte. Die ausschwärmenden Ameisen- und Termitenweibchen nehmen zum Hochzeitsflug etwas Pilzmaterial in einer besonderen Mundtasche mit. Bei der Nestgründung nach der Begattung wird das Pilzmaterial in sogleich ausgeschiedenen Kot abgelegt.

7.6. Insektivore

Die Insektivore (= fleischfressenden Pflanzen) sind autotroph. Sie wachsen auf nährstoff- und vor allem stickstoffarmen Standorten, wie Hochmooren, Vulkanaschen, oder leben in Gewässern. Ihre Blätter sind durch morphologische Abwandlungen zum Fang von kleinen Tieren (Insekten, Spinnen u. a.) ausgerüstet. Sie besitzen proteolytische Enzyme, die tierisches Eiweiß spalten. Die hierbei freiwerdenden Aminosäuren werden von den Pflanzen aufgenommen, die somit ihre Stickstoff- und auch Phosphorversorgung verbessern.

Die Blätter des bei uns heimischen Sonnentaus (Drosera) besitzen Emergenzen, die Tentakel (Abb. 118). Diese werden von einem Tracheidenstrang durchzogen und enden in einem Drüsenköpfchen, durch das ein tröpfchenförmiges, glitzerndes Sekret abgeschieden wird, das

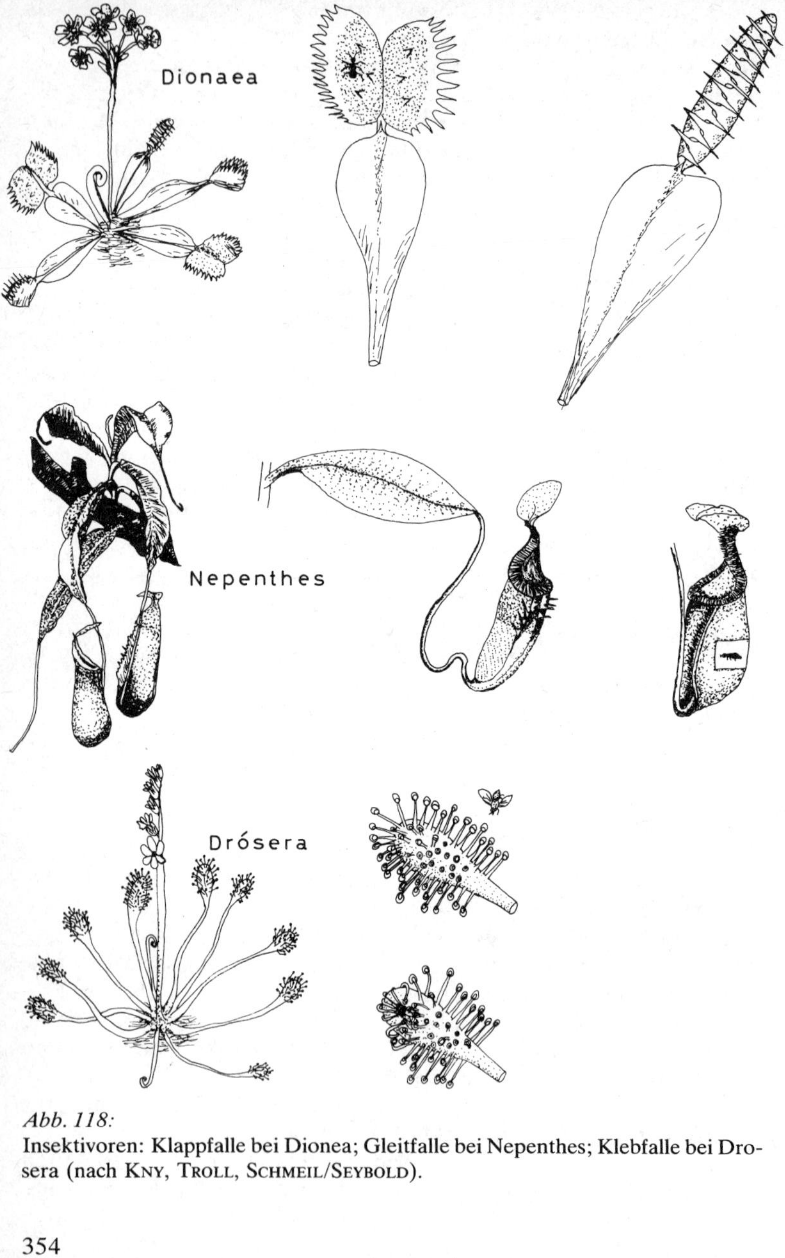

Abb. 118:
Insektivoren: Klappfalle bei Dionea; Gleitfalle bei Nepenthes; Klebfalle bei Drosera (nach KNY, TROLL, SCHMEIL/SEYBOLD).

einen honigartigen Duft ausströmt. Angelockte kleine Tiere bleiben an dem Sekret kleben und geraten bei ihren Befreiungsversuchen mit weiteren Tentakeln in Kontakt. Der hierdurch ausgelöste chemonastische Reiz bewirkt eine Krümmung der Tentakel zur Blattmitte zu, so daß das Tier schließlich ganz von Sekret umgeben ist. Bei gefangenen Insekten bleibt nur der Chitinpanzer als Verdauungsrückstand übrig. Sonnentau und das ebenfalls bei uns vorkommende Fettkraut (Pinguicula) haben ihre Blätter zu *Klebfallen* umgestaltet. In anderen Ländern findet man auch noch Insektivore, deren Blätter zu Klapp- oder Reusenfallen umgebildet sind.

Von Gärtnereien wird mitunter die Venusfliegenfalle (Dionea muscipula) zum Kauf angeboten, deren Blatthälften rechts und links der Mittelrippe eine *Klappfalle* darstellen. Bei Erschütterung (Seismonastie), bei Berührung der auf der Blattfläche befindlichen Fühlborsten oder auch durch chemische Reizung (besonders durch stickstoffhaltige Verbindungen) klappen die Blatthälften infolge Turgoränderungen im Bereich der Mittelrippe mit einer für Pflanzen beachtlichen Geschwindigkeit zusammen. Dabei schließen am Rand befindliche Blattzähne gitterartig zusammen, so daß das gefangene Tier nicht wieder entkommen kann. Drüsen der Blattoberseite scheiden sodann ein Verdauungssekret ab (Abb. 118).

Ein anderes, ein *Gleitfallenprinzip,* hat sich bei der Kannenpflanze (Nepenthes) herausgebildet, die in den Tropen beheimatet ist. Ihre Blätter sind zu Kannen umgewandelt, während der jeweilige Blattgrund durch Verbreiterung und Streckung die eigentliche Blattfunktion übernimmt. Die Kanne hat einen glatten Rand und glatte Innenwände. Unterhalb des Kannenrandes befinden sich Nektardrüsen, durch deren Sekrete Insekten angelockt werden. Diese lassen sich auf dem Rand nieder, gleiten ab und fallen in die Kanne. Im unteren Teil der Kanne befindet sich eine von Drüsen abgeschiedene Flüssigkeit, deren Enzyme das Insekt verdauen. Anschließend erfolgt Resorption. Sarracenia-Arten besitzen ähnliche kannenartige Blätter. Bei ihnen werden jedoch keine Enzyme in die Kanne sezerniert. In der Kannenflüssigkeit befindliche Bakterien übernehmen die lytische Funktion (Abb. 118).

Verschiedene Pilze (Zoopagales) vermögen mit Hilfe der klebrigen Oberfläche ihrer Hyphen oder netzartiger Verzweigung des Myzels Amöben, Flagellaten, Nematoden u. a. Kleintiere zu fangen, durch Haustorien in dieselben einzudringen und so ihren Nährstoffbedarf zu decken.

8. Stoffkreislauf

Die in den Ökosystemen vorhandene Dynamik wird besonders deutlich durch den Stoffkreislauf, der mit dem Energiefluß unlösbar verknüpft ist. Zugleich schafft er eine Verbindung zwischen dem atomaren Aufbau der Organismen und dem von ihnen bewohnten Biotop: so sind – wie bereits erwähnt – die Hauptbestandteile der Lebewesen solche, die in der Biosphäre in gasförmiger Form auftreten, wie etwa CO_2, N_2 oder H_2O. Dadurch werden die Organismen an den Gaskreislauf der Erde angeschlossen. Man rechnet damit, daß 97% der Atome, aus denen die Lebewesen bestehen, nach ihrem Absterben schließlich wieder in den Bereich der Erdgase zurückkehren. Es stehen aber auch die in der lebenden Substanz befindlichen Mineralstoffe in einem biogeochemischen Zyklus. Wenn bei Betrachtung der gesamten Biosphäre als Summe aller Ökosysteme die Stoffkreisläufe als in sich geschlossen anzusehen sind, so gilt dies selten für das einzelne Ökosystem, vielmehr handelt es sich hier um offene Kreisläufe, bei denen Stoffeintrag (Input) und -ausstoß (Output) in ihrer Größenordnung nicht genau einander entsprechen. Bilanzstörungen können auch durch langfristige Speicherung bestimmter Stoffe in Pflanzen zustande kommen. In der Biosphäre existiert ein Netzwerk von Kreisläufen.

8.1. Wasserkreislauf

Der Wasserkreislauf hat die höchste Umsatzgeschwindigkeit und dominiert auch mengenmäßg über alle anderen Kreisläufe. In Abb. 119 ist er für die Bundesrepublik Deutschland dargestellt. Danach stammen nur 41% des Niederschlagswassers aus den Meeren und mehr als die Hälfte wird durch die Kondensation von Transpirations- und Evaporationswasser terrestrischer Herkunft geliefert. Dies bedeutet aber auch, daß eine drastische Reduzierung wasserverdunstender Flächen auf dem Festland – sei es durch Vernichtung ausgedehnter Waldbestände (z. B. Amazonas-Wälder) oder durch Kanalisation und Beschleunigung des Wasserabflusses – zum Rückgang der Regenmengen führen muß. Solche Maßnahmen werden in ariden Gebieten die Aridität verstärken, Steppen- und Wüstengebiete können dann an Ausdehnung gewinnen. Demgegenüber muß die Waldvernichtung in meeresnahen Gebieten mit langer Vegetationszeit, jedoch bei Fehlen der viel Wasser verbrauchenden Bäume zur Ausdehnung von Feuchtgebieten führen (z. B. Lappland, Island). Quantität und Art der Niederschläge beeinflussen in hohem Maße die Produktivität und damit die Biomasse auf der Erde.

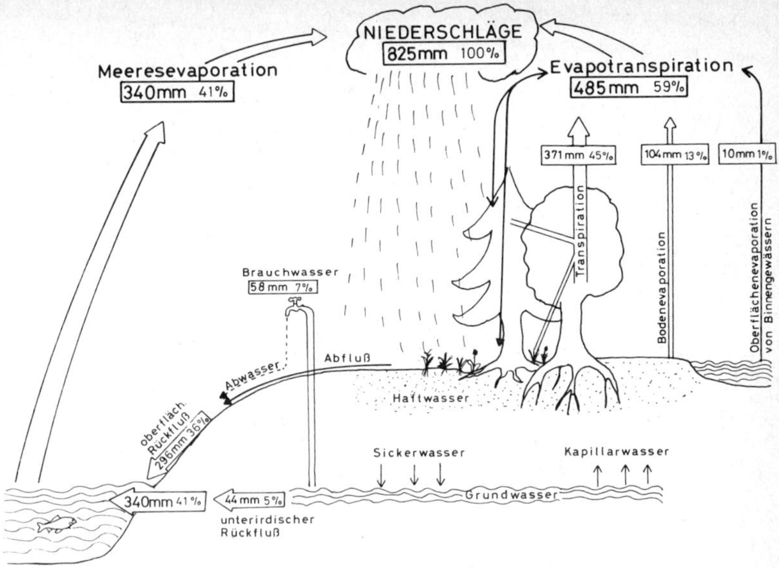

Abb. 119:
Wasserkreislauf für die BRD (nach LARCHER).

8.2. Kohlenstoffkreislauf

Stärker als der Wasserkreislauf ist der Kohlenstoffkreislauf an die biotische Komponente des Ökosystems gebunden. Jährlich werden auf der Erde 10–55 Milliarden t organische Substanz auf- und etwa die gleiche Menge wieder abgebaut, teils im Boden gespeichert (in Humus, Torf), teils auch schnell wieder in gasförmiger Form an die Atmosphäre abgegeben (Abb. 120). In dieser beträgt der CO_2-Gehalt 0,03% (oder 2100 Billionen kg). Die grünen Pflanzen verbrauchen für ihre Photosynthese mehr CO_2, als sie durch Atmung wieder produzieren. (Die Atmungsverluste betragen im Mittel $^1/_3$ der produzierten organischen Substanz.) Tagsüber kann daher der CO_2-Gehalt der Luft bei intensiver Photosyntheseaktivität in dichten Pflanzenbeständen bis zu 29% unter den Mittelwert absinken. Nachts kommt die Atmung aller Organismen zum Tragen, die CO_2-Konzentration erhöht sich wieder. Somit ergeben sich tages- und jahresperiodische CO_2-Schwankungen am Standort. Für die im Ökosystem jeweilig vorhandene *CO_2-Bilanz* ist wichtig:

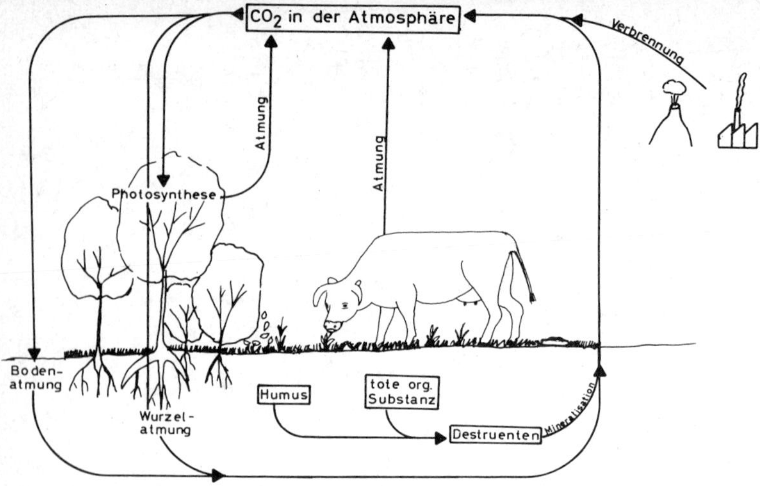

Abb. 120:
CO_2-Kreislauf im Ökosystem.

Tab. 43: Anteil verschiedener CO_2-Herkünfte der Atmosphäre in %

CO_2-Lieferant	Anteil in %
Atmung der Menschen	1
Atmung der Tiere	1
Verbrennung organ. Materials	2
Gärungsmikroorganismen	1
Mikroorganismen der Gewässer	11
Mikroorganismen des Bodens	84

a) Photosyntheseintensität
b) Diffusions- und Turbulenzvorgänge in der bodennahen Luftschicht und Atmosphäre
c) Bodenatmung: die CO_2-Produktion des Bodens (Bodenatmung genannt) wird von den Bodenorganismen, dem *Edaphon,* bestritten. Hinzu kommt noch die *Wurzelatmung,* die bis zu $^1/_3$ der Bodenatmung ausmachen kann. Die CO_2-Exhalation des Bodens gilt als guter Indikator für die Aktivität der Mikroorganismen beim Abbau der

organischen Substanz. So lassen sich Aktivitätsprofile aufzeichnen, aus denen hervorgeht, daß die höchste Respiration in den oberen, humusreichen Horizonten zu finden ist. Wenn sich die Böden im Frühjahr erwärmen, ausreichende Feuchtigkeit und auch noch genügend organische Substanz zum Abbau vorhanden sind, wird das Maximum der Bodenaktivität erreicht; ein zweites, schwächeres tritt im Herbst auf. Setzt man die gesamte CO_2-Produktion auf der Erde = 100%, so bestreiten die Bodenorganismen den absolut dominierenden Anteil an der Zulieferung zum atmosphärischen CO_2 (Tab. 43). CO_2-Kreislauf und O_2-Kreislauf sind Antagonisten.

8.3. Stickstoffkreislauf

Für den Stickstoffkreislauf stellt die Atmosphäre mit 78% N das große Reservoir und Sicherheitsventil dar, aus dem sich das Element innerhalb des Ökosystems ergänzen kann. Mit diesem Reservoir sind die Organismen verbunden. Es gibt einen großen Stickstoffkreislauf (Input – Output), der einen kleinen (interner Umsatz) mit einschließt (Abb. 121).

1. Input

Dieser läßt sich unterteilen in:

a) *asymbiontische Bindung* des Luftstickstoffs ist einigen frei in Boden und Gewässer lebenden Bakterien und Blaualgen möglich. Hierzu gehören z. B. das Bacterium Azotobacter chroococcum mit einer engen und Clostridium pasteurianum mit weiter pH-Amplitude. Unter den Blaualgen sind die bekanntesten Stickstoffbinder die Gattungen Nostoc und Anabaena. Diese photoautotrophen Cyanophyceen können unter günstigen Bedingungen bei hoher Einstrahlung und ausreichender Feuchtigkeit, wie in Reisfeldern, bis zu 50 kg je ha und Jahr an Stickstoff binden. Diese N-Fixierung ist gebunden an das Vorhandensein von Heterozysten, d. h. farblosen, derbwandigen Zellen, welche über das Enzym Nitrogenase verfügen.

b) Zu den *symbiontischen N-fixierenden Bakterien* zählen die Rhizobien, die in den Wurzelknöllchen der Leguminosen leben, und die Actinomyceten-Symbionten (s. S. 349). In einem Leguminosenbestand werden unter optimalen Bedingungen 100–300 kg N je ha und Jahr gebunden gegenüber von nur 0,4–0,8 kg/ha durch frei lebende Bakterien.

c) Neben dieser biologischen Bindung kommt es zu einem *abiotischen N-Input* in die Ökosysteme aus dem Luftreservoir. Dieses wird gebildet durch diverse Stickoxide (NO_x), das aus Industrie und Verkehrsabgasen oder aus der photochemischen Oxidation von NH_3 stammt. Ammoniak kann ebenfalls von Industrie- oder Vulkanexhalationen

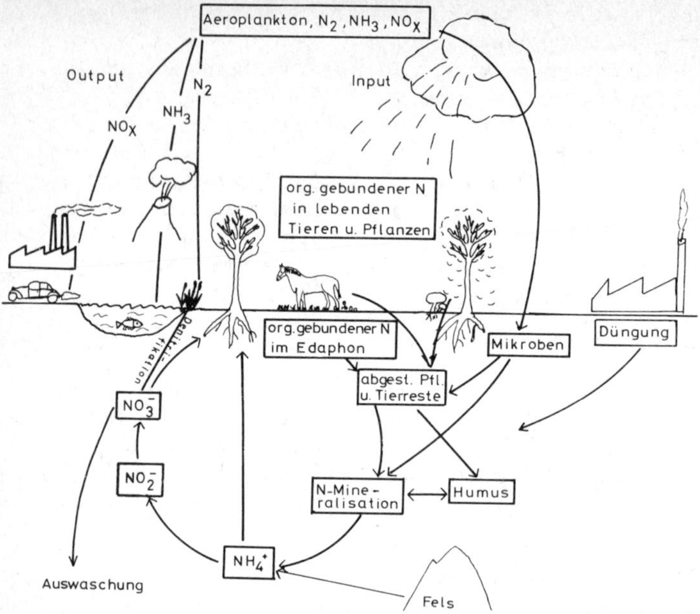

Abb. 121:
Globaler Stickstoff-Kreislauf.

herrühren, ebenso dem Meer oder Boden entwichen sein. Auf vernäßten Böden tritt auch molekularer Stickstoff aus. Mit den Niederschlägen werden nun die atmosphärischen Stickstoffverbindungen wieder dem Boden zugeführt. In industriellen Ballungsgebieten gelangen auf diese Weise bis zu 50 kg N/ha, in industrieferneren Gebieten immer noch um 20 kg N je ha und Jahr zu Boden. Dies ist eine Größenordnung, die für die Vegetation auf stickstoffarmen Böden etwa $^1/_5$ des Jahresumsatzes ausmacht (Tab. 45).

d) In agrarischen Ökosystemen ist schließlich noch als N-Einnahmequelle für die Böden die *Düngung* zu erwähnen, die in mineralischer oder organischer Form gegeben wird.

2. *Interner Umsatz* (kleiner Kreislauf)

Der in den Boden gelangte Stickstoff wird von den Pflanzen als NO_3^-- oder als NH_4^+-Ionen aufgenommen, von den N-bindenden Organismen als N_2. Organische Reste (totes Tier- und Pflanzenmaterial, Exkremente) können von den Destruenten (Saprovore und Reduzenten) zwecks Energiegewinnung weiter abgebaut werden.

a) *Ammonifikation:* Als Endprodukt der Mineralisation organischen Materials wird von den Reduzenten (Pilze und Bakterien) NH_3 gebildet, das mit Wasser zu NH_4^+ wird und somit den Pflanzen zur erneuten Aufnahme wieder zur Verfügung steht. Diese mikrobielle Bildung des Ammoniums wird Ammonifikation genannt.

b) *Nitrifikation:* Hierunter versteht man die Oxidation des Ammoniaks mittels der Nitrit- (Nitrosomonas-) und Nitrat- (Nitrobacter-) Bakterien:

$$NH_4OH + 1\frac{1}{2}\,O_2 \rightarrow HNO_2 + 2H_2O$$
$$HNO_2 + \frac{1}{2}\,O_2 \rightarrow HNO_3$$

Da die Nitrit- und Nitratbakterien im allgemeine gemeinsam vorkommen (Parabiose s. S. 343), findet man in den Böden kaum das toxische NO_2^-, statt dessen NO_3^- (oder NH_4^+).

c) *Humifizierung:* Die Tätigkeit des Destruenten führt im allgemeinen nicht sofort zum vollständigen Abbau des im Boden befindlichen Materials. Die Makrofauna mit ihren Saprovoren (Regenwürmer!) bewirkt eine mechanische Zerkleinerung der Streu, so daß diese für die Reduzenten leichter angreifbar wird. Sie besitzt eine hohe Bedeutung für die Geschwindigkeit der Streuzersetzung im Boden (Abb. 122). Abbau- und Umbauprozesse unter der Mitwirkung der Reduzenten führen zur Humusbildung (s. S. 316). Diese wird mit 8000 kg N je ha und Jahr veranschlagt. Ammonium- und Nitrationen stehen gleichermaßen den höheren Pflanzen und den Bodenmikroorganismen zur Deckung ihres N-Bedarfs zur Verfügung. Die Intensität der Nitrifikanten ist daher für die Stickstoffverfügbarkeit von größter Bedeutung. Auf schlecht mit Stickstoff versorgten Böden sind die Mikroorganismen den mit ihnen konkurrierenden Pflanzen überlegen. So wirkt sich z. B. eine Düngung vulkanischer Aschen oder magerer Sandböden mit Stroh oder Sägemehl zwecks Gewinnung von Kulturland nachteilig auf die Pflanzen aus: das zugeführte organische Material ist so stickstoffarm, daß der freigesetzte Stickstoff fast ausschließlich von den Mikroorganismen zur Eiweißbildung verbraucht wird. Die Pflanzen kommen lediglich in den Genuß des Stickstoffs, der nach Deckung des mikrobiellen Bedarfs übrigbleibt. Demnach ist für sie nicht die *Brutto-N-Mineralisation,* sondern die *Netto-N-Mineralisation* entscheidend.

d) *N-Zulieferung* aus dem Gestein ist gering im Gegensatz zu anderen von den Pflanzen benötigten Elementen.

3. Output

Stickstoffverluste im Ökosystem treten auf durch

a) *Auswaschung:* Hiervon ist das NO_3^- in weit höherem Maße als NH_4^+ betroffen, da das Ammonium-Ion eine festere Adsorption an Bodenkolloide aufweist.

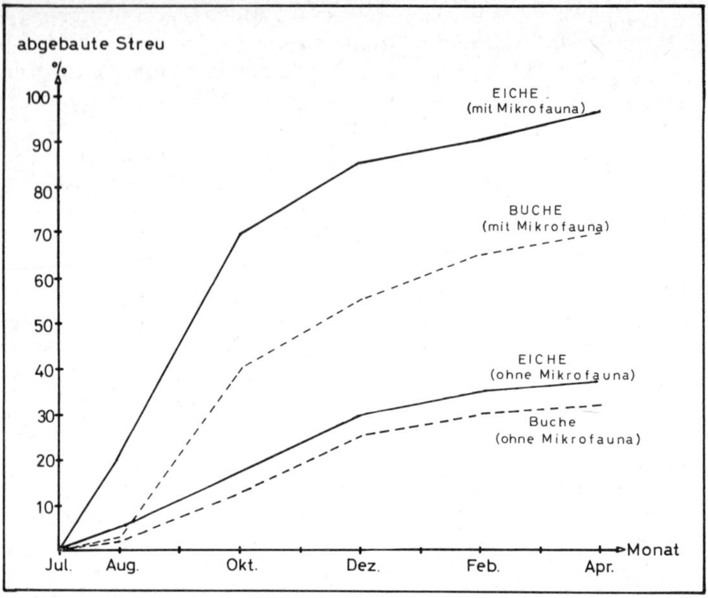

Abb. 122:
Bedeutung der Bodenmikrofauna für die Streuzersetzung (nach THIELE aus Remmert).

b) *Denitrifikation* (Stickstoffentbindung): Unter anaeroben Bedingungen wird durch denitrifizierende Bakterien (s. S. 107) Nitrat über Nitrit bis zum molekularen Stickstoff reduziert.

$$NO_3^- \rightarrow NO_2^- \rightarrow N_2$$

c) In agrarischen Ökosystemen kommt es zu einem *Stickstoffentzug* mit der Ernte.

8.4. Schwefelkreislauf

Schwefel wird in großem Umfang vornehmlich als SO_2, daneben auch als H_2S industriell emittiert, gelangt ferner mit vulkanischen Abgasen und schließlich auch durch die Desulfurikationstätigkeit der Reduzenten aus dem Boden in die Atmosphäre. Letztlich weisen Schwefel- und Stickstoffkreislauf viel Ähnlichkeit miteinander auf: beide Elemente sind Bestandteile des Eiweiß. Der mikrobielle Abbau des Eiweißes im Boden führt zur Bildung von H_2S, das unter anaeroben Bedingungen zu SO_4^{2-}

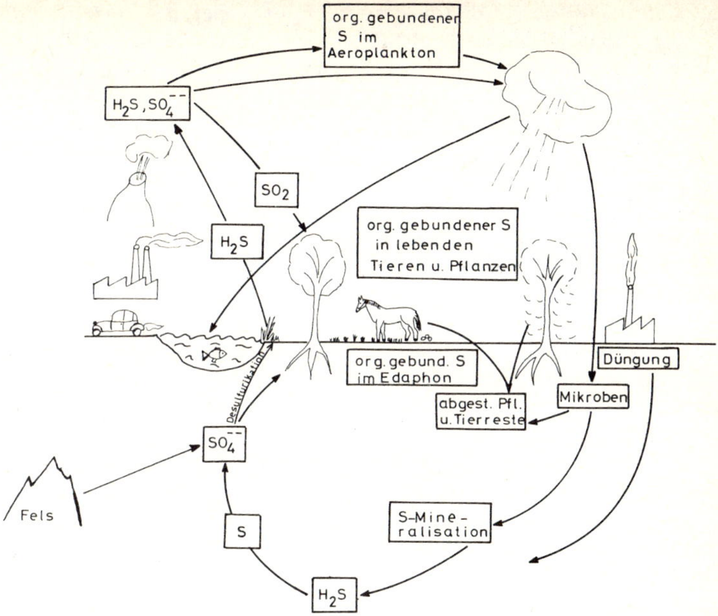

Abb. 123:
Globaler Schwefel-Kreislauf.

Tab. 45: Möglichkeiten der N_2-Fixierung (Angabe der Werte nach PÜHLER 1979)

Art der N_2-Bindung	Größenordnung
Industriell:	
(Haber-Bosch-Verfahren)	$40 \cdot 10^6$ t pro gesamte Erde/Jahr
Physikalisch:	
(atmosphärische Vorgänge)	$45 \cdot 10^6$ t pro gesamte Erde/Jahr
Biologisch:	
(Enzym Nitrogenase)	$175 \cdot 10^6$ t pro gesamte Erde/Jahr
Freilebende Bakterien	0,4– 0,8 kg pro ha/Jahr
Freilebende Blaualgen in Reisfeldern	30–50 kg pro ha/Jahr
Rhizobiensymbiose mit Leguminosen	100–300 kg pro ha/Jahr
Blaualgensymbiose mit Wasserfarn Azolla	300 kg pro ha/Jahr

aufoxidiert und nur in dieser Form von den höheren Pflanzen wieder aufgenommen wird. Die Rückbildung von SO_4^{2-} in sauerstoffarmen Böden durch Bakterien (s. S. 107) bezeichnet man als *Desulfurikation* (Abb. 123).

8.5. Mineralstoffkreislauf

Während bei den zuvor beschriebenen Kreisläufen die Elemente auch als Gase aus den Ökosystemen in die Luft entweichen können, besteht diese Möglichkeit nicht für die Mineralstoffe (Abb. 124). Ihr Vorkommen in der Atmosphäre ist zurückzuführen auf den Transport von aufgewirbelten Staubpartikeln, verdrifteten Pollen, Sporen und Samen sowie industrielle und vulkanische Emissionen. Mineralstoffe finden sich inkorporiert in der lebenden Biomasse oberhalb und innerhalb des Bodens. Tote Biomasse in Form von Streu und Humus beinhalten ein großes Reservoir, das von den Destruenten aufbereitet, nach Mineralisierung sofort von den Pflanzen aufgenommen, an Bodenkolloide adsorbiert oder aber auch ausgewaschen werden kann. In den feucht-warmen Tropen erfolgt die Mineralisierung der anfallenden toten organischen Substanz so schnell, daß es kaum zur Humifizierung kommt, sondern fast die gesamte verfügbare Mineralsalzmenge in der lebenden Phytomasse steckt. In Wäldern können bei diesem internen biogenen Umsatz manche Elemente – insbesondere Mg^{2+}, Ca^{2+} und K^+ – innerhalb eines Jahres in fast der gleichen Größenordnung dem Boden zurückgegeben werden, wie sie zuvor dem Substrat entnommen wurden. Für den Rücklauf der Mineralsalze zum Boden ist vor allem der Laubfall von Bedeutung; hinzu kommt Auswaschung durch die Niederschläge, welche auch die durch den Sproß ausgeschiedenen Mineralstoffe ab- und einwaschen. Bäume mit ihren in tiefere Bodenschichten eindringenden Wurzeln vermögen die mit dem Sickerwasser abwärts geführten Nährsalze abzufangen, während die Kräuter mehr auf einen Bezug von Mineralstoffen aus dem oberen Bodenhorizont angewiesen sind. Jede Ernte oder Streuentnahme bringt den Rücklauf ins Stocken. Durch entsprechende Düngung können Mineralsalze in den biogenen Kreislauf eingeschleust werden.

Für den – nicht nur die biotische Komponente umfassenden – biogeochemischen Mineralstoffkreislauf spielen neben dem erwähnten Eintrag mit den Atmosphärilien und der Düngung, Art des Gesteins und Intensität der Verwitterung beim Input eine Rolle. Für den Output sind vor allem Wind, Verfrachtung, Abschwemmung (Wassererosion) und Auswaschung verantwortlich zu machen. In sehr sauren Böden nimmt die Löslichkeit an K^+, Ca^{2+}, Mg^{2+}, PO_4^{3-} und MoO^{2-} zu, so daß die Gefahr einer Verarmung an diesen wichtigen Nährionen besteht.

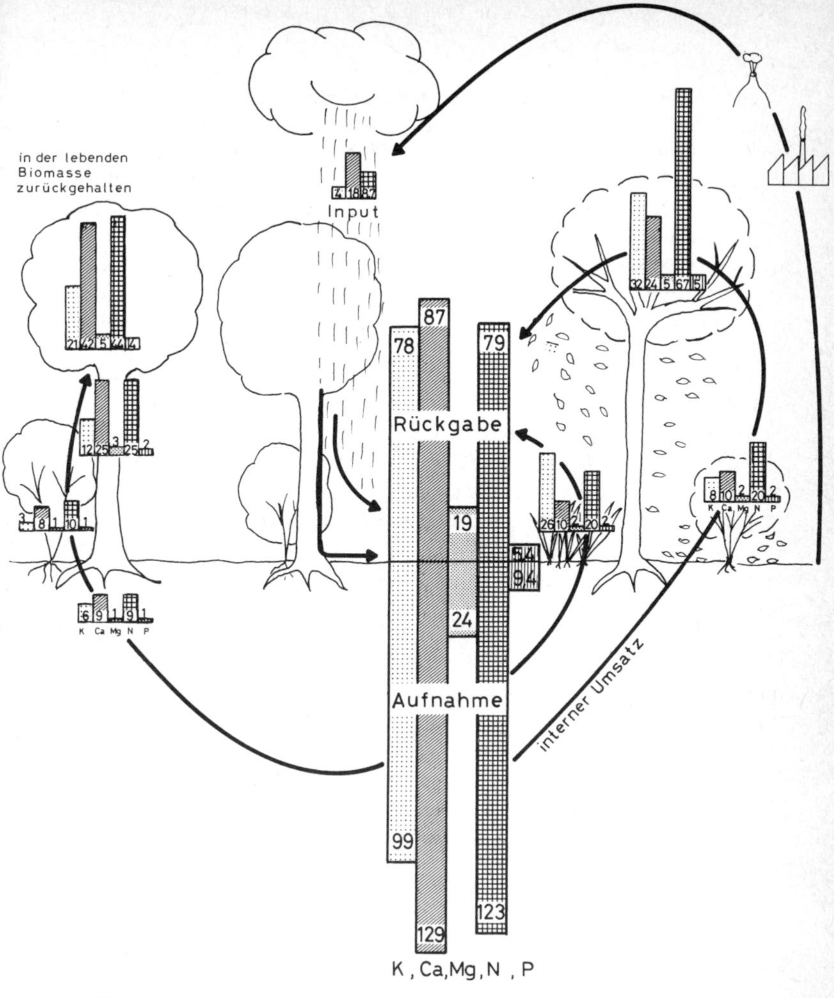

Abb. 124:
Jährlicher Mineralzyklus für K, Ca, Mg, N und P in einem Eiche-Eschenwald mit Hasel und Weißbuche im Unterwuchs. Angaben in kg/ha (nach REICHLE).

9. Anpassungen an besondere Standortbedingungen

Die am Standort einer Art wirkenden Faktoren sind in Abb. 114 aufgeführt. Diejenigen unter ihnen, die sich im Minimum oder Maximum befinden, bestimmen die ökologische Verbreitung der Art. Pflanzen, die sich über ein breiteres Spektrum von Lebensbereichen hin auszudehnen vermögen, bezeichnet man als euryök *(eurytop)*, solche mit einem engen Lebensbereich als stenök *(stenotop)*. Je extremer die Lebensbedingungen sind, desto stärker ist auch die Selektion. Das bedeutet zugleich, daß die Artenzahl zurückgeht, adaptierte Pflanzenarten dagegen oft sehr individuenreich auftreten, bisweilen sogar Reinbestände bilden.

9.1. Lebensformen

Ungünstige Jahreszeiten, wie Kälte, Trockenheit und Hitze, werden von vielen Pflanzen im Ruhezustand überdauert. Besonders wichtig ist der Schutz der empfindlichsten Organe, der Knospen. Diese können Extrembedingungen weitgehend dadurch entgehen, daß sie in den Boden hinein verlegt werden. Das Klima im Boden ist bekanntlich viel ausgeglichener als oberhalb desselben. Von Raunkiaer wurde ein System von *Lebensformenklassen* aufgestellt. Lage und Schutz der Knospen wäh-

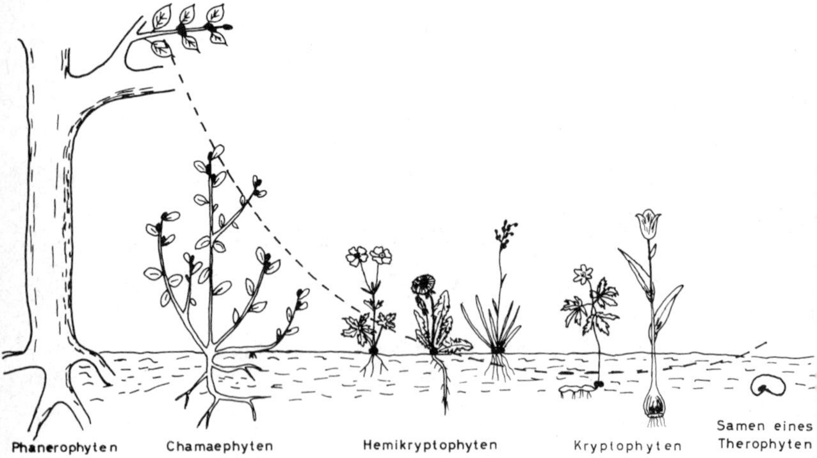

Abb. 125:
Schematische Darstellung der Lebensformentypen (nach STOCKER).

rend der ungünstigen Jahreszeit sind für die Zuordnung bestimmend (Abb. 125).

a) Therophyten (einjährige Pflanzen): Sie durchlaufen den gesamten Entwicklungszyklus von der Keimung bis zur Fruchtreifung innerhalb einer einzigen Vegetationsperiode, oft innerhalb sehr kurzer Zeit. Die vegetationsfeindliche Zeit überdauern die Knospen im Samen, und zwar im Schutz des Bodens, z. B. Kreuzkraut (Senecio vulgaris), Vogelmiere (Stellaria media), rote Taubnessel (Lamium purpureum).

b) Kryptophyten (Erdpflanzen): Bei diesen befinden sich die Überdauerungsknospen im Substrat und werden daher von der ungünstigen Jahreszeit nur wenig betroffen. Rhizom-, Knollen- und Zwiebelgewächse gehören zu den Kryptophyten, z. B. Anemone (Anemone nemorosa), Zwiebel (Allium cepa), Ackerdistel (Cirsium arvense).

c) Hemikryptophyten (Erdschürfepflanzen): Die Überdauerungsknospen liegen hart an der Erdoberfläche; Gräser, Rosettenpflanzen und Stauden gehören hierher. Die Knospen werden meist durch eine Hülle aus lebenden oder toten Blattschuppen oder Blattscheiden geschützt, z. B. Brennessel (Urtica dioica), knolliger Hahnenfuß (Ranunculus bulbosus), Gänseblümchen (Bellis perennis), Löwenzahn (Taraxacum officinale).

d) Chamaephyten (Oberflächenpflanzen): Es handelt sich um Zwergsträucher und Polsterpflanzen, deren Erneuerungsknospen bis zu 30 cm Abstand vom Erdboden aufweisen. In schneereichen Gebieten genießen sie noch den Schutz der Schneedecke, z. B. Heidekraut (Calluna vulgaris), Thymian (Thymus serpyllum), Mauerpfeffer (Sedum acre).

e) Phanerophyten (Luftpflanzen): Hierzu zählen vor allem Bäume und Sträucher, deren Erneuerungsknospen sich an Trieben befinden, die mehr als 30 cm Abstand vom Boden haben. Sie sind daher den Unbilden der Witterung mehr ausgesetzt als andere Lebensformen, z. B. Buche (Fagus silvatica), Fichte (Picea abies), Flieder (Syringa vulgaris).

Die prozentuale Aufschlüsselung der Flora eines Gebietes nach den Lebensformen bezeichnet man als *biologisches Spektrum.* Es dominieren in kalten Gegenden die Hemikryptophyten und Chamaephyten, in der gemäßigten Zone bleiben zwar die Hemikryptophyten dominant, daneben nehmen aber auch Kryptophyten und Therophyten einen breiteren Raum ein; das Wüstenklima begünstigt die Therophyten, das Klima der Tropen und Subtropen die Phanerophyten.

9.2. Wiesen-Schnitt-Restitution

Unsere Kultur- und Halbkulturlandschaften haben mit dem Gebrauch von Sichel und Sense von der Bronze- und Eisenzeit an immer mehr an Ausdehnung gewonnen. Die Wiesen sind *Halbkulturformationen,* die durch Mahd innerhalb ehemaliger Waldgebiete entstanden sind. Natürliche Wiesen gibt es nur außerhalb der Waldzone, wie etwa die alpinen Matten oder die Wiesensteppen. Vielleicht dürfte der Biber ehemals noch eine gewisse Bedeutung gehabt haben, da er im Gebiet von Flüssen die Bäume fällt, so daß sich in diesem Bereich feuchte Wiesen entwickeln können.

Die Sense wirkt selektionierend auf die Zusammensetzung der Vegetation:

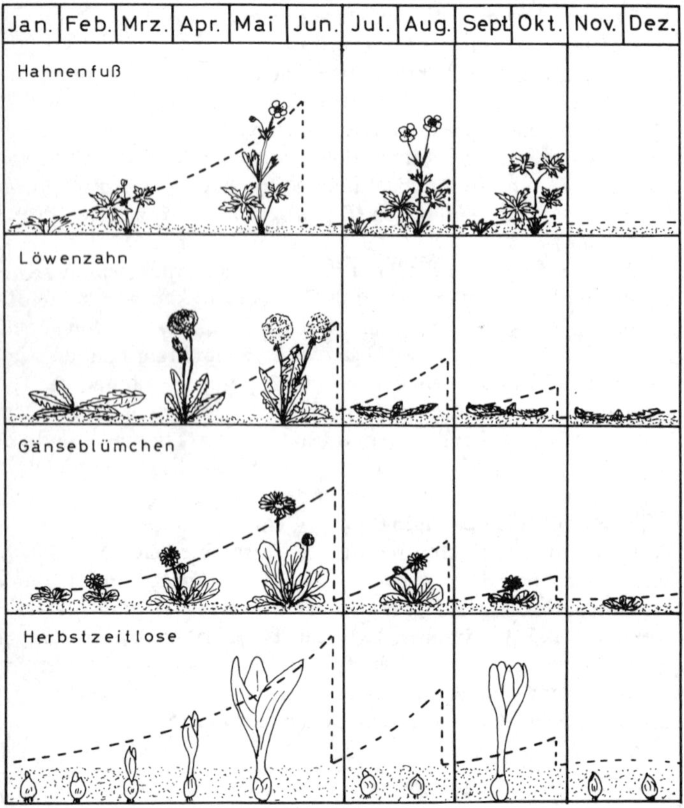

Abb. 126:
Anpassung von Wiesenpflanzen an die Mahd-Rhythmik (nach STENGEL aus TISCHLER).

1. Durch Ausschluß von Gehölzen
2. durch Begünstigung von Gräsern, die sich an der Basis verzweigen und gut regenerieren
3. durch Auslese unter den Kräutern. Es bleiben nämlich nur erhalten:
   a) Arten, die leicht regenerieren, wie z. B. Klee (Trifolium), Labkraut- (Galium-) Arten, Schafgarbe (Achillea millefolium)
   b) Rosetten und Halbrosettenpflanzen, die durch das Mähen gar nicht oder wenig geschädigt werden, wie z. B. Wegerich (Plantago), Löwenzahn (Taraxacum officinale).
   c) Arten, die vor oder zwischen den Schnitten fruktifizieren, wie dies in sehr charakteristischer Weise bei der Herbstzeitlose (Colchicum autumnale) der Fall ist, ebenso beim Löwenzahn.

Aus Abb. 126 geht hervor, wie gut solche Wiesenpflanzen der *Mahd-Rhythmik* angepaßt sind.

Durch die Mahd werden die von der Sense erfaßten Pflanzen verletzt. Es finden dann an der Wundstelle Teilungen der Parenchymzellen statt, die zu einem Wundverschluß durch Bildung eines Wundcallus führen. Dieser als *Restitution* bezeichnete Effekt zeigt, daß demnach ausdifferenzierte Zellen unter bestimmten Bedingungen wieder embryonalisiert werden können und in der Lage sind, bei Bedarf komplette Pflanzen mit allen erforderlichen Zelltypen neu auszubilden. Es bestehen allerdings auch hier wieder artspezifische Unterschiede. So vermögen sich aus einem abgetrennten Begonienblatt beim Einsetzen in den Boden am unteren Ende des Blattes Wurzeln, am oberen Adventivknospen zu entwikkeln; es geht somit aus einem einzelnen Blatt eine ganze neue Pflanze hervor. Demgegenüber werden bei den Wiesenpflanzen verlorene Blattspreiten selten ersetzt, sondern ganz abgestoßen. Die Erneuerung der Pflanze beruht in erster Linie auf dem erneuten Austreiben von Knospen, die nahe am Erdboden liegen.

9.3. Weide-Tritt-Verbiß

Eine ähnliche Wirkung wie die Sense übt der *Viehverbiß* auf die Weidepflanzen aus. Jedoch gibt es auch charakteristische Unterschiede:
a) die Weide ist kurzrasig, im Gegensatz zur Wiese
b) der Viehverbiß führt zu weitaus häufigeren Verlusten an Pflanzenteilen als die Mahd
c) das Vieh wählt aus, so daß damit auf den Weiden die Pflanzen begünstigt werden, die die Tiere meiden. Es sind dies mit Stacheln oder Dornen bewehrte Pflanzen, wie Disteln (Cirsium-Arten), Hauhechel (Ononis), Wachholder (Juniperus); gemieden werden die Milchsaft führenden sowie giftige Arten, wie z. B. Wolfsmilch (Euphorbia),

ferner solche, die von den Tieren nicht miterfaßt werden, weil sie dicht am Boden liegende Rosetten haben, wie Gänseblümchen (Bellis perennis), Wegerich (Plantago-Arten). Weideempfindlich sind hochwüchsige Futterpflanzen, die wenig Basalblätter besitzen, so daß deren Assimilationsfläche nach dem Fraßverlust unzureichend für eine schnelle Restitution ist. Hierzu gehören z. B. der Flaum-Hafer (Arrhenatherum elatius) und Weißklee (Trifolium repens); unempfindlicher sind dagegen Acker-Klee (Trifolium arvense) und das Wiesen-Rispengras (Poa pratensis).

Die mechanische Beanspruchung durch *Tritt* führt auf den Viehpfaden zur Selektion trittfester Arten. Die Tritt-Pflanzengesellschaft umfaßt Arten wie z. B. Vogelknöterich (Polygonum aviculare), Wegerich (Plantago major), einjähriges Rispengras (Poa annua), englisches Raygras (Lolium perenne).

Daß sich die Trittfestigkeit der Arten in ganz charakteristischer Weise auch auf unseren Fußballplätzen in dem unterschiedlichen Deckungsgrad bemerkbar macht, vermag Abb. 127 gut zu demonstrieren.

Je nach Art der Bewirtschaftung, ob es sich um eine Umtriebsweide handelt, bei der die Pflanzen nur zeitweise einer Beanspruchung ausgesetzt sind, oder einer Standweide mit langanhaltender starker Beanspruchung, kommt es zu einer entsprechenden Selektion. Auf die Probleme der Überdüngung an den Viehsammelstellen, die Veranlassung zur Bil-

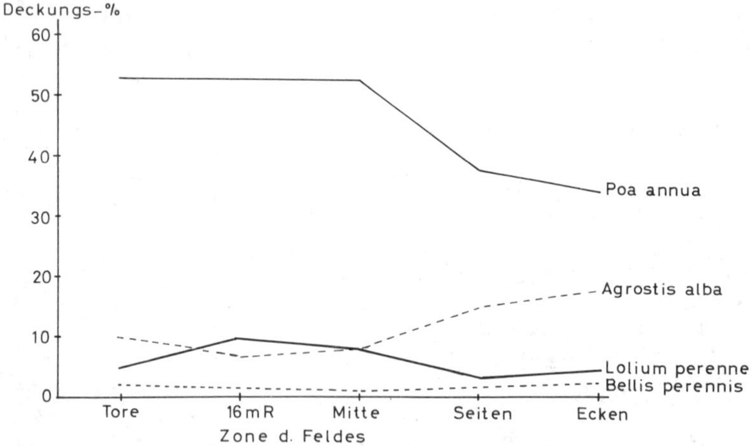

Abb. 127:
Häufigkeitsverteilung charakteristischer Pflanzenarten in verschiedenen Bereichen von Fußballplätzen (nach PIETSCH).

dung nitrophiler Pflanzengesellschaften geben, soll hier nicht näher eingegangen werden.

Besonders hervorgehoben werden müssen noch die kugelförmigen *Verbißformen:* Bei zeitweise schwächerer Beweidung werden die im Weidebereich aufkommenden Baumkeimlinge nicht völlig vernichtet, sondern das Vieh beißt nur die jungen Triebspitzen ab. Dies führt zu verstärktem Austrieb der Seitenknospen (gleicher Effekt beim Beschneiden von Hecken). Durch den Verlust der Gipfelknospe wird nämlich die korrelative Hemmung, die zuvor von dieser ausgeübt wurde, aufgehoben. Dadurch werden die Bäume buschig, wachsen unter dem Viehverbiß aber nur langsam heran. Schließlich erreichen sie eine Größe, bei der die Tiere nicht mehr die Mitte erreichen, so daß in diesem Bereich die Sprosse dann auch in die Höhe wachsen können, und es bildet sich ein mehrstämmiger Baum.

9.4. Feuerpflanzen (Pyrophyten)

In manchen Gebieten der Erde ist das Feuer für den Vegetationscharakter mitbestimmend. Blitzschlag ist die häufigste natürliche Ursache für die oft sehr ausgedehnten Brände in dünnbesiedelten Gebieten. Solche Brände kommen vor in den kanadischen Koniferenwäldern, den Kiefernwäldern Floridas, in den Eucalyptuswäldern Australiens, in allen Savannen- und Steppengebieten. Auf natürliche Brände aus der Zeit vor der Besiedlung durch den Menschen wird die weite Verbreitung der Kiefernarten in den Nadelwäldern zurückgeführt: Die Kiefer ist ebenso wie die Ericaceen, zu denen unser Heidekraut (Calluna) zählt, eine echte Feuerpflanze; demgegenüber sind Fichten und die meisten unserer Laubbäume außerordentlich feuerempfindlich.

Unsere Heidelandschaft ist ursprünglich aus Birken-Eichenwäldern oder Buchen-Eichenwäldern hervorgegangen, die durch Brand, Rodung und Beweidung so weit aufgelockert wurden, daß sich als Folgegesellschaft die Heide aufbauen konnte. Diese ist also anthropogen bedingt und nur durch Eingriff des Menschen zu halten, sonst gelangen über eine Degenerationsphase bei fehlender Verjüngung der eigentlichen Heidepflanzen langsam wieder die Bäume zur Vorherrschaft. Empfohlen wird daher das Abbrennen etwa 15 Jahre alter Flächen zwischen einigen Ar bis zu 2 ha Größe. Dann hat sich nämlich nur wenig Streu und Rohhumus unter den Pflanzen angehäuft und die Brandtemperatur bleibt niedrig, die Samenproduktion ist aber für eine Verjüngung gesichert.

In den großen Steppen- und Savannengebieten wird regelmäßig gebrannt. Die bestehenden Pflanzengesellschaften sind durch das Feuer geprägt. Es dominieren die Pyrophyten; das sind Arten, die zur *Samen-*

ausbreitung Feuer benötigen, da ihre holzigen Früchte sich erst nach Durchgang des Feuers öffnen und die Samen entlassen. Diese können auf dem noch weitgehend vegetationsfreien, mit Pflanzenasche gedüngten Boden nach Einsetzen des Regens keimen. Inmitten hohen Savannen- oder Steppengrases wäre das andernfalls nicht möglich. Begünstigt wird durch den Brand auch der Stockausschlag sowie der Austrieb geschützt liegender Knospen. Dies kann dann dazu führen, daß die Bäume ein buschartiges Aussehen gewinnen. Die Borke dieser *Pyrophytenbäume* ist besonders dick und schützt somit das dahinter befindliche (aus lebenden Zellen bestehende) Rindengewebe vor zu hohen Temperaturen beim Brand. Durch Feuer wird nicht nur eine Auslese unter den Gehölzen, sondern auch unter den Gräsern getroffen.

9.5. Salzpflanzen (Halophyten)

Bodenversalzung ist ein weltweites Problem für die Pflanzenproduktion. Sie kommt vor allem in ariden Gebieten vor, wenn das Grundwasser bis zur Oberfläche aufsteigt, dort verdunstet, und sich die mitgeführten Salze im Oberboden anreichern. In Trockengebieten mit sehr hoher Evaporation kann daher eine intensive Bewässerung ohne Dränage zu anthropogen verursachter Bodenversalzung führen. Eine solche ist z. B. in der ausgedehnten mesopotamischen Salzwüste entstanden. Bodenversalzung kommt aber auch bei uns an den Meeresküsten vor, wo eine regelmäßige Überflutung stattfindet, ebenso in dem Bereich, der von dem Salzgischt erreicht wird. Je nach der Zusammensetzung der Anionen im Substrat unterscheidet man an natriumreichen Standorten zwischen *Kochsalz-, Sulfat-* und *Alkaliböden* (Tab. 45). Die größte Ausdehnung und Bedeutung besitzen die kochsalzreichen Böden. Im allgemeinen kann man davon ausgehen, daß bis zu 0,5% Salz in der Bodenlösung von Pflanzen noch ertragen wird. Als Salzpflanzen oder Halophyten bezeichnet man solche Arten, bei denen sich der gesamte Lebenszyklus an salzreichen Standorten abspielt. Die Keimung von Halophyten vollzieht sich an ihren natürlichen Standorten im allgemeinen nach Verringerung der Salzkonzentration, wie sie durch die Regenfälle stattfindet. Dennoch kann sie sich durchaus in einem salzhaltigen Milieu vollziehen. Das Wachstum der Arten wird in Abhängigkeit von ihrer jeweiligen Salztoleranz stimuliert oder gehemmt. Hierbei konnte die gesteigerte Stoffproduktion von Halophyten an ihren natürlichen Standorten mit einer Stimulation der CO_2-Fixierung in Zusammenhang gebracht werden, wobei es offenbar nicht nur in der Vakuole, sondern auch in den Chloroplasten dieser Arten zu einer Salzanreicherung kommt. Einige der an solchen Halophytenstandorten wachsenden Arten gehören dem

Tab. 45: Ionengehalte verschiedener Halophytentypen (nach WALTER (1968)

Typ	Pflanzenart	Aschengehalt in % des TrG	mg/g des Trockengewichtes Na	K	Cl	S
Chlorid-Halophyt	Salicornia europaea	33	66,0	22,6	154,1	6,3
	Salsola turcomanica	24,5	52,6	8,1	99,7	4,4
	Halocnemum strobilaceum	31,5	48,9	12,7	90,0	8,0
Sulfat-Halophyt	Salsola dendroides	21	46,6	12,1	16,8	21,4
	Karelinia caspia	15,5	22,0	12,4	33,8	16,2
Alkali-Halophyt	Suaeda microphylla	35	107,5	15,6	72,8	7,2
	Haloxylon aphyllum	22,5	78,3	11,3	13,7	2,8
	Anabasis salsa	22,5	73,3	17,1	22,2	4,4

C_4-Typ der Photosynthetiker an. Hier sollen nur die Chlorid-Halophyten behandelt werden.

Halophyten zeichnen sich gegenüber Nicht-Salzpflanzen *(Glykophyten)* dadurch aus, daß sie eine höhere Ionenaufnahme aufweisen; sie benötigen sogar einen gewissen NaCl-Gehalt für ihr optimales Gedeihen. Die zu beobachtende Chloridspeicherung im Zellsaft stellt eine osmotische Anpassung an den salzreichen Standort dar. Darüber hinaus besitzen sie eine hohe Affinität zum Kalium, so daß sie selbst aus kaliarmen, jedoch NaCl-reichen Substraten noch große Mengen an Kalium aufnehmen können. Andererseits wird aber auch mit steigendem Kochsalzgehalt mehr Natriumchlorid absorbiert. Chlorid ist in der Pflanze leicht beweglich, kann sowohl in akropetaler als auch in basipetaler Richtung transportiert werden. Innerhalb der Pflanze findet man den geringsten Chloridgehalt in der Wurzel, den höchsten in den Blättern. Der Transport erfolgt mit dem Transpirationsstrom sowohl im Apoplasten wie im Symplasten. Sind in die Zelle zu hohe Salzkonzentrationen eingedrungen, so treten bei Glykophyten, deren Plasma keine Salzresistenz aufweist, Stoffwechselstörungen auf; diese äußern sich in einer Beeinflussung der Enzymaktivität, Störungen des Protein- und Kohlenhydratstoffwechsels, der Photosynthese und schließlich auch der Respiration. Unsere Kulturpflanzen weisen eine unterschiedliche Salztoleranz auf, die aus Tab. 46 ersichtlich ist.

Zur Vermeidung einer zunehmenden Versalzung im Verlaufe der Vegetationsperioden sind eine Reihe *Regulationsmechanismen* entwickelt. Hierbei kommt den Biomembranen besondere Bedeutung zu, da diese mit Hilfe von ATP-asen und anderen Carriern hier steuernd eingreifen.

Tab. 46: Salzempfindlichkeit von Kulturpflanzen

Pflanzenart	Salzempfindlichkeit
Rotklee, Bohnen, Apfel, Birne, Steinobst	sehr salzempfindlich
Weizen, Hafer, Mais, Luzerne, Kartoffel, Wein	mäßig salzempfindlich
Gerste, Zuckerrübe, Raps, Spargel, Spinat, Baumwolle, Ölbaum, Dattelpalme	salztolerant

Bekannt ist, daß Natrium und Kalium die ATP-asen stimulieren. Diskutiert wird im Plasmalemma eine ATP-ase mit hoher Kaliumstimulation, im Tonoplasten dagegen eine solche mit Natriumstimulation. Halophyten können an ihren Standorten, wie z. B. den Meeresküsten, durchschnittlichen osmotischen Potentialen von −23 bis −50 bar ausgesetzt sein, an Spezialstandorten werden über −150 bar erreicht. Der Hauptanteil an anorganischen Salzen, die zu diesen hohen Werten führen, geht auf NaCl zurück (Abb. 128). Da sich diese hohen Werte in der Vakuole finden, stellt sich die Frage, wie die ungleichmäßige Verteilung der Ionen innerhalb der Zelle kompensiert werden kann. Beim Anstieg der Salzkonzentration haben sich für Algen, Pilze und Flechten eine Reihe von Osmotika gefunden, die von ihnen synthetisiert werden, wie z. B. Glyzerin oder Mannitol, bei höheren Pflanzen ist eine Vermehrung von Malat und Prolin als osmotisch wirksame Substanzen im Zytoplasma festgestellt worden. Die Prolinanreicherung wurde bereits als Reaktion auf eine physiologische Trockenheit herausgestellt. Hinsichtlich des Salzhaushaltes werden verschiedene Typen unterschieden:

a) Akkumulation

Die hierzu zählenden Arten sind dadurch gekennzeichnet, daß sich im Laufe der Vegetationsperiode die Chlorid-Ionen in den Blättern stark anreichern. Der osmotische Wert nimmt demnach ständig zu. Eine Entsalzung ist nur durch Abwurf von Blättern möglich (z. B. bei der heimischen Gerards-Binse (Juncus Gerardi). Manche Melden-Arten arider Salzgebiete besitzen große Blasenhaare, in deren Zellsaft sich die Chloride akkumulieren. Bei zu hoher Salzkonzentration sterben diese Haare schließlich ab und werden durch neue ersetzt. Während beim Akkumulationstyp keine Osmoregulation stattfindet, ist dies bei den beiden folgenden Pflanzentypen der Fall.

b) Elektrolytsukkulenz

Für viele Halophyten ist charakteristisch, daß im Laufe der Zeit immer stärkere Salzanreicherung mit steigendem Wassergehalt und daher zunehmender Sukkulenz verbunden ist. Diese wird als Verdünnungseffekt zur Vermeidung toxischer Ionenkonzentrationen gedeutet. Ein Beispiel hierfür bietet der Queller (Salicornia herbacea) an unseren Meeresküsten.

c) Salzexkretion

Bei einer Reihe von Mangrovepflanzen, aber auch bei Arten der heimischen Flora, wird durch aktiv salzausscheidende Drüsen oder Haare eine Regulation des Salzhaushaltes vorgenommen. Dies trifft unter den einheimischen Arten z. B. für das Meerstrandsmilchkraut (Glaux maritima), Meerstrandsdreizack (Triglochin maritima) oder für das halophile Gras Spartina townsendi zu.

In unseren urbanen Ökosystemen werden in keiner Weise angepaßte Pflanzenarten entlang von Verkehrswegen durch die winterliche *Salzstreuung* mit Salz konfrontiert. Besonders auffällig sind die Schäden durch Auftausalze an Bäumen. Sie lassen sich durch folgende Kriterien erkennen:

- Es erkranken lediglich die Bäume an der Fahrbahnseite, während sie meist schon in geringer Entfernung, etwa 5 m, auf der anderen Seite der Gehsteige gesund bleiben.
- Die Blätter kranker Bäume sind bereits beim Austreiben im Frühjahr kleinflächiger und weisen bald typische Blattrandnekrosen auf, die sich später zur Mitte hin ausbreiten.
- Schon Mitte des Sommers kommt es zu einer vorzeitigen Herbstlaubfärbung mit anschließendem Laubfall.
- Bei einigen Baumarten, wie Linde und Roßkastanie, können blattfrei gewordene Äste während der Vegetationsperiode mehrfach neu austreiben. Hierbei ist die Synchronisierung des Blattaustriebs aufgehoben.
- Der Natrium- und Chloridgehalt in den Blättern erkrankter Bäume liegt weit über demjenigen gesunder Pflanzen; junge Blätter sind wesentlich empfindlicher gegenüber einer Salzakkumulation als ältere. Gültige Grenzwerte für alle Baumarten hinsichtlich ihres toxischen Salzspiegels lassen sich nicht angeben. Man kann aber davon ausgehen, daß dieser Grenzwert bei Nadelbäumen etwa bei einem Chloridgehalt von 0,75% im Nadeltrockengewicht liegt, bie Laubhölzern um 1% im Blattrockengewicht.

9.6. Schwermetallpflanzen (Chalkophyten)

Seit langem ist bekannt, daß auf aufgelassenen Bergwerkshalden und in Einsturztrichtern alter Stollen eine besondere Pflanzengesellschaft angetroffen wird, die auf diesen schwermetallreichen Böden zu wachsen vermag. Die dort wachsenden Chalkophyten sind deshalb so besonders interessant, weil sie sich nicht wie unsere Wiesen- und Weidepflanzen langsam unter Einfluß des Menschen herausselektionieren konnten, sondern in einen plötzlich entstandenen neuen Lebensraum eingedrungen sind. An diesen Schwermetallstandorten haben sich *Ökotypen* entwickelt. Das sind Rassen oder sogar Arten, die erblich fixierte Anpassungsmerkmale an bestimmte Standortbedingungen aufweisen. Die Chalkophyten müssen durch die Selektion entsprechender Mutanten entstanden sein. Typische Repräsentanten solcher Schwermetallböden sind u. a. Galmeiveilchen (Viola calaminaria), Taubenkropf-Leimkraut (Silene cucubalus var. humilis) oder der Frühlings-Meirich (Minuartia verna ssp. hercynia). Die Schwermetallvegetation ist niederwüchsig, von geringer Produktivität, artenarm, Bäume fehlen. Letzteres wird verständlich, da die Generationsfolge bei Holzgewächsen eine sehr viel langsamere als die der vorgenannten Pflanzen ist. Die genetisch fixierte Variabilität der Arten hinsichtlich der Anpassung an besondere Verhältnisse am Wuchsort kommt daher bei den Gehölzen schlecht zum Tragen. Für unsere industriellen Ballungszentren mit einer zunehmenden Kontamination der Böden an Schwermetallen – sei es durch industrie- und verkehrsbedingte Stäube, sei es durch ausgebrachten Klärschlamm und Müll – gewinnt die Frage nach der *Schwermetallresistenz* der Pflanzen immer mehr an Bedeutung. In besonders belasteten Gebieten sollen sich im Verlauf des letzten Jahrzehnts einige neue resistente Ökotypen entwickelt haben.

An Schwermetallstandorten findet man neben dem stets vorhandenen Eisen und Mangan nicht nur ein bestimmtes Schwermetall angereichert, sondern meist eine ganze Reihe weiterer Begleitelemente. So enthalten z. B. Böden mit höheren Kupfergehalten (0,05–10% Cu) im allgemeinen zusätzlich Zink, Blei, Cadmium, Nickel und Cobalt. Nickel, Cobalt und Cadmium können ebenfalls bis zu 10%, Vanadium bis zu 1,4%, Uran bis zu 0,5% und Arsen bis zu 0,5% im Substrat akkumuliert werden. Eisen vermag bis zu 45% vorzukommen, liegt aber in einer pflanzenphysiologisch nicht aktiven Form vor und hat daher auch keinen selektiven Einfluß auf die Zusammensetzung der Phytozönose. Demgegenüber wirken die genannten anderen Schwermetalle bereits ab einer Konzentration von 0,1% stark selektierend. Während die Schwermetallpflanzen, die Chalkophyten, auf erzreichen Standorten keine Schädigungen zeigen, weisen nicht adaptierte Pflanzen dort Mißbildungen auf oder werden auch chlorotisch. Das Vorkommen von Chalkophyten im Gelände kann daher dem Geologen Hinweise für ein gezieltes Suchen *(Prospektion)* nach Erzen liefern. Am besten bekannt und gut untersucht ist die Vegetation der *Galmei-Böden* (Galmei = Zinkspat). Chemische Analysen haben gezeigt, daß die Chalkophyten die Schwerme-

Tab. 47: Prozentuale Verteilung des Zinks in den subzellulären Fraktionen der Blätter und Wurzeln eines zinkresistenten Ökotyps von Silene cucubalus (nach Ernst 1974)

Zentrifugationsfraktion	Blatt	Wurzel
Zellwände, Zellkern	8,2	63,5
Zellorganellen (Plastiden, Mitochondrien)	4,2	8,8
Zellorganellen (Mikrosomen)	0,1	0,1
Vakuolenflüssigkeit, lösliche Proteine	79,7	17,7

talle nicht ausschließen können, sondern sie in erheblichem Maße akkumulieren (Tab. 47). Das Verteilungsmuster der Schwermetalle in der Pflanze hängt von der Art des aufgenommenen Elementes ab und ist artspezifisch. Für eine Reihe von Elementen, vor allem Kupfer und Blei, stellt die Wurzel eine Art Barriere dar, die den Weitertransport in den Sproß erheblich einschränkt. Einige Pflanzen besitzen auf den Blättern Schwermetalle ausscheidende Drüsen (ähnlich manchen Halophyten). Der Schwermetallgehalt in der Vakuole bleibt damit gering.

10. Pflanzen als Bioindikatoren für Umweltbelastungen

Zu den Evolutionsfaktoren, die für das heutige Bild der Vegetation verantwortlich sind, kommen als *neue Selektionsfaktoren* die *Verunreinigungen* von Luft, Boden und Wasser hinzu. Viele Organismen und auch Biozönosen sind in ihren Vorkommen und in ihrer Vitalität in so hohem Maße von den Umweltqualitäten abhängig, daß sie als Zeiger für die Standortbedingungen gelten (s. S. 15). Eine Reihe von ihnen reagiert in charakteristischer Weise auf eine Belastung der Trägermedien des Lebens und kann somit als empfindlicher Bioindikator zur Überwachung von Ökosystemen eingesetzt werden. Verständlicherweise bewertet man solche Verunreinigungen primär hinsichtlich einer Gesundheitsgefährdung des Menschen (Abb. 128). Vegetationsschäden, die durch Immissionen, d. h. durch in das Trägermedium (Luft, Wasser, Boden) gelangte Schadstoffe, verursacht worden sind, haben jedoch so mannigfache Rückwirkungen auf den Menschen, daß sich allein schon hieraus die Forderung nach dem Schutz der Pflanzen vor phytotoxischen Stoffen ergibt. Gas- und staubförmige Immissionen vermögen den wirtschaftlichen Nutzen der Vegetation erheblich zu beeinträchtigen. Hiervon sind vor allem Land- und Forstwirtschaft sowie der Gartenbau betroffen. 50000 ha Waldfläche im Bundesgebiet gelten als immissionsgeschädigt, wovon die Hälfte auf Nordrhein-Westfalen entfällt. Nicht in Zahlen ausdrückbar ist die Minderung des Freizeit- und Erholungswertes der Vegetation und Gewässer. Durch die Kontamination mit phytotoxischen Schadstoffen kann es zu vorzeitigem Laubfall, Kümmerwuchs, Absterben von Pflanzenteilen oder ganzer Pflanzen kommen. Bei Gewässern, deren Belastbarkeitsgrenze durch zu starke Verschmutzungen überschritten ist, besteht die Gefahr der Geruchsbelästigung. Nur eine gesunde Pflanzenwelt vermag ihre Funktion einer Regulierung von Klima- und Wasserhaushalt sowie eines Schutzes vor Bodenerosion zu erfüllen. Aufgenommene oder anhaftende Schadstoffe bei Futter- und Nutzpflanzen können zu Erkrankungen von Tieren und bei direktem Verzehr oder auch im Verlaufe der Nahrungskette wieder zur Gefährdung des Menschen führen. Hierbei spielen die vom Plankton akkumulierten Schadstoffe in Gewässern und deren Anreicherung über die Fische bis hin zum Menschen als Ursache schwerer Erkrankungen eine bekannte Rolle. Man denke z. B. an die durch Verzehr von Quecksilber-verseuchten Fischen hervorgerufene Minamata-Krankheit.

Im folgenden soll an einigen Beispielen gezeigt werden, wie bestimmte Pflanzenarten auf die im Ökosystem eingedrungenen Schadstoffe reagieren. Daraus leitet sich die Möglichkeit ab, solche Bioindikatoren als Monitoren für Belastungsregionen einzusetzen.

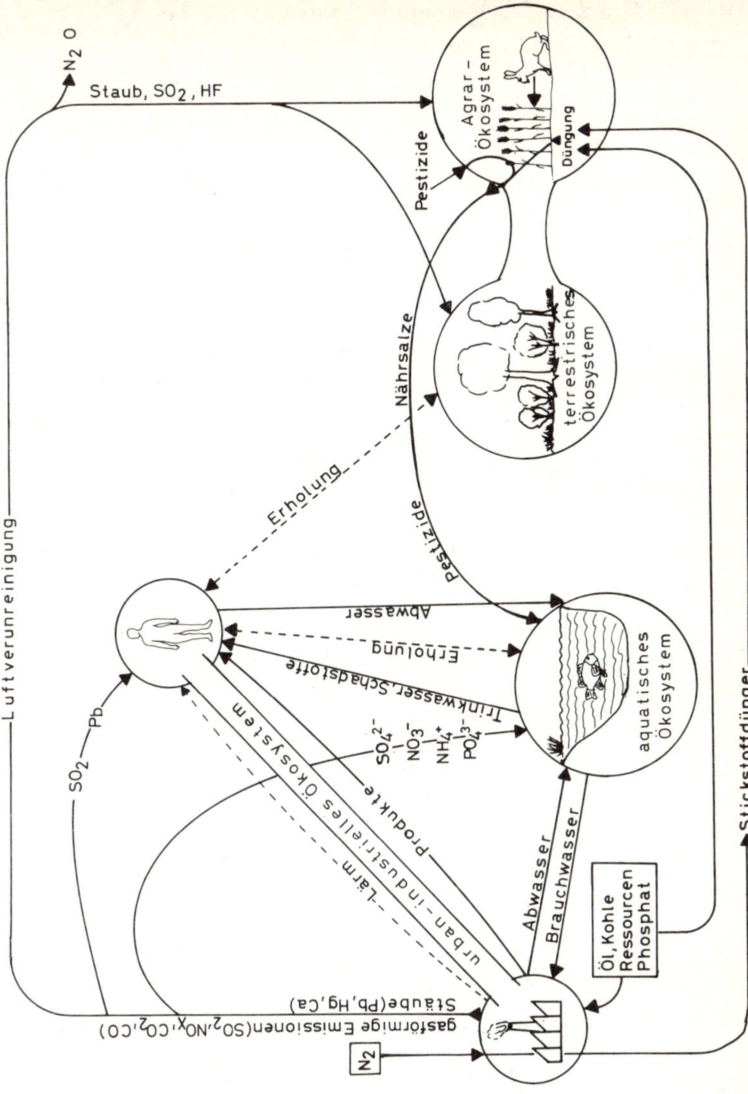

Abb. 128:
Belastungsquellen für Ökosysteme und deren Bedeutung für den Menschen.

10.1. Wirkung von Luftverunreinigungen auf Pflanzen

Absolut saubere Luft wird es wohl nie auf unserem Planeten gegeben haben. Veränderungen der natürlichen Zusammensetzung der Luft können bereits durch natürliche Ursachen, z. B. durch Vulkanausbrüche, jedoch besonders durch anthropogene Tätigkeiten zustandekommen. Unter *„Luftverunreinigungen“* versteht man gas-, dampf- und staubförmige Stoffe künstlichen Ursprungs.

10.1.1. Das Kohlendioxidproblem

Bisweilen ist eine Unterscheidung zwischen natürlicher und anthropogen bedingter Herkunft von Belastungsstoffen kaum möglich. Ein Beispiel hierfür bietet das Kohlendioxid-Problem: bekanntlich nimmt der CO_2-Gehalt der Atmosphäre ständig weiter zu. Betrug er 1850 noch etwa 290 ppm, so ist er inzwischen auf mehr als 330 ppm geklettert, wobei etwa ein Viertel dieses Anstiegs auf das letzte Jahrzehnt fällt. Bis vor kurzem glaubte man, daß allein die Verbrennung der fossilen Brennstoffe wie Erdöl, Erdgas und Kohle zu dieser Erhöhung geführt habe. Nun aber nimmt man an, daß die weltweite Vernichtung der Wälder zu dem CO_2-Anstieg einen gleichgroßen Beitrag liefert. Der CO_2-Gehalt der Atmosphäre befindet sich in einem steten Austausch mit dem CO_2, das von der Biomasse der terrestrischen und aquatischen Ökosysteme geliefert wird. Das größere Reservoir aber steckt im Humus und im Torf. Waldböden sind meist reich an organischer Substanz. Durch Abholzung, Trockenlegung von Sümpfen und Mooren zwecks Gewinnung von Nutzholz, Ausdehnung landwirtschaftlicher Flächen oder von Industriegelände kommt es zu einem beschleunigten Humuszerfall durch Mineralisierung und vor allem durch Oxidation. Das hierbei freigesetzte CO_2 gelangt somit in die Atmosphäre und reichert sich in dieser an.

10.1.2. Emissionen und Immissionen

Als wichtigste Quellen von Luftverunreinigungen sind Industrie, Verkehr, Hausbrand und Kleingewerbe zu nennen. Es überwiegen Verunreinigungen, wie SO_2, CO, CO_2, NO_x, Kohlenwasserstoffe und Feinstaub, die bei Verbrennungen anfallen. Die Industrie ist zudem Emittent (emittere = aussenden) spezieller Verschmutzungskomponenten wie HF, HCl, Schwermetallstäube und organischer Verbindungen. Unter letzteren beanspruchen die Pestizide besondere Aufmerksamkeit, die in der Land- und Forstwirtschaft sowie im Gartenbau zur Schädlingsbekämpfung eingesetzt werden.

Die in die Luft entsandten *Emissionen* werden mit den Winden verfrachtet *(= Transmissionen)* und wirken dann als *Immissionen* (immittere = hineinsenden) oft weit entfernt vom Emittenten auf Materialien und Organismen ein. So sind z. B. Bleispuren im Grönlandeis gefunden worden. Weltweit verbreitet ist SO_2. In S-Norwegen wurde im Laufe der letzten beiden Jahrzehnte eine zunehmende Versauerung der Niederschläge (bis auf pH 4,2) festgestellt, die zu $^2/_3$ auf SO_2 und etwa $^1/_3$ auf NO_2 zurückführbar ist. Diese Immissionen entstammen offenbar den Industriegebieten Mitteleuropas und Englands und werden mit den West- bzw. Südwestwinden gen Norwegen verfrachtet. Durch die Aufnahme des sauren Regen- und Schneewassers tritt eine Aciditätserhöhung in den Seen ein. Die Masse des Phytoplanktons nimmt bei pH-Werten unter 5 rasch ab. Gleiches gilt auch für die Organismen, denen das Phytoplankton als Nahrung dient wie z. B. Kleinkrebsarten und Mückenlarven. Edelfische, die am Schluß der Nahrungskette stehen, verschwinden infolge Nahrungsmangels daher auch immer mehr aus den Gewässern. Auch kann bei manchen Fischen eine Aciditätsempfindlichkeit hinzutreten.

10.1.3. Immissionswirkungen und Diagnose von Pflanzenschädigungen

Akute Pflanzenschädigungen durch Luftverunreinigungen werden durch hohe, oft nur kurzfristig einwirkende Schadstoffkonzentrationen verursacht. Sie äußern sich in makroskopisch sichtbaren Nekrosen. Hierunter versteht man hell bis dunkel gefärbte Flecken oder Streifen auf Blättern, die durch Zerstörung des Chlorophylls sowie durch Absterben von Zellen und Geweben zustande kommen. Bevor sichtbare Pflanzenschädigungen auftreten, sind jedoch schon Schädigungen im physiologischen Bereich vorhanden. Chronische Pflanzenschädigungen werden durch niedrige, länger anhaltende Immissionskonzentrationen hervorgerufen. Äußerliche Schädigungsmerkmale sind dabei entweder gar nicht oder erst langfristig sichtbar, jedoch biochemisch und physiologisch bereits frühzeitig nachweisbar.

Unter dem Einfluß von Luftverunreinigungen kommt es bei empfindlichen Pflanzen zu einer *Vitalitätsminderung,* die sich im Wachstums-, Ertrags- und Qualitätsabfall äußern kann. Oft wird die Alterung beschleunigt. Bei Koniferen sterben dann die ältesten Nadeljahrgänge verfrüht ab, bei Laubgehölzen kann es zu vorzeitigem Laubfall kommen. Sehr empfindliche Pflanzenarten sterben in stark belasteten Gebieten völlig aus. So ist z. B. das Zentrum unserer meisten Großstädte frei von Flechten (sog. „Flechtenwüste“).

Zur *Frühdiagnose* immissionsbedingter Schädigungen – in Verbindung mit Schadstoffanalysen – sind vergleichende Messungen von

Enzymaktivitäten, Photosyntheseintensität oder Chlorophyllabbau gleicher Pflanzenarten aus unbelasteten und belasteten Gebieten gern herangezogene Kriterien. Allerdings läßt sich durch solche Messungen zunächst nur belegen, daß die im Belastungsgebiet aufgewachsenen Pflanzen unter Streß stehen und bei Nutzpflanzen wirtschaftliche Einbußen zu erwarten sind. Erst wenn ein Schadstoff so spezifisch in eine Reaktion eingreift, daß alle anderen Stressoren für eine Reaktionsänderung ausgeschlossen sind (z. B. Trockenheit, Schädlingsbefall), wird der Nachweis einer Immissionswirkung schlüssig. Den eindeutigsten Beweis hierfür liefert die Schadstoffakkumulation in einem Bioindikator, die sich mittels chemischer Analysen – allerdings meist erst nach etwas längerem Verbleib der Testpflanzen im Immissionsgebiet – erfassen läßt. Mittels Bioindikatoren läßt sich auch der Einflußbereich von Emittenten abgrenzen (Abb. 129).

Eine größere Anzahl sehr empfindlicher Bioindikatoren reagiert auf Luftverunreinigungen mit äußerlich sichtbaren Schädigungen, die aber keinem bestimmten Immissionstyp zugeordnet werden können. Andere Pflanzenarten weisen dagegen *komponentenspezifische Reaktionen* auf: so sind z. B. die Zwiebel- und Knollengewächse besonders empfindlich gegenüber Fluorverbindungen, während die Schmetterlingsblütler eine erhöhte Sensibilität gegenüber SO_2 aufweisen (Tab. 51). Findet man in einem Belastungsgebiet lediglich Schädigungen an Blättern von Zwiebelgewächsen, z. B. an Maiglöckchen, Porree, Gladiolen, dagegen keine an Lupinen, Erbsen, Wicken, so kann mit hoher Wahrscheinlichkeit auf das Vorkommen von Fluorverbindungen geschlossen werden. Die Tabaksorte Nicotiana tabacum Bel W_3 besitzt eine sehr hohe Empfindlichkeit gegenüber Oxidantien, wie sie im photochemischen Smog (s. S. 387) vorkommen. Tabak Bel W_3 wird daher als Bioindikator für den letztgenannten Immissionstyp eingesetzt.

Die *Sensibilität* der Pflanzenarten ist häufig abhängig von ihrem physiologischen Alter, von den Ernährungsbedingungen und der Wasserversorgung. Faktoren, die zur Öffnung der Stomata führen, begünstigen die Anfälligkeit gegenüber gasförmigen Schadstoffen. Daher sind an Wildpflanzen durchgeführte Analysen mit einem gewissen Unsicherheitsfaktor behaftet. So enthält z. B. ein Boden mit einem hohen Tongehalt bedeutend mehr Fluor als ein tonarmes Substrat. Dementsprechend ergibt auch die Fluoranalyse gleichen Pflanzenmaterials, jedoch von Böden unterschiedlichen Tongehaltes, voneinander abweichende Werte. Ein überhöhter Fluorgehalt eines wild wachsenden Bioindikators braucht demnach nicht unbedingt auf Immissionseinwirkung zu beruhen, sondern kann auch durch die Bodenbedingungen verursacht sein. Um solche Unwägbarkeiten möglichst auszuschließen, wird weitgehend mit Testpflanzen gearbeitet, die unter definierten Bedingungen in Ein-

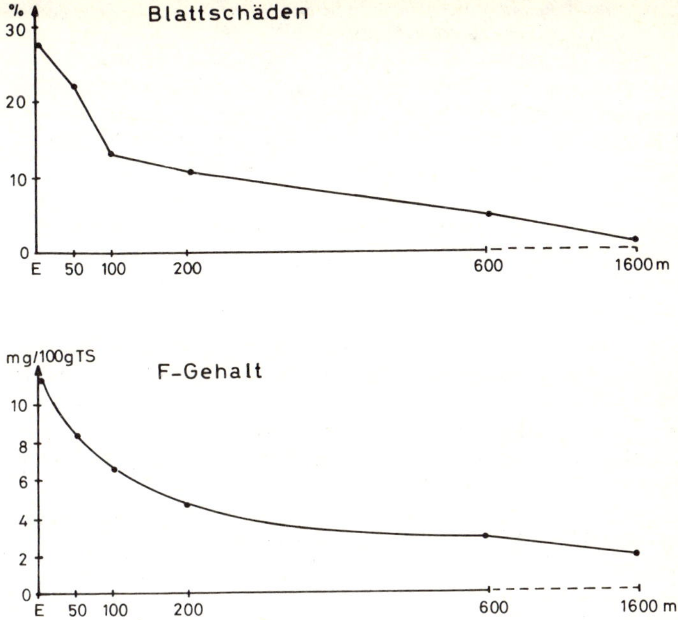

Abb. 129:
Blattschäden und Fluorgehalt von Gladiolus communis (Sorte Snow Princess) in Abhängigkeit von der Entfernung vom Emittenten (E).

heitserde angezogen worden sind und in einem bestimmten Entwicklungsstadium bei kontrollierter Wasserversorgung in dem zu überwachenden Gebiet exponiert werden *(Exponate)*. Verwendet werden hierbei einerseits Bioindikatoren, die sehr empfindlich sind und deren sichtbare Schädigungen gut bewertet werden können (Empfindlichkeitsstufe I in Tab. 49), andererseits weitgehend resistente Arten (Empfindlichkeitsstufe III). Letztere zeigen meist keine Nekrosen, weisen aber im Verlauf der Vegetationsperiode eine hohe Schadstoffakkumulation auf und eignen sich daher gut für chemische Analysen. Unter den höheren Pflanzen werden besonders die beiden Akkumulationsindikatoren Grünkohl (Brassica oleracea var. acephala) und Weidelgras (Lolium multiflorum) eingesetzt. Sie lassen sich auch in stark belasteten Gebieten verwenden, in denen empfindliche Testpflanzen zu früh ausfallen. Eine andere Möglichkeit der Immissionsüberwachung besteht in *pflan-*

Tab. 48: Maximale Immissionswerte (Jahresmittelwerte) für Nadelwälder (Zahlenwerte nach WENTZEL 1978)

SO_2 in µg/m³ Luft	Immissionswirkung
20	gesicherter Schutz aller Koniferenwälder
50	ausreichender Schutz, jedoch Prädisposition für Sekundärschädlinge
80	Zuwachsverluste und vorzeitiges Absterben
140	Ausschluß

zensoziologischen Aufnahmen. Die vor allem an Moosen und Flechten vorgenommenen Kartierungen haben klare Beziehungen zur lufthygienischen Situation erkennen lassen.

Infolge ihrer hohen Empfindlichkeit werden Pflanzen zur Ermittlung von Luftqualitätskriterien, d. h. Belastbarkeitsgrenzen von Ökosystemen (z. B. Wälder, Agrar-Ökosysteme) zwecks Festlegung von *Immissionsgrenzwerten* herangezogen. Wenn auch primär die Konzentrationshöhe und Einwirkungsdauer der Immissionen für die Phytotoxizität wichtig sind, so entspricht der Schädigungsgrad nicht dem Produkt beider, sondern nimmt progressiv mit der Konzentration der Schadstoffe zu. Finden sich am Pflanzenstandort nicht nur eine, sondern mehrere Luftverunreinigungskomponenten, so können diese sowohl eine synergistische als auch eine antagonistische Wirkung entfalten. In Tab. 48 sind Immissionsgrenzwerte für SO_2 in ihrer Beziehung zur Vitalität für Koniferenwälder angegeben.

10.1.3.1. Wirkung spezieller Immissionstypen

Wenngleich man davon ausgehen kann, daß im Freien stets ein Komplex verschiedener Schadstoffe – wenn auch sehr unterschiedlicher Konzentration – vorliegt, so sollen hier doch einige Immissionstypen und ihre Wirkung kurz skizziert werden.

a) saure Gase

Unter den sauren Gasen steht SO_2 anteilmäßig an erster Stelle, gefolgt von Fluorverbindungen. Chlorwasserstoff hat meist nur lokale Bedeutung. Nach den Ergebnissen von Begasungsexperimenten und Freilandbefunden ist ein weitgehender Schutz der Pflanzen gegeben, wenn die in Tab. 49 eingetragenen Immissionsrichtwerte nicht überschritten werden. Aus den Zahlenangaben wird zugleich die sehr viel höhere Giftigkeit von HF gegenüber SO_2, HCl und NO_2 ersichtlich. Für NO_2 sind Oxidationseffekte wichtiger als der Säurecharakter.

Tab. 49: Maximale Immissionswerte zum Schutz der Vegetation (Jahresmittelwerte, Zusammenstellung nach VDI Richtlinie 2310)

Empfindlichkeitsstufe	$\mu g/m^3$ Luft HF	SO_2	HCl	NO_2
I sehr empfindlich	0,3	50	100	
II empfindlich	0,5	80	150	350
III wenig empfindlich	1,4	120		

Die Kenntnis vom unterschiedlichen Resistenzverhalten der Pflanzenarten gegenüber verschiedenen Immissionstypen ist wichtig für Fragen des Anbaues in Belastungsgebieten und im Bereich spezieller Emittenten.

Gasförmige Luftverunreinigungen werden durch die Spaltöffnungen aufgenommen. Von dort gelangen sie nach Lösung in dem Imbibitionswasser der Zellwände als aggressive Säuren an die Zellmembranen, deren Funktion sie bereits zu beeinträchtigen vermögen. Nach Durchtritt durch das Plasmalemma und Eindringen in das Plasma kann der Angriff auf die verschiedenen Kompartimente erfolgen. So greifen z. B. SO_2 und dessen Folgeprodukte die Ultrastruktur der Chloroplasten an, baut Chlorophyll ab, hemmt die Aktivität der Ribulose-1,5-diphosphatkarboxilase, d. h. das Schlüsselenzym der CO_2-Bindung. Dies trägt zur Minderung der Photosyntheseintensität bei. Kurzfristig läßt sich vielfach ein Anstieg der Atmung beobachten, der zu Lasten des ohnehin ungünstigeren Kohlenhydratspiegels geht. Die Spaltöffnungen verlieren vielfach ihre Regulationsfähigkeit, so daß hohe Transpirationsverluste die Folge sind. Während Schwefel in geringer Konzentration als Nährstoff dient und vorwiegend in der organischen Zellfraktion eingebaut wird (z. B. in S-haltigen Aminosäuren), wird überschüssig aufgenommener Schwefel als anorganisches Sulfat in der Vakuole akkumuliert. Dadurch wird das osmotische Potential des Zellsaftes immer mehr verstärkt, so daß der Wasserstrom zusammenbricht und die Gewebe austrocknen. Mit beginnendem Wasserstreß tritt eine Erhöhung des Prolingehaltes und der Abscisinsäurekonzentration ein. Makroskopische Schädigungen durch SO_2 machen sich durch Nekrosen in den Feldern zwischen den Blattrippen und Verbraunung von Nadeln bemerkbar. Durch Fluorverbindungen kommt es an empfindlichen Pflanzen zur Bildung weißlicher Nekrosen, die an den Blattspitzen bzw. Blatträndern beginnen und von dort auf die Interkostalfelder übergreifen. Photosynthese und Wasserhaushalt werden ebenfalls durch HF stark negativ beeinflußt. In die Pigmentbildung greifen Fluorverbindungen bereits in sehr frühen Stadien ein.

Tab. 50: Einstufung verschiedener Pflanzenarten nach ihrer Empfindlichkeit gegenüber sauren Gasen (nach VDI Richtlinie 2310) I = sehr empfindlich, II = empfindlich, III = wenig empfindlich)

Pflanzenart		HF	SO_2	HCl	NO_2
Hafer	Avena sativa	III	II	II	I
Weizen	Triticum aestivum	III	II		II
Mais	Zea mays		III		II
Tomate	Solanum lycopersicum	III	III	II	II
Bohne	Phaseolus spec.		II	I	
Spinat	Spinacia oleracea		I		
Grünkohl	Brassica oleracea acephala	III	III	III	III
Rotklee	Trifolium pratense	II	I	I	II
Maiglöckchen	Convallaria majalis	I		III	III
Gladiole	Gladiolus communis	I			III
Rose	Rosa spec.	II	III		I
Johannisbeere, rot	Ribes rubum	II	I	II	
Weinrebe	Vitis vinifera	II	III	I	
Pflaume, Kirsche	Prunus spec.	II	III		
Apfel	Malus		II	I	I
Birke	Betula spec.	III	III	I	I
Hainbuche	Carpinus betulus	II	II		III
Robinie	Robinia pseudacacia	III	III	II	III
Fichte	Picea spec.	I	I	I	(II)
Tanne	Abies spec.	I	I		(II)
Eibe	Taxus baccata	III	III		III

Pflanzen mit einem Fluorgehalt oberhalb 30 mg/kg F in der Trockensubstanz sollten nicht mehr verfüttert werden (Tab. 51). Höhere Gehalte an Schwefel, Chlor und Stickstoff gelten dagegen nicht als gefährlich, wenn sie in Nahrungs- oder Futtermitteln vorhanden sind. Die Sensibilität verschiedener Pflanzenarten gegenüber sauren Gasen geht aus Tab. 50 hervor.

b) Kohlenwasserstoffe

Kohlenwasserstoffe werden bei unvollständigen Verbrennungen organischen Materials freigesetzt. Eine wichtige Emissionsquelle bilden Kraftfahrzeuge (insbesondere beim Kaltstart). Ferner gelangen Kohlenwasserstoffe durch Betriebe der organischen Chemie in die Atmosphäre. Örtlich begrenzt können auch ausgedehnte Koniferenwälder durch die Produktion flüchtiger Terpenoide, wie ätherische Öle, einen geringen Anteil an der genannten Immissionskomponente haben. Über die Wirkung der Fülle emittierter Kohlenwasserstoffe ist wenig bekannt.

c) Photooxidantien, Photosmog

Hierunter versteht man die Reaktionsprodukte, die sich an Schönwettertagen (besonders im Sommer und Herbst) unter der Wirkung der UV-Strahlung aus Stickoxiden und reaktiven Kohlenwasserstoffen bilden. Sie stammen weitgehend aus Verkehrsabgasen. Eine der ersten Reaktionen beruht auf der Oxidation des NO zu NO_2. Weitere Prozesse führen zur Bildung von Ozon und anderen Oxidanten wie des agressiven PAN (Peroxiacetylnitrat). Ozon vermag bis zu 95% zum Gesamt-Photooxidantiengehalt beizutragen und wird daher vielfach als Leitsubstanz für diesen photochemischen Smog (= Photosmog) angesehen. Pflanzenschädigungen treten bei 0,02 ppm O_3 oder 0,01 ppm PAN auf. Sie führen – im Gegensatz zu anderen Immissionstypen – zu keiner Schadstoffakkumulation in der Pflanze. Bei Arten, die sehr empfindlich reagieren wie Tabak (Nicotiana tabacum Bel W_3) oder die kleine Brennessel (Urtica urens), treten bei Belastung mit Photosmog auf den Blättern weiße bis bronzefarbene Flecken auf.

d) Stäube

Staubauflagen auf Blättern beeinflussen den Strahlungsumsatz: über Wärmehaushalt und verminderten Lichtzutritt zu den assimilatorischen Zellen kann es schließlich zu Auswirkungen auf Photosynthese und Wasserhaushalt kommen. Nennenswerte Beeinträchtigungen finden jedoch selten statt, wenn man von stark ätzenden Stäuben wie z. B. Kalkstäuben absieht. Schwermetallhaltige Stäube werden in Immissionsgebieten über die Blätter, vor allem aber über den kontaminierten Boden aufgenommen. Die Akkumulation von Schadstoffen in Nahrungspflanzen kann für den Konsumenten gefährlich werden. Daher sind für eine Reihe von Schadstoffen Richtwerte erstellt worden, deren Überschreitung das Gesundheitsrisiko erhöhen (Tab. 51).

Zu den verkehrsbedingten Stäuben zählt das als Antiklopfmittel verwendete Blei. Je nach Beschaffenheit der Blattoberfläche lassen sich 20–70% des aufgelagerten Bleistaubs durch Waschen entfernen. Oberirdisch in die Zellen aufgenommenes Blei wird nicht weiter verlagert. Von der Wurzel absorbiertes Blei verbleibt weitgehend in dieser und wird dort akkumuliert. Ebenso wie durch das weitaus besser transportierbare Cadmium kommt es durch Blei zu Stoffwechselbeeinflussungen; insbesondere werden Enzyme mit funktionellen Sulfhydrylgruppen beeinträchtigt. Gleiches trifft auch für Quecksilber zu. Die genannten und eine Reihe weiterer Schwermetalle vermögen in die Photosynthese und den Wasserhaushalt einzugreifen. Fernerhin kann es zu Veränderungen der Nährstoffaufnahme aus dem Boden kommen, da z. B. einige Schwermetalle Antagonisten des Eisens sind. Bei hoher Kontamination des Bodens z. B. durch Verwendung schwermetallhaltiger Klär-

Tab. 51: Richtwerte für Fluor, Blei und Cadmium in Futter- und Nahrungspflanzen (nach PRINZ und SCHOLL 1978)

Komponente	Gehalt µg/g TS	Objekt	Wirkung bzw. Toleranzgrenze
Fluor	30	Weidevieh	Toleranzgrenze im Futter
	200	Mensch	Toleranzgrenze für tägliche Aufnahme
Blei	10	Weidevieh	Toleranzgrenze
	15	”	Enzymhemmung
	50	”	nicht mehr kompensierbare Wirkung
	250	”	Vergiftungserscheinungen nach 2 Wochen
	450	”	tödlich
	5	Mensch	empfohlener Richtwert zur Begrenzung des Gehaltes in Lebensmitteln
Cadmium	5	Weidevieh	Toleranzgrenze
	50	”	Abfall der Milchleistung
	1	Mensch	empfohlener Richtwert zur Begrenzung des Gehaltes in Lebensmitteln

schlämme im Ackerbau oder im unmittelbaren Bereich von Verhüttungsanlagen sind an empfindlichen Pflanzen Nekrosen und Chlorosen an den Blättern sowie Ertragsdepressionen zu beobachten.

10.2. Belastung der Gewässer.

Die meisten *Oberflächengewässer,* besonders die Fließgewässer, aber auch Teiche und Seen sind heute infolge Überbevölkerung und hoher Industrialisierung in Mitteleuropa mehr oder weniger stark verunreinigt.

Abwasser kann nach seinen chemischen Eigenschaften und seiner Wirkung auf die Gewässer und deren Lebewesen in 2 Gruppen eingeteilt werden:

1. Stoffe, die durch Organismen (hauptsächlich infolge ihrer Giftwirkung auf Lebewesen) nicht abgebaut werden,
2. Organische Substanzen, die durch die natürliche Selbstreinigung der Gewässer (degradiert) abgebaut werden.

Zu 1. Bei dieser Gruppe handelt es sich zumeist um Industrie- und Gewerbeabwässer. Diese enthalten vielfach Säuren und Laugen, welche den pH-Wert der Gewässer verändern, fernerhin Metalle und Metallverbindungen (wie As, Pb, Cd, Cu, Hg, Sn, Zn usw.), die häufig schon in niedriger Konzentration ihre Giftwirkung auf bestimmte Wasserorganismen entfalten. Hier müssen auch Zyan und Zyanverbindungen genannt werden, welche besonders in Galvanisieranstalten und Kokereien anfallen. Kaliwerke führen durch ihr Abwasser zu einer nicht unerheblichen Versalzung der Gewässer mit Konzentrationen, die denen des Meeres kaum nachstehen. Chemische Schädlingsbekämpfungsmittel (Pestizide), welche in Land- und Forstwirtschaft, Wein- und Gartenbau Anwendung finden, gelangen mit dem natürlichen Abfluß in die Gewässer. Nicht unerwähnt bleiben sollen die giftigen und übelriechenden Sickerwässer der Mülldeponien und eine Verseuchung mit Mineralölen und deren Derivaten.

Die Hauptgefahren einer Verunreinigung der Gewässer mit giftigen Substanzen, die nach Zuleitung zunächst im unbelasteten Wasser eine Konzentrationsverringerung erhalten, liegen für Tiere und Menschen in ihrer Anreicherung im Verlauf der Nahrungskette (s. S. 20). Ebenso wie man beim Übergang von einem Beuteorganismus zum nächsten Konsumenten mit einer Energieminderung etwa um den Faktor 10 rechnen muß, erfolgt mit dem diese Minderung ausgleichenden Nahrungsbedarf eine Anreicherung der Schadstoffe in etwa der gleichen Größenordnung (Tab. 52).

Die heute allgegenwärtigen chlorierten Kohlenwasserstoffe lagern sich in Fettgeweben und in Lipoiden von Lebewesen aller Art an (beim Menschen z. B. auch in Muskeln, Keimdrüsen und Nervengeweben). Bei Seelöwen und Ringelrobben wurde eine Störung des Fortpflanzungszyklus beobachtet. Küken und Jungtiere von Wasservögeln gingen unter

Tab. 52: Anreicherung von DDT (Dichlordiphenyl-trichloräthan) durch die biologische Kette nach Insektenbekämpfungsmaßnahmen.

Konzentration des Pestiziedes	Glieder der biologischen Kette
In Spuren, nach 14 Tagen nicht mehr nachweisbar	Wasser
	↓
ca 20 ×	Phytoplankton (Primärproduzent)
	↓
ca 200 ×	herbivores Zooplankton (Primärkonsument)
	↓
ca 2000 ×	Zooplanktonfresser (Sekundärkonsument) (Fische usw.)
	↓
ca 10000 ×	Raubfische (Tertiärkonsument)
	↓
ca 80000 ×	Vögel, Mensch (Endkonsument)

Krämpfen ein, wie sie für Nervengifte typisch sind. Gleichzeitig kommt es über den Enzymhaushalt zu einer Veränderung des Kalkstoffwechsels, wodurch die Kalkablagerungen in den Eierschalen fischfressender Vögel reduziert werden. Ein Zerdrücken oder Eintrocknen des Eiinhaltes ist die Folge. Bei Kolonien des braunen Pelikans (Pelicanus occidentalis) in einer Bucht von Kalifornien schlüpften 1969 bei 1125 Gelegen nur noch 4 Küken.

Zu 2. Hierher gehören die Abwässer der menschlichen Bedürfnisse aus Haushalten, Schulen, Krankenhäusern und Kasernen; gleichfalls jedoch diejenigen aus Betrieben der Lebensmittelherstellung und -verarbeitung, wie Schlachthöfen und Fleischereien, Konserven-, Zucker- und Teigwarenfabriken, aus Molkereien, Margarinefabriken, Brauereien und Alkoholbrennereien; ebenso von Gewerbebetrieben, welche mit organischen Rohstoffen umgehen, wie Papier- und Zellstoffwerke, Seifen-, Leder- und Textilbetriebe usw. Organische Abwässer, reich an Stickstoffverbindungen und Phosphaten kommen aber auch aus Ställen, Misthaufen und Jauchegruben landwirtschaftlicher Anwesen, sei es infolge mangelhafter Abdichtung oder vereinfachter Beseitigung. Alle Abwässer dieser Gruppe haben einen ± hohen Gehalt an gelösten organischen Stoffen, wie Kohlenhydraten, Eiweißen und Fetten. Diese müssen durch die Gruppe der Reduzenten abgebaut und mineralisiert werden. Zusammen mit den ganz erheblichen Mengen an Stickstoff- und Phosphatverbindungen, welche zusätzlich hierzu durch die Auswaschung von Düngesalzen aus land- und forstwirtschaftlich genutzten Flächen eingetragen werden, führen diese Substanzen zu einer übermäßigen *Eutrophierung* (Anreicherung an Nährstoffen) der Gewässer.

Es hängt von der *Selbstreinigungskraft* eines Gewässers ab, wie schnell alle fäulnisfähigen Verunreinigungen zerlegt werden können. Als natürliche Selbstreinigung eines Gewässers bezeichnet man die Gesamtheit aller Vorgänge, die dazu führen, daß ohne Zutun des Menschen der ursprüngliche Reinheitsgrad wieder erreicht wird. Biologische und chemische Prozesse spielen bei der Selbstreinigung eine ebenso wichtige Rolle, wie physikalische Faktoren. Durch letztere erfolgt z. B. Koagulation und Sedimentation. Der O_2-Gehalt des Wassers und seine Temperatur beeinflussen chemische Vorgänge, wie Oxidation und Reduktion. Wesentliche Voraussetzung für die Selbstreinigung ist jedoch das Vorkommen von Mikroorganismen. Hauptsächlich degradieren Bakterien und Pilze die suspendierten oder gelösten organischen Stoffe. Die Aufgabe autotropher Organismen, der Algen und höheren Pflanzen (Makrophyten) liegt in der Beseitigung des bei den bakteriellen Abbauvorgängen entstehenden CO_2 und der Zuführung von O_2. Einige grüne Flagellaten (z. B. Euglena) vermögen jedoch, sich mixotroph zu ernähren und so dem Wasser gleichfalls organische Stoffe zu entziehen.

10.2.1. Das Saprobiensystem

Manche Organismen reagieren sehr empfindlich auf Änderungen ihres Milieus. Die Zusammensetzung ihrer Gesellschaften variiert daher quantitativ und qualitativ mit dem Gehalt an organischen Substanzen im Wasser. Solche Organismen können daher als Bioindikatoren für eine Analyse der Wassergüte Verwendung finden. An der Sukzession der verschiedenen Gesellschaften läßt sich z. B. in einem Fließgewässer die einsetzende und fortschreitende Selbstreinigung verfolgen. Die Verbreitung dieser Organismen ist abhängig von den unterschiedlichen Konzentrationen saprober (= organischer zersetzungsfähiger) Stoffe, die im biologischen Abbau begriffen sind. Nach dem Gehalt an diesen saproben Stoffen und den entsprechenden Organismen (Bioindikatoren) werden die Gewässer in verschiedene *Saprobienstufen* eingeteilt (Abb. 130).

An der Zuleitungsstelle hoch verschmutzten organisch belasteten Abwassers befindet sich die *eusaprobe Zone.* Hier kommen nur Bakterien, Pilze, farblose Flagellaten und Ziliaten zur Entwicklung. An die eusaprobe Zone schließt eine Zone mit überwiegender Reduktion, die *polysaprobe Zone,* an. In ihrem Wasser finden sich grüne Flagellaten aus der Gruppe der Euglenen, gefärbte, autotrophe Bakterien, Schwefelbakterien und Blaualgen. Der polysaproben Zone folgt in ziemlicher Entfernung von der Zuflußstelle des Abwassers dann eine Zone beginnender Oxidation, die *mesosaprobe Zone.* In ihrem Wasser kommen neben zahlreichen Blaualgen besonders Grünalgen vor. Die *oligosaprobe Zone,* die Zone der vollendeten Oxidation findet sich am Ende des Selbstreinigungsvorganges. Ihr Wasser ist weitgehend von der organischen Belastung wieder befreit. Hauptsächlich Grün- und Rotalgen, aber auch Diatomeen und andere gelbbraune Algen kennzeichnen die Wassergüte. Wasser höchster Reinheit wird heute eigentlich nur – und auch dort nicht immer – im Quellbereich angetroffen.

In gleicher Weise wie durch die Algengesellschaften können die einzelnen Saprobienzonen durch das Vorkommen von Makrophyten (höheren Pflanzen) oder durch Tiergesellschaften charakterisiert bzw. noch schärfer abgegrenzt werden.

Aber nicht nur Fließgewässer können mit Hilfe des Saprobiensystems beurteilt werden, die gleiche Einteilung gilt auch für stehende Gewässer, wie Teiche und Seen. Tab. 53 zeigt dies in vereinfachter Form.

Eine derartige Analyse der Wassergüte auf biologischer Basis kann jedoch eine chemische Analyse nicht voll ersetzen, da sie nur Aussagen über den Grad organischer Verunreinigung zuläßt.

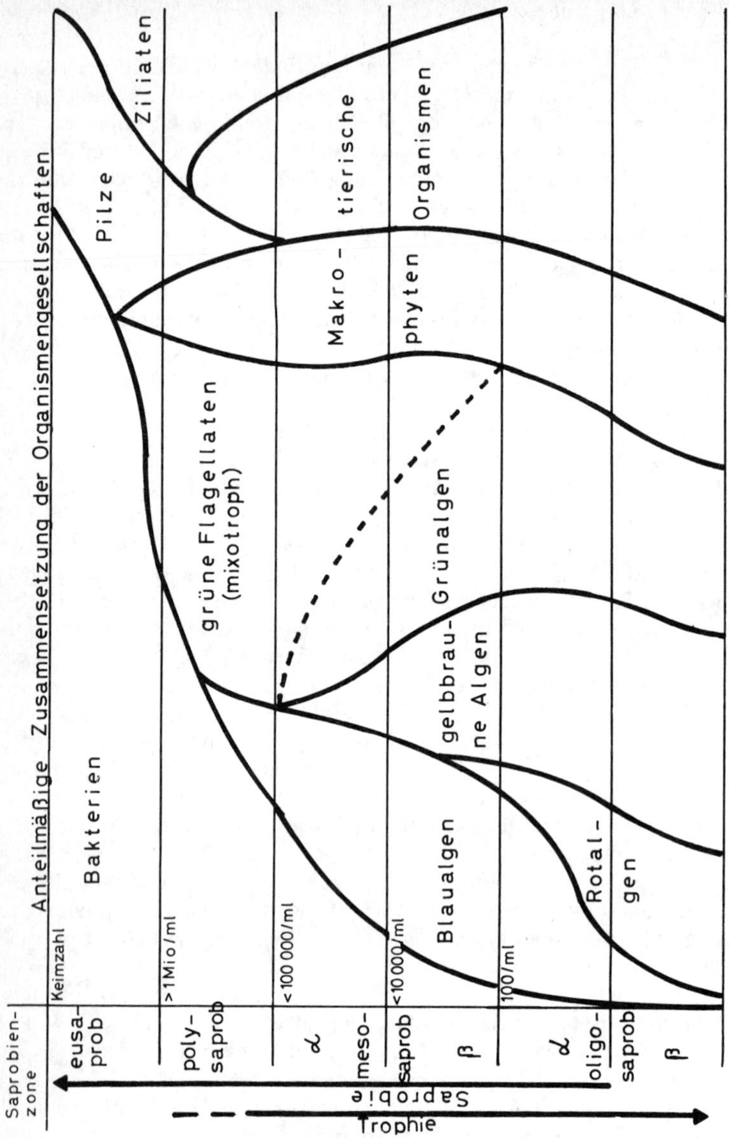

Abb. 130:
Vereinfachtes Schema des Saprobiensystems.

Tab. 53: Charakterisierung unterschiedlich stark verschmutzter Gewässer.

Saprobien-System		Nährstoffgehalt	Gehalt an organ. Substanzen	O_2-Verhältnisse	Keimzahl pro ml	Biotope
Eu- u. polysaprobe Gewässer		polytroph	reichlich (Fäulnis)	Mangel! Reduktion	10^6/ml (fakultativ Anaerobier)	Abwässer, Gewässer an der Grenze des Umkippens, meist geringe Arten-, hohe Individuenzahl
Mesosaprobe Gewässer	α	eutroph	reichlich	steigend, Oxidation	± 10^5/ml	Dorfteiche, Tümpel ± artenreich
	β	mesotroph	mäßig, beginnende Mineralisation	± hoch, Oxidation	± 10^{3-4}/ml	Große Seen, geklärte Abwässer, gegen O_2-Schwankungen teilw. empfindliche Organismen
Oligosaprobe Gewässer		oligotroph	gering, hohe Mineralisation	hoch, Oxidation ± beendet	bis 100/ml	Gebirgsseen, gegen O_2-Schwankungen u. Temperaturunterschiede ± empfindliche Organismen

Übersichts- und weiterführende Literatur

AINSWORTH, G. C. u. A. S. SUSSMAN: The Fungi, London 1965–1973

BAUMEISTER, W. u. G. REICHART: Lehrbuch der Angewandten Botanik, Stuttgart 1969

BERTSCH, A.: Blüten – lockende Signale, Ravensburg 1975

BIELKA, H. (Hrsg.): Molekulare Biologie der Zelle, Stuttgart 1973

BOGEN, H. J.: Knaurs Buch der modernen Biologie, München, Zürich 1967

BOGEN, H. J.: Knaurs Buch der Biotechnik, München, Zürich 1976

BORNEFF, J.: Hygiene, Stuttgart 1977

BORNKAMM, R.: Einführung in die Botanik, Stuttgart 1973

BUCHNER, P.: Tiere als Mikrobenzüchter, Berlin, Göttingen, Heidelberg 1960

BUCHWALD, K. u. W. ENGELHARDT (Hrsg.): Handbuch für Planung, Gestaltung und Schutz der Umwelt. Bd. 2: Die Belastung der Umwelt, München, Bern, Wien 1978

BÜNNING, E.: Entwicklungs- und Bewegungsphysiologie der Pflanze, Berlin, Göttingen, Heidelberg 1953

BUTTERFASS, Th.: Wachstums- und Entwicklungsphysiologie der Pflanze, Heidelberg 1970

CZIHAK, G., H. LANGER u. H. ZIEGLER (Hrsg.): Biologie, Berlin, Heidelberg, New York 1976

DENFFER, D. v., F. EHRENDORFER, K. MÄGDEFRAU u. H. ZIEGLER: Lehrbuch der Botanik für Hochschulen, Stuttgart, New York 1978

DUVIGNEAUD, P.: L'écologie, science moderne de synthése. II. Ecosystemes et biosphère. Min. Educ. Nat. Cult. Brüssel 1967

DUVIGNEAUD, P.: Synthèse Écologique; Populations, Communitées, Ecosystèmes, Biosphère, Noosphère, Paris 1974

ELLENBERG, H.: Landwirtschaftliche Pflanzensoziologie. 3. Bd., Stuttgart 1950–54

ELLENBERG, H.: Ökosystemforschung, Berlin, Heidelberg, New York 1973

ELLENBERG, H.: Zeigerwert der Gefäßpflanzen Mitteleuropas. Göttingen 1974

ELLENBERG, H.: Vegetation Mitteleuropas mit den Alpen, Stuttgart 1978

ENGELHARDT, W.: Umweltschutz, München 1973

ERNST, W.: Schwermetallvegetation der Erde, Stuttgart 1974

FOTT, B.: Algenkunde, Jena 1959

FRANKE, W.: Nutzpflanzenkunde, Stuttgart 1976

GÄUMANN, E.: Die Pilze, Basel, Stuttgart 1964

GERLACH, S. A.: Meeresverschmutzung, Berlin, Heidelberg, New York 1976

GUDERIAN, R.: Air pollution, Berlin, Heidelberg, New York 1977

GUTTENBERG, H. v.: Lehrbuch der Allgemeinen Botanik, Berlin 1955

HABERLANDT, G.: Physiologische Pflanzenanatomie, Leipzig 1924

HEINZLER, J.: Grundriß der physiologischen Chemie, 2. Teil Dynamische Biochemie, Köln, Mühlheim 1976

HENSSEN, A. u. H. M. JAHNS: Lichenes, Stuttgart 1974

HESS, D.: Pflanzenphysiologie, Stuttgart 1977

KAMSCHILOW, M.: Das Leben auf der Erde, Leipzig, Jena, Berlin 1977

KAPLAN, R. W.: Der Ursprung des Lebens, Stuttgart 1972

KARLSON, P.: Kurzes Lehrbuch der Biochemie, Stuttgart 1977
KINZEL, H.: Grundlagen der Stoffwechselphysiologie, Stuttgart 1977
KLIMA, J.: Einführung in die Cytologie, Stuttgart 1975
KLUGE, M. u. I. P. TING: Crassulacean acid metabolism, Berlin, Heidelberg, New York 1978
KOCH, A.: Symbiose – Partnerschaft für's Leben, Frankfurt/M. 1976
KOCH, W. u. K. HURLE: Grundlagen der Unkrautbekämpfung. Stuttgart 1978
KLAPP, E.: Wiesen und Weiden. Eine Grünlandlehre, Berlin, Hamburg 1971
KLAPP, E. Grünlandvegetation und Standort, Berlin, Hamburg 1965
KNAPP, R.: Experimentelle Soziologie und gegenseitige Beeinflussung der Pflanzen, Stuttgart 1967
KNAPP, R.: Einführung in die Pflanzensoziologie, Stuttgart 1971
KREEB, K.: Ökophysiologie der Pflanzen, Stuttgart 1974
KUTSCHERA, L.: Wurzelatlas mitteleuropäischer Ackerunkräuter und Kulturpflanzen, Frankfurt 1960
LARCHER, W.: Ökologie der Pflanzen, Stuttgart 1976
LANGE, E. L., L. KAPPEN u. E. D. SCHULZE: Water and plant life, Berlin, Heidelberg, New York 1976
LEHMANN, H. u. D. SCHULZ: Die Pflanzenzelle, Stuttgart 1976
LEVITT, J.: Responses of plants to environmental stress, New York, San Francisco, London 1972
LEHNINGER, A.: Bioenergetik, Stuttgart 1974
LIBBERT, E.: Lehrbuch der Pflanzenphysiologie, Stuttgart 1975
LIBBERT, E.: Kompendium der allgemeinen Biologie, Stuttgart, New York 1976
LIETH, H. u. R. H. WHITTAKER: Primary productivity of the biosphere, Berlin, Heidelberg, New York 1975
LORENZEN, H.: Physiologische Morphologie der höheren Pflanzen, Stuttgart 1972
LÖTSCHERT, W.: Pflanzen an Grenzstandorten, Stuttgart 1969
LÜTTGE, U.: Stofftransport der Pflanzen, Berlin, Heidelberg, New York 1973
MÄGDEFRAU, K.: Geschichte der Botanik, Stuttgart 1973
MANSFIELD, T. A.: Effects of air pollutants on plants, London, New York, Melbourne 1976
MAYR, E.: Evolution und die Vielfalt des Lebens, Berlin, Heidelberg, New York 1979
MENGEL, K.: Ernährung und Stoffwechsel der Pflanze, Stuttgart 1972
MENGEL, K. u. E. A. KIRKBY: Prinziples of plant nutrition, Bern 1978
METZNER, H. (Hrsg.): Die Zelle, Stuttgart 1971
MOHR, H. u. P. SCHOPFER: Lehrbuch der Pflanzenphysiologie, Berlin, Heidelberg, New York 1978
MUDD, B. u. T. KOZLOWSKI: Responses of plants to air pollution, New York, San Francisco, London 1975
MÜCKENHAUSEN, E. u. Mitarb.: Entstehung, Eigenschaften und Systematik der Böden der Bundesrepublik Deutschland, Frankfurt 1976
MÜLLER, G.: Bodenbiologie, Jena 1965
MÜLLER, P.: Verbreitungsbiologie der Blütenpflanzen, Zürich 1955
NULTSCH, W.: Allgemeine Botanik, Stuttgart 1977
ODUM, W. P.: Ökologie. Moderne Biologie, München, Basel, Wien 1978
OLSCHOWY, G.: Natur- und Umweltschutz in der Bundesrepublik Deutschland, Hamburg, Berlin 1978

OSCHE, G.: Ökologie, Freiburg 1977
OSCHE, G.: Evolution, Freiburg, Basel, Wien 1979
POLJAKOFF-MAYBER, A. u. J. GALE: Plants in saline environment, Berlin, Heidelberg, New York 1975
RAUH, W.: Morphologie der Nutzpflanzen, Heidelberg 1950
REHM, H.-J.: Einführung in die industrielle Mikrobiologie, Berlin, Heidelberg, New York 1971
REHM, S. u. G. ESPIG: Die Kulturpflanzen der Tropen und Subtropen, Stuttgart 1976
REMMERT, H.: Ökologie, Heidelberg, Berlin, New York 1978
RENSING, L., R. HARDELAND, M. RUNGE u. G. GALLING: Allgemeine Biologie, Stuttgart 1975
RICHTER, G.: Stoffwechselphysiologie der Pflanzen, Stuttgart 1976
RICE, E. L.: Allelopathy, New York, San Francisco, London 1974
ROUND, F. E.: Biologie der Algen, Stuttgart 1975
SCHAEDE, R.: Die pflanzlichen Symbiosen, Jena 1948
SCHARF, K.-H. u. W. WEBER: Cytologie, Hannover 1976
SCHEFFER/SCHACHTSCHABEL: Lehrbuch der Bodenkunde, Stuttgart 1976
SCHLEGEL, H. G.: Allgemeine Mikrobiologie, Stuttgart 1976
SCHROEDER, D.: Bodenkunde in Stichworten, Kiel 1978
SCHÜTT, P. u. W. KOCH: Allgemeine Botanik für Forstwirte, Hamburg, Berlin 1978
SCHUSSNIG, B.: Handbuch der Protophytenkunde, Jena 1953 u. 1960
SCHWEMMLER, W.: Mechanismen der Zellevolution, Berlin, New York 1979
SCHWOERBEL, J.: Einführung in die Limnologie, Stuttgart 1971
SITTE, P.: Bau und Feinbau der Pflanzenzelle, Stuttgart 1965
SLATYER, R. O.: Plant-Water Relationships, London, New York 1967
STOCKER, O.: Grundriß der Botanik, Berlin, Göttingen, Heidelberg 1952
STUGREN, B.: Grundlagen der allgemeinen Ökologie, Jena 1974
TISCHLER, W.: Agrar-Ökologie, Jena 1965
TISCHLER, W.: Einführung in die Ökologie, Stuttgart, New York 1979
TODT, D. (Hrsg.): Funk-Kolleg: Biologie, Frankfurt/M. u. Weinheim 1976
TROLL, W. u. K. HÖHN: Allgemeine Botanik, Stuttgart 1973
VOGEL, G. u. H. ANGERMANN: dtv-Atlas zur Biologie, München 1976
WALTER, H.: Einführung in die Phytologie III/1, Standortlehre, Stuttgart 1960
WALTER, H.: Allgemeine Geobotanik, Stuttgart 1973
WALTER, H.: Die ökologischen Systeme der Kontinente (Biogeosphäre), Stuttgart 1976
WALTER, H.: Vegetationszonen und Klima, Stuttgart 1977
WALTER, H.: Vegetation und Klimazonen, Stuttgart 1979
WEBERLING, F. u. H. O. SCHWANTES: Pflanzensystematik, Stuttgart 1979
WHITTAKER, R. H.: Communities and Ecosystems, New York 1975
WILMANNS, O.: Ökologische Pflanzensoziologie, Heidelberg 1978
WINKLER, S.: Einführung in die Pflanzenökologie, Stuttgart 1973

Tabellen teilweise kompiliert, ergänzt oder vereinfacht aus eigenem Material oder nach Lehrbüchern

Sachregister